Verfahren zur Bewertung mittelständischer Unternehmen aus Sicht eines Finanzinvestors

Schriften des Instituts für Finanzen
Universität Leipzig

Herausgegeben von Prof. Dr. Udo Hielscher und Prof. Dr. Thomas Lenk

Band 13

PETER LANG
Frankfurt am Main · Berlin · Bern · Bruxelles · New York · Oxford · Wien

Matthias Hoffelner

Verfahren zur Bewertung mittelständischer Unternehmen aus Sicht eines Finanzinvestors

PETER LANG
Internationaler Verlag der Wissenschaften

Bibliografische Information der Deutschen Nationalbibliothek
Die Deutsche Nationalbibliothek verzeichnet diese Publikation
in der Deutschen Nationalbibliografie; detaillierte bibliografische
Daten sind im Internet über http://dnb.d-nb.de abrufbar.

Zugl.: Leipzig, Univ., Diss., 2010

Gedruckt auf alterungsbeständigem,
säurefreiem Papier.

15
ISSN 1439-4936
ISBN 978-3-631-61179-1
© Peter Lang GmbH
Internationaler Verlag der Wissenschaften
Frankfurt am Main 2011
Alle Rechte vorbehalten.

Das Werk einschließlich aller seiner Teile ist urheberrechtlich geschützt. Jede Verwertung außerhalb der engen Grenzen des Urheberrechtsgesetzes ist ohne Zustimmung des Verlages unzulässig und strafbar. Das gilt insbesondere für Vervielfältigungen, Übersetzungen, Mikroverfilmungen und die Einspeicherung und Verarbeitung in elektronischen Systemen.

www.peterlang.de

Für Elke

Geleitwort

Private Equity begann den Siegeszug in den 80er Jahren, selbstverständlich wie nahezu fast alle „Finanzinnovationen" in den USA: Das Konzept bestand im Kauf unterbewerteter Unternehmen durch hohen Fremdkapitaleinsatz und in der darauffolgenden konsequenten „Optimierung" der Finanzstruktur. Darunter wurden die Auskehrung eines als zu hoch erachteten Eigenkapitals, die Erhöhung der Verschuldung, intensives Working Capital Management, Ausschüttung von „Super-Dividenden" (Bsp. Boss AG), Verkauf von Unternehmensteilen, Sale and Lease back usw. subsumiert. Widerstand seitens der Aktionäre/Gesellschafter gab es selten, wenn die Preisangebote sehr attraktiv waren. Die „Zeche" bezahlten i.d.R. das übernommene Unternehmen und die Mitarbeiter, da der Free Cash flow die Rückzahlung des Kredits für den Kauf sicherstellen musste. Auch stieg der Druck auf die Mitarbeiter. Ein noch selten betrachteter „Kollateralschaden" ist die Deindustrialisierung der USA, denn aus Kostenaspekten wurde die Produktion in den 80/90er Jahren nach Mexiko und in asiatische Länder verlegt, später ließ man in der „Werkbank" China produzieren. Ab 2008 häuften sich Schieflagen übernommener und „ausgebeuteter" Unternehmen. Jetzt stellte sich heraus, dass ab 2006 Unternehmen zu teuer gekauft worden sind. Auch ließ sich der Free Cash flow in der Wirtschaftsabschwächung kaum heben. Zu diesem Zeitpunkt mussten Finanzinvestoren erkennen, dass ihre bislang eingesetzten Bewertungsverfahren unzureichende Resultate offenbarten. Die übernommenen Unternehmen brachten nicht mehr die geplante Rendite, stattdessen wurden für etliche Unternehmen Insolvenzanträge gestellt oder sie degenerierten zu Sanierungsfällen. Auch die vielgerühmten DCF-Verfahren waren unzuverlässig, wenn der Cash flow zu ambitioniert prognostiziert worden ist, d.h. zu viel „heiße Luft" enthielt.

Dipl.-Kfm. Matthias Hoffelner ist seit Jahren in verschiedenen Banken in dem Private Equity-Geschäftsfeld tätig. Unter anderem beurteilt er die Bonität angefragter Private-Equity-Finanzierungen, d.h. kann die Kreditierung einer solchen Übernahme finanziert werden. Eine Schlüsselrolle in dem Geschäftsfeld kommt dem Übernahmepreis zu, zu dessen Ermittlung verschiedene Bewertungsverfahren herangezogen werden können. Seine Ausführungen offenbaren gravierende Schwächen von Finanzinvestoren, die sich auf kreditierende Institute überlagern können, wenn die Kaufpreise aufgrund optimistischer Bewertungen zu hoch ausfallen. Dann rutschen die Risiken der Finanzinvestoren in die Bankbilanzen. Ich spreche die Hoffnung aus, dass die kritischen Ausführungen von Matthias Hoffelner nicht nur von Finanzinvestoren, sondern auch von Kreditgebern gelesen werden. Leider befürchte ich, dass der Leichtsinn in Form optimistischer Finanzierungen solcher Übernahmen wieder beginnt. Meine heutige Erkenntnis: Die Finanzbranche ist nicht lernfähig! Sie hat ja Recht. Was soll's: Der Steuerzahler ist für die Behebung des Schadens zuständig.

Leipzig, im November 2010   Prof. Dr. Jürgen Singer

Inhaltsverzeichnis

Abkürzungsverzeichnis XV
Abbildungsverzeichnis XIX
Tabellenverzeichnis XXI
Symbolverzeichnis XXIII
Anlagenverzeichnis XXV
1 Einführung 1
   1.1   Problemstellung und Ziel der Untersuchung 1
   1.2   Vorgehensweise und Abgrenzung des Untersuchungsfeldes 4
   1.3   Klärung grundlegender Begriffe und Sachverhalte 6
      1.3.1   Mittelstand 6
         1.3.1.1   Definitorische Abgrenzung mittelständischer Unternehmen 6
         1.3.1.2   Gesamtwirtschaftliche Bedeutung des Mittelstandes 9
         1.3.1.3   Abgrenzung von anderen Unternehmenstypen 10
      1.3.2   Finanzinvestoren 11
      1.3.3   Bewertung von Unternehmen 13
         1.3.3.1   Betriebswirtschaftliche Werttheorien 13
         1.3.3.2   Funktionen der Unternehmensbewertung 14
         1.3.3.3   Anlässe der Unternehmensbewertung 16
2 Geschäftsmodell der Finanzinvestoren 19
   2.1   Grundlagen der Beteiligungsfinanzierung 19
   2.2   Finanzierungstheoretischer Hintergrund von Beteiligungskapital 22
      2.2.1   Neoklassische Finanzierungstheorie 22
      2.2.2   Institutionen- und Informationsökonomie 24
         2.2.2.1   Agency-Theorie 24
         2.2.2.2   Asymmetrische Informationsverteilung 28
         2.2.2.3   Transaktionskostenansatz 29
      2.2.3   Implikationen der institutionen- und informationsökonomischen Ansätze auf die Beteiligungsfinanzierung 30
         2.2.3.1   Implikationen der Agency-Theorie 30
         2.2.3.2   Implikationen der asymmetrischen Informationsverteilung 31
         2.2.3.3   Implikationen des Transaktionskostenansatzes 32

2.2.4 Zusammenfassende übergreifende Implikationen der Finanzierungstheorien für die Beteiligungsfinanzierung ... 33
2.2.5 Funktionen von Finanzinvestoren ... 34
2.3 Anbieter von Beteiligungskapital ... 36
    2.3.1 Öffentlich geförderte Kapitalbeteiligungsgesellschaften ... 37
    2.3.2 Unternehmensbeteiligungsgesellschaften ... 38
    2.3.3 Frühphasenorientierte Kapitalbeteiligungsgesellschaften ... 38
    2.3.4 Universalbeteiligungsgesellschaften ... 39
    2.3.5 Finanzierungsquellen für Beteiligungskapital ... 39
2.4 Formen der Beteiligungsfinanzierung ... 40
    2.4.1 Direkte versus indirekte Beteiligung ... 40
    2.4.2 Offene versus stille Beteiligungen ... 41
2.5 Anlässe für Beteiligungsfinanzierungen reiferer mittelständischer Unternehmen ... 42
    2.5.1 Lebenszyklusorientierte Finanzierungsphasen ... 42
    2.5.2 Expansionsfinanzierungen ... 44
    2.5.3 Bridge-Finanzierungen ... 45
    2.5.4 Buy Out-Finanzierungen ... 45
    2.5.5 Sonstige Finanzierungsanlässe ... 45
2.6 Prozess der Beteiligungsfinanzierung ... 46
    2.6.1 Kapitalakquisition und Deal Flow ... 46
    2.6.2 Beteiligungsprüfung ... 47
    2.6.3 Beteiligungsverhandlung ... 49
    2.6.4 Beteiligungsphase ... 50
    2.6.5 Desinvestition ... 50
2.7 Zielsetzungen im Kapitalbeteiligungsgeschäft ... 52
    2.7.1 Ziele der Investoren von Beteiligungsgesellschaften ... 52
        2.7.1.1 Rentabilitätsziel ... 52
        2.7.1.2 Sicherheitsziel ... 54
        2.7.1.3 Liquiditätsziel ... 55
        2.7.1.4 Spezialziele einzelner Investorengruppen ... 55
    2.7.2 Zielsetzungen der Kapitalbeteiligungsgesellschaften ... 56
    2.7.3 Maßnahmen zur Zielerreichung ... 56
        2.7.3.1 Beratungsleistungen ... 57

2.7.3.2 Operative und strategische Werttreiber 59
2.7.3.3 Corporate Governance 60
2.7.3.4 Financial Leverage Effekt 61
2.8 Performance der Kapitalbeteiligungsgesellschaften 65
2.9 Der Markt für Beteiligungskapital 67
   2.9.1 Historie 67
   2.9.2 Ausblick 71
2.10 Auswirkungen von Beteiligungskapital 73
   2.10.1 Gesamtwirtschaftliche Bedeutung 73
   2.10.2 Grenzen und Markthemmnisse 78
   2.10.3 Kritische Aspekte von Private Equity 81
      2.10.3.1 Unternehmensrestrukturierung 82
      2.10.3.2 Erhöhung der Verschuldung 83
      2.10.3.3 Sonderausschüttungen 84
      2.10.3.4 Fokussierung auf Shareholder Value 84
2.11 Bedeutung von Beteiligungskapital für mittelständische Unternehmen 86
   2.11.1 Finanzierungssituation mittelständischer Unternehmen 86
   2.11.2 Veränderungen der Rahmenbedingungen 90
      2.11.2.1 Globalisierung 90
      2.11.2.2 Strukturwandel an den Finanzmärkten 91
      2.11.2.3 Unternehmensnachfolge 92
      2.11.2.4 Einfluss der Finanz- und Wirtschaftskrise 93
   2.11.3 Auswirkungen auf die Mittelstandsfinanzierung 93
   2.11.4 Beteiligungskapital als Finanzierungsalternative 96
3 Unternehmensbewertung durch Finanzinvestoren 97
3.1 Bedeutung der Unternehmensbewertung für Finanzinvestoren 97
3.2 Wert und Preis eines Unternehmens 98
3.3 Betriebswirtschaftliche Grundlagen der Unternehmensbewertung 99
   3.3.1 Allgemeine Bewertungsgrundsätze 99
   3.3.2 Spezielle Anforderungen an Bewertungsverfahren aus der Sicht von Finanzinvestoren 101
   3.3.3 Besonderheiten bei der Bewertung mittelständischer Unternehmen 103
   3.3.4 Allgemeiner Ablauf der Bewertung 104

3.3.5 Unternehmens- und Umweltanalyse 106
  3.3.5.1 Vergangenheitsanalyse 106
  3.3.5.2 Zukunftsprognosen und Wertsteigerungsanalyse 108
3.3.6 Systematisierung der Bewertungsverfahren 109
3.4 Einzelbewertungsverfahren 111
  3.4.1 Konzeption 111
  3.4.2 Beurteilung der Einzelbewertungsverfahren 113
3.5 Ertragswertverfahren 113
  3.5.1 Konzeption 113
  3.5.2 Ermittlung der Zukunftserfolgsgrößen 114
  3.5.3 Behandlung des nicht-betriebsnotwendigen Vermögens 116
  3.5.4 Ermittlung des Kalkulationszinssatzes 117
  3.5.5 Beurteilung der Ertragswertverfahren 119
3.6 Discounted Cash Flow-Verfahren 120
  3.6.1 Überblick 120
  3.6.2 Weighted Average Cost of Capital-(WACC-) Ansatz 122
  3.6.3 Adjusted Present Value-Ansatz 124
  3.6.4 Equity-Ansatz 125
  3.6.5 Ermittlung der Cash Flows 126
  3.6.6 Ermittlung des Restwertes 128
  3.6.7 Ermittlung der Kapitalkostensätze 131
    3.6.7.1 Eigenkapitalkostensatz 131
    3.6.7.2 Fremdkapitalkostensatz 134
  3.6.8 Beurteilung der DCF-Verfahren 134
    3.6.8.1 Gegenüberstellung der DCF-Verfahren 134
    3.6.8.2 Gegenüberstellung von DCF- und Ertragswertverfahren 136
    3.6.8.3 Kritische Würdigung der DCF-Verfahren 137
3.7 Multiplikatorverfahren 140
  3.7.1 Konzeption 140
  3.7.2 Ausprägungen 142
  3.7.3 Vorgehensweise 142
  3.7.4 Auswahl möglicher Multiplikatoren 145
    3.7.4.1 Equity-Value-Multiplikatoren 145
    3.7.4.2 Enterprise-Value-Multiplikatoren 147

3.7.5	Branchen-Multiplikatoren	149
3.7.6	Beurteilung	150
3.8	Venture Capital-Methode	152
3.8.1	Konzeption	152
3.8.2	Bestimmung des Diskontierungssatzes	156
3.8.3	Beurteilung	157
3.9	Realoptionsmodelle	158
3.9.1	Einführende Überlegungen	158
3.9.2	Vergleich von Finanz- und Realoptionen	160
3.9.3	Ablauf der Realoptionsbewertung	161
3.9.3.1	Allgemeiner Prozess	161
3.9.3.2	Anwendbarkeitsvoraussetzungen	162
3.9.3.3	Arten von Realoptionen	163
3.9.3.4	Auswahl des Bewertungsmodells	164
3.9.3.5	Bestimmung der Parameter	170
3.9.4	Kritische Würdigung	172
3.10	Ausgewählte weitere Verfahren	175
3.10.1	Modifiziertes Ertragswertverfahren	175
3.10.2	First-Chicago-Methode	175
3.10.3	Economic-Value-Added-Ansatz	176
3.10.4	Dynamisches LBO-Modell	176
3.10.5	Risikodeckungsansatz als simulationsbasiertes Verfahren	177
4 Zum Einsatz der Bewertungsverfahren in der Praxis		**179**
4.1	Übersicht über empirische Forschungsergebnisse	179
4.2	Befragung von Finanzinvestoren zu Bewertungsverfahren	184
4.2.1	Konzeption der Befragung	184
4.2.1.1	Zielsetzung und Konzeption des Interviewbogens	185
4.2.1.2	Auswahl der Gesprächspartner	186
4.2.2	Darstellung und Analyse der Erhebungsergebnisse	186
4.2.2.1	Eingesetzte Bewertungsverfahren	186
4.2.2.2	Gründe für die Auswahl spezieller Verfahren	188
4.2.2.3	Spezifika einzelner Verfahren	189
4.3	Ableitung von Handlungsempfehlungen für Finanzinvestoren	192
4.3.1	Beurteilung der Verfahren nach Bewertungskriterien	192

4.3.2 Auswahl nach der Bewertungsfunktion ... 193
4.3.3 Lösungsansätze bei Bewertungsunterschieden ... 195
4.3.4 Transaktionspreise in Abhängigkeit von Rahmenbedingungen auf den Finanzmärkten ... 196

5 Abschließende Einschätzung und Ausblick ... 199

Anhang ... 201

Literaturverzeichnis ... 220

Abkürzungsverzeichnis

Abb.	Abbildung
AG	Aktiengesellschaft, auch Arbeitsgruppe
AktG	Aktiengesetz
Aufl.	Auflage
BG	Beteiligungsgesellschaft
BGB	Bürgerliches Gesetzbuch
BFuP	Betriebswirtschaftliche Forschung und Praxis
BIP	Bruttoinlandsprodukt
bspw.	beispielsweise
BU	Beteiligungsunternehmen
BVK	Bundesverband Deutscher Kapitalbeteiligungsgesellschaften e.V.
ca.	circa
CAPM	Capital Asset Pricing Modell
CEFS	Center for Entrepreneurial and Financial Studies
DCF	Discounted Cash Flow
Diss.	Dissertation
DStR	Deutsches Steuerrecht (Zeitschrift)
DVFA	Deutsche Vereinigung für Finanzanalyse und Asset Management
EBIT	Earnings Before Interest and Taxes; Ergebnis vor Zinsen und Steuern
EBITDA	Earnings before Interest, Taxes, Depreciation and Amortisation; Ergebnis vor Zinsen, Steuern und Abschreibungen
EStG	Einkommensteuergesetz
et al.	und andere
EU	Europäische Union
EUR, €	Euro
EVA	Economic Value Added
EVCA	European Private Equity and Venture Capital Association
FAZ	Frankfurter Allgemeine Zeitung
F&E	Forschung und Entwicklung
ggf.	gegebenenfalls
GmbH	Gesellschaft mit beschränkter Haftung

HGB	Handelsgesetzbuch
Hrsg.	Herausgeber
i. d. F.	in der Fassung
i. d. R.	in der Regel
IDW	Institut der Wirtschaftsprüfer
IEWS	Institut für europäische Wirtschaftsstudien an der European School of Business
IfM	Institut für Mittelstandsforschung, Bonn
IKB	IKB Deutsche Industriebank AG
IPO	Initial Public Offering (Börsengang)
IRR	Internal Rate of Return (interne Verzinsung)
Jg.	Jahrgang
Kap.	Kapitel
KBG	Kapitalbeteiligungsgesellschaft
KfW	Kreditanstalt für Wiederaufbau
KMU	Kleine und mittlere Unternehmen
KöST	Körperschaftssteuer
LBO	Leveraged Buy Out
M&A	Mergers & Aquisitions
MBG	Mittelständische Beteiligungsgesellschaft
MBI	Management Buy In
MBO	Management Buy Out
Mio.	Millionen
Mrd.	Milliarden
OHG	Offene Handelsgesellschaft
o.S.	ohne Seitenangabe
o.V.	ohne Verfasser
p.	page
p.a.	per annum
PEG	Private Equity-Gesellschaft
Sp.	Spalte
SPD	Sozialdemokratische Partei Deutschlands
UBG	Unternehmensbeteiligungsgesellschaft
UBGG	Gesetz über Unternehmensbeteiligungsgesellschaften

VC	Venture Capital
Vgl.	vergleiche
Vj.	Vorjahr
WiSt	Wirtschaftswissenschaftliches Studium
z.B.	zum Beispiel
ZfB	Zeitschrift für Betriebswirtschaft
ZEW	Zentrum für Europäische Wirtschaftsforschung GmbH

Abbildungsverzeichnis

Abbildung 1: Aufbau der Arbeit (Eigene Darstellung) 5
Abbildung 2: Der Private Equity-Cycle 11
Abbildung 4: Funktionen der Unternehmensbewertung 15
Abbildung 5: Kapitalbeteiligungsgesellschaften nach BVK 37
Abbildung 6: Fundraising nach Kapitalgebern 2008 40
Abbildung 7: Leistungsbeziehungen bei indirekten Beteiligungen 41
Abbildung 8: Lebenszyklus und Finanzierungsphasen von Unternehmen 43
Abbildung 9: Private Equity-Investitionen nach Finanzierungsanlässen 2008 44
Abbildung 10: Phasenorientiertes Geschäftsmodell der Private Equity-Gesellschaften 46
Abbildung 11: Exitkanäle der Private Equity-Gesellschaften 2008 52
Abbildung 12: Leistungen von Private Equity-Gesellschaften für die Portfoliounternehmen 59
Abbildung 13: Entwicklung EBITDA / Finanzierungsart bei LBO`s 64
Abbildung 14: Renditevergleich verschiedener Anlageformen 65
Abbildung 15: Entwicklung Private Equity-Investitionen und Ausfälle 71
Abbildung 16: Durchschnittliches EBIT-Wachstum (Median 2000-2004) 75
Abbildung 17: Einfluss von Beteiligungskapital auf die Portfoliounternehmen 76
Abbildung 18: Private Equity-Investitionen in Prozent des Bruttoinlandsproduktes in Europa 77
Abbildung 20: Durchschnittliche Eigenkapitalquoten der KMU im internationalen Vergleich 2005 86
Abbildung 21: Entwicklung der Eigenkapitalquoten deutscher KMU`s 87
Abbildung 22: Bedeutung von Finanzierungsarten für Unternehmen 89
Abbildung 23: Entwicklung der Bedeutung von Finanzierungsarten 95
Abbildung 24: Wert und Preis eines Unternehmens 99
Abbildung 25: Grundsätze und Anforderungen an die Unternehmensbewertung 100
Abbildung 26: Allgemeiner Ablauf der Bewertung 105
Abbildung 27: Überblick über wesentliche Verfahren der Unternehmensbewertung 110
Abbildung 28: DCF-Verfahren 121

Abbildung 29: Unternehmensbewertung nach Multiplikatorverfahren 141

Abbildung 30: Vorgehensweise bei den Multiplikatorverfahren 143

Abbildung 31: EBIT-Multiplikatoren für KMU (Bandbreiten) 150

Abbildung 32: Zusammensetzung des Diskontierungsfaktors 157

Abbildung 33: Erweiterter Unternehmenswert 160

Abbildung 34: Prozeßschritte der Realoptionsbewertung 162

Abbildung 35: Optionsbewertungsverfahren im Überblick 164

Abbildung 36: Entwicklung eines Basisinstrumentes und der dazugehörigen Call Option 166

Abbildung 37: Entwicklung des Portfolios nach einer Periode 166

Abbildung 38: Angewandte Methoden der Erstbewertung von Finanzinvestoren 181

Abbildung 39: Ermittlung des Kalkulationszinssatzes von Private Equity-Gesellschaften 183

Abbildung 40: Verwendete Bewertungsverfahren (Eigenbefragung) 187

Abbildung 41: Kaufpreismultiplikatoren (EBITDA-Multiples) fremdfinanzierter Private Equity-Transaktionen im Zeitablauf 196

Tabellenverzeichnis

Tabelle 1: Ausgewählte quantitative Abgrenzungskriterien für KMU 7
Tabelle 2: Agency-Effekte bei Beteiligungsfinanzierungen 27
Tabelle 3: Beurteilung von Portfoliounternehmen zur Zusammenarbeit mit Finanzinvestoren 60
Tabelle 4: Auswirkungen des Leverage Effektes 63
Tabelle 5: Performance nach Private Equity-Fondstypen für unterschiedliche Zeiträume 67
Tabelle 6: Ermittlung des Kalkulationszinsfusses 119
Tabelle 7: Schema zur Ermittlung der Free Cash Flows 128
Tabelle 8: Gegenüberstellung von DCF-Verfahren 135
Tabelle 9: Gegenüberstellung von Ertragswert- und DCF-Verfahren 136
Tabelle 10: Equity-Value-Multiplikatoren 146
Tabelle 11: Überblick über Enterprise-Value-Multiplikatoren 148
Tabelle 12: Typen von Realoptionen 163
Tabelle 13: Parameter bei Realoptionen 170
Tabelle 14: Höhe des geforderten Kapitalisierungszinssatzes von Kapitalbeteiligungsgesellschaften in Abhängigkeit von der Finanzierungsphase 184
Tabelle 15: Anzahl Bewertungsmethoden von Finanzinvestoren 188
Tabelle 16: Bedeutung von Kriterien und Funktionen von Bewertungsverfahren 188
Tabelle 17: Hauptgründe für die Auswahl eines Bewertungsverfahrens 189
Tabelle 18: Parameter bei Anwendung des Multiplikatorverfahrens 190
Tabelle 19: Vor- und Nachteile der Multiplikatorverfahren 190
Tabelle 20: Parameter bei Anwendung der DCF-Verfahren 191
Tabelle 21: Gegenüberstellung von Bewertungsverfahren für Finanzinvestoren 192
Tabelle 22: Phasenspezifische Bedeutung der Bewertungsverfahren 194

Symbolverzeichnis

APV:	Adjusted Present Value
β:	Betafaktor
BG_{bU}:	Bezugsgröße des zu bewertenden Unternehmens
BG_{VU}:	Bezugsgröße des Vergleichsunternehmens
CF^e:	Cash Flows an die Eigentümer bei fiktiv reiner Eigenfinanzierung
CF^{EK}:	Erwartete Cash Flows der Eigentümer
DAX:	Deutscher Aktienindex
EA_T:	Eigentumsanteil des Finanzinvestors zum Zeitpunkt T
EA_0:	Zum Zeitpunkt 0 zu fordernder Eigentumsanteil des Finanzinvestors
EK:	Eigenkapital; Marktwert des Eigenkapitals
EW:	Ertragswert
FCF_t:	Free Cash Flows der Periode t
FK:	Fremdkapital; Marktwert des Fremdkapitals
FV_T:	Future Value zum Exitzeitpunkt T
g:	Wachstumsfaktor
GUW:	Gesamtunternehmenswert
i:	Kalkulationszinssatz; Fremdkapitalzinsfuss
k_{WACC}:	gewogener durchschnittlicher Kapitalkostensatz
k_{WACC}:	gewogener Kapitalkostensatz (WACC)
k_{EK}:	Eigenkapitalkostensatz
k_{FK}:	Fremdkapitalkostensatz
$KZ_{ZU,T}$:	Kennzahl i des Zielunternehmens zum Exitzeitpunkt T
M:	Multiplikator
MW_{bU}:	Marktwert des zu bewertenden Unternehmens
MW_{VU}:	Marktwert (Marktpreis) des Vergleichsunternehmens
MKZi,0:	Multiplikator auf Basis der Kennzahl i zum Bewertungszeitpunkt t = 0
$PV_{0,Post}$:	Present Value zum Zeitpunkt 0 (Post Money-Bewertung)
r_{EK}:	Eigenkapitalkosten; Erwartete Rendite der Eigentümer
R_{EK}:	Eigenkapitalrentabilität

r_{EK}^e:	Renditeforderung der Eigentümer bei reiner Eigenfinanzierung
RET:	Rentention Rate
r_f:	Risikoloser Zinssatz
R_{GK}:	Gesamtkapitalrentabilität
r_M:	Rendite des Marktportfolios
(r_M-r_f):	Marktrisikoprämie
R_t:	Zukunftserfolg der Periode t
RW_T:	Restwert nach Ablauf des Planungszeitraums
s:	Unternehmensbezogener Steuersatz
SW:	Substanzwert (Nettoreproduktionswert)
T:	Planungszeitraum
TCF:	Total Cash Flow
V^e:	Wert des Unternehmens bei fiktiv reiner Eigenfinanzierung
V:	Vermögen (zu Tageswerten)
WACC:	Weighted Cost of Capital

Anlagenverzeichnis

Anhang 1: Charakteristika zur Abgrenzung von KMU gegenüber Großunternehmen 201
Anhang 2: Quellen der Unternehmensfinanzierung 204
Anhang 3: Wesentliche Unterschiede zwischen Eigen- und Fremdkapital 205
Anhang 4: Charakteristika von Eigenkapital, Mezzanine- und Fremdkapital 206
Anhang 5: Gegenüberstellung verschiedener Mezzanine-Arten 207
Anhang 6: Fragebogen Finanzinvestoren 208

1 Einführung

1.1 Problemstellung und Ziel der Untersuchung

Die achte Plage: Heuschrecken *„Und am Morgen führte der Ostwind die Heuschrecken herbei. Und sie fraßen alles, was im Lande wuchs, und alle Früchte auf den Bäumen und ließen nichts Grünes übrig an den Bäumen und auf dem Felde."* Zweites Buch Mose Kapitel 10 [1]

Der Vergleich des SPD-Politikers Franz Müntefering, den er im April 2005 äußerte und in dem er Finanzinvestoren als Heuschrecken bezeichnete, die über Unternehmen herfallen, sie aussaugen, um dann weiterzuziehen, hat die in der Öffentlichkeit kontrovers geführte Diskussion über diese Gruppe von Financiers stark geprägt[2]. Kritisiert wird häufig die exzessive Renditeorientierung der Finanzinvestoren, hinter der Interessen des Gemeinwesens wie Arbeitnehmerinteressen zurückstehen müssen.[3] Dieser in der Öffentlichkeit teilweise sehr kritischen Einstellung stehen die Ergebnisse diverser Studien entgegen, die insgesamt eher positive Auswirkungen auf die Entwicklung der Portfoliounternehmen und auf die gesamte Volkswirtschaft durch Private Equity-finanzierte Unternehmen feststellen.[4]

Das Geschäftsmodell der Finanzinvestoren besteht darin, Unternehmen in ihrer Funktion als Finanzintermediär, Eigenkapital oder eigenkapitalähnliche Mittel im Rahmen von Beteiligungsfinanzierungen zur Verfügung zu stellen[5]. Eine wichtige Zielgruppe für solche Kapitalbeteiligungsgesellschaften stellen mittelständische Unternehmen dar, die in Deutschland häufig über eine geringe Eigenkapitalausstattung[6] verfügen. Durch die anstehenden Veränderungen auf den Finanzmärkten, auch bedingt durch die Regelungen des Baseler Ausschusses für Bankenaufsicht (Stichwort „Basel II") sowie unternehmerischen Herausforderungen, die aus der Globalisierung oder der Finanz- und Wirtschaftskrise resultieren, werden sich mittelständische Unternehmen künftig weiter alternativen Möglichkeiten der Eigenkapitalstärkung wie auch Beteiligungskapital öffnen müssen[7].

Die gesamtwirtschaftliche Bedeutung von Beteiligungskapital zeigt sich insbesondere durch die Versorgung mittelständischer Unternehmen mit Wachstums-

---

1 Die Bibel (1999): S. 63

2 Vgl. o.V. (2005a): o.S.

3 Vgl. Thum, O. / Timmreck, C. / Keul, T. (2008): S. 1

4 Vgl. bspw. die Studie von Frommann, H. / Dahmann, A. (2005). Einen aktuellen Überblick über weitere Studien zu den wirtschaftlichen Auswirkungen von Private Equity auf die Portfoliounternehmen gibt Saggau, M. (2007).

5 Vgl. bspw. Kussmaul, H. / Richter, L. (2000): S. 1156

6 Vgl. Niederdrenk, R. (2003): S. 22

7 Vgl. Lohneiß, H. (2002): S. 25

finanzierungen, womit Expansions- oder Innovationsvorhaben durch die Bereitstellung von Risiko tragendem Kapital ermöglicht werden und durch die Erzielung von Wirtschaftswachstum Arbeitsplätze geschaffen werden sollen[8]. Ein weiterer bedeutender Finanzierungsanlass von Beteiligungskapital besteht in der Finanzierung von Unternehmenskäufen beispielsweise aufgrund von Nachfolgeregelungen, wo es in Deutschland aufgrund einer Vielzahl von zum Verkauf stehenden Unternehmen Potentiale gibt[9]. Weitere Beteiligungsfinanzierungen erfolgen bei Konzernabspaltungen, im Vorfeld von Börsengängen oder zur Überwindung von Unternehmenskrisen[10].

Nachdem die Private Equity-Industrie in den Jahren 2003 bis 2007 – auch aufgrund günstiger konjunktureller und finanzmarktwirtschaftlicher Rahmenbedingungen - stark expandierte, befindet sich die Branche seit Ausbruch der Finanz- und Wirtschaftskrise 2008 in einer schweren Krise. Viele Private Equity Fonds müssen erhebliche Wertberichtigungen auf ihre Portfoliounternehmen bilden, andere erwarten eine überdurchschnittlich hohe Insolvenzquote unter ihren Beteiligungsunternehmen.[11] Verstärkend wirkt sich hierbei aus, dass Private Equity-finanzierte Unternehmen wegen des Leverage Effektes[12] typischerweise mit sehr hohen Bankkrediten finanziert wurden, deren Bedienbarkeit mit Zins und Tilgungen in rezessiven Konjunkturphasen schwierig ist und wenig Puffer für die Fortentwicklung der Portfoliounternehmen lässt.[13]

Primäre Zielsetzung von Finanzinvestoren[14] ist die Erzielung einer dem unternehmerischen Risiko adäquaten Rendite für das ihnen von Investoren zur Verfügung gestellte Kapital. Die vergleichsweise hohen Zielrenditen sollen insbesondere aus dem späteren Verkauf der erworbenen Unternehmen realisiert werden. Teil der Beteiligungsfinanzierung ist das Bestreben, den Wert des Partnerunternehmens in der Beteiligungsphase zu steigern. Auf Basis einer umfangreichen Analyse vor Einstieg[15] werden hierfür neben dem erforderlichen Kapital während der Finanzierungslaufzeit weitere Dienstleistungen, wie Management-

---

8 Vgl. Betsch, O. / Groh, A. P. / Schmidt, K. (2000): S. 39 ff.

9 Vgl. Kayser, J. (2004): S. 32, 33

10 Vgl. Leopold, G. / Fromman, H. / Kühr, T. (2003): S. 21 - 31

11 Vgl. Heilmann, D. (2009): S. 1

12 Der *Leverage-Effekt* bezeichnet eine Verbesserung der Eigenkapitalrendite über die Erhöhung des Verschuldungsgrades, die theoretisch erreichbar ist, solange die Gesamtkapitalrendite höher ist als der Fremdkapitalzins. Vgl. Mittendorfer, R. (2004): S. 238. Vgl. zum Leverage Effekt auch die Ausführungen in Kapitel 2.7.4 der Arbeit.

13 Vgl. o.V. (2009a), S. 20

14 Neben den renditeorientierten Gesellschaften existieren Anbieter von Beteiligungskapital, die zusätzlich das Ziel der Wirtschaftsförderung anstreben. Siehe hierzu die Ausführungen in Kapitel 2.3.1.

15 Vgl. zu der Beteiligungsprüfung durch Finanzinvestoren u.a. Voigt, S. (2005)

unterstützung, Beratungsleistungen oder die Bereitstellung von Netzwerkkontakten, seitens des Finanzinvestors zur Verfügung gestellt.[16]

Im Prüfungs- und Entscheidungsprozess vor dem Eingehen einer Beteiligung stellt sich für den Finanzinvestor die zentrale Frage nach dem angemessenen Preis, der für eine Beteiligung zu entrichten ist. Hierfür liefert die Unternehmensbewertung die notwendige Entscheidungsbasis[17]. Die große Bedeutung der Bewertungsverfahren für Finanzinvestoren zeigt sich auch aus der Tatsache, dass diversen Studien zur Folge mindestens die Hälfte der Unternehmenstransaktionen die angestrebten Ziele nicht erreicht. Einer der Hauptgründe für das Scheitern ist die Ermittlung von unrealistischen Unternehmenswerten sowie die Annahme optimistischer Potentiale zur Renditesteigerung.[18] Daneben dienen Unternehmensbewertungen dazu Wertsteigerungspotentiale einzuschätzen, alternative Strategien zu beurteilen und zukünftige Marktpreise bei Verkauf zu prognostizieren. Somit stellt die „richtige" Unternehmensbewertung für das Geschäftsmodell von Finanzinvestoren und deren Leistungsfähigkeit einen zentralen Erfolgsfaktor dar.[19]

In der betriebswirtschaftlichen Literatur werden verschiedene Bewertungsverfahren besprochen, die grundsätzlich bei einem Kauf von Unternehmen oder Unternehmensteilen anwendbar sind. Zu nennen sind hier insbesondere das in Deutschland häufig angewandte Ertragswertverfahren und die aus dem angelsächsischen Raum stammenden Discounted Cash Flow-(DCF-)Methoden. Daneben werden in der jüngeren Literatur Realoptionsansätze diskutiert. In der Praxis werden ebenfalls vereinfachte Methoden, vor allem Multiplikatorverfahren oder die Venture Capital-Methode, angewendet[20]. Somit stellt sich die Frage, welches oder welche Verfahren sich im Hinblick auf die Zielsetzungen und das Geschäftsmodell der Finanzinvestoren zur Beurteilung mittelständischer Unternehmen eignen.

Zielsetzung dieser Arbeit ist es, im Rahmen einer kritischen Auseinandersetzung mit verschiedenen Methoden der Unternehmensbewertung deren Anwendbarkeit in Bewertungssituationen, die sich im Zusammenhang mit der Beteiligung und Finanzierung von Finanzinvestoren an mittelständischen Unternehmen ergeben, zu überprüfen und daraus Handlungsempfehlungen für Private Equity-Gesellschaften abzuleiten.

---

16 Vgl. bspw. Sapienza, H. / Manigart, S. / Vermeir, W. (1996)

17 Vgl. Schacht, U. / Fackler, M. (2005): S. 5

18 Vgl. Brösel, G. / Hauttmann, R. (2007): S. 223

19 Vgl. Gleißner, W. / Schaller, A. (2008): S. 19

20 Vgl. zu den Verfahren der Unternehmensbewertung die Ausführungen in Kapital 3 dieser Arbeit.

1.2 Vorgehensweise und Abgrenzung des Untersuchungsfeldes

In der vorliegenden Arbeit werden die in der Literatur vorgeschlagenen und in der Praxis verwendeten Verfahren auf ihre Eignung zur Unternehmensbewertung für mittelständische Unternehmen aus der spezifischen Sichtweise von Finanzinvestoren untersucht. Der gewählte Aufbau ist in Abbildung 1 dargestellt.

Um unterschiedliche Bewertungsmethoden auf ihre Eignung für Finanzinvestoren analysieren zu können, ist es erforderlich, Anforderungen und Kriterien für derartige Verfahren herauszuarbeiten. Hierfür bedarf es der Auseinandersetzung mit dem Geschäftsmodell und den Zielsetzungen der Finanzinvestoren.

Im folgenden Kapitel 1.3 werden zunächst die für das Thema der Arbeit grundlegenden Begriffe Mittelstand, Finanzinvestor und Unternehmensbewertung definiert und abgegrenzt.

Kapitel 2 beschäftigt sich mit dem Geschäftsmodell der Finanzinvestoren. Nach Darstellung grundlegender Aspekte und einer Einordnung dieser Finanzierungsform in die Finanzierungstheorie werden Anbieter, Anlässe, der Prozess der Beteiligungsfinanzierung sowie die Funktionen und Zielsetzungen von Kapitalbeteiligungsgesellschaften untersucht.

In Kapitel 3 wird die Unternehmensbewertung durch Finanzinvestoren behandelt. Hierbei wird zunächst auf die Bedeutung für Finanzinvestoren eingegangen. Dann werden Grundsätze und Anforderungen an die Unternehmensbewertung aus der spezifischen Sicht von Finanzinvestoren für mittelständische Unternehmen untersucht. Anschließend werden die in der Literatur vorgeschlagenen Verfahren dargestellt und auf ihre Eignung für die spezielle Gruppe der Finanzinvestoren hin kritisch beleuchtet.

Darauf aufbauend untersucht Kapitel 4, welche Verfahren von Finanzinvestoren in der Praxis angewendet werden. Neben der Analyse von bestehenden empirischen Untersuchungen wird hierfür eine eigene Befragung ausgewertet. Desweiteren werden basierend auf den erarbeiteten Erkenntnissen Handlungsempfehlungen für die Private Equity-Industrie aufgezeigt, die bei der Bewertung der Zielunternehmen beachtet werden sollten. Kapitel 5 beinhaltet eine abschließende Einschätzung und einen Ausblick.

Im Rahmen der Arbeit werden Verfahren der Unternehmensbewertung von deutschen Finanzinvestoren besprochen, die in etablierte mittelständische Unternehmen investieren, wobei der Fokus auf die Bewertung im Rahmen des Eingehens einer Beteiligung gelegt wird. Auf Verfahren der Unternehmensbewertung für junge Unternehmen, wie sie vorwiegend Venture Capital-Gesellschaften anwenden, wird nicht näher eingegangen.[21]

---

21 Siehe zur Bewertung speziell junger Unternehmen im Venture Capital-Geschäft insbesondere „Bewertung von Wachstumsunternehmen". Vgl. Rudolf, M. / Witt, P. (2002); „Bewertung junger Unternehmen". Vgl. Hayn, M. (2000) und „Unternehmensbewertung im Venture Capital-Geschäft". Vgl. Wipfli, C. (2001).

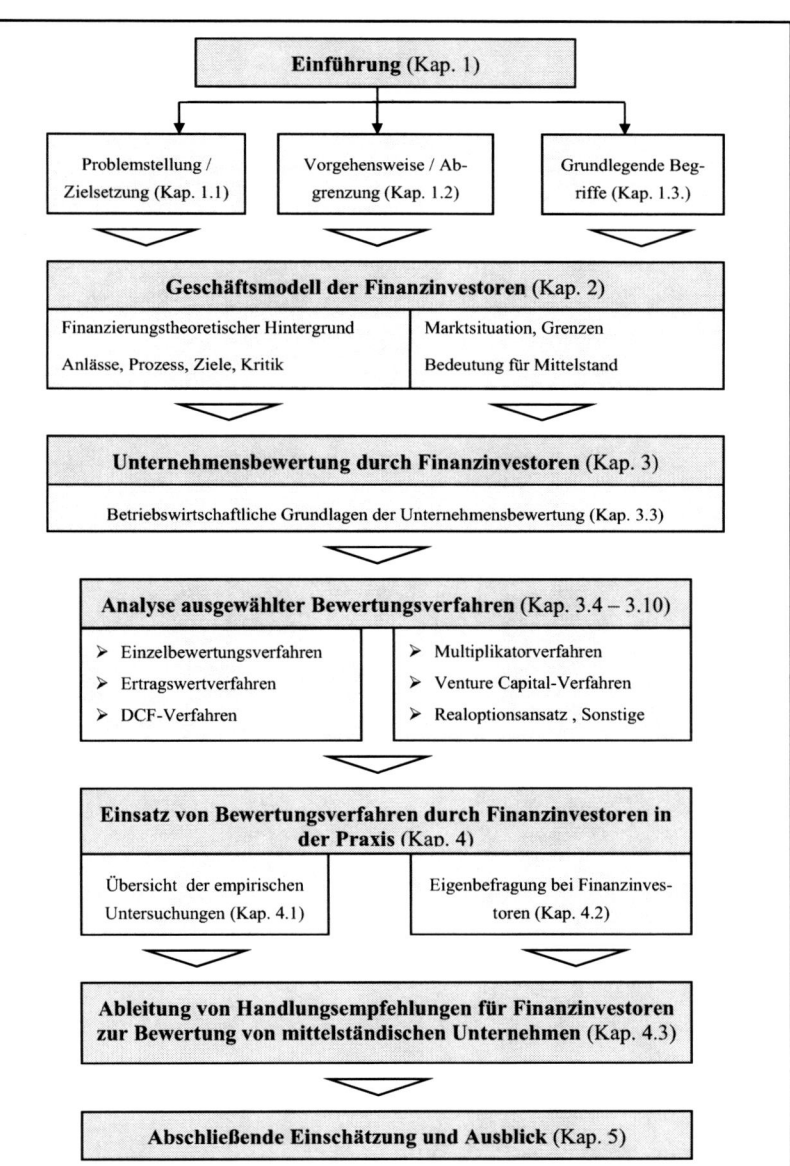

Abbildung 1: Aufbau der Arbeit (Eigene Darstellung)

1.3 Klärung grundlegender Begriffe und Sachverhalte

1.3.1 Mittelstand

Eine zentrale Zielgruppe von Finanzinvestoren sind mittelständische Unternehmen[22]. Im Hinblick auf das Thema dieser Arbeit wird zunächst aufgezeigt, welche Unternehmenstypen als *„mittelständisch"* anzusehen sind und welche Charakteristika diese Gruppe kennzeichnen. Die jeweiligen Anlässe für Beteiligungsfinanzierungen mittelständischer Unternehmen werden in Kapitel 2.5 dargestellt, die spezifische Bedeutung von Beteiligungskapital wird in Kapitel 2.11 behandelt.

1.3.1.1 Definitorische Abgrenzung mittelständischer Unternehmen

Der Begriff des *mittelständischen Unternehmens* ist ausschließlich in Deutschland gebräuchlich. In allen übrigen Ländern spricht man von *kleinen und mittleren* Unternehmen („KMU") und meint in aller Regel einen rein statistisch definierten Teil der Gesamtwirtschaft. Im deutschen Sprachgebrauch deckt der Begriff „Mittelstand" diesen statistisch dokumentierbaren Bereich zwar ab, geht inhaltlich aber darüber hinaus[23]. Mittelständische Unternehmen oder KMU`s sind vor allem durch eine besondere Vielzahl ihrer Ausprägungen gekennzeichnet, wodurch eine differenzierte Betrachtung notwendig wird[24]. Hieraus lässt sich auch die Tatsache erklären, dass es für den Begriff Mittelstand keine gesetzliche oder allgemein gültige Definition gibt. Vielmehr existieren zahlreiche Begriffsbestimmungen, die voneinander abweichen können[25]. Die Annäherung an eine Definition von mittelständischen Unternehmen erfolgt in der Literatur zumeist über *„quantitative"* und *„qualitative"* Kriterien[26]. Hierbei werden verschiedene quantitative Merkmale benutzt, um Unternehmen auf der Basis fester Zahlenwerte bestimmten Unternehmensgrößenklassen zuzuordnen. Als Kriterien dienen dabei in der Regel betriebswirtschaftliche Kennziffern, die z.B. dem Jahresabschluss entnommen werden können. Häufig werden der Umsatz und die Mitarbeiterzahl als Schwellenwerte verwendet, seltener auch die Bilanzsumme oder der Marktanteil.[27]

Für die *quantitative* Abgrenzung von kleinen und mittelständischen Unternehmen gegenüber Großunternehmen gibt es bislang weder in der Theorie noch in der Praxis eine einheitliche Definition. Nachfolgend sind die Unterscheidungen verschiedener ausgewählter Institutionen dargestellt[28]:

---

22 Vgl. Nolte, B. / Nolting, R. / Stummer, F. (2002): S. 344
23 Vgl. Günterberg, B. / Wolter, H.-J. (2002): S. 1 f.
24 Vgl. Kramer, K.-H. (1999): S. 2
25 Vgl. ZfgK (Hrsg.) (1999): S. 1337
26 Vgl. Laurenz, N. (2007): S. 3 f.
27 Vgl. Behringer, S. (2004): S. 6
28 Vgl. Berens, B. / Högemann, B. / Segbers, K. (2005): S. 9

Größe	IfM	EU-Kommission	§267 HGB
Kleinst	-	Mitarbeiter < 10 Umsatz < € 2 Mio. Bilanzsumme < € 2 Mio.	-
Klein	Mitarbeiter < 10 Umsatz < € 1 Mio.	Mitarbeiter 10 – 49 Umsatz € 2 – 10 Mio. Bilanzsumme € 2 - 10 Mio.	Mitarbeiter bis 50 Umsatz bis € 9,680 Mio. Bilanzsumme bis € 4,840 Mio.
Mittel	Mitarbeiter 10 – 499 Umsatz < € 50 Mio.	Mitarbeiter 50 – 249 Umsatz € 10 – 50 Mio. Bilanzsumme € 10 - 43 Mio.	Mitarbeiter 51 – 250 Umsatz € 9,680 – 38,500 Mio. Bilanzsumme € 4,840 – 19,250 Mio.
Groß	Mitarbeiter ≥ 500 Umsatz ≥ € 50 Mio.	Mitarbeiter ≥ 250 Umsatz ≥ € 50 Mio. Bilanzsumme ≥ € 43 Mio.	Mitarbeiter > 250 Umsatz > € 27,5 Mio. Bilanzsumme > € 13,75 Mio.

Tabelle 1: Ausgewählte quantitative Abgrenzungskriterien für KMU
Quelle: In Anlehnung an Berens, B. / Högemann, B. / Segbers, K. (2005): S. 9

Das Bundesministerium für Wirtschaft und Technologie als das für die Mittelstandspolitik des Bundes zuständige Ressort verzichtet - wegen der Vielfalt der Unternehmensgruppen und deren stetigem Wandel - auf eine verbindliche, durch feste Grenzen eingeengte Mittelstandsdefinition[29]. Ministerien und Wirtschaftsverbände benutzen ebenfalls keine starre Festschreibung des Mittelstandsbegriffs, um der Heterogenität im Mittelstand Rechnung zu tragen und folgen der Definition des Instituts für Mittelstandsforschung IfM Bonn, die in Deutschland häufig Verwendung findet[30]. Diese nutzt als Differenzierungs-Kriterien die Anzahl der Beschäftigten sowie den Umsatz des Unternehmens. Das IfM weist jedoch darauf hin, dass ggf. zusätzlich *qualitative* Aspekte zu berücksichtigen sind. Anhand dieser Merkmale werden Unternehmensgrößenklassen gebildet, wonach kleine und mittlere sowie große Unternehmen unterschieden werden können. Demnach wird von Großunternehmen im Vergleich zu einem KMU gesprochen, wenn der Jahresumsatz EUR 50 Mio. überschreitet und die Mitarbeiterzahl über 500 Beschäftigen liegt. Eine branchenspezifische Unterscheidung der Größenausprägungen wird mittlerweile nicht mehr vorgenommen.[31]

---

29 Vgl. IfM (Hrsg.) (2002): Unternehmensgrößenstatistik 2001/2002, S. 4
30 Vgl. ebenda, S. 4 f.
31 Vgl. IfM (Hrsg.) (2007)

Die *Kommission der Europäischen Union* (EU-Kommission) verwendet ihre aktuelle Definition seit dem 01. Januar 2005. Hiernach werden Schwellenwerte für die Anzahl der Mitarbeiter, den Umsatz und die Bilanzsumme sowie Kriterien bezüglich der Unabhängigkeit festgelegt, auf deren Grundlage die Einstufung als KMU erfolgt. Diese KMU-Definition ist ein wichtiges Instrument bei der Eingrenzung des Empfängerkreises für EU-Förderprogramme. Ein Unternehmen gilt demnach grundsätzlich nicht als KMU, wenn 25% oder mehr seines Kapitals oder seiner Stimmrechte direkt oder indirekt von einer oder mehreren öffentlichen Stellen oder Körperschaften des öffentlichen Rechts einzeln oder gemeinsam kontrolliert werden. [32]

Das *Handelsgesetzbuch* (HGB) beinhaltet ebenfalls eine eigene KMU-Definition in Abgrenzung zu Großunternehmen. Allerdings bezieht sich der §267 HGB "Umschreibung von Größenklassen" ausschließlich auf Kapitalgesellschaften. Die mit der Klassifizierung als kleine, mittelgroße oder große Kapitalgesellschaft verbundenen Rechtsfolgen treten nur ein, wenn zwei der drei Merkmale an den Abschlussstichtagen von zwei aufeinander folgenden Geschäftsjahren jeweils unter- oder überschritten werden. [33]

Die *qualitativen* Abgrenzungsmerkmale beschreiben im Allgemeinen Besonderheiten von mittelständischen Unternehmen, die sie hinsichtlich ihres Wesens von den Großunternehmen unterscheiden[34]. In der einschlägigen Literatur finden sich umfangreiche Merkmalskataloge[35] mit einer Vielzahl von unterschiedlichen Ansätzen, die im Hinblick auf ihre Eignung häufig kontrovers diskutiert werden[36] (Siehe hierzu auch die Übersicht in Anhang 1). Ein zentrales Kriterium ist die enge Verbindung von Unternehmen und Inhaber, die sich typischerweise in folgenden Aspekten konkretisiert:

a) Einheit von Eigentum, Leitung, Haftung und Risiko, d.h. in der Verbindung von wirtschaftlicher Existenz des Unternehmens und seiner Leitung, sowie in der

b) verantwortlichen Mitwirkung der Leitung an allen unternehmenspolitisch relevanten Entscheidungen.[37]

Aus der Einheit von Unternehmen und Unternehmer resultiert die unmittelbare Einwirkung der Leitung auf alle strategisch bedeutsamen Vorgänge und Entscheidungen. Das hat Konsequenzen für die Beziehung zwischen Mitarbeitern und Führung, die Art der Organisation, die Art der Entscheidungsfindung, die

---

32 Vgl. Kommission der Europäischen Union (Hrsg.) (2007)

33 Vgl. § 267 HGB

34 Vgl. Brockhaus, M. (2002): S. 19

35 Vgl. bspw. den umfangreichen Merkmalskatalog von Pfohl, H.-C. / Kellerwessel, P. (1990): S. 17

36 Vgl. Mugler, J. (1999): S. 20

37 Vgl. IfM (Hrsg.) (2002): S. 3

Finanzierung, das Verhalten am Markt und die Beziehungen zwischen dem Unternehmen und seinem Umfeld[38].

Für den weiteren Gang der Untersuchung gelten für mittelständische Unternehmen folgende Abgrenzungskriterien:

a) *Rechtliche Selbstständigkeit*, womit reine Filialen oder Betriebsstätten ausgeschlossen sind.

b) *Wirtschaftliche Selbstständigkeit*, so dass Unternehmen ausgeschlossen sind, deren Eigenkapital sich zu einem maßgeblichen Anteil in Händen von Dritten, beispielsweise Konzernen, befindet.

c) *Identität von Inhaberschaft und Unternehmensleitung*: Das Unternehmen muss nicht (formell) ausschließlich von Eigentümern geleitet werden. Entscheidend ist der faktische Einfluss der Anteilseigner bspw. mit Hilfe von Aufsichtsrats- oder Beiratsmandaten[39].

Die dargestellten zahlenmäßigen Abgrenzungen mittelständischer Unternehmen von anderen Unternehmenstypen sind für die Bereitstellung von Beteiligungskapital jedoch nicht entscheidend. Sie bezeichnen Obergrenzen für die Inanspruchnahme staatlicher Förderprogramme bei der Beschaffung von Risikokapital[40]. Finanzinvestoren differenzieren bei der Zielgruppe ihrer Partnerunternehmen pragmatisch mit fließenden Grenzen sowie im Rahmen ihrer Geschäftsstrategie[41]. Für diese Untersuchung werden die Begriffe mittelständische Unternehmen, kleine und mittlere Unternehmen (KMU) und Mittelstand synonym verwendet.

1.3.1.2 Gesamtwirtschaftliche Bedeutung des Mittelstandes

Die Bedeutung mittelständischer Unternehmen als „Rückgrat" oder „Motor" in modernen Volkswirtschaften ist unbestritten[42]. Unter Zugrundelegung der IfM-Definition nimmt der Mittelstand gegenüber den Großunternehmen eine dominierende Stellung ein. Im Jahr 2008 existierten in Deutschland 3,62 Mio. mittelständische Unternehmen (99,7% aller umsatzsteuerpflichtigen Unternehmen) mit rund 20,9 Mio. Beschäftigten, die

a) 37,5% aller steuerpflichtigen Umsätze erzielten,

b) rund 71% aller Arbeitnehmer beschäftigen und

---

38 Vgl. IfM (Hrsg.) (2002): S. 3,4

39 Vgl. Kramer, K.-H. (1999): S. 18

40 Die praktische Mittelstandspolitik kommt bei der Ausgestaltung bestimmter Förderprogramme nicht ohne unternehmensgrößenspezifische Festlegungen aus. Beispielhaft wird auf die Programme zur Mittelstandsförderung der Kreditanstalt für Wiederaufbau (KfW) verwiesen, die unter http://www.kfw.de abgefragt werden können.

41 Vgl. Leopold, G. / Fromman, H. / Kühr, T. (2003): S. 9

42 Vgl. Brockhaus, M. (2002): S. 21

c) rund 83% aller Lehrlinge ausbilden[43].

Mittelständische Unternehmen tragen mit rund
   a) 47,2% zur Nettowertschöpfung aller Unternehmen bei und
   b) tätigen 51,5% aller Bruttoinvestitionen[44].

Dem Mittelstand werden neben den aufgezeigten positiven Beschäftigungsaspekten weitere wichtige gesamtwirtschaftliche Funktionen zugesprochen: So spielt er eine wichtige Rolle bei der laufenden Anpassung der Wirtschaftsstruktur an veränderte Umweltbedingungen[45]. Der schöpferische Prozess der Neugründung und Auflösung von Unternehmen findet überwiegend in diesem Segment statt. Des Weiteren wirken Motivation, Kreativität und Leistungsbereitschaft vieler Eigentümerunternehmen oft als Innovationsmotor der Wirtschaft[46]. Ferner kommt dem Mittelstand eine wichtige ordnungspolitische Rolle zu, indem er mit seinem Leistungspotential den Konzentrations- und Monopolisierungstendenzen in der Ökonomie entgegenwirkt und von daher als Träger des freien Wettbewerbs gilt[47].

1.3.1.3 Abgrenzung von anderen Unternehmenstypen

Die Gruppe der mittelständischen Unternehmen lässt sich – auch im Hinblick auf deren Finanzierungserfordernisse – einerseits in *etablierte* bzw. *traditionelle* Mittelstandsunternehmen und andererseits in *junge Wachstumsunternehmen* unterscheiden[48]. Die Abgrenzung beider Teilgruppen ist fließend: Tendenziell liegt ein *etabliertes* mittelständisches Unternehmen vor, wenn bereits ein Kundenstamm und ein fester Marktanteil bestehen sowie wenn der Bekanntheitsgrad hoch ist. Ein *etabliertes* Unternehmen befindet sich bezogen auf seinen Lebenszyklus in der fortgeschrittenen Expansions-, der Reife- oder Sättigungsphase. Ein *junges Wachstumsunternehmen* ist in der Aufbauphase oder am Anfang der Wachstumsphase. Der Geschäftsschwerpunkt liegt noch auf dem Unternehmensaufbau oder auf der Erweiterung der Produktionskapazitäten[49].

Im Rahmen dieser Arbeit werden Verfahren der Unternehmensbewertung für die Gruppe der *etablierten Mittelstandsunternehmen* untersucht, auf die sich Finanzinvestoren schwerpunktmäßig konzentrieren.

---

43 Vgl. IfM (Hrsg.) (2007/2008): Schlüsselzahlen des Mittelstandes in Deutschland 2007 / 2008, S.1

44 Vgl. ebenda, S. 1 f.

45 Vgl. Bernet, B. / Denk, C. L. (2000): S. 22

46 Vgl. ebenda, S. 22

47 Vgl. Kramer, K.-H. (1999): S. 20

48 Vgl. Lüpken, S. (2003): S. 12

49 Vgl. BVK (Hrsg.) (2005a): S. 7 f.

1.3.2 Finanzinvestoren

Finanzinvestoren sind spezialisierte Finanzintermediäre, die Unternehmen Beteiligungskapital gewähren, indem sie sich an Unternehmen beteiligen oder diesen eigenkapitalähnliche Finanzierungsmittel zur Verfügung stellen[50]. Im Rahmen der Finanzierung werden von diesen Kapitalgebern keine strategischen, sondern hauptsächlich finanzielle Motive verfolgt. [51]

Finanzintermediäre sind allgemein Institutionen, die im Rahmen von Finanzbeziehungen in eigenständige Vertragsverhältnisse mit Investoren einerseits und Eigen- und Fremdkapitalnehmern andererseits eintreten[52]. Dazu nehmen die Intermediäre Zahlungsmittel von Kapitalanbietern / Investoren entgegen und stellen diese kapitalnachfragenden Unternehmen zur Verfügung, was auch als *Private Equity-Cycle* bezeichnet wird.[53] Somit werden durch die Intermediation *direkte* durch *indirekte* Finanzbeziehungen ersetzt (Vgl. Abb. 2)[54].

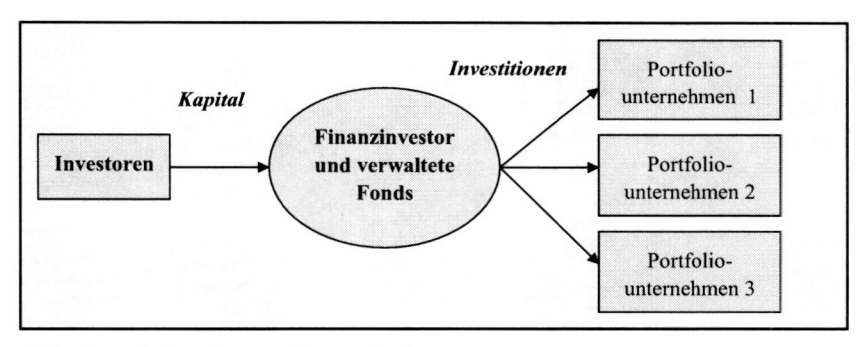

Abbildung 2: Der Private Equity-Cycle
Quelle: In Anlehnung an Sonndorfer, T. (2007): S. 14

In der Finanzierungspraxis und in der Literatur finden sich in diesem Zusammenhang neben der Bezeichnung *Beteiligungskapital* die Begriffe „Risikokapital", „Wagniskapital", „Venture Capital" und „Private Equity"[55]. Der Begriff Risikokapital wird in der Literatur weiter gefasst als der Begriff Beteiligungskapital[56]: Unter *Risikokapital* werden alle Formen von Haftkapital in Unter-

---

50 Vgl. Fischer, C. / Rudolph, B. (2000): S. 374

51 Vgl. Kaserer, C. / Achleitner, A.-K. / von Einem, C. / Schiereck, D. (2007): S. 13

52 Vgl. Gerke, W. / Pfeufer, G. (1995): Sp. 728

53 Vgl. BVK (Hrsg.) (2005a): S. 5

54 Vgl. Bitz, M. (1989): S. 430 f.

55 Vgl. Geigenberger, I. (1999): S. 1 f.

56 Vgl. Albach, H. (1983): S. 6

nehmen (also auch Beteiligungskapital) subsumiert, jedoch erfolgt keine trennscharfe Abgrenzung zu anderen Finanzierungsformen. Der Bezeichnung *Wagniskapital* kann die Bereitstellung von Beteiligungskapital prinzipiell gleichgesetzt werden, jedoch impliziert dieser Begriff eine einseitige Betonung des Risikos gegenüber den Chancen[57].

Als gängige Synonyme für den deutschen Begriff „Beteiligungskapital" werden häufig die Bezeichnungen „Venture Capital" und „Private Equity" angewendet[58]. Beide Begriffe stammen aus den USA und haben sich mittlerweile weltweit durchgesetzt.[59] Die Bezeichnung *Private Equity* findet zum einen als Oberbegriff für sämtliche Formen von Beteiligungskapital (einschließlich Venture Capital und Mezzanine Capital) Verwendung, zum anderen auch als spezifische Finanzierungsform - in Abgrenzung zu Frühphasenfinanzierungen – in reiferen Unternehmen, die sich in späteren Entwicklungsphasen befinden[60].

Dieses „private (private) Eigenkapital (Equity)" kann von öffentlichen oder privaten institutionellen Investoren, bspw. Banken, Versicherungen, Pensionsfonds oder von vermögenden Privatpersonen, stammen[61] und grenzt sich zu „Public Equity" ab, worunter man Eigenkapital, das auf organisierten Kapitalmärkten gehandelt wird, versteht.[62] Im Unterschied zu Private Equity bezeichnet *Venture Capital* Eigenkapital für kleine und mittlere Unternehmen, die aufgrund einer besonderen Technologie oder eines innovativen Konzeptes das Potential für ein überdurchschnittliches Umsatz- und Gewinnwachstum aufweisen.[63]

In den Begriff des *Finanzinvestors* werden in Literatur und Praxis neben Private Equity- und Venture Capital-Gebern auch *Hedge Fonds* einbezogen[64]. Für diese Investorengruppe existiert keine Legaldefinition[65]. Wirtschaftlich betrachtet handelt es sich bei Hedge Fonds um meist kurzfristig orientierte Investoren, die zur Verfügung stehendes Kapital überwiegend in liquide und kürzerfristige Anlageformen investieren, welche an organisierten Kapitalmärkten gehandelt werden (z.B. Aktien, Anleihen oder derivative Finanzinstrumente).

---

57 Vgl. Leopold, G. / Frommann, H. / Kühr, T. (2003): S. 3

58 Vgl. u.a. Kussmaul, H. / Richter, L. (2000): S. 1156

59 Vgl. Leopold, G. / Frommann, H. / Kühr, T. (2003): S. 3 ff.

60 Vgl. BVK (Hrsg.) (2007a)

61 Vgl. Eckstaller, C. / Huber-Jahn, I. (2006): S. 11

62 Vgl. Kaserer, C. / Achleitner, A.-K. / von Einem, C. / Schiereck, D. (2007): S. 14

63 Vgl. Jesch, T. A. (2004): S. 21

64 Vgl. Brebeck, R. / Kohtes, W. / Schönbeck, T. (2005): S. 86

65 Der Gesetzgeber hat mit dem Investmentmodernisierungsgesetz (InvModG) zum 01.01.2004 erstmals rechtliche Rahmenbedingungen für Hedge Fonds geschaffen, die in den §§ 112 – 120 des Investmentgesetzes (InvG) kodifiziert sind. Diese Regelungen beinhalten jedoch keine rechtliche Definition von Hedge Fonds. Vgl. dazu Wallach, E. (2004)

Zielsetzung dieser Investorengrupe ist, durch Ausnutzung von Fehlbewertungen Überrenditen zu erzielen, die von der Marktentwicklung unabhängig sind.[66] Von diesen „reinen" Finanzinvestoren, deren Zielsetzung die Realisierung einer angemessenen finanziellen Rendite ist, sind weitere Investorengruppen, die Eigenkapitalfinanzierungen leisten, abzugrenzen. Hierunter fallen *Business Angels*, *Inkubatoren* und *Corporate Venture-Capitalisten* die neben der Renditeerzielung weitergehende strategische und persönliche Ziele verfolgen[67]. Bei den *Business Angels* handelt es sich um vermögende und als Unternehmer erfahrene Privatpersonen, die ihr Kapital, Know-How und Geschäftsverbindungen jungen Unternehmen zur Verfügung stellen[68]. *Inkubatoren* bieten sehr jungen Unternehmen neben Zugang zu Kapital die benötigte Infrastruktur, Expertise und Kontakte, um ein neues Unternehmen starten zu können[69]. Unter *Corporate Venture Capital* versteht man Eigenkapital, das von etablierten Großunternehmen oder Konzernen in junge Technologieunternehmen investiert wird. Neben einer Renditekomponente steht bei dieser Finanzierungsform die Erzielung eines strategischen Mehrwertes für den Mutterkonzern im Vordergrund[70].

Im Rahmen dieser Arbeit werden *reine Finanzinvestoren*, die ihren Investitionsfokus auf *etablierte mittelständische* Unternehmen legen, also nach der jüngeren Literaturmeinung *Private Equity-Gesellschaften*, betrachtet. Die Bezeichnungen Private Equity-Gesellschaft (PEG), Kapitalbeteiligungsgesellschaft (KBG) oder Beteiligungsgesellschaft (BG) werden im Rahmen der Arbeit synonym verwendet.

1.3.3 Bewertung von Unternehmen

1.3.3.1 Betriebswirtschaftliche Werttheorien

Gegenstand der Unternehmensbewertung ist die Ermittlung des *Wertes* von *Unternehmen*. Der Begriff „Unternehmen" wird in diesem Zusammenhang wirtschaftlich und nicht rechtlich abgegrenzt[71]. So ist nach dem Wirtschaftsprüfer-Handbuch[72] „immer das nach wirtschaftlichen Kriterien definierte Bewertungsobjekt" für die Unternehmensbewertung maßgeblich.

Die Literatur unterscheidet zwischen einer *objektiven* und einer *subjektiven* Werttheorie[73]. Zielsetzung der *objektiven* Werttheorie ist es, „den objektiven

---

66 Vgl. Kaserer, C. / Achleitner, A.-K. / von Einem, C. / Schiereck, D. (2007): S. 13

67 Vgl. Rudolph, B. / Fischer, C. (2000): S. 54 f.

68 Vgl. Geigenberger, I. (1999): S. 29

69 Vgl. Grabherr, O. / Matzka, K. / Ambacher, H. (2002): S. 34

70 Vgl. Tümpen, M. (2001): S. 37

71 Vgl. Ballwieser, W. (2004): S. 6

72 IDW (Hrsg.) (2002): S. 24

73 Vgl. Peemöller, V. H. (2001): S. 3 - 7

Nutzen eines Unternehmens festzustellen, unabhängig von den verschiedenen Interessenlagen von Käufer und Verkäufer"[74]. Da hierbei von dem eigentlichen Bewertungsanlass und den Interessen des Käufers und Verkäufers abstrahiert wird, existiert demzufolge nur ein einziger Unternehmenswert[75]. Nach dieser Auffassung ist der Wert ein dem Unternehmen innewohnendes Merkmal, das objektiv fassbar ist und für alle gilt. Zur Bewertung ist es notwendig einen Normal-Investor, einen „Jedermann"[76], zu definieren, woraus allerdings große Handlungsspielräume entstehen[77].

Am *objektiven* Wertbegriff wird kritisiert, dass er nicht die besondere Situation von Käufern und Verkäufern und ihre jeweiligen Interessenlagen berücksichtigt, wodurch keine gemeinsame Verhandlungsbasis entstehen kann[78]. Ein objektiver Wert ist generell nicht zu ermitteln, da sich der Wert eines Unternehmens aus einer individuellen Objekt-Subjekt-Beziehung ergibt[79].

Der *subjektiven* Werttheorie folgend wird der Wert eines Gutes durch dessen Eigenschaften und den daraus entstehenden Nutzen für den Eigentümer bestimmt[80]. Im Gegensatz zur *objektiven* geht die *subjektive* Werttheorie somit von den individuellen Planungen eines Käufers bzw. Verkäufers aus und ermittelt aus diesen den jeweiligen Grenzpreis, der bei den Verhandlungen nicht unterschritten (Verkäufer) bzw. nicht überschritten (Käufer) werden sollte[81]. Der *subjektive* Unternehmenswert stellt somit die Entscheidungsgrundlage bei Preisverhandlungen dar[82].

Ein Unternehmen hat jedoch nicht nur für jede Person einen anderen Wert, sondern auch für ein und dieselbe Person, wenn sich die Zielsetzungen der Bewertung unterscheiden. An diesem Kritikpunkt setzt die *funktionale* Werttheorie an, nach der zunächst der *Zweck* analysiert werden muss, für den die Bewertung eingesetzt werden soll, da ein Unternehmen je nach Bewertungsanlass einen unterschiedlichen Unternehmenswert aufweisen kann[83].

1.3.3.2 Funktionen der Unternehmensbewertung

Die *funktionale* Werttheorie führt dazu, dass eine Abgrenzung der Bewertung nach den Bewertungsfunktionen erfolgen kann. Der Unternehmenswert ist da-

---

74 Mellerowicz, K. (1952): S. 12

75 Vgl. Münstermann, H. (1966): S. 24

76 Vgl. Künnemann, M. (1985): S. 14

77 Vgl. Bretzke, W.-R. (1976): S. 548 ff.

78 Vgl. Münstermann, H. (1966): S. 24

79 Vgl. Peemöller, V. H. (2001): S. 5

80 Vgl. Achleitner, A.-K. / Nathusius, E. (2004): S. 11

81 Vgl. Jaensch, G. (1966): S. 12

82 Vgl. ebenda, S. 10

83 Vgl. Matschke, M. J. (1998): S. 280

mit abhängig vom Zweck der Bewertung, was als „Zweckadäquanzprinzip" bezeichnet wird[84]. Die typischen Beweggründe der Unternehmensbewertung werden in den unterschiedlichen Funktionen zusammengefasst[85]. In der Literatur wird in folgende Haupt- und Nebenfunktionen unterschieden, die in Abb. 4 dargestellt sind.

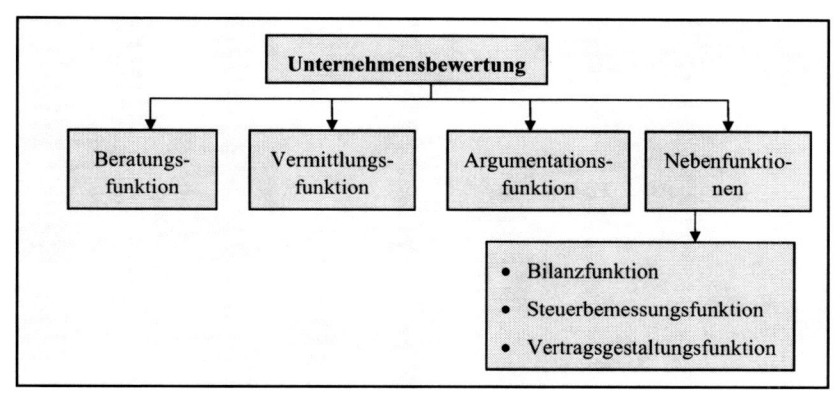

```
                        Unternehmensbewertung
         ┌──────────────┬──────────────┬──────────────┐
   Beratungs-      Vermittlungs-   Argumentations-  Nebenfunktio-
   funktion         funktion        funktion           nen
                                                        │
                                          • Bilanzfunktion
                                          • Steuerbemessungsfunktion
                                          • Vertragsgestaltungsfunktion
```

Abbildung 4: Funktionen der Unternehmensbewertung
Quelle: Eigene Darstellung in Anlehnung an Behringer, S. (2004): S. 37

Das Ziel der *Beratungsfunktion* ist es, für den Erwerb oder die Veräußerung von Unternehmen oder Unternehmensteilen eine Entscheidungsgrundlage zu schaffen. Dazu wird ein Entscheidungswert ermittelt, der als Grenzwert angesehen werden kann, bis zu dem ein Käufer bei rationalem Verhalten maximal bereit ist, ein Kaufangebot zu unterbreiten bzw. ein Verkäufer bereit ist, ein Unternehmen zu verkaufen[86]. Voraussetzung für eine Einigung ist, dass der Grenzpreis des Käufers höher ist als der Grenzpreis des Verkäufers, so dass ein positiver Transaktions- bzw. Verhandlungsbereich besteht[87]. Der Entscheidungswert dient der Beratung einer Partei, er soll der Gegenseite nicht bekannt gegeben werden[88].

Aufgabe der *Vermittlungsfunktion* ist die Bestimmung eines Schiedsspruch- oder Arbitriumwertes. Dieser Wert soll möglichst unparteiisch sowie unabhängig von den beteiligten Parteien ermittelt werden. Ziel ist dabei der faire und

---

84 Vgl. Moxter, A. (1983): S. 5 f.
85 Vgl. Peemöller, V. H. (2001): S. 8
86 Vgl. Matschke, M. J. (1998): S. 280
87 Vgl. Mandl, G. / Rabel, K. (1997): S. 18
88 Vgl. Kussmaul, H. (1996): S. 265

angemessene Interessenausgleich der Beteiligten. Dazu muss der Arbitriumwert zwischen den Entscheidungswerten der involvierten Parteien liegen[89].

Im Gegensatz zum Arbitriumwert zielt die *Argumentationsfunktion* einer Unternehmensbewertung auf die Bestimmung desjenigen Wertes, der ein bestimmtes Verhandlungsergebnis bestmöglich untermauert. Der Unterschied zum Entscheidungswert liegt darin, dass der Argumentationswert der Gegenpartei bekannt ist und während der Verhandlungen gezielt zur Durchsetzung von Interessen eingesetzt wird[90].

Neben den dargestellten Hauptfunktionen werden in der Literatur *Nebenfunktionen* (Vgl. Abb. 4) beschrieben, die im Wesentlichen der Ermittlung von konventionalisierten Werten für spezifische Zwecke dienen[91]: Mit der *Bilanzfunktion* wird das Ziel verfolgt, Unternehmen im Rahmen der Jahresabschlusserstellung nach handelsrechtlichen Grundsätzen zu bewerten und in der Bilanz abzubilden[92]. Im Rahmen der *Steuerbemessungsfunktion* werden fiskalische Grundsätze zur Bewertung angewendet[93]. Die *Vertragsgestaltungsfunktion* soll durch die Festlegung von Wertgrößen bestimmte Interessen vertraglich fixieren[94].

Im Rahmen dieser Arbeit, in der Beteiligungsfinanzierungen von Finanzinvestoren betrachtet werden, sind insbesondere die *Beratungs-* und die *Argumentationsfunktion* relevant.

1.3.3.3 Anlässe der Unternehmensbewertung

Die Durchführung einer Unternehmensbewertung erfolgt stets zu einem bestimmten *Zweck*. Der Bewertungszweck ist wiederum eng verbunden mit dem jeweiligen konkreten *Bewertungsanlass*[95].

Die verschiedenen *Anlässe* der Unternehmensbewertung können danach systematisiert werden, ob sich durch eine geplante Transaktion die Eigentumsverhältnisse im Unternehmen verändern oder nicht[96]. Wechseln die Eigentumsverhältnisse, so handelt es sich um *entscheidungsabhängige* Anlässe, da hierbei zentrale Entscheidungen der heutigen sowie der zukünftigen Eigentümer zu

---

89 Vgl. Peemöller, V. H. (2001): S. 9

90 Vgl. Born, K. (1995): S. 44

91 Vgl. Behringer, S. (2004): S. 49

92 Vgl. Kussmaul, H. (1996): S. 268

93 Vgl. Mandl, G. / Rabel, K. (1997): S. 23

94 Vgl. Born, K. (1995): S. 45

95 Vgl. Mandl, G. / Rabel, K. (1997): S. 12

96 In der Literatur finden sich verschiedene Systematisierungsvorschläge von Anlässen zur Unternehmensbewertung. Die folgenden Ausführungen folgen der Systematisierung, die erstmals von Künnemann (Vgl. Künnemann, M. (1985): S. 58 ff.) erarbeitet wurde. Ein Überblick über weitere Systematisierungsmöglichkeiten findet sich bei Peemöller, V. H. (2001 b): S. 17 ff.

treffen sind. Im anderen Fall spricht man dementsprechend von *entscheidungsunabhängigen* Anlässen: Zu diesen Situationen ohne Eigentumswechsel zählen Bewertungen zum Zwecke der Besteuerung des Vermögens, zur Kreditwürdigkeitsprüfung und zu Sanierungszwecken[97].

Bei *entscheidungsabhängigen* Anlässen wird weiter in *dominierte* und *nicht-dominierte* Situationen unterschieden. Bei *dominierten* Anlässen kann eine Partei die Veränderung in den Eigentumsverhältnissen unabhängig vom Ausgang der Bewertung durchsetzen. Hierzu zählen bspw. die Kündigung bzw. das Ausscheiden von Gesellschaftern oder Enteignungsmaßnahmen[98].

Im Rahmen eines *nicht-dominierten* Anlasses können die Parteien – je nach Ausgang der Bewertung – frei über die Durchführung der Transaktion entscheiden. Hierzu zählen im Wesentlichen:

    a) Kauf oder Verkauf von Unternehmen.

    b) Freiwillige Umstrukturierung von Unternehmen.

    c) Freiwillige Fusionen.

    d) Eintritt eines neuen Gesellschafters, bspw. eines Finanzinvestors[99].

Im Rahmen dieser Arbeit erfolgt folglich die Betrachtung des Bewertungsanlasses *Eintritt eines neuen Gesellschafters als entscheidungsabhängiger, nicht-dominierter Bewertungsanlass*.

---

97 Vgl. Born, K. (1995): S. 18

98 Vgl. Behringer, S. (2004): S. 31

99 Vgl. Mandl, G. / Rabel, K. (1997): S. 14

2 Geschäftsmodell der Finanzinvestoren

2.1 Grundlagen der Beteiligungsfinanzierung

Unter *Beteiligungskapital* bzw. *Private Equity* versteht man eine spezielle Form der externen Unternehmensfinanzierung durch die Bereitstellung von Eigenkapital oder eigenkapitalähnlichen Mitteln von Kapitalbeteiligungsgesellschaften (KBG)[100] im Wege der Beteiligung an - meist nicht börsennotierten - Unternehmen[101].

Zum *Eigenkapital* existieren in der Literatur zahlreiche Definitionen und Abgrenzungen: Neben den Begriffen bilanzielles, rechnerisches oder effektives Eigenkapital findet man die Bezeichnungen Eigenmittel und Risikokapital. Grundsätzlich kann Eigenkapital als Rechtsbegriff verwendet werden oder in betriebswirtschaftlichen Zusammenhang definiert werden.[102] Handelsbilanzrechtlich existiert keine explizite Definition des Begriffs, er erscheint jedoch im § 266 Abs. 3 HGB: Dementsprechend stellt bilanzielles Eigenkapital, verstanden als Saldo von Vermögen und Schulden, eine Residualgröße dar.[103]

Ordnet man Private Equity in die Unternehmensfinanzierung ein, so handelt es sich nach der Rechtsstellung des Kapitalgebers um *Eigenkapital*, nach der Herkunft des Kapitals um eine *Außenfinanzierung*.[104] Siehe zur Einordnung von Beteiligungskapital in die Unternehmensfinanzierung auch den Anhang 2.

Wesentliche *Charakteristika* einer Private Equity-Finanzierung sind[105]:

a) Die mittel- bis längerfristig befristete Bereitstellung von Risiko tragendem Eigenkapital[106].

b) Die Finanzierung ist meist verbunden mit einer (mehr oder weniger) aktiven Managementunterstützung und / oder Beratungsleistungen für das Beteiligungsunternehmen[107].

---

100 Vgl. Hahn, O. (1991): S. 220 ff.
101 Vgl. Nolte, B. / Nolting, R. / Stummer, F. (2002): S. 345
102 Vgl. Noth, C. (1996): S. 27
103 Vgl. HGB § 266 Abs. 3
104 Vgl. Geigenberger, I. (1999): S. 8
105 Vgl. Zemke, I. (1995): S. 70
106 Laut Statistiken des BVK beträgt die Haltedauer durchschnittlich 5 bis 7 Jahre. Vgl. BVK (2005a): S.8
107 Finanzinvestoren nehmen parallel zu der Finanzierungsfunktion zur Sicherung und Steigerung des Wertes ihrer Beteiligungen sowie zur Risikominimierung auch beratende Managementfunktionen wahr, z.B. inhaltliche Beratung in Fachfragen, prozessuale Unterstützung im Einzelfall oder laufend durch Einbindung in Gremien sowie ggf. auch durch Übernahme operativer Funktionen. Vgl. Schefczyk, M. (2006): S. 10

c) Im Zuge der Finanzierung räumt das Beteiligungsunternehmen der Beteiligungsgesellschaft Kontroll- und Mitspracherechte ein, die zur Absicherung des Finanzinvestors dienen sollen[108].

d) Die Realisierung der angestrebten Rendite erfolgt im Wesentlichen durch Partizipation an der Steigerung des Unternehmenswertes, der im Wege eines Verkaufes am Ende der Finanzierungslaufzeit erzielt werden soll[109].

Das wesentliche Unterscheidungskriterium nach dem sich Beteiligungen von Finanzinvestoren von dem Erwerb „herkömmlicher" Beteiligungen abgrenzen lassen, besteht in der Ausrichtung von Finanzinvestoren auf die Erzielung eines hohen Kapitalgewinns in einem begrenzten Zeitraum[110].

Eigenkapitalfinanzierungen bewirken eine Gesellschafterstellung des Kapitalgebers, woraus sich unterschiedliche Herrschaftsrechte, von Entscheidungs- bis zu Mitwirkungs-, Mitsprache-, Zustimmungs- und Kontrollrechte, ableiten[111]. Die Vergütung hängt von der Ertragskraft des Unternehmens ab und wird aus den erwirtschafteten Erträgen gezahlt[112]. Durch die Beteiligungsfinanzierung wird der Beteiligungsgeber sowohl an der offenen als auch an der verdeckten Unternehmenssubstanz (wie den stillen Reserven oder einem nicht bilanzierten Firmenwert) sowie am Unternehmenserfolg beteiligt. Da die Beteiligung Haftungskapital darstellt, übernehmen die Finanzinvestoren das Risiko des Verlustes ihrer Einlage[113].

Die grundsätzliche Bedeutung dieser Finanzierungsform für ein Unternehmen lässt sich anhand der Funktionen von Eigen- bzw. Beteiligungskapital beschreiben:

a) *Finanzierungsfunktion:* Mit Beteiligungskapital werden längerfristige Zahlungsmittel zur Finanzierung unternehmerischer Ziele zur Verfügung gestellt. Hierdurch hat der Kapitalnehmer keine unbedingte feste Liquiditätsbelastung aus fest vereinbarten Zins- und Tilgungszahlungen, wie dies bei Fremdkapital der Fall ist. So kann in wirtschaftlich schlechten Zeiten, in denen kein Gewinn erzielt wird, eine Bedienung entfallen. Die Rückzahlung, der so genannte Exit, erfolgt bei einer Beteiligungsfinanzierung durch die Veräußerung der Beteiligung an Dritte, die die Liquidität für den Kaufpreis bereitstellen[114].

---

108 Vgl. Weitnauer, W. (2007): S. 5

109 Vgl. Achleitner, A.-K. / Nathusius, E. (2004): S. 9

110 Vgl. Matz, C. (2002): S. 35

111 Vgl. Hahn, O. (1990): S. 307

112 Vgl. Pape, U. / Beyer, S. (2001): S. 628

113 Vgl. Gräfer, H. / Scheld, G.A. / Beike, R. (1994): S. 84

114 Vgl. Jahrmann, F.-U. (2003): S. 234

b) *Haftungsfunktion:* Der Eigenkapitalgeber trägt das Verlustrisiko eines Unternehmens. Die Bedeutung dieser Haftungsfunktion wird deutlich, wenn man sich vergegenwärtigt, dass in der Bilanz das Eigenkapital auf der Passivseite mit dem Reinvermögen auf der Aktivseite korrespondiert. Verluste reduzieren das Reinvermögen und damit das Eigenkapital. Je höher nun das Reinvermögen bzw. das Eigenkapital ist, umso größer können die Verluste sein, bevor die Vermögensmasse aufgezehrt wird, die zur Rückzahlung des Fremdkapitals benötigt wird[115]. Ist das Eigenkapital vollständig durch Verluste aufgezehrt, führt dies bei Kapitalgesellschaften grundsätzlich zur Insolvenz wegen Überschuldung. Im Interesse der Gläubiger wird deshalb ein angemessenes Mindesteigenkapital verlangt[116].

c) *Repräsentationsfunktion:* Eine ausreichende Eigenkapitalbasis vergrößert die Vertrauenswürdigkeit eines Unternehmens nach außen und stärkt die Kreditwürdigkeit als Voraussetzung für die Fremdkapitalaufnahme. Im Außenverhältnis ist die Eigenkapitalquote ein Maßstab für die Bonität und Kreditwürdigkeit, was erhebliche Bedeutung auch für Kunden und Lieferanten hat[117].

d) *Geschäftsführungs- und Kontrollfunktion:* Durch die Bereitstellung von Eigenkapital erhält die Beteiligungsgesellschaft Eigentümer-, Herrschafts- oder Mitgliedschaftsrechte in Form von Kontroll-, Stimm- und Mitspracherechten. Das Ausmaß dieser Rechte kann je nach Rechtsform des Unternehmens sowie nach der prozentualen Beteiligungshöhe differieren[118].

Im Gegensatz zu einer Eigenkapitalfinanzierung wird beim *klassischen Fremdkapital* eine schuldrechtliche Verbindung zwischen dem Unternehmen als Schuldner und dem Kreditgeber als Gläubiger begründet. Charakteristisch für diese Finanzierungsart ist vor allem die Befristung der Kapitalüberlassung, ein fest vereinbarter (von der Ertragslage unabhängiger) Vergütungsanspruch verbunden mit einem fixen Rückzahlungsanspruch der Gläubiger in Nominalhöhe. Häufig werden Fremdfinanzierungen zur Absicherung des Kapitaldienstrisikos mit Sicherheiten unterlegt. Im Insolvenzfall erfolgt keine Haftung durch den Gläubiger[119]. Siehe zur Abgrenzung von Eigen- und Fremdkapital auch die Gegenüberstellung wesentlicher Charakteristika beider Finanzierungsformen in Anhang 3.

---

115 Vgl. Gräfer, H. / Scheld, G.A. / Beike, R. (1994): S. 85

116 Vgl. zu den Insolvenzursachen bspw. Finsterer, H. (1999): S. 9 ff.

117 Vgl. Süchting, J. (1989): S. 73

118 Vgl. Büschgen, H. (1991): S. 197

119 Vgl. Häger, M. / Elkemann-Reusch, M. (2004): S. 22

2.2 Finanzierungstheoretischer Hintergrund von Beteiligungskapital

Aus der Definition und den Charakteristika der Beteiligungsfinanzierung ist nicht unmittelbar ersichtlich, warum sich auf den Kapitalmärkten Private Equity-Gesellschaften als spezialisierte Finanzintermediäre herausgebildet haben. Im Folgenden wird dargestellt, welche Bedeutung Beteiligungskapital bzw. Beteiligungskapitalgesellschaften im Rahmen der für diese Finanzierungsform relevanten *Finanzierungstheorien* einnimmt.

2.2.1 Neoklassische Finanzierungstheorie

Die Existenz von Kapitalbeteiligungsgesellschaften kann im Rahmen der *neoklassischen Finanzierungstheorie* nicht unmittelbar begründet werden. Basierend auf dem Idealbild des vollkommenen Kapitalmarktes mit vollständig informierten und rational handelnden Teilnehmern geben die Vertreter der Neoklassik, allen voran *Modigliani* und *Miller*[120] vor, dass Finanzierungsentscheidungen - auch bezüglich der Eigenkapitalquote – für den Marktwert eines Unternehmens irrelevant sind[121]. Als Bestimmungsgröße des Unternehmenswertes wird zunächst lediglich der Cash Flow, den ein Unternehmen bei seinen Aktivitäten generiert, akzeptiert. Somit sind nach neoklassischer Betrachtungsweise realwirtschaftliche Managemententscheidungen und die Finanzierungsentscheidungen voneinander unabhängig[122]. Aufgrund des unterstellten effizienten Marktmechanismus besteht somit keine Notwendigkeit, Finanzintermediäre wie Beteiligungsgesellschaften zur Risikofinanzierung in Anspruch zu nehmen[123].

Die neoklassische Finanzierungstheorie begründet ihre Erkenntnisse mit Hilfe der *Arbitragetheorie*, nach der für den Fall, dass Finanzierungsentscheidungen den Marktwert eines Unternehmens beeinflussen würden, Arbitragemöglichkeiten entstünden, die Arbitrageure sofort und ohne Aufwand in eigene Wohlfahrtzuwächse umsetzen könnten[124]. Für die Gültigkeit der Neoklassischen Finanzierungstheorie werden folgende vier einschränkende Annahmen getroffen[125]:

a) *Vollkommener Kapitalmarkt:* Es existieren keine Transaktionskosten für Kapitalgeber und –nehmer, keine Insolvenzkosten, keine Steuern und keine Kosten der Ausübung von Informations- und Kontrollrechten.

---

120 Vgl. zu dem Modigliani-Miller-Theorem Modigliani, F. / Miller, M. H. (1958): S. 261 - 297

121 Vgl. Hamada, R. S. (1969): S. 14 - 20

122 Vgl. Schefczyk, M. (2000): S. 35

123 Vgl. Pape, U. / Beyer, S. (2001): S. 629

124 Vgl. Rudolph, B. (1993): Sp. 2122 - 2123

125 Vgl. Fama, E. F. (1978): S. 273 - 274

b) *Freier Marktzugang:* Privatpersonen und Unternehmen haben gleichen, freien Zugang zum Kapitalmarkt. Wertpapiere und Kredite können von jedermann emittiert, gehandelt und gehalten werden.

c) *Homogene Erwartungen:* Jede vorhandene Information ist kostenfrei für alle Marktteilnehmer verfügbar und alle Marktteilnehmer ziehen richtige Schlüsse aus den verfügbaren Informationen.

d) *Prognostizierbare Investitionsstrategie:* Die Regeln, nach denen Kapitalnachfrager derzeitige und künftige Investitionsentscheidungen treffen, stehen fest und sind von Finanzierungsentscheidungen unabhängig.

Da diese Annahmen in der Praxis nicht oder nur teilweise vorliegen[126], existieren zahlreiche Anhaltspunkte dafür, dass Finanzierungsentscheidungen aufgrund bestehender Marktunvollkommenheiten in der Praxis doch relevant sind und den Marktwert von Unternehmen in erheblichem Maße beeinflussen. Reale Kapitalmärkte zeichnen sich durch eine Vielzahl von Marktunvollkommenheiten aus, die sowohl die Relevanz für Finanzierungsentscheidungen erklären als auch die Existenz von Finanzintermediären begründen[127].

Empirische Studien belegen, dass die Kapitalmärkte im Hinblick auf ihre Informationseffizienz unvollkommen sind. So zeigen Untersuchungen von *Foster* und *May*[128], dass Einzelereignisse, bspw. Gewinnprognosen sowie die Ankündigung von Kapitalveränderungen und Übernahmen, die Preisbildung von Wertpapieren zwar beeinflussen, die im Aktienmarkt beobachtbare Informationsverarbeitung aber nicht das Niveau eines informationseffizienten Marktes erreicht.

Die empirischen Untersuchungen bestätigen für reale Börsenmärkte insgesamt das Vorliegen einer *schwachen* sowie teilweise einer *mittelstrengen*[129] Informationseffizienz, womit diese Studien auf einen geringen Realitätsgehalt der Annahmen der neoklassischen Finanzierungstheorie hindeuten[130].

Ein zusätzliches Argument - basierend auf der neoklassischen Theorie für die Relevanz von Finanzierungsentscheidungen - liegt in der *unterschiedlichen Besteuerung* von Eigen- und Fremdkapital. Für Unternehmen ergibt sich aus der (teilweisen) Abzugsfähigkeit von Zinsen, nicht aber von Dividenden, als Be-

---

126 Zur Unvollkommenheit der Kapitalmärkte existiert eine Vielzahl empirischer Untersuchungen. Vgl. bspw. May, A. (1991): S. 313 - 335

127 Vgl. Pape, U. / Beyer, S. (2001): S. 630

128 Vgl. May, A. (1991): S. 314 - 319

129 In der Literatur wird zwischen drei Stufen der Informationseffizienz unterschieden: Informationseffizienz im *schwachen, mittelstrengen* und *strengen* Sinne, wobei lediglich die letzte Form Hinweise auf einen informationseffizienten Markt liefert. Vgl. hierzu Fama, E. F. (1991): S. 383 – 417 sowie Rudolph, B. (1993): Sp. 2123

130 Vgl. Rudolph, B. (1993): Sp. 2123

triebsausgaben vom zu versteuernden Gewinn ein Vorteil in Form niedrigerer Körperschafts- oder Einkommensteuer[131].

Ein weiteres Indiz für den Einfluss von Finanzierungsentscheidungen auf den Unternehmenswert basiert auf den *Insolvenzkosten*.[132] Da das Insolvenzrisiko – im Hinblick auf den mit der Fremdfinanzierung meist fest verbundenen Kapitaldienst - mit zunehmendem Fremdfinanzierungsanteil an der Gesamtfinanzierung ansteigt, werden Finanziers im Rahmen von Unternehmensfinanzierungen einen angemessenen Eigenkapitalanteil anstreben[133].

Auf Basis der *neoklassischen Finanzierungstheorie* und ihrer Weiterentwicklungen lässt sich somit ableiten, dass die Relevanz von Finanzierungsentscheidungen, auch im Hinblick auf Eigenkapitalfinanzierungen, aus der Unvollkommenheit der Kapitalmärkte herrührt. Empirische Studien belegen, dass die Kapitalmärkte nicht vollkommen informationseffizient sind. Des Weiteren werden Fragen der Motivation der Marktteilnehmer nicht berücksichtigt. Die neoklassische Finanzierungstheorie ist somit nicht in der Lage darzustellen, welchen Beitrag Beteiligungsgesellschaften als Finanzintermediäre leisten.[134]

2.2.2 Institutionen- und Informationsökonomie

2.2.2.1 Agency-Theorie

Die *Agency-Theorie*[135] beschäftigt sich mit Anreiz- und Kontrollproblemen bei *asymmetrischer Informationsverteilung* („hidden information") und / oder nicht beobachtbaren Handlungen („hidden action"), die sich durch die Delegation von Verfügungsrechten („Property Rights") von einem *Principal* (z.B. Unternehmenseigentümer, Kapitalgeber) auf einen *Agenten* (z.B. Vorstand, Geschäftsführer, Arbeitnehmer) ergeben[136].

Ausgangspunkt der Agency-Theorie ist, dass Principal und Agent ihren Nutzen individuell und unabhängig voneinander zu maximieren versuchen. Somit besteht die Gefahr, dass der näher am operativen Geschäft und am Absatzmarkt befindliche und damit meist besser informierte Agent primär sein Eigeninteresse vertritt und dabei dem Principal, der das Verhalten des Agenten nicht vollständig und unmittelbar kontrollieren kann, schadet[137].

Die Agency-Theorie stellt somit die Wirkung der *Principal-Agent-Beziehung* dar und sucht nach Möglichkeiten der Vertragsgestaltung zwischen beiden Par-

---

131 Vgl. u.a. Frien, B. (2004): S. 55

132 Vgl. Cutler, D. M. / Summers, L. H. (1988): S. 157 - 172

133 Vgl. Jensen, M. C. / Meckling, W. H. (1976): S. 305 - 360

134 Vgl. Schefczyk, M. (2006): S. 43

135 Einen detaillierten Überblick über die Agency-Theorie liefert bspw. Neus, W. (1989): S. 7-16

136 Vgl. Neus, W. (1989): S. 7 ff.

137 Vgl. Grossman, S. J. /Hart, O. D. (1983): S. 7 - 45

teien, die sicherstellen, dass das Verhalten des Agenten möglichst gut mit dem Interesse des Principals übereinstimmt[138]. Damit widersprechen die Annahmen der Agency-Theorie denen der neoklassischen Finanzierungstheorie, die 1. von *homogenen Erwartungen* der Marktteilnehmer anstelle von Informationssymmetrien zwischen Principal und Agent und 2. von *vollkommenen Kapitalmärkten* ohne Kosten der Ausübung von Informations- und Kontrollrechten ausgeht[139].

Wenn der Agent aus eigennützigen Motiven von den aus Sicht des Principals Nutzen maximierenden Entscheidungen abweicht, entstehen Opportunitätskosten, die sog. „*Agency-Kosten*"[140]. Beispielhafte Erscheinungsformen im Rahmen von Beteiligungs-finanzierungen sind[141]:

   a) Zu positive Darstellung von Qualifikation und Motivation des Agenten (Management des Beteiligungsunternehmens) bzw. der Kosten des Principals (der Beteiligungsgesellschaft) durch eine Fehleinschätzung des Managements.

   b) Falsche Darstellung der Geschäftsentwicklung.

   c) Zu optimistische Darstellung von Wachstumszielen aufgrund von Macht- und Vergütungsinteressen des Agenten.

Handlungen des Agenten, die für den Principal nicht direkt zu beobachten oder zu kontrollieren sind, wobei der Agent seinen Informationsvorsprung unter Inkaufnahme von Agency-Kosten ausnutzt, werden als „*Moral Hazard*" bezeichnet[142]. Von „*Holdup*" spricht man, wenn der Agent, nachdem sich der Principal gebunden hat, unfair verhält und die Erfüllung seiner Leistungen verweigert[143].

Die Agency-Theorie liefert Anhaltspunkte gegen die Irrelevanz der Finanzierungsstruktur bei der Aufnahme externer Gesellschafter und damit insbesondere durch die Existenz von Agency-Kosten auch für die Relevanz der Beteiligungsfinanzierung. Kapitalnehmer und –geber müssen daran interessiert sein, durch eine geeignete Finanzierungsstruktur die Agency-Kosten zu minimieren[144].

Grundsätzliche Möglichkeiten zur Verringerung der Agency-Kosten durch den Principal bestehen in

   a) dem *Monitoring*, bei dem das Verhalten des Agenten durch vertragliche Vereinbarungen enger an die Interessen des Principals gekoppelt wird.

---

138 Vgl. Jensen, M. C. / Meckling, W. H. (1976): S. 305 - 360

139 Vgl. hierzu Kapitel 2.2.1.

140 Vgl. Stummer, F. (2002): S. 41 - 58

141 Vgl. Harris, M. / Raviv, A. (1991): S. 297 - 355

142 Vgl. Spremann, K. (1990): S. 570

143 Vgl. ebenda, S. 570

144 Vgl. Schefczyk, M. (2000): S. 45

Voraussetzung für ein effektives Monitoring sind Kontroll- und Sanktionsmechanismen, die eine Durchsetzung der vertraglichen Vereinbarungen erlauben. Bei der Ausübung der Kontrolle entstehen regelmäßig *Monitoring Costs*, die einen Teil der eingesparten Agency-Kosten kompensieren[145].

b) dem *Bonding*, bei dem Agenten durch eigene Maßnahmen und auf eigene Kosten belegen (z.B. durch Unternehmensvergleiche), dass sie sich im Sinne des Principals verhalten[146].

Agency-Kosten, die sich durch Monitoring und Bonding nicht abbauen lassen, werden als „*Residual loss*" bezeichnet[147]. Bei der Einschaltung von Finanzintermediären, bspw. Kapitalbeteiligungsgesellschaften, können Agency-Probleme in einer zweistufigen Ausprägung auftreten: Zum einen steht als Principal ein außen stehender Investor der Beteiligungsgesellschaft als Agent gegenüber, zum anderen handelt der Finanzintermediär als Principal und der Kapitalgeber als Agent[148].

Betrachtet man das Beteiligungsunternehmen als Agenten, so treten in Zusammenhang mit der Agency-Theorie die in Tabelle 2 dargestellten Problembereiche auf[149].

---

145 Vgl. Schefczyk, M. (2004): S. 143
146 Vgl. Deshmukh, S. D. / Greenbaum, S. I. / Kanatas, G. (1983): S. 873 - 882
147 Vgl. Fama, E. F. / Jensen, M. C. (1983): S. 327 - 349
148 Vgl. Terberger, E. (1987): S. 158 - 241
149 Vgl. Zemke, I. (1995): S. 49 – 59

Art des Agency-Problems	Problem	Lösungsansatz
Täuschung hinsichtlich der *Rendite* und der *Risikoerwartungen* sowie der Realisierbarkeit des Projektes	➢ Beteiligungsunternehmen (BU) stellt Wirtschaftlichkeitserwartung zu positiv dar	➢ Prüfung durch PEG ➢ Teilweise erfolgsabhängige Vergütung ➢ Haftung der Gründer ➢ Monitoring der PEG
Täuschung hinsichtlich der zur Realisierung erforderlichen *Ressourcen*	➢ BU suggeriert zu niedrigen Kapitalbedarf, um PEG zur Investition zu motivieren	➢ Prüfung durch PEG ➢ Kürzung der Vergütung ➢ Monitoring durch PEG ➢ Überproportionale Beteiligung der Altgesellschafter an Nachschüssen
Täuschung hinsichtlich der *Qualifikation und Motivation* der beteiligten Personen	➢ BU überzeichnet u.a. planerische, marktbezogene, administrative Qualifikationen ➢ BU vernachlässigt Aktivitäten	➢ Prüfung durch PEG ➢ Beratungsleistung durch PEG ➢ Monitoring ➢ Einfluss auf Personalentscheidungen
Entnahme unentgeltlicher Vorteile	➢ BU verfolgt interessante, aber nicht rentable Projekte	➢ Einflussnahme auf wichtige Entscheidungen ➢ Monitoring ➢ Budgetierung

Tabelle 2: Agency-Effekte bei Beteiligungsfinanzierungen
Quelle: Eigene Darstellung in Anlehnung an Schefczyk, M. (2006): S. 55

Das Hauptmotiv für eine unrealistisch günstige Darstellung der Rendite- und Risikoerwartungen, der Realisierbarkeit und des Ressourcenbedarfs durch die Beteiligungsgesellschaft liegt in der Einwerbung von möglichst hohen Beträgen an externem Eigenkapital zu möglichst günstigen Konditionen[150]. Bei nicht stichhaltigen Angaben zur Qualifikation und Motivation der beteiligten Personen liegt im Falle beabsichtigter zusätzlicher Kapitalakquisition „Moral ha-

---

150 Vgl. Schefczyk, M. (2004): S. 145

zard" vor[151]. Wird nach Vertragsabschluss die Leistung reduziert oder verweigert, deutet dies auf „Holdup" hin[152]. Bei der Entnahme unentgeltlicher Vorteile ist denkbar, dass wirtschaftlich ungünstige Projekte verfolgt werden, indem der Manager der Private Equity-Gesellschaft unter erleichterten Bedingungen Kapital an eine nahe stehende Person vergibt oder auch der Manager einer Beteiligungsgesellschaft ein technisch besonders interessantes Entwicklungsprojekt ohne größere Marktchancen vorantreibt[153].

Die Messung von Agency-Kosten gestaltet sich in der Praxis als recht problematisch, wodurch eine empirische Belegung schwierig ist[154]. Beispielsweise lässt sich aus einer Kostenposition, z.B. bei den Personalaufwendungen, der Anteil, der den Agency-Kosten zuzuordnen ist, also etwa zusätzliche Lohnkosten aufgrund verringerter Motivation („Holdup"), nicht zuverlässig herauslösen. Empirischen Untersuchungen zufolge konnte jedoch nachgewiesen werden, dass die unterschiedliche Interessenlage von Principal und Agent konkrete Folgen hat. So ist belegbar, dass mit zunehmendem Kapitalanteil der Manager operative Reaktionen auf Krisensituationen verringert oder zumindest verzögert werden[155].

2.2.2.2 Asymmetrische Informationsverteilung

Unter der Problematik der *asymmetrischen Informationsverteilung* werden diejenigen Probleme zusammengefasst, die nicht bereits von der auf Delegationssituationen ausgerichteten *Agency-Theorie* behandelt werden. Somit können auch Markttransaktionen berücksichtigt werden, bei denen keine hierarchische Delegationsbeziehung vorliegt[156].

Im Regelfall verfügen Kapital nachfragende Unternehmen über bessere Informationen über ihre wirtschaftliche Situation, beabsichtigte Strategien und Projekte als potentielle Kapitalanbieter. Die wesentlichen Gründe für derartige *Informationsasymmetrien* liegen in folgenden Aspekten[157]:

a) Kosten der Informationsaufbereitung und –übermittlung.

b) Das Interesse von kapitalsuchenden Unternehmen die Verbreitung vertraulicher Informationen zu kontrollieren.

c) Das Principal-Agent-Problem des „Moral Hazard", wonach dem Agenten bestehende Informationsvorsprünge willkommen sind, da sie zum eigenen Vorteil ausgenutzt werden können.

---

151 Vgl. Weimerskirch, P. (2000): S. 72,73

152 Vgl. Schefczyk, M. (2004): S. 145

153 Vgl. Schefczyk, M. (2006): S. 54

154 Vgl. Fama, E. F. / Jensen, M .C. (1983): S. 306

155 Vgl. Ofek, E. (1993): S. 5 u. 25

156 Vgl. Trester, J. J. (1998): S. 675 - 699

157 Vgl. Schefczyk, M. (2000): S. 49

Ein Grundproblem, das mit der asymmetrischen Informationsverteilung einhergeht ist die so genannte „*Adverse Selection*", ein Prozess der Negativauslese[158]. Danach orientiert sich die Preisbildung auf Märkten mit asymmetrischer Informationsverteilung und heterogenen Gütern oder Leistungen primär an durchschnittlichen Eigenschaften der angebotenen Güter[159]. Bezogen auf den Markt der Kapitalbeteiligungen bedeutet dies, dass es Unternehmen mit überdurchschnittlich rentablen Projekten nur schwer oder gar nicht gelingen wird, Investoren von ihrer hohen Rentabilität zu überzeugen. Wenn Investoren in dieser Situation mangels glaubwürdiger anderer Informationen – fälschlicherweise – eine durchschnittliche Projektrentabilität unterstellen, werden die Unternehmer versuchen, auf andere Segmente des Kapitalmarktes auszuweichen und z.B. ihren eigenen Eigenkapitaleinsatz zu erhöhen sowie ansonsten mehr Fremdkapital nachfragen. Hieraus resultiert das Phänomen der *Adverse Selection*, nach dem am Markt durch sukzessives Fernbleiben der Anbieter letztlich nur unterdurchschnittliche Projekte verbleiben[160].

Infolge der Informationsasymmetrien muss der schlechter informierte Kapitalgeber befürchten, dass ihn der Kapitalnehmer vor Abschluss eines Finanzierungsvertrages nicht wahrheitsgemäß über die Qualität des Kapital aufnehmenden Unternehmens informiert („*Hidden information*")[161] oder dass der Kapitalnehmer nach Vertragsabschluss Handlungen vornimmt, die den Kapitalgeber schädigen („*Hidden action*")[162]. Bezogen auf Beteiligungsfinanzierungen ist vor allem die Phase des Informationsaustausches zwischen der Private Equity-Gesellschaft und dem Beteiligungsunternehmen im Vorfeld des Abschlusses eines Finanzierungsvertrages von Bedeutung[163].

2.2.2.3 Transaktionskostenansatz

Unter *Transaktionskosten* versteht man die Kosten der Herausbildung, Zuordnung, Übertragung und Durchsetzung von *Property Rights*[164]. Finanztransakti-

---

158 Akerlof (1970) hat dieses Phänomen als erster am Beispiel des Gebrauchtwagenmarktes gezeigt. Vgl. Akerlof, G. A. (1970): S. 488-500

159 Vgl. Weimerskirch, P. (2000): S. 67

160 Vgl. Schmidt, R. H. /Terberger, E. (1997): S. 68 sowie Akerlof, G. A. (1970): S. 492 - 494

161 Vgl. zum Themengebiet *Hidden information* die Ausführungen von Hart, O. / Holmstrom, B. (1987): S. 71 ff.

162 Vgl. grundlegend zur Problematik asymmetrisch verteilter Informationen Schmidt, R. H. / Terberger, E. (1997): S. 389 ff.

163 Vgl. Schefczyk, M. (2000): S. 49

164 Unter *Property Rights* werden auf Konvention, Tradition, Rechtsnormen oder Verträgen beruhende Verfügungsrechte verstanden, die ein Unternehmen akzeptiert bzw. erlaubt. Property Rights sind mit jedem Gut verbunden und ermöglichen Handlungsbeschränkungen, mit denen Individuen die Knappheit von Gütern bewältigen können. Vgl. Schüller, A. (1983): S. VII

onen beinhalten Kosten der Suche nach Kapitalanbietern bzw. Kapitalnachfragern, Informationskosten sowie Verhandlungs-, Vertragsabschluss- und Vertragsausführungskosten in substanzieller Höhe. Transaktionskosten verteuern also grundsätzlich Finanzbeziehungen[165].

Der Transaktionskostenansatz liefert Hinweise gegen die Irrelevanz der Kapitalstruktur für den Unternehmenswert. Unterstellt man, dass Fremdfinanzierungen mit vergleichsweise straffen Regelungsmöglichkeiten für Kapitalgeber verbunden sind, wohingegen Eigenkapitalfinanzierungen weitere Handlungsspielräume für Finanziers erlauben, dann kann gezeigt werden, dass der Einsatz von Fremdfinanzierungen zu geringeren Transaktionskosten als der von Eigenkapitalfinanzierungen führt[166].

Aus Sicht des Transaktionskostenansatzes beinhaltet Finanzintermediation zunächst den Nachteil, dass aus der Einschaltung von Beteiligungsgesellschaften als Intermediäre ceteris paribus zusätzliche Transaktionskosten resultieren, da die Transaktionskette zwischen Kapitalnachfrager und –anbieter um den Intermediär verlängert wird. Ökonomisch sinnvoll ist die Finanzintermediation (durch eine Beteiligungsgesellschaft) also nur, wenn die Vorteile der Intermediation den Transaktionskostenzuwachs überkompensieren[167].

2.2.3 Implikationen der institutionen- und informationsökonomischen Ansätze auf die Beteiligungsfinanzierung

2.2.3.1 Implikationen der Agency-Theorie

Zur Verringerung der Agency-Problematik bietet sich allgemein vor dem Eingehen einer Beteiligung die kritische Prüfung des Beteiligungskandidaten an. Nach Vertragsabschluss erscheint das Monitoring Erfolg versprechend[168].

Die Agency-Kosten, die zwischen der Beteiligungsgesellschaft und einem Beteiligungsunternehmen bestehen, können durch folgende Maßnahmen reduziert werden[169]:

a) Um die Interessen von Private Equity-Gesellschaft und Beteiligungsunternehmen anzunähern, können die Fixgehälter der Manager niedriger wie üblich vereinbart werden, wobei der Nachteil bei erfolgreicher Entwicklung des Beteiligungsunternehmens durch höhere variable Gehaltsbestandteile überkompensiert wird.

b) Mängeln in Qualifikation und Motivation des Managements eines Beteiligungsunternehmens kann zum einen durch aktive Beratungsleistung in

---

165 Vgl. Tietzel, M. (1981): S. 211
166 Vgl. Williamson, O. E. (1988): S. 579 - 582
167 Vgl. Hellwig, M. (1991): S. 41
168 Vgl. Schefczyk, M. (2004): S. 157
169 Vgl. Sahlmann, W. A. (1990): S. 506 – 514 sowie Schween, K. (1996): S. 155-158

kritischen Bereichen (wie z.B. Strategie, Finanzierung, Marketing) sowie zum anderen durch Einfluss auf wichtige Personalentscheidungen verbessert werden.

c) Durch Mehrheitsbeteiligungen des Managements der Beteiligungsunternehmen und Minderheitsbeteiligungen des Finanzinvestors bringen sich die Manager stärker in die Rolle des Investors und unterstützen die Vereinheitlichung der Interessen.

d) Einer übertriebenen Darstellung von Rendite- und Risikoerwartungen, einer zu knappen Ressourcenplanung und anderen Agency-Effekten können Sanktionsregelungen entgegenwirken. Denkbar wären hier die Kürzung des Managergehalts, eine überproportionale Beteiligung der Altgesellschafter bei Kapitalerhöhungen oder auch die Verpflichtung der Manager zum Verkauf ihrer Anteile unter Marktwert.

e) Durch bestimmte Kontroll- oder Zustimmungsrechte kann die Verfolgung von unrentablen Projekten eingedämmt werden.

f) Es kann ein zeitnahes Reporting der Beteiligungsgesellschaft an den Finanzinvestor in kurzen Abständen vereinbart werden.

2.2.3.2 Implikationen der asymmetrischen Informationsverteilung

Aufgrund der Adverse Selection kann bei einer Beteiligungsfinanzierung die Gefahr einer zu niedrigen Bewertung bei Einstieg durch den Finanzinvestor gesehen werden. Dies führt dazu, dass das Unternehmen die Innenfinanzierung gegenüber der Außenfinanzierung und die Fremdfinanzierung gegenüber der externen Eigenfinanzierung bevorzugen wird, um dem Misstrauen schlecht informierter Financiers weniger stark ausgesetzt zu sein[170].

Insgesamt bewirkt die Problematik der Adverse Selction, dass sich Marktteilnehmer intensiv darum bemühen, Informationsasymmetrien zu reduzieren, um die damit einhergehenden Wohlfahrtsverluste zu vermeiden. Eine wesentliche Möglichkeit, diese Asymentrien abzubauen, ist das so genannte „*Signalling*", bei dem Kapitalnachfrager Informationen zu Rendite- und Risikoerwartungen von Investitionen an Kapitalanbieter, weiterleiten, die diesen sonst nicht oder nur zu erheblich höheren Kosten zugänglich wären. [171]

Signalling und verwandte Maßnahmen zur Reduzierung können auf unterschiedlichen Wegen umgesetzt werden:

a) Durch eigene *signifikante Eigenkapitalinvestition* geht der Kapitalnachfrager selbst auf eigene Kosten systematische Risiken ein und produziert somit vertrauenserweckende Informationen.

b) Mittels einer kapitalgeberfreundlichen *Dividenden- und Investitionspolitik* eines Unternehmens, bspw. durch die Veröffentlichung von Investiti-

---

170 Vgl. Megginson, W. L. / Weiss, K. A. (1991): S. 879 - 903
171 Vgl. Gerke, W. (1993a): S. 636 - 640

onsplänen, kann das Vertrauen in die Ertragskraft des Unternehmens gefördert werden.

c) Durch die *Delegation der Informationsaufbereitung und –übermittlung* an Informationsintermediäre, wie Wirtschaftsprüfungsgesellschaften und Rating-Agenturen, können deren Reputation und Know How genutzt werden.

d) Mithilfe der Einschaltung von Informationsbörsen, die den systematischen Informationsaustausch zwischen Anbietern und Nachfragern von Kapital erleichtern, können ebenfalls Informationssymmetrien verringert werden[172].

Für den praxisrelevanten Fall der asymmetrischen Informationsverteilung zwischen Investoren und Unternehmen lässt sich zeigen, dass

1. der Unternehmenswert von der Finanzierungsstruktur abhängt und
2. stärker risikobehaftete Firmen zu einer höheren Eigenkapitalquote tendieren.[173]

Beide Argumente unterstreichen somit die Relevanz einer Beteiligungsfinanzierung für Unternehmen[174]. Für die Nützlichkeit von Kapitalbeteiligungsgesellschaften als Finanzintermediäre spricht des Weiteren, dass die Finanzinvestoren – für die Beteiligungsunternehmen erkennbar - erhaltene Informationen zum Aufbau des eigenen Portfolios verwenden, externe Dritte aber weitgehend von der Nutzung dieser Informationen ausschließen. Somit wird vermieden, dass die vom Beteiligungsunternehmen abgegebenen Informationen quasi zu einem öffentlichen Gut werden, das von externen Dritten („Trittbrettfahrern") genutzt werden könnte.[175].

2.2.3.3 Implikationen des Transaktionskostenansatzes

In der Literatur werden Maßnahmen zur Reduzierung von Transaktionskosten diskutiert, die überwiegend auch für Kapitalbeteiligungsgesellschaften relevant sind[176]:

a) Finanzinvestoren stellen institutionalisierte Treffpunkte auf den Kapitalmärkten dar. Da diese Financiers das Angebot in ihrem Teilmarkt mit einem spezifischen Risiko-, Fristen- und Losgrößenprofil vergrößern, tragen sie zur Senkung von Suchkosten und zur Steigerung der Finanzierungschancen bei[177].

---

172 Vgl. Gerke, W. / Rüth, V. v. / Schöner, M. A. (1992): S. 84 - 172

173 Vgl. Schefczyk, M. (2006): S. 67

174 Vgl. Gerke, W. (1993a): S. 625 - 636

175 Vgl. Gerke, W. / Pfeufer, G. (1995): Sp. 731

176 Vgl. Benston , G. J. / Smith, C. W. (1976): S. 215-229

177 Vgl. Gerke, W. / Philipp, F. (1985): S. 20-24

b) Kapitalbeteiligungsgesellschaften erheben gezielt Informationen über potentielle Beteiligungsunternehmen und nutzen diese im Interesse einer Vielzahl von Investoren zum Aufbau ihres Portfolios. Aufgrund ihrer langfristigen Geschäftsverbindungen, ihrer Diskretion und hohen Vertrauenswürdigkeit sowie des systematischen Managements von Informationskanälen können Finanzinvestoren die Informationskosten im Vergleich zur direkten Informationsbeschaffung senken.[178]

c) Da Private Equity-Gesellschaften auf Verhandlungen, Vertragsabschlüsse und –ausführungen spezialisiert sind, können aufgrund von Skaleneffekten durch die Spezialisierung die Durchschnittskosten pro Beteiligung gesenkt werden. Ebenfalls werden die Verhandlungs- und Vertragsabschlusskosten durch standardisierte Vertragsbedingungen gemindert.[179]

d) Finanzinvestoren können die Fixkosten von Finanztransaktionen mit Beteiligungsunternehmen reduzieren, indem sie Investitionen für eine Vielzahl von Investoren tätigen[180].

2.2.4 Zusammenfassende übergreifende Implikationen der Finanzierungstheorien für die Beteiligungsfinanzierung

Die vorangegangenen Betrachtungen einzelner Finanzierungstheorien haben einige Argumente für die Relevanz von Private Equity zur Finanzierung mittelständischer Unternehmen verdeutlicht. Insbesondere die Unvollkommenheiten des Kapitalmarktes, Steuervorteile und die Verringerung des Insolvenzrisikos sprechen für die grundsätzliche Bedeutung der Eigenkapitalfinanzierung. Zudem sind die Beziehungen zwischen mittelständischen Wachstumsunternehmen und ihren Investoren in aller Regel durch hohe Informationsasymmetrien gekennzeichnet, die durch Finanzinvestoren verbessert werden können[181].

Die Einschaltung einer Kapitalbeteiligungsgesellschaft ist – nach Auslegung der wesentlichen Finanzierungstheorien – dann nützlich, wenn die Agency-, Informations- und Transaktionskosten in der Agency-Beziehung zwischen Finanzinvestor und Beteiligungsunternehmen geringer sind als die ohne den Finanzinvestor anfallenden Kosten. Bei der Bewertung sind weitere durch die Intermediation entstehende Vorteile, insbesondere Diversifikations- und Losgrößeneffekte zu berücksichtigen[182].

Trotz dieser Argumente für die Nützlichkeit von Finanzintermediären ist in der Praxis ebenfalls ein Trend zur „Disintermediation" zu beobachten: Unterneh-

---

178 Vgl. Schefczyk, M. (2006): S. 67
179 Vgl. ebenda, S. 67
180 Vgl. Schefczyk, M. (2004): S. 67
181 Vgl. Schefczyk, M. (2004): S. 165
182 Vgl. Schefczyk, M. (2006): S. 70

men versuchen ohne die Einschaltung von Finanzintermediären direkte Beziehungen zwischen Kapitalanbietern und –nachfragern herzustellen.[183].

Gegen eine umfassende Disintermediation des Beteiligungskapitalmarktes sprechen grundsätzlich folgende Argumente: Erstens handelt es sich bei Beteiligungsfinanzierungen durch die Verbindung von Finanzierungs- und Beratungsfunktion um eine komplexe Dienstleistung, die nicht leicht zu kompensieren ist und zweitens unterliegen Private Equity-Gesellschaften bislang nur vergleichsweise geringen regulatorischen Anforderungen. Somit scheidet die Substitution von Intermediären, die aufgrund rechtlicher Anforderungen besonders kostenintensiv sind, als Motiv der Disintermediation aus[184].

2.2.5 Funktionen von Finanzinvestoren

Finanzinvestoren wie Kapitalbeteiligungsgesellschaften üben auf den Kapitalmärkten – wie andere Finanzintermedäre auch - kosten- und risikominimierende Transformationsfunktionen aus. In diesem Zusammenhang gleichen sie die Interessen der Kapitalanbieter nach Rentabilität, Sicherheit und Liquidität einerseits und diejenigen der Kapitalnachfrager nach niedrigen Finanzierungskosten, einer ausreichend langfristigen Kapitalbereitstellung und Flexibilität durch geeignete Wahl der Vertragspartner sowie bei der Vertragsgestaltung andererseits aus[185].

Die Literatur unterscheidet folgende vier *Transformationsfunktionen*, die für Beteiligungsgesellschaften relevant sind[186]:

1. *Risikotransformation* bestehend aus

   a. *Risikoselektion:* Da Finanzinvestoren auf die Bewertung von Ertragsmöglichkeiten und Risiken potentieller Beteiligungsunternehmen spezialisiert sind, haben sie die notwendigen Voraussetzungen diese Zielunternehmen relativ sicher und zu geringen Transaktionskosten zu beurteilen. Durch die bestehende Spezialisierung sollte es Beteiligungsgesellschaften besser als Einzelinvestoren gelingen, bei der Auswahl von Beteiligungsunternehmen geeignete Sicherungs- und Kontrollmaßnahmen umzusetzen.

   b. *Risikodiversifikation:* Beteiligungsgesellschaften finanzieren jeweils mehrere Partnerunternehmen deren Beteiligungsrisiken nicht vollständig miteinander korrelieren. Somit sind die Investoren der Beteiligungsfonds nicht unmittelbar den Risiken einzelner Investitionsprojekte ausgesetzt und das Ausfallrisiko des Gesamtportfolios kann vermindert werden[187]. Zusammen mit der Losgrößentransformation

---

183 Vgl. Horsch, A. / Born, J. (2004): S.251 - 256

184 Vgl. Gerke, W. / Rüth, V. v. / Schöner, M. A. (1992): S. 84-172

185 Vgl. Gräfer, H. / Scheld, G. A. / Beike, R. (1994): S. 36, 37

186 Vgl. Bitz, M. (1989): S. 432 – 436

187 Vgl. Gerke, W. (1993): Sp. 3263 - 3273

(s.u.) können mehrere kleinere Investoren ihr gemeinsames Portfolio stärker diversifizieren, als dies bei getrenntem Vorgehen möglich wäre[188].

   c. *Risikoallokation:* Da durch Beteiligungsfinanzierungen im Allgemeinen die Kreditwürdigkeit von Unternehmen erhöht wird, kann die volkswirtschaftliche Kapitalallokation verbessert werden[189].

   d. *Haftungsfunktion:* Beteiligungsgesellschaft werden meist durch mehrere Investoren finanziert. Somit kann das Ausfallrisiko auf mehrere Parteien verteilt werden. Die Haftung der Investoren ist im Regelfall auf die bei der Beteiligungsgesellschaft geleistete Einlage beschränkt[190].

2. *Informationstransformation:* Finanzinvestoren übernehmen bei der Suche und der Beurteilung von Beteiligungsunternehmen Aufgaben der Informationsbeschaffung und –aufbereitung. An ihre Investoren werden primär aggregierte Informationen über das Beteiligungsportfolio und die Investitionsstrategie weitergegeben. Für die Investoren ist vor allem die Rendite- und Risikoerwartung des gesamten Beteiligungsportfolios, nicht aber die Beurteilung einzelner Unternehmen, relevant[191].

3. *Losgrößentransformation:* Beteiligungsgesellschaften gleichen unter Nutzung von Skaleneffekten und Spezialisierungsvorteilen die Losgrößenanforderungen von Investoren und Unternehmen einander an. Durch größere Kapitaleinlagen können Finanzinvestoren zahlreiche kleine Beteiligungen eingehen (z.B. Beteiligungsgesellschaften als Tochterunternehmen von Banken und Versicherungen). Diese Losgrößentransformation trägt somit zur Verringerung des Aufwandes für die Suche und Konditionenverhandlung bei. Außerdem kann die Beteiligungsgesellschaft Liquiditätsspitzen und –lücken ohne Mitwirkung der Investoren durch z.B. Zwischenfinanzierungsmaßnahmen ausgleichen[192].

4. *Fristentransformation:* Beteiligungsgesellschaften können ihre Portfolios über den Anlagehorizont einzelner Investoren bzw. über die Beteiligungsdauer von Partnerunternehmen unter Angleichung der Laufzeitanforderungen aufrechterhalten. Somit können Investorengruppen und Beteiligungsstrategien langfristig institutionalisiert werden. Eine Begrenzung erfährt die Fristentransformation durch Liquiditätsanforderungen auf der Beteiligungsseite und durch die Fungibilität der Anteile des Finanzinvestors[193].

---

188 Vgl. May, F. / Dahmann, K. (1987): S. 353 - 354
189 Vgl. Schefczyk, M. (2006): S. 76
190 Vgl. Schefczyk, M. (2004): S. 172
191 Vgl. Kaserer, C. / Achleitner, A.-K. / von Einem, C. / Schiereck, D. (2007): S. 21
192 Vgl. Schefczyk, M. (2004): S. 173
193 Vgl. Schefczyk, M. (2006): S. 76

Da Beteiligungsgesellschaften auf die Transformation von Risiken, speziell auf die Risikoselektion und Risikodiversifikation spezialisiert sind, kommt der *Risikotransformation* die wohl größte betriebswirtschaftliche Bedeutung zu. So werden Investoren primär deshalb Kapital an Beteiligungsgesellschaften vergeben, um die Risikoselektion zu delegieren. Dies gilt insbesondere für die in Deutschland häufig vorkommenden Finanzinvestoren, deren Kapitalgeber ebenfalls Finanzintermediäre (wie Banken) sind, die selbst bereits die Losgrößen- und Fristentransformation abdecken können[194].

Ergänzend zu den Transformationsfunktionen erfüllen Beteiligungsgesellschaften *Managementfunktionen*. Durch die unternehmerische Begleitung wird das Ziel verfolgt, den Marktwert eines Unternehmens während der Finanzierungslaufzeit zu steigern[195].

2.3 Anbieter von Beteiligungskapital

Am deutschen Markt für Beteiligungskapital agiert eine Vielzahl von Anbietern, die sich insbesondere hinsichtlich der folgenden Merkmale voneinander unterscheiden: Art der Initiatoren, Investoren- und Eigentümerstruktur, Zuordnung zum öffentlichen oder privaten Sektor, Art der Finanzierungsinstrumente, Finanzierungsphasen, Höhe der Transaktionsvolumen oder der Art und Intensität der geleisteten Managementunterstützung[196]. In der Literatur finden sich diverse Ansätze zur Klassifizierung, wobei die Segmentierungen anhand einzelner oder durch die Verknüpfung mehrerer Kriterien erfolgen[197]. Nachfolgende Abbildung zeigt die Aufteilung des Bundesverbandes Deutscher Kapitalbeteiligungsgesellschaften e.V. („BVK")[198]:

Der Klassifizierungsansatz des BVK verknüpft die Kriterien Beteiligungszweck, Investorenstruktur, rechtliche Gesellschaftsstruktur sowie Investitionsschwerpunkte miteinander. Eine durchgehende Bewertung anhand einzelner Kriterien erfolgt nicht[199]. Insgesamt sind in Deutschland ca. 260 Kapitalbeteiligungsgesellschaften aktiv, wovon per Ende 2008 197 im BVK zusammengeschlossen waren.[200].

---

194 Vgl. Bitz, M. (1989): S. 435

195 Vgl. Wupperfeld, U. (1994): S. 115 - 137

196 Vgl. Matz, C. (2002): S. 75

197 Vgl. exemplarisch Pfirrmann, O. / Wupperfeld, U. / Lerner, J. (1997): S. 43 – 49; Betsch, O. / Groh, A. P. / Schmidt, K. (2000): S. 28 - 33

198 Vgl. BVK (Hrsg.) (1995): S. 120

199 Vgl. Kaufmann, F. / Ljuba, K. (1996): S. 51 - 53

200 Vgl. BVK (Hrsg.) (2008): S. 3 und Sonndorfer, T. (2007): S. 44

```
┌─────────────────────────────────────────────────────────────────┐
│              Kapitalbeteiligungsgesellschaften („KBG")          │
│   ┌──────────┬──────────────┬──────────────┬──────────────┐    │
│   │Öffentlich│Unternehmensbe-│Frühphasenori-│ Universal-   │    │
│   │geförderte│teiligungsgesell-│entierte KBG │    KBG       │    │
│   │   KBG    │   schaften    │              │              │    │
│   └──────────┴──────────────┴──────────────┴──────────────┘    │
└─────────────────────────────────────────────────────────────────┘
```

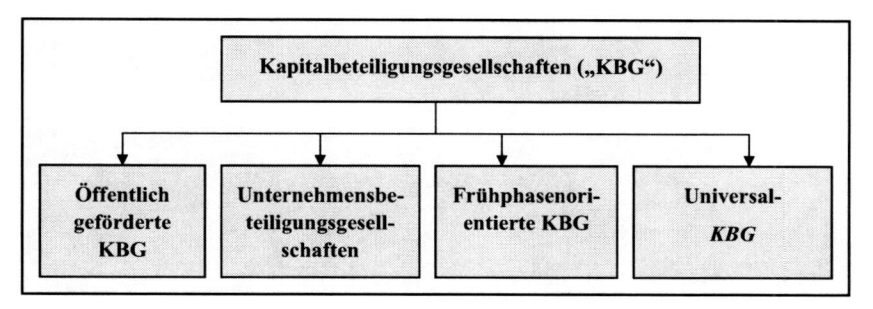

Abbildung 5: Kapitalbeteiligungsgesellschaften nach BVK
Quelle: In Anlehnung an BVK (Hrsg.) (1995), S. 120

2.3.1 Öffentlich geförderte Kapitalbeteiligungsgesellschaften

Neben den rein renditeorientierten Finanzinvestoren existieren am deutschen Markt für Beteiligungskapital öffentlich geförderte Kapitalbeteiligungsgesellschaften, die in ihrer Geschäftspolitik Zielen der staatlichen Wirtschaftsförderung verpflichtet sind[201]. Während auf der Bundesebene die KfW Mittelstandsbank[202] für die Umsetzung staatlicher Beteiligungsprogramme verantwortlich ist, existieren in den meisten Bundesländern regionale Gesellschaften, die unter der Bezeichnung „Mittelständische Beteiligungsgesellschaft" (MBG) firmieren und die eine wirtschaftspolitische Ausrichtung mit der Zielsetzung der regionalen Förderung kleinerer und mittlerer Unternehmen haben[203].

Die öffentlich geförderten Beteiligungsgesellschaften, deren Gesellschafterkreis sich in der Regel aus Banken, Kammern und Verbänden zusammensetzt, verfügen meist nur über begrenzte eigene Mittel. Sie refinanzieren deshalb ihre Investitionen im Rahmen von Unterstützungsprogrammen, die durch den Staat oder einzelne Bundesländer eingerichtet wurden[204]. Diese Beteiligungsgesellschaften gehen überwiegend kleinere (satzungsbedingt bis max. EUR 1 Mio.), zumeist Stille Beteiligungen ein[205].

---

201 Vgl. Hägele, J. (1991): S. 46

202 Die *KfW Mittelstandsbank* ist ein Unternehmen der KfW Bankengruppe Frankfurt und führt die Geschäftstätigkeit der tbg Technologie-BeteiligungsGesellschaft mbH, Bonn, einer ehemaligen Tochter der Deutschen Ausgleichsbank, fort.

203 Vgl. Hübler, H. (1992): S. 37 - 38

204 Vgl Schefcyk, M. (1998): S. 79 - 80

205 Vgl. Fromman, H. (1991): S. 49

2.3.2 Unternehmensbeteiligungsgesellschaften

Im Gegensatz zu den übrigen Beteiligungsgesellschaften werden die Unternehmensbeteiligungsgesellschaften („UBG") durch ein eigenes Gesetz reguliert. Mit der Einführung zum 1. Januar 1987 verfolgte der Gesetzgeber die Zielsetzung, die Eigenkapitalausstattung nicht börsennotierter mittelständischer Unternehmen und damit deren Innovations- und Investitionskraft zu steigern. Darüber hinaus sollte das Gesetz die Beteiligung von Arbeitnehmern am Produktivkapital der Wirtschaft erleichtern[206].

Die Anerkennung einer Beteiligungsgesellschaft als UBG setzt die Erfüllung einer Reihe von gesetzlichen Anforderungen[207] voraus. Im Gegenzug erhielten die UBGen spezifische Steuervorzüge, u.a. eine Steuerbefreiung bei der Veräußerung von Anteilen an Kapitalgesellschaften nach Maßgabe des § 6b EStG[208]. Trotz der steuerlichen Vergünstigungen stieß das Gesetz in der Praxis zunächst auf mangelnde Akzeptanz. Dies veranlasste den Gesetzgeber dazu, das UBGG grundlegend im Rahmen des 3. Finanzmarktförderungsgesetzes im April 1998 zu deregulieren[209]. Als Folge planten zahlreiche Beteiligungsgesellschaften sich registrieren zu lassen. Jedoch hat die Bundesregierung 1999 die in Verbindung mit dem § 6 b EStG für UBGen bestehenden steuerlichen Vorschriften abgeschafft, was dazu führte, dass die Mehrzahl der geplanten Lizensierungen zurückgestellt wurden[210].

2.3.3 Frühphasenorientierte Kapitalbeteiligungsgesellschaften

Frühphasenorientierte Beteiligungsgesellschaften stellen Venture Capital in früheren Unternehmensphasen (Seed- und Start-up-Finanzierungen) zur Verfügung. Zielgruppe dieser Investorengruppe sind überwiegend junge, umsatzmäßig kleine, aber schnell wachsende Unternehmen. Dabei wird durch Zuführung eines begrenzten Finanzierungsvolumens und durch Managementunterstützung der langfristige Wertzuwachs der Anteile angestrebt[211]. Die Grenze zwischen

---

206 Vgl. Funke, K.-H. (1992): S. 1108

207 In der Fassung des UBG von 1987 betrafen die Anforderungen vor allem folgende Bereiche: Führung der UBG in der Rechtsform der AG, Erwerb von max. 49% der Stimmrechte eines Beteiligungsunternehmens, notwendiger Mindestbestand von 10 Portfoliounternehmen nach Ablauf von 6 Jahren, Zwang, nach Ablauf von 10 Jahren mind. 70% des Aktienkapitals der UBG öffentlich anzubieten. Vgl. Schefczyk, M. (1998): S. 58 - 66

208 Vgl. Schefczyk, M. (1998): S. 58 - 66

209 Die Modifizierungen betrafen u.a. die Neuregelung von Anlagegrenzen, die Einräumung größerer Spielräume bei der Finanzierung von Beteiligungsunternehmen und Gestaltungsfreiheit bei der Rechtsformwahl. Darüber hinaus entfiel die Verpflichtung, die Anteile der UBG nach Ablauf gewisser Fristen öffentlich zum Verkauf anzubieten. Vgl. hierzu Leopold, G. / Frommann, H. / Kühr, T. (2003): S. 66

210 Vgl. BVK (Hrsg.) (1999): S. 88

211 Vgl. Willms, M. (1985): S. 230

frühphasenorientierten Venture Capital-Gesellschaften und Universalbeteiligungsgesellschaften ist fließend. Auch investieren diese frühphasenorientierten Finanzinvestoren vereinzelt in reifere Unternehmen, um ihr hohes Risiko zu reduzieren[212].

2.3.4 Universalbeteiligungsgesellschaften

Die Universalbeteiligungsgesellschaften umfassen alle Finanziers, die nicht zu einer der anderen Gruppen gehören. Diese auch als „klassische" Kapitalbeteiligungsgesellschaften bezeichneten Financiers stellen die größte Gruppe der Beteiligungsgesellschaften[213]. Zumeist handelt es sich um Tochtergesellschaften von Banken, Versicherungen und Industrieunternehmen[214]. Universalbeteiligungsgesellschaften bieten häufig mehrere Beteiligungsformen[215] an und investieren grundsätzlich in verschiedene Wirtschaftsbranchen[216]. Die Hauptgeschäftsfelder der Universalbeteiligungsgesellschaften liegen im Bereich von Wachstumsfinanzierungen und Gesellschafterwechseln[217].

2.3.5 Finanzierungsquellen für Beteiligungskapital

Gemäß den vom BVK erfassten Zahlen, die sowohl die organisierten als auch die nicht im Verband organisierten in Deutschland tätigen Beteiligungsgesellschaften berücksichtigen, verwalten diese per 12/2008 ein Volumen in Höhe von EUR 35,1 Mrd. (Vj. 31,9 Mrd.). Das in 2008 neu eingeworbene Kapital (Fundraising) erreichte lediglich ein Volumen von insgesamt EUR 1,9 Mrd. und markierte damit einen massiven Rückgang im Vergleich zum Vorjahreswert von EUR 5,7 Mrd.[218] Neben der Finanzkrise, die zu einer zunehmenden Zurückhaltung vieler institutioneller Investoren führte, stellte 2008 für viele Beteiligungsgesellschaften ein Übergangsjahr dar. Viele Gesellschaften hatten Gelder für neue Fonds in den Jahren 2005 bis 2007 einwerben können und deshalb keine Aktivitäten in 2008 geplant.[219]

Betrachtet man die Quellen für Beteiligungskapital, so zeigt sich, dass in 2008 Industrieunternehmen (Anteil 29,9%), Privatanleger (Anteil 5,8%), öffentliche Quellen (5,3%) und Kreditinstitute (4,7%) als die wichtigsten Kapitalgeber fungierten[220]. Die genaue Aufteilung verdeutlicht Grafik 6:

---

212 Vgl. Müller-Stewens, G. / Rowenta, P. / Bohnenkamp, G. (1995): S. 31

213 Vgl. Sabadinowitsch, T. (2000): S. 42

214 Vgl. Hägele, J. (1991): S. 47

215 Siehe hierzu auch die Ausführungen in Kapital 2.5. dieser Arbeit.

216 Vgl. Frommann, H. (1991): S. 732

217 Vgl. Sabadinowitsch, T. (2000): S. 42

218 Vgl. BVK (Hrsg.) (2009b): S. 3

219 Vgl. BVK (Hrsg.) (2009a):S. 3

220 Vgl. ebenda, S. 5

Fundraising nach Kapitalgebern 2008

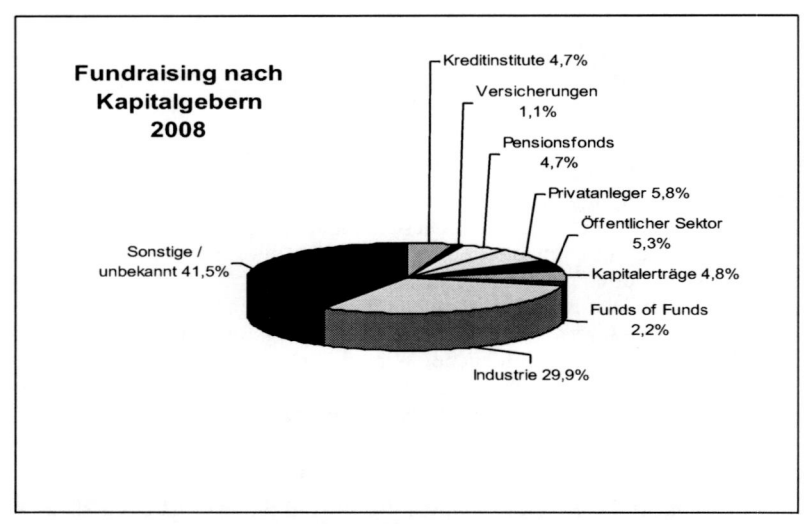

- Kreditinstitute 4,7%
- Versicherungen 1,1%
- Pensionsfonds 4,7%
- Privatanleger 5,8%
- Öffentlicher Sektor 5,3%
- Kapitalerträge 4,8%
- Funds of Funds 2,2%
- Industrie 29,9%
- Sonstige / unbekannt 41,5%

Abbildung 6: Fundraising nach Kapitalgebern 2008
Quelle: BVK (Hrsg.) (2009b): S. 11

2.4 Formen der Beteiligungsfinanzierung

2.4.1 Direkte versus indirekte Beteiligung

Bei der *direkten Beteiligung* erfolgt die Beteiligungsfinanzierung unmittelbar durch informelle Investoren wie Privatanleger, ohne dass ein Finanzinvestor zwischengeschaltet wird.[221] Ein Grundproblem der direkten Beteiligung ist, dass die Investoren häufig nicht über die hinreichende persönliche und fachliche Kompetenz zur Betreuung und Beratung eines Beteiligungsunternehmens verfügen, obwohl dies eine wesentliche Komponente der Beteiligungsfinanzierung darstellt.[222]

Der *indirekten Beteiligung* von Investoren an Beteiligungsunternehmen kommt eine wesentlich größere Bedeutung zu: Die Beteiligungsgesellschaft sammelt das Kapital in von ihr aufgelegten Private Equity-Fonds, wobei die Portfoliounternehmen zumindest teilweise noch nicht feststehen (sog. „Blind Pool"). [223] Bei den indirekten Beteiligungen tritt die Private Equity-Gesellschaft als Fi-

---

[221] Vgl. Ritzerer-Angerer, P. M. (2005): S. 50

[222] Vgl. Brinkrolf, A. (2002): S. 83

[223] Vgl. Schmidtke, A. (1985): S. 112

nanzintermediär zwischen Investoren und Portfoliounternehmen, wodurch sich der in Abbildung 7 dargestellte Leistungsfluss ergibt[224]:

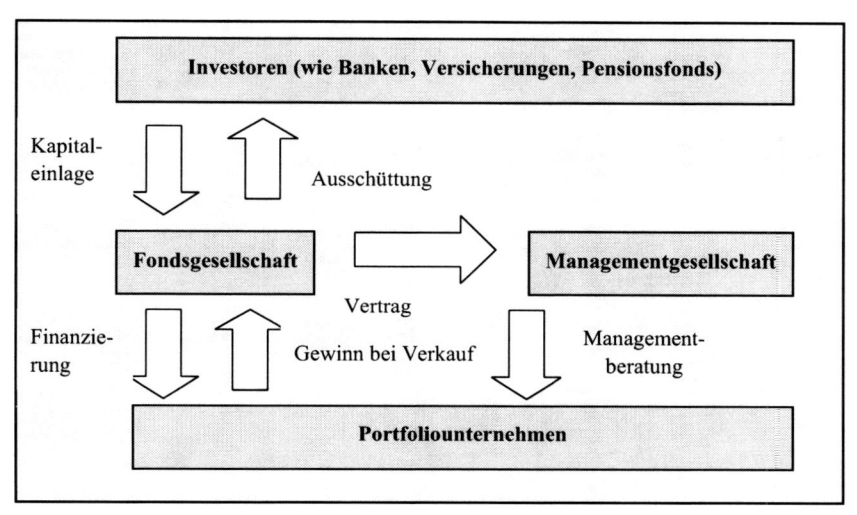

Abbildung 7: Leistungsbeziehungen bei indirekten Beteiligungen
Quelle: In Anlehnung an Kussmaul, H. / Richter, L. (2000): S. 1159

Neben der dargestellten Form der indirekten Beteiligung besteht ebenfalls die Möglichkeit in einen *Dachfonds* (Funds-of-Funds) zu investieren, der mit der Zielsetzung der Risikostreuung in verschiedene Private Equity-Fonds investiert[225].

2.4.2 Offene versus stille Beteiligungen

Die Bereitstellung von Beteiligungskapital kann grundsätzlich im Wege von „*offenen*" oder in Form von „*stillen*" Beteiligungen erfolgen[226]. Bei erster Variante erwirbt die Beteiligungsgesellschaft Anteile des Nominalkapitals der Zielgesellschaft mit allen damit verbundenen Rechten und Pflichten und tritt im Außenverhältnis als Gesellschafter auf. Bei bestehenden Gesellschaften erfolgt der Erwerb im Rahmen einer Kapitalerhöhung oder durch den Kauf von bestehenden Altanteilen. Die Private Equity-Gesellschaft ist somit wie die Altgesellschafter in Höhe ihrer Anteile stimmberechtigt.[227]

---

224 Vgl. Kussmaul, H. / Richter, L. (2000): S. 1159
225 Vgl. Sonndorfer, T. (2007): S. 25
226 Vgl. bspw. Pfeifer, A. (1999): S. 1668
227 Vgl. Geigenberger, I. (1999): S. 82

Die zweite Variante der Beteiligungsfinanzierung stellen *stille* Beteiligungen dar, bei denen keine Geschäftsanteile des Zielunternehmens erworben werden, sondern eigenkapitalähnliche Finanzierungsformen zur Verfügung gestellt werden[228]. Hierunter fallen hybride Finanzierungsformen, auch als *Mezzanine Kapital*[229] bezeichnet, die sowohl Elemente von Eigen- als auch von Fremdkapital enthalten[230]. In der Praxis existiert eine Vielzahl von Gestaltungsformen, die grundsätzlich durch die folgenden wesentlichen Merkmale gekennzeichnet sind[231]:

a. Nachrangigkeit gegenüber anderen Gläubigern im Falle der Insolvenz,

b. Vorrangigkeit der Mittel gegenüber reinem Eigenkapital,

c. zeitliche Befristung der Kapitalüberlassung (i.d.R. 5 bis 10 Jahre),

d. Flexibilität und Vielseitigkeit hinsichtlich der Ausgestaltung der Vertragskonditionen und

e. steuerliche Abzugsfähigkeit der Zinsen als handels- und steuerrechtlicher Betriebsaufwand.

Typische Ausgestaltungsformen dieser Finanzierungsform sind Nachrangdarlehen, Gesellschafterdarlehen, Stille Beteiligungen (typisch oder atypisch), Genussrechte sowie Wandel- und Optionsanleihen[232].

2.5 Anlässe für Beteiligungsfinanzierungen reiferer mittelständischer Unternehmen

2.5.1 Lebenszyklusorientierte Finanzierungsphasen

Unternehmen weisen einen typisierten Lebenszyklus auf, der von der ersten Geschäftsidee über den Auf- und Ausbau der Geschäftstätigkeit bis hin zur Restrukturierung gehen kann. In jeder Lebensphase gibt es einen speziellen Bedarf und eigene Quellen für Eigenkapitalfinanzierungen.[233] Abbildung 8 stellt die einzelnen Phasen mit den damit verbundenen unternehmerischen Aufgaben dar:

---

228 Vgl. Sonndorfer, T. (2007): S. 26

229 Für den Begriff *Mezzanine* existiert weder in der Wirtschaftswissenschaft noch in der Rechtswissenschaft eine einheitliche Definition. Das Wort Mezzanine („Mezzanino") entstammt der italienischen Architektur und bedeutet Zwischengeschoss. Vgl. Häger, M. / Elkemann-Reusch, M. (2004): S. 22

230 Vgl. Fischer, M. (2004): S. 225

231 Vgl. Müller, O. (2002): S. 67

232 Vgl. Golz, R. T. / Hoffelner, M. (2002): S. 20. Siehe zur Unterscheidung von Fremd- und Eigenkapital und zur Ausgestaltung der einzelnen Finanzierungsformen auch die Anlagen 5 und 6.

233 Vgl. Schefczyk, M. (2004): S. 40 ff.

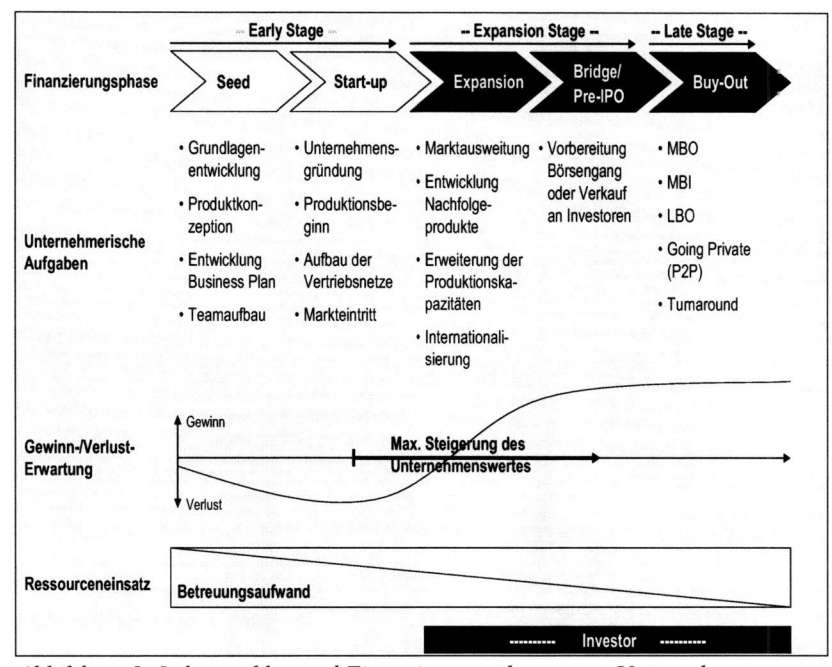

Finanzierungsphase	Early Stage		Expansion Stage		Late Stage
	Seed	Start-up	Expansion	Bridge/Pre-IPO	Buy-Out
Unternehmerische Aufgaben	• Grundlagenentwicklung • Produktkonzeption • Entwicklung Business Plan • Teamaufbau	• Unternehmensgründung • Produktionsbeginn • Aufbau der Vertriebsnetze • Markteintritt	• Marktausweitung • Entwicklung Nachfolgeprodukte • Erweiterung der Produktionskapazitäten • Internationalisierung	• Vorbereitung Börsengang oder Verkauf an Investoren	• MBO • MBI • LBO • Going Private (P2P) • Turnaround
Gewinn-/Verlust-Erwartung	Gewinn / Verlust		Max. Steigerung des Unternehmenswertes		
Ressourceneinsatz	Betreuungsaufwand				Investor

Abbildung 8: Lebenszyklus und Finanzierungsphasen von Unternehmen
Quelle: Eigene Darstellung, in Anlehnung an: Rams, A. / Remmen, J. (1999): S. 688

In der *Seed-Phase* erfolgt die Entwicklung einer Geschäftsidee bzw. eines Produktes (z.B. in Form eines Prototyps) [234]. Die wichtigsten Finanzierungsquellen in dieser frühesten Entwicklungsphase sind vorhandenes Eigenkapital der Unternehmensgründer sowie die Unterstützung durch Business Angels[235] und Inkubatoren[236]. Die anschließende *Start up-Phase* dient der eigentlichen Unternehmensgründung und dem Markteintritt. Neben staatlichen Förderprogrammen[237] werden nun vor allem auf Venture Capital spezialisierte Finanzinvestoren tätig. Auch Corporate Venture Capitalisten, die sich von frühzeitigen Betei-

---

234 Vgl. Rudolph, B. / Fischer, C. (2000): S. 50

235 Vgl. Geigenberger, I. (1999): S. 48

236 Vgl. zum Konzept der Inkubatoren Grampp, M. (2004): Die Analyse des renditeorientierten Inkubatorenkonzeptes in Deutschland, Berlin 2004

237 Hier sind vor allem die Programme der KfW zu nennen, die im Internet unter http://www.kfw.de abgefragt werden können.

ligungen Zugriff auf Innovationen erhoffen, spielen in diesem Zeitraum eine wichtige Rolle. Diese beiden Phasen werden in der Literatur als „Early Stage" bezeichnet[238].

Im Hinblick auf die Zielsetzung dieser Arbeit, der Analyse von Bewertungsmethoden für *reifere* mittelständische Unternehmen, sind die Anlässe Wachstumsfinanzierungen, Brigde-Finanzierungen sowie Finanzierungen von Übernahmen und Gesellschafterwechseln (Buy Outs) von Bedeutung, die in den nachfolgenden Kapiteln beschrieben werden. Abbildung 9 zeigt die Private Equity-Investitionen für das Jahr 2008 aufgeteilt nach Finanzierungsanlässen und verdeutlicht die große Bedeutung der Buy Outs[239]:

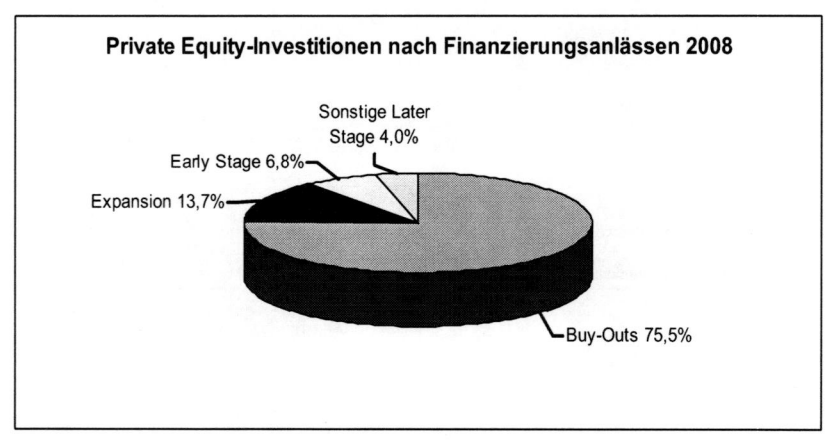

Abbildung 9: Private Equity-Investitionen nach Finanzierungsanlässen 2008
Quelle: BVK (Hrsg.) (2009b): S. 11

2.5.2 Expansionsfinanzierungen

Expansions- oder Wachstumsfinanzierungen unterstützten jede Form der Unternehmenserweiterung. In dieser Phase werden insbesondere Mittel zur Finanzierung von zusätzlichen Produktionskapazitäten, zur Produktdiversifikation, zur Marktausweitung oder zur Erschließung neuer Märkte nachgefragt[240]. Das Unternehmen hat in diesem Entwicklungsstadium in der Regel die Gewinnschwelle, den „Break-Even-Punkt", bereits erreicht oder wird in absehbarer Zeit Gewinne erzielen[241].

---

238 Vgl. Timmreck, C. (2003): S. 226
239 Vgl. BVK (Hrsg.) (2008): S. 7
240 Vgl. Rudolph, B. / Fischer, C. (2000): S. 50
241 Vgl. Stahl, K. / Hoffelner, M. (2004): S. 173

2.5.3 Bridge-Finanzierungen

Börsenvor- bzw. Bridge-Finanzierungen beinhalten die Bereitstellung von Kapital für ein Unternehmen zur Vorbereitung auf einen geplanten Börsengang vor allem mit dem Ziel der Erhöhung der Eigenkapitalquote[242]. Die Verbesserung der Eigenkapitalausstattung ist im Hinblick auf die hohen Kosten eines Börsengangs sinnvoll. Daneben werden die im Rahmen eines Börsengangs zu emittierenden Aktien durch die mit der Bridge-Finanzierung einhergehende Kapitalerhöhung günstiger und somit grundsätzlich attraktiver für eine breitere Anlegermasse[243]. Durch die finanzielle Überbrückung des Zeitraums bis zu einem Börsengang kann das Zielunternehmen mehr Flexibilität in Bezug auf den Emissionszeitpunkt erhalten. Somit wird einerseits eine gründliche Vorbereitung ermöglicht und andererseits lässt sich gegebenenfalls ein für das Going Public günstigerer Zeitpunkt abwarten[244].

2.5.4 Buy Out-Finanzierungen

Im Rahmen von Buy Out-Finanzierungen findet ein Gesellschafterwechsel im Unternehmen statt[245]. Der Unternehmenserwerb kann durch das im Unternehmen vorhandene Management („*Management Buy Out*", MBO) oder durch ein externes Management („*Management Buy In*", MBI) erfolgen[246]. Wird ein Buy Out zu einem hohen Anteil mit Fremdkapital (meist über 50% des Transaktionsvolumens) finanziert, spricht man von einem „Leveraged-Buy Out" oder LBO[247]. Bei den Unternehmen handelt es sich oft um Familiengesellschaften mit Nachfolgeproblemen oder Konzerngesellschaften, von denen sich die Konzernobergesellschaft aus strategischen Gründen trennen möchte. Bei dem Unterfall des „Spin-off" werden auf Initiative eines Konzerns einzelne Geschäftssegmente aus der Muttergesellschaft herausgelöst[248].

2.5.5 Sonstige Finanzierungsanlässe

Sonstige Finanzierungsanlässe wie Turnaround- oder Restrukturierungsfinanzierungen bezeichnen eine spezielle Situation im Verlauf der Sanierung eines Unternehmens. Es handelt sich um die Finanzierung eines Unternehmens, das sich nach der Überwindung von wirtschaftlichen Schwierigkeiten, eventuell sogar eines Insolvenzverfahrens, in aller Regel jedoch nach einer Verlustphase,

---

242 Vgl. Rudolph, B. / Fischer, C. (2000): S. 50
243 Vgl. Finsterer, H. /Eizenhöfer, U. (2001): S. 21
244 Vgl. Stadler, W. (2001): S. 329
245 Vgl. Geigenberger, I. (1999): S. 50
246 Vgl. Eckstaller, C. / Huber-Jahn, I. (2006): S. 25
247 In der Literatur wird von einem LBO gesprochen, wenn der Fremdkapitalanteil an einer Finanzierung mindestens 50% des Finanzierungsvolumens beträgt. Vgl. Mittendorfer, R. (2007): S. 13
248 Vgl. insbesondere Jesch, T. A. (2004): S. 91

wieder positiv entwickeln soll[249]. Eine Eigenkapitalzufuhr ist in diesem Fall sinnvoll, da die Verluste das Eigenkapital reduziert oder aufgezehrt haben und die Sicherung des Zukunftserfolgs nach Rückkehr in die Gewinnzone eine Wiederauffüllung des Kapitals notwendig werden lässt[250].

2.6 Prozess der Beteiligungsfinanzierung

Aufgrund der hohen Komplexität und Individualität einer Beteiligungsfinanzierung gibt es keinen allgemein gültigen, fest fixierten Ablauf[251]. Es bestehen jedoch typische Phasen, die im Rahmen einer derartigen Finanzierung durchlaufen werden und die in Abbildung 10 dargestellt sind[252]:

Kapitalakquisition	Deal Flow	Beteiligungsprüfung	Beteiligungsverhandlung	Beteiligungsphase	Desinvestition
Einwerbung von Kapital; Kommunikation der Beteiligungspolitik in den Markt	Beschaffung von Informationen über potenzielle Beteiligungsunternehmen	Abgleich mit Beteiligungskriterien; I.d.R. mehrstufiger Entscheidungsprozess	Abstimmung der Konditionen mit Portfoliounternehmen; Abschluß der Beteiligung	Kontrollfunktionen primär im Interesse der Kapitalgeber; Beratungsfunktionen nach Bedarf	Veräußerung der Beteiligung

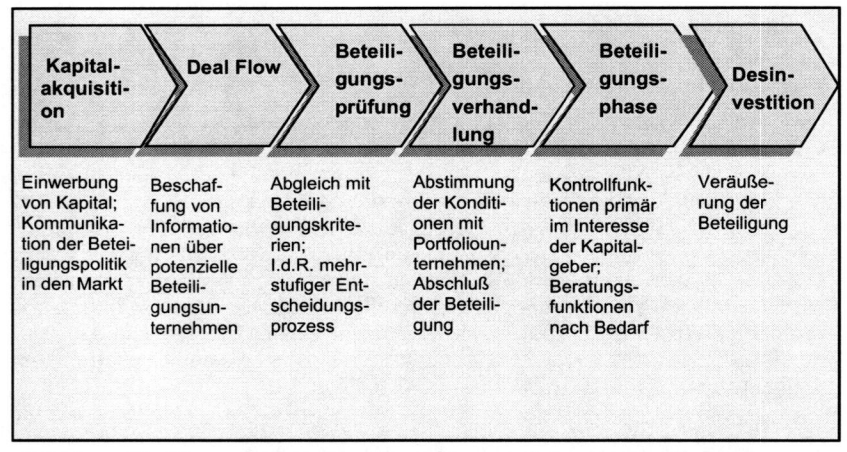

Abbildung 10: Phasenorientiertes Geschäftsmodell der Private Equity-Gesellschaften
Quelle: In Anlehnung an Zemke, I. (1995): S. 103

2.6.1 Kapitalakquisition und Deal Flow

Im Rahmen der *Kapitalakquisition* bzw. des *Fundraising* wird die Beteiligungspolitik und –strategie einer Beteiligungsgesellschaft in den Markt hinein kommuniziert und bei den Investoren das Kapital eingeworben[253]. Im Vorfeld

---

249 Vgl. Rudolph, B. / Fischer, C. (2000): S. 50

250 Vgl. Leopold, G. / Frommann, H. / Kühr, T. (2003): S. 28 - 29

251 Vgl. Timmreck, C. (2003): S. 227

252 Vgl. Nolte, B. / Nolting, R. / Stummer, F. (2002): S. 345 ff.

253 Vgl. Zemke, I. (1995): S. 81 - 88

empfiehlt sich die Durchführung einer gründlichen Analyse des Anlagemarktes, da die Anzahl der Investoren auch aufgrund des hohen Risikos dieser Anlageform begrenzt ist und eine sehr gründliche und zielgerichtete Ansprache erfolgen sollte[254].

Mit der sich – häufig, aber nicht notwendigerweise - zeitlich anschließenden Akquisition von potentiellen Zielunternehmen, die auch als „*Deal Flow*" bezeichnet wird, verschafft sich ein Finanzinvestor erste Informationen über potentielle Partnerunternehmen[255]. Üblicherweise wird mit dem Antrag auf eine Beteiligungsfinanzierung ein aussagekräftiger Businessplan[256] eingereicht. Einer Erhebung der KfW für das Jahr 2004 zur Folge erhielten in Deutschland tätige Private Equity-Gesellschaften im Durchschnitt jährlich 267 Anfragen zur Prüfung[257].

Zur Generierung des Deal Flows greifen Beteiligungsgesellschaften üblicherweise hauptsächlich auf zwei Quellen zurück[258]:

a) Das *eigene Netzwerk*, bestehend aus Kontakten zu Banken, Unternehmen, Unternehmensberatern, Wirtschaftsprüfern, anderen Beteiligungsgesellschaften, Investoren, Universitäten und Technologiezentren sowie

b) auf *direkte Verbindungen* zu Zielunternehmen durch eigene Marketingaktivitäten, Messen, Investmentforen und Verbandspräsentationen.

Ziel ist generell eine möglichst große Anzahl an potentiellen Zielunternehmen zu sichten, um die aussichtsreichsten in die engere Auswahl zu nehmen[259]

2.6.2 Beteiligungsprüfung

Nachdem ein erster Kontakt zu einem Zielunternehmen etabliert wurde, folgt ein mehrstufiger Analyseprozess. Im Rahmen einer Vorprüfung wird untersucht, ob das Unternehmen in die generelle Investitionsstrategie passt und ob die grundsätzlichen Investitionskriterien der Beteiligungsgesellschaft erfüllt werden[260].

Die Anforderungen von Private Equity-Gesellschaften an künftige Partnerunternehmen hängen von der jeweiligen Investmentstrategie der einzelnen Häuser ab und bestehen vor allem im Hinblick auf[261]

a) die Größe, die Branche und das Herkunftsland des Zielunternehmens,

---

254 Vgl. Bygrave, W. D. / Hay, M. / Peeters, J. (2000): S. 122

255 Vgl. Schefcyk, M. (2006): S. 23

256 Vgl. zu den Inhalten und dem Aufbau eines Businessplans bspw. Nagl, A. (2006)

257 Vgl. KfW (Hrsg.) (2006): S. 45

258 Vgl. Betsch, O. / Groh, A. P. / Schmidt, K. (2000): S. 118 ff.

259 Vgl. ebenda, S. 317

260 Vgl. Elkart, W. (1995): S. 37 ff.

261 Vgl. Betsch, O. / Groh, A. / Lohmann, L. (2000): S. 318

b) den Charakter der Finanzierung,
c) die Risiko- und Ertragsperspektiven,
d) die Branche, deren Markt- und Wettbewerbssituation,
e) die persönliche und fachliche Kompetenz des Managementteams eines Partnerunternehmens,
f) der Unternehmensstrategie und
g) den Auswirkungen auf die Diversifikation im Beteiligungsportfolio.

Des Weiteren werden die vorgelegten Unterlagen, insbesondere der Businessplan, einer ersten Plausibilitätsprüfung unterzogen. Nach der bereits zitierten KfW-Befragung (für das Jahr 2004) wurden in diesem Stadium im Durchschnitt bereits 84% der Finanzierungsanfragen abgesagt, da sie nicht die grundsätzlichen Anforderungen der Private Equity-Gesellschaften erfüllten[262].

Fallen die Vorprüfungen, zu denen auch persönliche Gesprächstermine und eigene Analysetätigkeiten gehören, positiv aus, wird das Beteiligungsprojekt einer Detailprüfung unterzogen[263]. Hierfür hat sich der Begriff „*Due Diligence*"[264] auch im deutschen Sprachgebrauch durchgesetzt und wird vielfach als Synonym für die Objektprüfung im Rahmen von beabsichtigten Unternehmenstransaktionen benutzt. Diese Prüfung dient dem Zweck, einen genauen Einblick in das Zielunternehmen hinsichtlich aller Stärken und Schwächen zu erhalten, um so die Risiken und Chancen einer Beteiligung präziser einschätzen zu können.[265]

Insgesamt werden mit der Due Diligence folgende Hauptzielsetzungen verfolgt[266]:

a) Detaillierte Analyse und Prüfung des Unternehmens hinsichtlich seiner Geschäftstätigkeit, der Produkte, des Marktes sowie der Wettbewerbssituation.
b) Schaffung einer Entscheidungsgrundlage für die Unternehmensbewertung bzw. die Preisfindung.
c) Verifizierung der Unternehmensplanung.
d) Exkulpation der Entscheidungsträger.

---

262 Vgl. KfW (Hrsg.) (2006): S. 47

263 Vgl. Sonndorfer, T. (2007): S. 54

264 Der Begriff *Due Diligence* stammt aus der US-amerikanischen Transaktionspraxis und bedeutet „sorgsame Erfüllung, im Verkehr erforderliche Sorgfalt" und definiert den im Rahmen von Verkaufsprozessen anzulegenden Sorgfaltsmaßstab. Vgl. Wegen, G. (1994): S. 291

265 Vgl. Leopold, G. / Frommann, H. / Kühr, T. (2003): S. 138

266 Vgl. Berens, W. / Schmitting, W. / Strauch, J. (2002): S. 77 ff.

Die Due Diligence umfasst folgende Teilbereiche[267]:

a) Im Rahmen der *Legal Due Diligence* werden die juristischen Verhältnisse der Gesellschaft, insbesondere Eigentumsverhältnisse, Satzungen und maßgebliche Verträge (bspw. Abnahme-, Lieferverträge, Garantie- und Gewährleistungsvereinbarungen) überprüft[268].

b) Die *Financial Due Diligence* verfolgt das Ziel, die Vollständigkeit und Richtigkeit von Jahresabschlüssen der Vergangenheit einschließlich deren Wertansätze zu analysieren. Ein weiterer Schwerpunkt liegt in der Plausibilisierung der Unternehmensplanung[269].

c) Die *Commercial Due Diligence* fokussiert sich auf die Erfolgsaussichten des Geschäftsmodells. Untersucht werden neben gesamtwirtschaftlichen Rahmenbedingungen die Markt- und Wettbewerbssituation sowie die Organisationsstrukturen des Zielunternehmens[270].

Neben diesen Kernelementen können weitere Teilprüfungen, bspw. eine *Steuer-*, eine *Technical-*, eine *Management-* oder eine *Umwelt-Due Diligence*, durchgeführt werden[271]. Für Private Equity-Gesellschaften gehören die Beurteilung des Management-Teams sowie die Einschätzung von zukunftsorientierten Unternehmens- und Marktinformationen wie Planzahlen, Produkt-, Branchenanalysen und der Geschäftsstrategie, zu den wichtigsten Prüfungserkenntnissen[272]. Nur ca. 50% der geprüften Unternehmen bestehen im Durchschnitt die Due Diligence-Prüfung, so dass von den ursprünglichen Finanzierungsanfragen durchschnittlich nur ca. 8% in die nachfolgende Phase der Beteiligungsverhandlung gehen[273].

2.6.3 Beteiligungsverhandlung

Konnte seitens der Beteiligungsgesellschaft sowie des Verkäufers eines Zielunternehmens Einigkeit über die grundlegenden Parameter erzielt werden und wurde von den Entscheidungsgremien des Finanzinvestors eine positive Grundsatzentscheidung getroffen, so treten die beteiligten Parteien – meist mit Unterstützung externer Juristen – in die Gespräche über den Beteiligungsver-

---

267 Vgl. zu den Teilbereichen der Due Diligence u.a. Picot, G. (2000): S. 229 ff.

268 Vgl. zur Due Diligence aus rechtlicher Sicht Fritzsche, M. (2002): S. 363 ff.

269 Vgl. zur Due Diligence aus finanzwirtschaftlicher Sicht Brauner, H. U. / Lescher, J. (2002): S. 325 ff.

270 Vgl. zur Due Diligence aus der Sicht des Marktes Sebastian, K.-H. / Niederdrenk, R. / Tesch, A. (2002): S. 389 ff.

271 Vgl. Jesch, T. A. (2004): S. 62 ff.

272 Vgl. KfW (Hrsg.) (2006): S. 49

273 Vgl. KfW (Hrsg.) (2006): S. 47

trag ein[274]. Wesentliche Inhalte der Vertragsverhandlungen erstrecken sich neben Fragen des Kapitalbedarfs und der Unternehmensbewertung bzw. des Preises der zu übernehmenden Anteile auf Einfluss-, Kontroll- und Zustimmungsrechte[275]. Laut der bereits zitierten KfW-Befragung kommt es lediglich bei 3-6% aller Finanzierungsanfragen letztendlich zu einem erfolgreichen Vertragsabschluss[276].

2.6.4 Beteiligungsphase

Nach Abschluss des Beteiligungsvertrages erfolgen neben dem Controlling der laufenden Geschäftsentwicklung des Portfoliounternehmens die Betreuung und Bereitstellung von ergänzenden Leistungen durch den Finanzinvestor, die über die reine Finanzierungsfunktion hinausgehen[277]. Kapitalbeteiligungsgesellschaften bieten ihren Portfoliounternehmen üblicherweise Beratungsleistungen zu Finanzierungsthemen, der strategischen Planung, bei der Rekrutierung von Personal oder bei der Knüpfung von Geschäftskontakten an[278]. Durch die unternehmerische Betreuung wird einerseits versucht, die Entwicklung des Beteiligungsunternehmens zu fördern, um die Chancen zur Realisierung der angestrebten Rendite zu erhöhen und andererseits durch den engen Kontakt zum Unternehmen die Entwicklung zu kontrollieren und somit das Risiko von Fehlentwicklungen zu senken[279].

2.6.5 Desinvestition

Da Private Equity-Engagements grundsätzlich zeitlich begrenzt sind, stellt die Veräußerung der Kapitalanteile den Abschluss der Beteiligungsfinanzierung dar. Um einen möglichst friktionslosen Übergang bei dem Ausstieg („*Exit*") zu ermöglichen, wird im Rahmen einer Desinvestitionsstrategie im Beteiligungsvertrag frühzeitig festgelegt, zu welchem Zeitpunkt und in welcher Form ein Exit erfolgen könnte[280].

---

274 Vgl. Sonndorfer, T. (2007): S. 56 f.

275 Vgl. Jesch, T. A. (2004): S. 68 - 71

276 Vgl. KfW (Hrsg.) (2006): S. 47

277 Vgl. Pfeifer, A. (1999): S. 1669

278 Vgl. Schröder, C. (1992): S. 232 - 238

279 Vgl. Kühr, T. (1992): S. 55 – 56. Hierzu ist festzuhalten, dass die Intensität der Betreuung zwischen den einzelnen Beteiligungsgesellschaften sehr stark variiert, wobei der Betreuungsaufwand jüngerer Unternehmen sehr viel stärker ist. Nach einer Studie von *Gormann* und *Sahlmann* (1986) verwenden US-amerikanische Private Equity-Manager i. d. R. mehr als die Hälfte ihrer Zeit auf die Unterstützung ihrer Beteiligungsunternehmen.

280 Vgl. Pfeifer, A. (1999): S. 1670

Prinzipiell stehen zur Veräußerung die folgenden Möglichkeiten zur Verfügung[281]:
- a) Verkauf über die Börse („Going Public").
- b) Veräußerung an einen industriellen bzw. strategischen Investor („Trade Sale").
- c) Weiterverkauf an einen institutionellen Finanzinvestor („Secondary Purchase").
- d) Rückkauf durch die Altgesellschafter („Buy back").
- e) Vollständige Abwicklung des Portfoliounternehmens als Negativszenario („Liquidation / Kündigung").

In der Regel stellt die Beteiligungsdesinvestition einen komplexen und langfristigen Prozess dar, der hohe Anforderungen an das Know How der Finanzinvestoren stellt. Die Exit-Perspektive, die maßgeblich für den Erfolg einer Private Equity-Transaktion ist, berücksichtigen Finanzinvestoren bereits im Rahmen der Beteiligungsprüfung.[282] Ein hoher Veräußerungsgewinn wird vor allem im Wege des Börsengangs, durch den Verkauf an strategischen Investoren oder über einen Secondary Purchase angestrebt. Der Rückkauf durch einen Buy back stellt zumeist eine unvorteilhafte Möglichkeit des Ausstiegs dar, da die Altgesellschafter üblicherweise nur über begrenzte finanzielle Mittel verfügen[283]. Betrachtet man die Desinvestitionen der in Deutschland tätigen Private Equity-Gesellschaften im Geschäftsjahr 2008, so hat sich das Volumen mit EUR 1,6 Mrd. gegenüber EUR 2,2 Mrd. in 2007 fast halbiert. Die wichtigsten Exit-Kanäle waren in 2008 die Trade Sales und die Secondary[284] Buy Outs[285].

---

281 Vgl. Bygrave, W. D. / Hay, M. / Peeters, J. (2000): S. 309 - 330

282 Vgl. Sonndorfer, T. (2007): S. 64

283 Vgl. Pfirrmann, O. / Wupperfeld, U. / Lerner, J. (1997): S. 56

284 Als *Secondary Buy Out* wird der Buy Out eines Buy Out bezeichnet, d. h. die Buy Out-Manager verkaufen an die nächste Managergeneration. Vgl. Leopold, G. / Frommann, H. / Kühr, T. (2003): S. 317

285 Vgl. BVK (Hrsg.) (2008): S. 25.

Desinvestitionen / Exits 2008

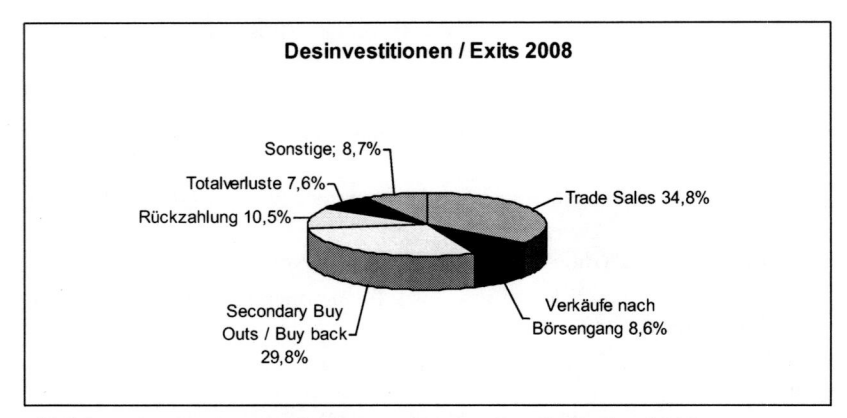

- Sonstige; 8,7%
- Totalverluste 7,6%
- Rückzahlung 10,5%
- Trade Sales 34,8%
- Secondary Buy Outs / Buy back 29,8%
- Verkäufe nach Börsengang 8,6%

Abbildung 11: Exitkanäle der Private Equity-Gesellschaften 2008
Quelle: BVK (Hrsg.) (2009b): S. 15

2.7 Zielsetzungen im Kapitalbeteiligungsgeschäft

2.7.1 Ziele der Investoren von Beteiligungsgesellschaften

Die Ziele der Finanzinvestoren basieren auf den Vorgaben der Investoren von Kapitalbeteiligungsgesellschaften, die prinzipiell nach den grundlegenden Zielen von Kapitalanlegern möglichst hoher *Rentabilität, Sicherheit* und *Stabilität* streben[286].

2.7.1.1 Rentabilitätsziel

Das *Rentabilitätsziel* soll bei Beteiligungsfinanzierungen weniger durch die Erzielung laufender Dividenden bzw. Zinseinnahmen (bei Mezzanine-Finanzierungen) erreicht werden als vielmehr aus dem Verkauferlös, der durch die Unternehmenswertsteigerung zwischen Einstieg und Veräußerung geschaffen werden soll[287]. Hierzu wird in der Literatur und der Praxis grundsätzlich die Ansicht vertreten, dass erwirtschaftete Gewinne wieder im Unternehmen reinvestiert werden sollten, um die angestrebte Wertsteigerung zu forcieren und die Portfoliounternehmen nicht zu schwächen[288]. In der Praxis existiert allerdings eine Reihe von Negativ-Beispielen, bei denen Finanzinvestoren Gewinne und investiertes Kapital bereits frühzeitig während der Beteiligungsphase über Sonderdividenden aus den Portfoliounternehmen ausgeschüttet und diese somit geschwächt haben[289].

---

286 Vgl. Müller, H. (1995): S. 134 - 160
287 Vgl. Frommann, H. / Dahmann, A. (2005): S. 7
288 Vgl. Leopold, G. / Frommann, H. / Kühr, T. (2003): S. 38
289 Vgl. Maier, A. (2007): S. 21 ff. Vgl. zu den *Sonderdividenden* die Ausführungen in Kapitel 2.10.3

Da sowohl die Renditevorstellungen als auch die tatsächlich ereichten Renditen seitens der Finanzinvestoren häufig – auch gegenüber den Partnerunternehmen - nicht offen kommuniziert werden, ist es grundsätzlich schwierig über die Höhe der Rentabilitätsziele valide Aussagen treffen zu können[290]. In der Literatur werden für die Bereitstellung von Private Equity an etablierte Unternehmen meist Zielrenditen (unter Berücksichtigung des eingegangenen Risikos und beträchtlicher Bearbeitungskosten) von durchschnittlich zwischen 20% bis 30% p.a. genannt[291]. Von Frühphasen-Finanzierungen wird aufgrund der im Vergleich zu Private Equity-Finanzierungen größeren Risiken bei jungen Unternehmen eine noch höhere Mindestverzinsung von bis zu 50% p.a. für die Investments gefordert[292].

Die Zielrenditen von Finanzinvestoren wurden durch eine Studie der KfW aus dem Jahr 2005 empirisch untersucht[293]. Hieraus geht hervor, dass rund zwei Drittel aller befragten Kapitalbeteiligungsgesellschaften eine Bruttorendite (vor Steuern und Risikoabschlägen) von mindestens 24% fordern. Zwischen den verschiedenen Gruppen von Beteiligungsgesellschaften zeigen sich deutliche Unterschiede hinsichtlich deren Renditeerwartungen. So verlangen zwei Drittel der Frühphasenfinanzierer eine Bruttorendite von mindestens 24%, während diese Größenordnung bei den Spätphasenfinanzierern lediglich von knapp der Hälfte (48% der Befragten) erwartet wird. Jeweils ca. ein Viertel dieser Gruppe strebt Zielrenditen von 8% bis 12% bzw. 12% bis 20% an, was als recht ambitioniert erscheint[294]. Gegenüber der Vorgängerstudie aus dem Jahr 2003[295] zeigt sich neben einer stärkeren Spezialisierung der Beteiligungsgesellschaften insgesamt eine tendenzielle Verringerung der erwarteten Mindestrenditen. Dies dürfte ein Resultat der in den Jahren nach dem Marktzusammenbruch in 2001 gemachten Erfahrungen sein, die die Beteiligungsgesellschaften dazu veranlaßt haben, realistischere – also niedrigere – Renditen von ihren Portfoliounternehmen zu fordern[296]. Aufgrund der seit 2008 bestehenden Finanz- und Wirtschaftskrise und dadurch vielfach entstandenen Probleme bei den Portfolioun-

---

290 Vgl. hierzu auch Meinecke, R. / Meinecke, P. (2005): S. 135

291 Vgl. Hackl, E. / Jandl, H. (2004): S. 195. Siehe zu den Renditeerwartungen auch die Ausführungen in Kapital 2.8 dieser Arbeit.

292 Diese Größenordnungen werden häufig in der Literatur, aber auch von Beteiligungsmanagern geäußert. Vgl. u.a. Rams, A. / Remmen, J. (1999): S. 688

293 Vgl. KfW (Hrsg.) (2006): S. 54 ff.

294 Vgl. ebenda, S. 55

295 Vgl. KfW (Hrsg.) (2003): Beteiligungskapital in Deutschland: Anbieterstrukturen, Verhaltensmuster, Marktlücken und Förderbedarf. Fortschreitende Professionalisierungstendenzen in einem noch jungen Markt, Frankfurt 2003

296 Vgl. Achleitner, A.-K. / Tchouvakhina, M. / Zimmermann, V. / Ehrhart, N. (2006): S. 543

ternehmen haben sich die Rentabilitätsziele weiter deutlich reduziert.[297] Einer Umfrage des britischen Investmenthauses *Coller Capital* aus dem Jahr 2009 zur Folge sind 80% der Investoren unzufrieden mit der Performance ihrer Fonds. Lediglich 29% der befragten Kapitalanleger (in 2008 waren es noch 43%) erwarten Renditen aus ihren Private Equity-Investitionen von mehr als 16%.[298]

Bei eigenkapitalähnlichen Mezzanine-Finanzierungen liegen die Ertragserwartungen im Hinblick auf deren Risikostruktur über denen eines klassischen Kreditgebers und unter denen für Private Equity. Je nach Ausgestaltungsform des Mezzanine- Kapitals betragen die Rendite-Forderungen zwischen 8% und ca. 20% p.a.[299].

2.7.1.2 Sicherheitsziel

Dem *Sicherheitsziel* bei Beteiligungsfinanzierungen lässt sich im Hinblick auf die vergleichsweise hohen Ertrags- und Ausfallrisiken sowie der erheblichen Marktunvollkommenheiten im Private Equity-Markt durch Diversifikation Rechnung tragen[300]. So ist das Gesamtfondsrisiko einer Kapitalbeteiligungsgesellschaft abhängig von den Risiken der Einzelinvestments, der Größe der Engagements und der wechselseitigen Abhängigkeit der Rendite und den Risiken zwischen den Beteiligten. Beteiligungsfonds werden meist so aufgeteilt, dass die Einzelinvestments aus verschiedenen Branchen stammen und unterschiedliche Risikostrukturen aufweisen[301]. Üblicherweise wird für eine ausreichende Risikostreuung eines Beteiligungsportfolios von mindestens 10 bis 12 Engagements ausgegangen[302].

Der Wunsch nach Diversifikation steht allerdings im Konflikt mit der von Beteiligungsgesellschaften häufig praktizierten Branchen- oder Regional-Fokussierung, die gewählt wird, um Industrie- bzw. Regionen-Expertise aufzubauen. Finanzinvestoren müssen hier einen Kompromiss finden zwischen hinreichender Diversifikation und ausreichender Spezialisierung[303].

Dazu kommt für die Erreichung des Sicherheitszieles bzw. letztlich für den Erfolg einer Beteiligungsgesellschaft ebenfalls der Selektion des Einzelengagements eine fundamentale Bedeutung zu[304].

---

297 Vgl. hierzu ebenfalls die Ausführungen zur Performance der Kapitalbeteiligungsgesellschaften in Kapital 2.8 sowie die Ausführungen zur Marktsituation in Kapital 2.9.2

298 Vgl. Coller Capital (Hrsg.) (2009): S. 1 – 11. Im Rahmen der Studie wurden 108 international tätige Private Equity-Investoren befragt.

299 Vgl. Fischer, M. (2004): S. 227

300 Vgl. Gerke, W. (1993b): Sp. 3263 - 3273

301 Vgl. Grüner, D. / Bur, M. (1990): S. 330 f.

302 Vgl. Hackl, E. / Jandl, H. (2004): S. 195

303 Vgl. Meinecke, R. / Meinecke, P. (2005): S. 130

304 Vgl. Hackl, E. / Jandl, H. (2004): S. 196

2.7.1.3 Liquiditätsziel

Das *Liquiditätsziel* lässt sich bei Anlagen in Beteiligungsengagements für die Investoren insbesondere durch die Börsennotierung der Beteiligungsgesellschaft erreichen[305]. Ob ein solches Listing für Private-Equity-Finanzierungen überhaupt sinnvoll ist, muss kritisch gesehen werden: Im Gegensatz zu den Publizitätsverpflichtungen von börsennotierten Gesellschaften leben Beteiligungsgesellschaften von Verbindungen zu nicht in der Öffentlichkeit stehenden Personen und vertraulichen Verhandlungen. Zudem lässt sich der von börsennotierten Gesellschaften geforderte kurzfristige Erfolgsausweis schwierig mit dem langfristigen, über mehrere Jahre dauernden, Aufbau eines Beteiligungsportfolios mit späten Exit-Erträgen vereinbaren[306].

Es besteht in der Regel auch kein funktionierender Markt für Beteiligungen an Finanzinvestoren. Außerdem dürfte es grundsätzlich eher schwierig sein, bspw. durch die Beleihung von Anteilen an Beteiligungsgesellschaften, Liquidität bei Banken zu erhalten. Somit spielt das Liquiditätsziel für Investoren in Private Equity im Vergleich mit den anderen Zielen grundsätzlich eine eher untergeordnete Rolle[307]. Allerdings ist festzustellen, dass durch die ab 2008 für die Beteiligungsbranche vorherrschende schwierige Marktsituation das Liquiditätsziel deutlich an Bedeutung gewonnen hat.[308]

2.7.1.4 Spezialziele einzelner Investorengruppen

Die oben dargestellten Ziele gelten grundsätzlich für alle Kapitalgeber von Beteiligungsgesellschaften, wie Banken, Versicherungen, Privatanleger oder dem Staat. Daneben haben einzelne Investorengruppen Spezialziele:

Für *Banken* stellen Beteiligungsfinanzierungen einen Ansatz zur Erweiterung der Betreuung von Firmenkunden dar. Durch die parallele Vergabe von Beteiligungskapital und Krediten können Risiken durch eine Erhöhung der Eigenkapitalquote sowie durch erweiterte Informations- und Mitspracherechte vermindert werden[309]. Falls parallel Eigen- und Fremdmittel an einen Kunden vergeben werden sind rechtliche Risiken (Eigenkapitalersatzproblematik) zu berücksichtigen, weswegen viele Banken nicht beide Finanzierungsarten gleichzeitig an einen Kunden vergeben[310]. Daneben werden Banken versuchen, aus Private Equity-Finanzierungen ebenfalls Folgegeschäfte in traditionellen Bankprodukten zu generieren[311].

---

305 Vgl. Schefczyk, M. (2000): S. 17

306 Vgl. Jesch, T. A. (2004): S. 190

307 Vgl. Schefczyk, M. (2000): S. 17

308 Vgl. Hedtstück, M. (2009): S. 18 ff. Siehe zur Marktsituation auch die Ausführungen in Kapital 2.9.2

309 Vgl. Eilenberger, G. (1991): S. 812

310 Vgl. zum Eigenkapitalersatzrecht Diem, A. (2009): S. 352 ff.

311 Vgl. Stedler, H. R. (1993): S. 348 - 349

Bei *Industrieunternehmen,* die in Beteiligungskapital investieren, treten zumeist strategische Ziele in den Vordergrund, die von der Bedeutung für den Investor zumindest gleichbedeutend mit den Renditezielen sein dürften[312].

Der *Staat* als Investor in Beteiligungskapital verfolgt strukturpolitische Ziele und strebt die Verbesserung der Eigenkapitalsituation mittelständischer Unternehmen, die Förderung spezieller Branchen und die Schaffung von Arbeitsplätzen an[313].

2.7.2 Zielsetzungen der Kapitalbeteiligungsgesellschaften

Die Ziele der Kapitalbeteiligungsgesellschaften lassen sich aus den Zielen der Investoren ableiten. Wenn eine Beteiligungsgesellschaft die Rendite- und Sicherheitsinteressen ihrer Investoren vertritt, versucht sie einen Interessenausgleich mit den Anforderungen der Beteiligungsnehmer zu schaffen[314]. Neben diesen derivativen Zielen werden folgende originäre Ziele verfolgt:

a) *Marktziele* bei der Kapitalakquisition von bestehenden oder neu zu akquirierenden Investoren[315].

b) *Effizienzziele,* um nicht einen unnötig großen Teil der erwirtschafteten Erträge durch Kosten des Betriebs der Kapitalbeteiligungsgesellschaft zu verbrauchen. Die laufenden Verwaltungskosten betragen meist 2 – 3 % des investierten Kapitals[316].

c) *Vergütungsziele,* die im Widerspruch zu den Effizienzzielen stehen. Die Vergütung für Private Equity-Gesellschaften setzt sich i.d.R. aus einer Kostenerstattung und einer erfolgsabhängigen Vergütung bei Veräußerungen von Beteiligungen zusammen (Carried Interest)[317].

2.7.3 Maßnahmen zur Zielerreichung

Zentrales Ziel von erwerbswirtschaftlichen Kapitalbeteiligungsgesellschaften ist die Erzielung einer möglichst hohen Rendite ihres Portfolios. Der Ertrag soll im Wesentlichen aus dem Verkauf der Portfoliounternehmen nach einer Beteiligungsdauer von meist 3 – 7 Jahren realisiert werden und resultiert im Wesentlichen aus der Differenz zwischen Einkaufspreis zum Erwerbszeitpunkt und Verkaufspreis zum Verkaufszeitpunkt.[318] Wesentlich für den Geschäftserfolg einer Private Equity-Gesellschaft ist somit den Unternehmenswert der Portfo-

---

312 Vgl. Sykes, H. B. (1990): S. 40 - 42

313 Vgl. Bruhns, K. (1992): S. 19 - 20

314 Vgl. Schefczyk, M. (2004): S. 35

315 Vgl. Zemke, I. (1995): S. 81 - 88

316 Vgl. Schröder, C. (1992): S. 133 - 138

317 Vgl. Zemke, I. (1995): S. 175 - 182

318 Vgl. Gottschalg, O. (2007): S. 11

liounternehmen während der Haltedauer maximal zu steigern.[319] Dies versuchen Finanzinvestoren, indem sie die Werttreiber ihrer Portfoliounternehmen entsprechend beeinflussen. Hierbei geht es um Maßnahmen oder Umstände, die entweder den zukünftigen freien Cash Flow oder die Kapitalkosten der Unternehmen verbessern[320]. Nach der Ursache der Wertsteigerung wird in der Literatur zwischen

a) Beratungsleistungen,

b) operativen und strategischen Werttreibern,

c) der Corporate Governance und

d) finanziellen Werttreibern wie dem Financial Leverage Effekt

unterschieden.[321]

2.7.3.1 Beratungsleistungen

Neben einer sorgfältigen *Auswahl* von Investitionsobjekten und einer Interessewahrenden Vertragsgestaltung stellen die Überwachung und Zurverfügungstellung von *Beratungsdienstleistungen* während der Beteiligungsphase weitere wesentliche Faktoren für die Wertentwicklung eines Private Equity-Investments dar[322]. Die aktive Unterstützung des Managements durch Beratungsdienstleistungen ist für eine Beteiligungsgesellschaft eine bedeutende Möglichkeit zur aktiven Beeinflussung des Beteiligungserfolges[323].

Hinsichtlich der Form einer Beratungsleistung differenziert die Literatur zwischen

1) *Beratung im weiteren Sinne* durch die Mitarbeit in Gremien, wie dem Beirat, Aufsichtsrat oder Gesellschafterausschuss bzw.

2) *Beratung im engeren Sinne* durch die operative Mitarbeit bei betriebswirtschaftlichen Fragestellungen[324]. Hier wird unterschieden in

   a) *inhaltliche Beratung bei Fachfragen,* insbesondere, wenn die Kompetenz des Managements nicht ausreicht oder bei strategischen Entscheidungen mit größerer Tragweite[325], sowie in

   b) *Methoden- und Prozessunterstützung,* indem Beteiligungsgesellschaften Ideen und neue Konzepte auf Realisierbarkeit und Wirtschaftlichkeit ü-

---

319 Vgl. hierzu die Ausführungen in Kapital 2.11.1.

320 Vgl. Kaserer, C. / Achleitner, A.-K. / von Einem, C. / Schiereck, D. (2007): S. 94

321 Vgl. ebenda, S. 95

322 Vgl. Schröder, C. (1992): S. 232 ff.

323 Vgl. z.B. Fredriksen, Ö. / Klofsten, M. / Landström, H. / Olofsson, C. / Wahlbin, C. et al. (1990): S. 258 - 261

324 Vgl. Meurer, C. (1993) : S. 33 - 35

325 Vgl. Schröder, C. (1992): S. 238 - 240

berprüfen, Maßnahmenpläne überprüfen und Geschäftskontakte herstellen[326].

Die Inhalte der Betreuung variieren mit der Entwicklungsphase, in der sich ein Portfoliounternehmen befindet[327]. Schwerpunkte von Unternehmen in früheren Phasen konzentrieren sich vor allem auf die Vervollständigung des Managementteams und die strategische Planung. In späteren Phasen werden zunehmend Marketing- und Vertriebsfragen wichtiger, wohingegen in der Buy Out-Phase die Veräußerung vorbereitet wird oder bei einem geplanten Börsengang entsprechend Kontakte zur Financial Community hergestellt werden müssen[328]. Hinsichtlich der Intensität der Beratungsleistungen wird zwischen einer eher passiven *hands-off-* bis hin zu einer aktiven *hands-on-Betreuung* unterschieden[329].

Im Rahmen einer empirischen Studie von PricewaterhouseCoopers (PwC) und dem BVK[330] aus dem Jahr 2005, die bereits in den Jahren 1998 und 2001 durchgeführt wurde, hat man die Bedeutung der Beratungsdienstleistungen von Beteiligungsgesellschaften für ihre Partnerunternehmen untersucht: Die Ergebnisse weisen auf einen hohen Stellenwert dieser Zusatzleistungen für die Partnerunternehmen hin. Insgesamt bezeichneten 46,5% der befragten Unternehmen die Zusammenarbeit mit ihrer Beteiligungsgesellschaft als gut bzw. sehr gut, weitere 44,1% waren zumindest zufrieden. Den Stellenwert einzelner Beratungsleistungen verdeutlicht die nachfolgende Abbildung:

---

326 Vgl. Gersick, C. J. G. (1994): S. 24 - 30

327 Vgl. Schröder, C. (1992): S. 238

328 Vgl. Bygrave, W. D. / Timmons, J. A. (1992): S. 217 f.

329 Vgl. Berens, W. / Hoffjan, A. / Pakulla, R. (2000): S. 289

330 Im Rahmen der Studie wurden 246 Unternehmen befragt. Vgl. PwC Deutsche Revision AG Wirtschaftsprüfungsgesellschaft / BVK (Hrsg.) (2005): Venture Capital - Wachstumsmarkt der Zukunft, Frankfurt 2005

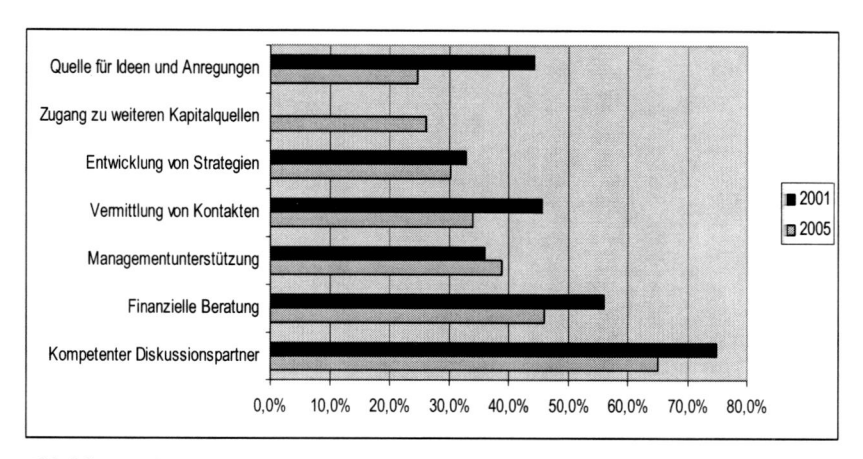

*Abbildung 12: Leistungen von Private Equity-Gesellschaften für die Portfolio-
unternehmen*
Quelle: PricewaterhouseCoopers / BVK (Hrsg.) (2005), S. 18

Die Befragung von Portfoliounternehmen zur Zusammenarbeit mit Private E-
quity-Häusern fällt durchaus differenziert aus. So hilft ihnen ein Finanzinvestor
für ihre Wachstumsstrategie nur, wenn Expertise der Investmentmanger in der
jeweiligen Branche und in dem speziellen Geschäftsmodell vorhanden sind
(Vgl. Tabelle 5)[331].

2.7.3.2 Operative und strategische Werttreiber

Zu den *operativen* Werttreibern von Unternehmen, die Finanzinvestoren zu
verbessern versuchen, zählen Maßnahmen zur Kostensenkung und Margenver-
besserung, zur Optimierung der Kapitalbindung, zur Verbesserung von Management und Personal sowie das Einbringen von Managementkapazitäten und
technologischem Know How (bei jungen Unternehmen).[332] Kostensenkungen
und daraus resultierende Margenverbesserungen erfolgen bei Buy Outs häufig
durch eine intensivere Kostenkontrolle, durch Outsourcing bestimmter Teilbereiche und durch eine Verkleinerung des Verwaltungsapparates (Overhead). Im
Zusammenhang mit der angestrebten Optimierung der Kapitalbindung wird das
Working Capital[333] reduziert, indem Lagerbestände gekürzt, kürzere Zahlungs-

---

331 Vgl. Hedtstück, M. (2007): S. 84-86
332 Vgl. Gottschalg, O. (2007): S. 3
333 Unter dem *Working Capital* versteht man die Differenz zwischen dem Umlaufvermögen
und den kurzfristigen Verbindlichkeiten in der Bilanz eines Unternehmens. Vgl. Jahrmann, F.-U. (2003): S. 461 f.

ziele bei Debitoren oder längere Zahlungsziele bei Kreditoren verhandelt werden. Um die operative Leistungsfähigkeit eines Zielunternehmens zu verbessern, wird auch das bestehende Management verändert oder ausgetauscht.[334]

Im Rahmen der *strategischen* Ausrichtung können insbesondere die Präsenz in verschiedenen Märkten und Produktbereichen angepasst sowie die Preispolitik, der Kundenservice, die Distributionskanäle und die Zielgruppen (neu) definiert werden. Oftmals geht dies bei Buy Outs mit der Konzentration auf die Kernkompetenzen der Portfoliounternehmen einher.[335]

Was Managementteams loben?	Was Managementteams kritisieren?
• Sie sollen die Expansion managen und keinen Sparkurs • Ein Buy Out macht notwendige Veränderungen im Unternehmen oft erst möglich • Hohe Entscheidungsbereitschaft und rationale Entscheidungsfindung auf Eigentümerebene • Oft ziehen industrieerfahrene Manager in den Beirat / Aufsichtsrat ein • Zusagen werden in der Regel eingehalten • Zugang zum Netzwerk des Investors, Austausch mit anderen Unternehmen	• Übertriebene Reporting-Anforderungen • Häufig zu großer Druck, externe Berater ins Unternehmen zu holen • Unqualifizierte Anregungen, insbesondere hinsichtlich potentieller Zukäufe • Tendenz, sich rasch von Nonperforming Assets zu trennen • Druck, für den Investor eine „Equity-Story" entwerfen zu müssen • Starke Fixierung auf Finanzen, oft wenig Gespür für das operative Geschäft

Tabelle 3: Beurteilung von Portfoliounternehmen zur Zusammenarbeit mit Finanzinvestoren
Quelle: Hedtstück, M. (2007): S. 86

2.7.3.3 Corporate Governance

Corporate Governance umfaßt den rechtlichen und faktischen Ordnungsrahmen für die Leitung und Überwachung eines Unternehmens und dient der Reduzie-

---

334 Vgl. Heel, J. / Kehoe, C. (2005): S. 24 - 26
335 Vgl. Kaserer, C. / Achleitner, A.–K. / von Einem, C. / Schiereck, D. (2007): S. 97

rung der Agency-Kosten[336] durch die Private Equity-Gesellschaft.[337] Hierzu stehen den Finanzinvestoren drei Instrumente zur Verfügung:[338]

a) Durch die Beteiligung an dem Portfoliounternehmen und / oder durch eine stark erfolgsabhängige Vergütung wird eine Angleichung der Interessen von Eigentümer und Management angestrebt.

b) Zudem kann im Rahmen einer Buy Out-Transaktion der Verschuldungsgrad des Unternehmens erhöht werden, so dass dem Management aufgrund des notwendigen Kapitaldienstes weniger Cash Flow zur Verfügung steht. Dies soll eine Disziplinierungfunktion zur Folge haben, da die im Unternehmen verbleibenden Mittel effizienter eingesetzt werden müssen.

c) Über das Monitoring erfolgen die Beratung und Betreuung der Portfoliounternehmen.[339]

2.7.3.4 Financial Leverage Effekt

Finanzinvestoren versuchen bei Unternehmenskäufen ihre Rendite zu steigern, indem sie den Kaufpreis mit einem möglichst hohen Anteil von - im Vergleich zum Eigenkapital - günstigerem Fremdkapital ausstatten.[340]. Gemäß dem *Financial Leverage Effekt* lassen sich Verbesserungen der Eigenkapitalrendite durch eine Erhöhung des Verschuldungsgrades so lange und insoweit erreichen, wie die Gesamtkapitalrentabilität höher ist als die Fremdkapitalzinsen nach Steuern.[341] Je höher die Steuerquote und je geringer das Zinsniveau ist, desto stärker wirkt der Financial Leverage Effekt.[342] Dabei wird allerdings unterstellt, dass das Gesamtkapital im Zeitablauf unverändert bleibt, so dass Eigenkapital lediglich durch Fremdkapital substituiert wird. Letzteres führt zu der Annahme einer konstanten Gesamtkapitalrendite.[343]

Der Zusammenhang zwischen Kapitalstruktur, Rendite und Risiko lässt sich anhand folgender Formel zeigen[344]:

---

336 Vgl. zu den Agency-Kosten die Ausführungen in Kapital 2.2.2.1

337 Vgl. von Werder, A. (2006): S. 1137

338 Vgl. Kaserer, C. / Achleitner, A.-K. / von Einem, C. / Schiereck, D. (2007): S. 96 f.

339 Vgl. zu dem Monitoring auch die Ausführungen in Kapitel 2.2.2.1 bzw. zu den Beratungsleistungen von Finanzinvestoren die Ausführungen in Kapitel 2.7.3.1.

340 Vgl. Thum, O. / Timmreck, C. / Keul, T. (2007): S. 87

341 Vgl. Hahn, O. (1983): S. 114

342 Vgl. Mittendorfer, R. (2007): S. 30

343 Vgl. Tcherveniachki, V. (2007): S. 58

344 Vgl. Coenenberg, A. G. (2002): S. 917 f.

$$R_{EK} = R_{GK} + (R_{GK} - i) x \frac{FK}{EK}$$

Formel 1

mit: R_{EK} = Eigenkapitalrentabilität
R_{GK} = Gesamtkapitalrentabilität
FK = Fremdkapital
EK = Eigenkapital
i = Fremdkapitalzins

Unterstellt man im Zeitablauf einen konstanten Gesamtunternehmenswert, so streben Finanzinvestoren an, durch die Rückführung der Fremdkapitalverbindlichkeiten während der Beteiligungsdauer einen höheren Anteil am Gesamtunternehmenswert zu erhalten. So soll über die temporäre Entschuldung eine Wertsteigerung erzielt werden, was als *Deleverage Effekt* bezeichnet wird.[345] Nach einer Untersuchung von *Gottschalg* resultiert die Wertsteigerung von Unternehmen, die über einen Leveraged Buy Out finanziert wurden, zu 31% aus dem Leverage Effekt und zu 69% aus der Nutzung der weiteren Werthebel.[346]

Bei der Anwendung des Leverage Effektes ist jedoch zu berücksichtigen, dass mit der Höhe der Fremdverbindlichkeiten - ceteris paribus - auch das Ausfallrisiko eines Unternehmens ansteigt. Denn Zins- und Tilgungszahlungen aus Kreditverbindlichkeiten müssen unabhängig von der wirtschaftlichen Entwicklung geleistet werden, wohingegen die Bedienung von Eigenkapital nur bei positiver Ertragslage erfolgt und somit eine schwache Entwicklung abgepuffert werden kann.[347].

Der Gewinnchance einer Leverage Finanzierung steht das Risiko entgegen, dass die Fremdkapitalzinsen über die Gesamtkapitalrendite steigen (*Kapitalstrukturrisiko* bzw. *Financial Leverage Risiko*), was durch eine schlechtere Ertragslage oder durch steigende Fremdkapitalzinsen geschehen kann[348]. In diesen Fällen wandelt sich der positive Effekt mit zunehmender Verschuldung in einen negativen Leverage Effekt um, so dass jede zusätzliche Aufnahme von Fremdkapital zu einem Rückgang der Eigenkapitalrendite führt. Diese Auswirkung ist umso stärker, je größer die negative Differenz zwischen Gesamtkapi-

---

345 Vgl. Kraft, V. (2001): S. 226
346 Vgl. Gottschalg, O. (2007): S. 17
347 Vgl. Schäfer, D. (2006): S. 120
348 Vgl. Süchting, J. (1995): S. 460

talrendite und Fremdkapitalzins ist.[349] Folgendes vereinfachtes Beispiel (Tabelle 3) verdeutlicht die möglichen Auswirkungen des Leverage Effektes:

	Ohne Leverage	Mit Leverage
Kauf für 100		
Unternehmenswert	100	100
Verschuldung	0	-50
= **Wert des Eigenkapitals**	**100**	**50**
Verkauf für 150		
Unternehmenswert	150	150
Verschuldung	0	-50
Wert des Eigenkapitals	**150**	**100**
%uale Wertsteigerung	**50%**	**100%**
Verkauf für **75**		
Unternehmenswert	75	75
Verschuldung	0	-50%
Wert des Eigenkapitals	**75**	**25**
%uale Wertsteigerung	**-25%**	**-50%**

Tabelle 4: Auswirkungen des Leverage Effektes
Quelle: In Anlehnung an Thum, O. / Timmreck, C. / Keul, T. (2008): S. 87

Betrachtet man die Finanzierungsstrukturen bei Private Equity-finanzierten Unternehmenstransaktionen während der vergangenen Jahre, so haben sich – wie Abbildung 13 verdeutlicht - die Fremdkapital-Anteile seit 2003 bis Mitte 2007 kontinuierlich (bis durchschnittlich zum 5,4 fachen des EBITDA[350]) erhöht.[351] Gestützt wurde diese Entwicklung hauptsächlich durch den konjunkturellen Aufschwung in diesem Zeitraum, einem niedrigen Zinsniveau und einem steigenden Wettbewerb unter den Banken für Akquisitionsfinanzierungen. Daneben zeichneten Bieterwettkämpfe unter den Finanzinvestoren aufgrund eines – durch hohe eingeworbene Investitionsmittel - starken Investitionsdrucks

---

349 Vgl. Bieg, H. / Kussmaul, H. (2000): S. 48

350 Das *EBITDA* entspricht dem Ergebnis vor Zinsen, Steuern und Abschreibungen (Earnings Before Interest, Taxes, Depreciation and Amortization). Vgl. bspw. Coenenberg, A. G. (2000): S. 938

351 Vgl. Standard & Poor's (Hrsg.) (2008): Global Leveraged Lending Review, im Internet abgefragt unter: http://lcdcomps.com/pg/research/eu-research.html, abgerufen am 10.07.2008

für die hohen Unternehmenspreise bis Mitte 2007 mit verantwortlich.[352] Seit dem Ausbruch der Finanzkrise ab Mitte 2007[353] haben die Banken den Anteil der Kreditfinanierung bei Unternehmenskäufen deutlich reduziert (bis maximal 3 mal EBITDA im Vergleich zu 5,4 mal EBITDA im ersten Halbjahr 2007) oder sogar das Geschäftsfeld Akquisitionsfinanzierungen aus Risikoerwägungen ganz eingestellt.

Entwicklung EBITDA / Finanzierungsart

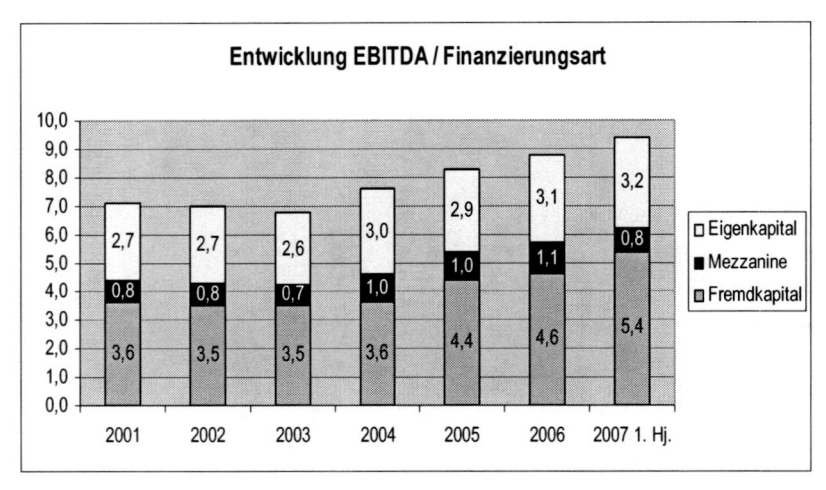

Jahr	Fremdkapital	Mezzanine	Eigenkapital
2001	3,6	0,8	2,7
2002	3,5	0,8	2,7
2003	3,5	0,7	2,6
2004	3,6	1,0	3,0
2005	4,4	1,0	2,9
2006	4,6	1,1	3,1
2007 1. Hj.	5,4	0,8	3,2

Abbildung 13: Entwicklung EBITDA / Finanzierungsart bei LBO`s
Quelle: In Anlehnung an Standard & Poor`s (Hrsg.) (2008)

Somit reduzierten sich auch die Transaktionspreise für Unternehmenskäufe seit Ausbruch der Finanzkrise deutlich und Unternehmenstransaktionen ließen sich in den Jahren 2008 und 2009 fast nicht mehr mit Fremdkapital finanzieren.[354]

Branchenvertreter vermuten, dass sich viele Portfoliounternehmen, die in den Jahren 2003 bis 2007 mit hohen Bankverbindlichkeiten aufgrund sehr optimistischer Cash Flow-Erwartungen finanziert worden sind, seit Ausbruch der Finanz- und Wirtschaftskrise in 2008 in erheblichen Schwierigkeiten befinden, da sie den (hohen) Kapitaldienst aufgrund der schwächeren Ertragslage überhaupt nicht mehr oder nur noch teilweise leisten können.[355]

---

352 Vgl. Weber, T. / Remmen, J. (2007): S. 24 ff.
353 Vgl. hierzu die Ausführungen in Kapitel 2.9.2
354 Vgl. Karkowski, B. (2007): S. 60
355 Vgl. o.V. (2009c): S. 38

2.8 Performance der Kapitalbeteiligungsgesellschaften

Private Equity-Investitionen sind Beteiligungen in nicht-börsennotierte Unternehmen mit einem im Vergleich zu vielen anderen Anlageformen höheren Ausfallrisiko, geringer Handelbarkeit und Transparenz, woraus sich eine höhere Renditeerwartung der Investoren ableitet. Vergleiche hierzu beispielhaft die Übersicht in Abb. 14[356].

Renditevergleich verschiedener Anlageformen

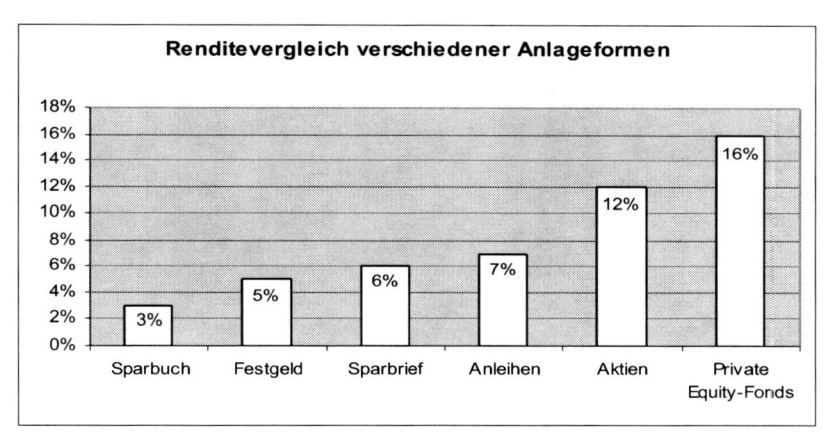

Anlageform	Rendite
Sparbuch	3%
Festgeld	5%
Sparbrief	6%
Anleihen	7%
Aktien	12%
Private Equity-Fonds	16%

Abbildung 14: Renditevergleich verschiedener Anlageformen
Quelle: Eigene Darstellung in Anlehnung an Schäfer, D. (2007): S. 23

Die Laufzeit von Private Equity-Fonds beträgt üblicherweise 10 bis 12 Jahre und kann fallweise verlängert werden, wenn die Beteiligungen innerhalb dieses Zeitraumes nicht veräußert werden konnten. Da Private Equity-Anlagen nicht wie börsennotierte Wertpapiere über einen Zweitmarkt oder über einen organisierten Kapitalmarkt veräußert werden können, erwarten Investoren von Private Equity-Fonds ergänzend zu der Prämie für das eingegangene wirtschaftliche Risiko einen Zuschlag für die schwierige Liquidierbarkeit der Anlage (Illiquiditätszuschlag). Die abschließende Rendite einer Private Equity-Anlage zeigt sich erst bei vollständiger Realisierung nach Verkauf der Beteiligung, wodurch die Performance-Messung grundsätzlich erschwert wird.[357]

---

356 Vgl. BVK (Hrsg.) (2005): S. 63

357 Vgl. Frommann, H. / Dahmann, A. (2005): S. 63

Nach einer Untersuchung des BVK beläuft sich die langfristige Rendite[358] (seit ihrer Auflage) der befragten Private Equity-Fonds per 12/2006 auf durchschnittlich 11,6%. Zu diesem Ergebnis trugen Spätphasen-Fonds mit 37,3% und Venture Capital-Fonds mit 8,3% bei. Im Jahr zuvor wurde für alle Fonds eine etwas höhere Rendite von 12,9% ermittelt[359]. Innerhalb der einzelnen Private Equity-Gesellschaften lassen sich große Unterschiede bei der erzielten Performance feststellen: So gelingt es den besten Marktteilnehmern kontinuierlich sehr hohe Renditen zu erzielen, wohingegen viele Private Equity-Gesellschaften nur sehr geringe oder sogar negative Renditen erwirtschaften[360].

Die durchschnittliche Performance von Private Equity-Fonds unter Berücksichtigung unterschiedlicher Zeithorizonte stellt Tabelle 5 dar. Die niedrigen Renditen der mittleren Laufzeiten reflektieren die schwierigen Jahre nach der Jahrtausendwende, als Beteiligungsgesellschaften ihre Portfolien bereinigen mussten und die Veräußerungsmöglichkeiten über die Börse und der Markt für Unternehmenstransaktionen deutlich eingeschränkt waren.[361]

Verglichen mit der Durchschnittsrendite *europäischer* Private Equity-Fonds von 10,8% (Stand per 12/2006) liegen deutsche Fonds im langfristigen Vergleich mit 11,6% etwas besser[362]. Insgesamt ist jedoch festzuhalten, dass die angestrebten hohen Ziel-Renditen zumindest über alle Gesellschaften im Durchschnitt nicht erreicht werden, sondern nur wenige Fonds ihre Ziele erfüllen. Im Hinblick auf die Auswirkungen der Finanz- und Wirtschaftskrise dürften sich die Renditen[363] vieler Fonds ab 2008 deutlich verringern.[364]

Die Berechnung der Renditen bzw. der Performance von Beteiligungsengagements bzw. Portfolios erfolgt in der Praxis recht differenziert[365]. Eine Studie aus dem Jahr 2002 untersuchte den Stand der Renditen- und Performancemessung bzw. des Reporting bei in Deutschland aktiven Venture Capital- und Private Equity-Gesellschaften[366]: Hiernach verwendet die überwiegende Mehrheit

---

358 Die in der Auswertung gemachten Angaben zu den Renditen (IRR) beziehen sich auf die den Fonds-Investoren zugeflossenen Nettorenditen unter vorheriger Berücksichtigung von Managementgebühren und Gewinnanteilen der Manager (Carried Interest). Vgl. BVK (Hrsg.) (2006): Zur Performance deutscher Private Equity-Fonds 2006, Berlin 2006

359 Vgl. BKV (Hrsg.) (2006): S. 7

360 Vgl. Kaserer, C. / Achleitner, A.-K. / von Einem, C. / Schiereck, D. (2007): S. 215f.

361 Vgl. BVK (Hrsg.) (2006): S. 8

362 Vgl. BVK (Hrsg.) (2007d): S. 14

363 Siehe hierzu auch die Ausführungen in Kapitel 2.7.1.1

364 Vgl. Bloss, M. / Ernst, D. / Häcker, J. / Eil, N. (2009): S. 181

365 Vgl. Jesch, T. A. (2004): S. 169

366 Im Rahmen der Studie wurden die Ergebnisse von 37 Gesellschaften ausgewertet, die zum Erhebungszeitpunkt (Mai / Juni 2002) 58% des Beteiligungsvolumens repräsentierten. Vgl. hierzu Haarmann Hemmelrath Corporate Finance, München, in Kooperation

der Stichproben-Gesellschaften (mit 92%) zur Renditemessung die *Methode der Internen Rendite* (Internal Rate of Return; IRR)[367]. Mit der IRR wird derjenige (Kalkulations-) Zinssatz p.a. berechnet, bei dem der Kapitalwert einer Zahlungsreihe eines Investitionsobjektes gleich Null ist bzw. durch den die Verzinsung einer Kapitalinvestition angegeben wird[368]. Vorteilhaft bei dieser Berechnungsmethodik ist, dass das primär finanzielle Interesse an einem Beteiligungsunternehmen herausgehoben wird. Schwierigkeiten bereitet die Tatsache, dass häufig ein großer Teil des Beteiligungserfolges erst im Desinvestitionszeitpunkt realisiert wird und die Ermittlung der Beteiligungsrentabilität bei bestehenden Beteiligungen mit erheblichen Unsicherheiten behaftet ist[369].

Fonds-Typ	1 Jahr	3 Jahre	5 Jahre	10 Jahre	15 Jahre	20 Jahre
Venture Capital	7,4%	1,9%	-2,1%	5,0%	6,7%	8,0%
Later-stage	n.a.	8,2%	-1,7%	32,0%	42,1%	37,8%
Private Equity gesamt	4,6%	2,9%	-1,7%	6,8%	9,5%	11,4%

Tabelle 5: Performance nach Private Equity-Fondstypen für unterschiedliche Zeiträume
Quelle: BVK (Hrsg.) (2006): S. 8

Die Studie zeigt ebenfalls, dass die erforderliche Berechnung relativer Performancemaße (bspw. unter Einsatz von Benchmarkindizes) sowie die Berechnung von Risikokennzahlen bei deutschen Kapitalbeteiligungsgesellschaften noch nicht zum Standard geworden ist und hinsichtlich einer aussagefähigen Darstellungsweise noch Verbesserungsbedarf besteht[370].

2.9 Der Markt für Beteiligungskapital

2.9.1 Historie

Die historischen Ursprünge der Idee der Beteiligungsfinanzierung, Kapital für risikoreiche Unternehmen zur Verfügung zu stellen, sind so alt wie der kapita-

---

mit Prof. Dr. Hielscher, Universität Leipzig: Performancemessung und Reporting bei Venture Capital- / Private Equity-Gesellschaften, Leipzig / München 2002

367 Weitere gängige Methoden der Renditeberechnung sind das *Multiple-Verfahren* sowie die Methoden der *Payback Period* und des *Investment Horizon Return*. Vgl. hierzu Hielscher, U. / Zelger, H. / Beyer, S. (2003): S. 501

368 Vgl. zur ausführlichen Herleitung und Berechnung Hielscher, U. / Eckhart, D. K. / Everling, O. (1999): S. 1 - 47

369 Vgl. hierzu bspw. Heim, D. (2001): S. 487 f.

370 Vgl. Hielscher, U. / Zelger, H. / Beyer, S. (2003): S. 505

listische Gedanke selbst. So wurden bspw. bereits die Entdeckungsreisen der Holländer, Portugiesen und Spanier im 15. bis 17. Jahrhundert durch (Risiko-) Kapital wohlhabender Kaufleute ermöglicht, die so neue Märkte erschließen und seltene Rohstoffe importieren konnten[371]. Die Wurzeln des Private Equity-Geschäftes in seiner institutionalisierten Form liegen in der Zeit nach dem zweiten Weltkrieg, wo in den USA und Großbritannien die ersten Beteiligungsgesellschaften gegründet wurden[372].

In *Deutschland* entstanden vor dem Hintergrund sinkender Eigenkapitalquoten auf Vorschlag der Arbeitsgemeinschaft selbständiger Unternehmer Mitte der 60er Jahre die ersten Kapitalbeteiligungsgesellschaften. Die Gründungsinitiativen gingen zunächst von Privatinvestoren, später überwiegend von Banken aus[373].

In den 70er Jahren wurden öffentlich geförderte Beteiligungsgesellschaften gegründet, da privatwirtschaftliche Institute nicht in gewünschtem Umfang aktiv geworden waren[374]. Zudem erfolgte die Gründung der *Deutschen Wagnisfinanzierungs-Gesellschaft* durch 27 deutsche Kreditinstitute, die trotz privatwirtschaftlicher Trägerschaft durch einen Risikobeteiligungsvertrag des Bundes gefördert wurde. Da sie anders als die bis dahin existierenden Gesellschaften auch in junge Unternehmen investierte, markiert ihre Aktivitäten den Beginn der Frühphasen-Beteiligungsfinanzierung in Deutschland[375].

Erst in den 80er Jahren expandierte der deutsche Markt für Beteiligungskapital nennenswert: Es wurden zahlreiche neue Kapitalbeteiligungsgesellschaften gegründet. Daneben drängten ausländische Gesellschaften auf den deutschen Markt[376]. Das gesamte Beteiligungsportfolio stieg von 1983 bis 1990 im Durchschnitt jährlich um 22%[377]. Für das starke Wachstum waren folgende Faktoren verantwortlich[378]:

a) Die Gesamtwirtschaft befand sich in einem länger anhaltenden Boom.

b) Aufgrund rückläufiger Eigenkapitalquoten und den damit verbundenen Risiken wurde das „Eigenkapitalbewusstsein" von Unternehmern und Kapitalgebern geschärft.

c) In Vorbereitung auf den Europäischen Binnenmarkt vergrößerte sich der Kapitalbedarf für Investitionen und Markterschließung.

---

371 Vgl. Jesch, T. A. (2004): S. 33

372 Vgl. Leopold, G. / Frommann, H. / Kühr, T. (2003): S. 217 ff.

373 Vgl. Fanselow, K.-H. / Stedler, H. R. (1988): S. 554 ff.

374 Vgl. Stummer, F. (2002): S. 18 ff.

375 Vgl. Betsch, O. / Groh, A. P. / Schmidt, K. (2000): S. 72

376 Vgl. Gaida, M. (2002): S. 251

377 Vgl. Betsch, O. / Groh, A. P. / Schmidt, K. (2000): S. 73

378 Vgl. Leopold, G. / Frommann, H. / Kühr, T. (2003): S. 59, 60

d) Die Anzahl der Fälle von Generationswechsel bei Unternehmen, die strukturiert und finanziert werden mussten, stieg an.

e) Es kam zu einer zunehmenden Auseinandersetzung mit den Erkenntnissen über die Entwicklung und Erfolge der Beteiligungsfinanzierung in den USA und Großbritannien.

Die 90er Jahre zeichneten sich von 1992 bis 1996 durch eine Konsolidierung sowie eine Spezialisierung der Marktteilnehmer aus[379]. Mit dem ab 1996 einsetzenden Boom vermehrte sich die Zahl der Finanzinvestoren in Deutschland bis zu ca. 400 Gesellschaften Ende der 90er Jahre, wodurch auch das Angebot an Private Equity-Kapital drastisch anstieg[380]. Die Anzahl der mit Beteiligungskapital finanzierten Unternehmen wuchs von Mitte der 90er Jahre bis 2001 von rund 3.000 auf fast 6.000[381]. Für die Aufschwungphase in Deutschland ab 1996 waren vor allem folgende Ursachen verantwortlich:

a) Ausgelöst durch das Internet und neuere Informations- und Kommunikationstechnologien im Zusammenhang mit einer Technologiebegeisterung kam es zu zahlreichen Unternehmens-Neugründungen im Zuge der „New Economy"[382], womit eine starke Nachfrage nach Risikokapital einherging[383].

b) Als private Investorengruppen traten ergänzend verstärkt Business Angel und Inkubatoren auf[384].

c) Die staatlichen Fördermaßnahmen wurden verstärkt, wodurch das Ausfallrisiko insbesondere von jungen Unternehmen für Investoren reduziert werden konnte[385].

---

379 Vgl. Hinkel, K. (2001): S. 2

380 Vgl. Frommann, H. / Dahmann, A. (2003): S. 11

381 Vgl. BVK (Hrsg.) (2001): Jahrbuch 2001: S. 5

382 Die *New Economy* bezeichnet Wirtschaftsbereiche, die im Zusammenhang mit der Verbreitung des Internet, von Computern und anderer Informations- und Kommunikationstechniken aufkamen und die wirtschaftlichen Abläufe zwischen Unternehmen und ihren Kunden grundlegend geändert haben. Die Idee hatte im Aufschwung der informationstechnischen Unternehmen Ende der 1990er Jahre eine wichtige Rolle gespielt. Der Begriff New Economy wird der traditionellen Wirtschaft (Old Economy) im Industrie- und Dienstleistungsbereich gegenübergestellt und verdeutlicht die zunehmende Bedeutung des Produktionsfaktors Information und Wissen. Vgl. Bundeszentrale für politische Bildung (Hrsg.) (2004): Das Lexikon der Wirtschaft, Mannheim 2004

383 Vgl. Schmeisser, W. (2000): S. 192 f.

384 Vgl. Leopold, G. / Frommann, H. / Kühr, T. (2003): S. 77

385 Zu nennen sind hier das Programm „Beteiligungskapital für kleine Technologieunternehmen" sowie das „Risikokapital-„ und das „Innovationsprogramm" der KfW. Vgl. KfW (Hrsg.) (2009a)

d) Einen wichtigen Einfluss hatte die Einrichtung des Börsensegmentes „Neuer Markt" im Jahr 1997, durch die die Exit-Möglichkeiten für Portfoliountenehmen verbessert werden konnten[386].

Im Jahr 2000 ging der langjährige Börsenboom zu Ende. Die Bewertung einzelner Gesellschaften als auch das allgemeine Kursniveau an den Börsen, vor allem am Neuen Markt, waren als nicht mehr realistisch zu bezeichnen[387]. Durch das Platzen der „New Economy"-Blase am Neuen Markt im Frühjahr 2000 in Verbindung mit starken Kurseinbrüchen begann eine Krise am deutschen Beteiligungsmarkt[388]. Damit einher ging ein starker Anstieg der Totalverluste von Beteiligungs-Engagements von EUR 684 Mio. in 2001 auf EUR 984 Mio. in 2002[389]. Nach einem starken Rückgang der Investitionstätigkeit in 2002 und einer Stagnation im Folgejahr 2003 wuchsen die Neuinvestitionen seit 2004 wieder an und befanden sich 2007 fast wieder auf dem Niveau der starken Jahre 2000/2001[390]. Gestützt wurde das Wachstum bis 2007 insbesondere durch die dynamische Entwicklung der Buy Outs, die von einem positiven konjunkturellen Umfeld und einem günstigen Finanzmarktklima profitierten, bei dem Banken mit günstigen Konditionen vermehrt Akquisitionsdarlehen zur Verfügung stellten[391]. Der Buy Out-Markt zeigte mit hohen Kaufpreisen, hohen Fremdmittelanteilen sowie laxen Kreditvereinbarungen der Banken in 2007 deutliche Zeichen einer Überhitzung[392]. Die Boomjahre des Private Equity-Marktes wurden dann in 2008 durch die Auswirkungen der Subprime-[393] und nachfolgend der Finanzkrise beendet. So gingen die Investitionen deutscher Beteiligungsgesellschaften um 14% auf rund EUR 3,5 Mio. zurück, das Fundraising reduzierte sich gegenüber dem Vorjahr um zwei Drittel auf EUR 1,9 Mrd. (2007: EUR 5,7 Mrd.).[394]

---

386 Vgl. Guthoff, M. (2002): S. 245

387 Vgl. Leopold, G. / Frommann, H. / Kühr, T. (2003): S. 78

388 Vgl. Franke, D. (2003): S. 280

389 Vgl. Frommann, H. / Dahmann, A. (2005): S. 14

390 Vgl. Frommann, H. (2005): S. 58

391 Vgl. BVK (Hrsg.) (2008): S. 8

392 Vgl. Schäfer, D. (2007): S. 23

393 Auslöser der *Subprime-Krise* waren hohe Ausfallquoten im Segment gering besicherter Kredite (subprime = zweitklassig) im amerikanischen Immobilienmarkt. Diese Kredite wurden in Portfolios zusammengefasst und über Anleihen an Investoren wie Banken, Hedge- und Pensionsfonds verkauft. Im Sommer 2007 kam es zu Preiseinbrüchen dieser Anleihen, wodurch insbesondere die Banken hohe Verluste zu verkraften hatten. Auch aufgrund der Intransparenz der Bankenportfolios kam es anschließend zu einer Liquiditätskrise unter den Banken. Vgl. Franke, G. / Krahnen, J. P. (2007): S. 13

394 Vgl. BVK (Hrsg.) (2009b): S. 3-5

Die Entwicklung von Private Equity Investitionen deutscher Finanzinvestoren und die der Totalverluste in den Jahren 1996 bis 2008 verdeutlicht Abbildung 15:

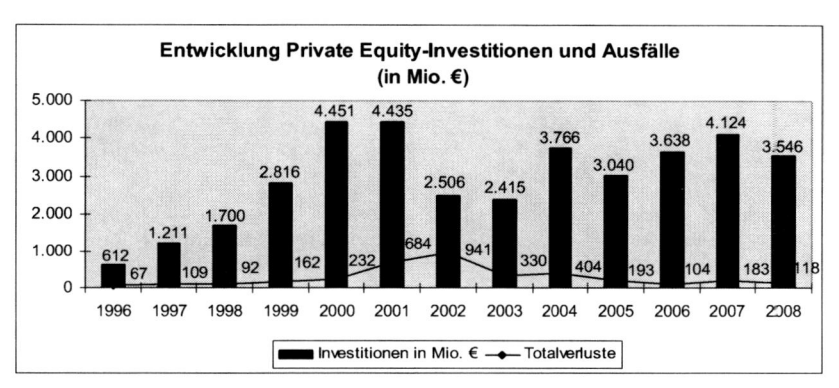

Abbildung 15: Entwicklung Private Equity-Investitionen und Ausfälle
Quelle: Eigene Übersicht in Anlehnung an BVK (Hrsg.) (2008): S. 26 sowie BVK (Hrsg.) (2009b), S. 5 u. 9

2.9.2 Ausblick

Nach einer Befragung des BVK zu den Entwicklungen des Private Equity-Marktes ab 2009 erwarten Finanzinvestoren einen leichten bis deutlichen Rückgang ihrer Investitionstätigkeit.[395] Aufgrund der schwierigen Rahmenbedingungen in vielen Branchen seit Ausbruch der Finanz- und Wirtschaftskrise werden zunehmend Probleme bei den Portfoliounternehmen befürchtet.[396] Durch die wirtschaftliche Rezession ab dem zweiten Halbjahr 2008 erwarten die Beteiligungsgesellschaften, dass viele Portfoliounternehmen aufgrund einer schwachen Ertragsentwicklung ihren Kapitaldienst nicht mehr oder zumindest nicht mehr vollständig leisten können und so von einem starken Anstieg der Insolvenzen bei Portfoliounternehmen ausgegangen werden muß.[397] *Kosmann*[398] ergänzt in diesem Zusammenhang, dass zahlreiche Private Equity-Finanzierungen ab dem Jahr 2011 zur Refinanzierung anstehen, da die beste-

---

395 Vgl. BVK (Hrsg.) (2009a): S. 11
396 Vgl. o.V. (2008): S. 18
397 Vgl. o.V. (2009): S. 20
398 Vgl. hierzu die Ausführungen von Kosman, J. (2009): The Buyout of America: How will Private Equity will cause the next great credit crisis, die in der Branche große Beachtung fanden .

henden Kreditvereinbarungen ab diesem Zeitpunkt auslaufen. Sollte das seit 2009 sehr niedrige Zinsniveau infolge der angekündigten Bemühungen der Notenbanken zur Normalisierung der Geldpolitik ansteigen, so dürfte die Zinslast der betroffenen Portfoliounternehmen weiter zunehmen. Dies wäre vor dem Hintergrund einer in den kommenden Jahren voraussichtlich eher schwächeren konjunkturellen Entwicklung für die Überlebensfähigkeit vieler Beteiligungsunternehmen sehr gefährlich und dürfte die ohnehin schwierige Situation noch verschärfen[399].

Angesichts dieses Marktumfeldes sehen sich die befragten Private Equity-Gesellschaften vor allem mit folgenden Konsequenzen und Herausforderungen konfrontiert:

a) Ambitionierte Finanzierungsstrukturen, die in den Jahren 2003 bis 2007 vereinbart wurden, müssen überarbeitet, Kreditklauseln mit den Banken neu vereinbart werden. Die Portfoliounternehmen werden von der Kosten- und Ertragsseite so umgestellt werden müssen, dass der Kapitaldienst auch in einer Rezession nachhaltig geleistet werden kann.[400]

b) Banken sind bei der Vergabe von Akquisitionsdarlehen deutlich zurückhaltender. Kreditkonditionen werden teurer. Somit wird es generell schwieriger Unternehmenskäufe mit Fremdkapital zu finanzieren. Wenn Banken Private Equity-Käufe in diesem Marktumfeld überhaupt noch finanzieren, dann mit einem substanziell niedrigen Fremdmittelanteil gemessen am Unternehmenskaufpreis. Somit dürften sich die Renditen der Finanzinvestoren verringern, da ein höherer Anteil mit teuerem Eigenkapital in die Gesamtfinanzierung eingebracht werden muss.[401]

c) Augrund der Vertrauenskrise unter den Banken ist eine Syndizierung größerer Unternehmens-Transaktionen fast unmöglich geworden, womit größere Käufe (mit einem Volumen von über EUR 250 Mio.) in den nächsten Jahren schwierig umzusetzen sein werden. Dagegen werden zunehmend gemeinschaftliche Finanzierungen unter den Private Equity-Häusern (Club Deals) prognostiziert.[402]

d) Die befragten Marktteilnehmer erwarten, dass sich infolge der Marktbedingungen die Werte der Zielunternehmen deutlich verringern werden.[403]

Für viele Private Equity-Fonds dürfte sich in den nächsten Jahren aufgrund der dargestellten Rahmenbedingungen die Überlebensfrage stellen. Einige Branchenvertreter erwarten, dass ca. ein Drittel der Anbieter in den nächsten Jahren aufgrund einer Insolvenz vom Markt verschwinden wird. Somit stehen die Fi-

---

399 Vgl. Kuckelkorn, D. (2009): S. 8

400 Vgl. BVK (Hrsg.) (2009a): S. 2

401 Vgl. Bloss, M. / Ernst, D. / Häcker, J. / Eil, N. (2009): S. 181 f.

402 Vgl. BVK (Hrsg.) (2009a): S. 2

403 Vgl. Bloss, M. / Ernst, D. / Häcker, J. / Eil, N. (2009): S. 183

nanzinvestoren während der Finanz- und Wirtschaftskrise vor der anspruchsvollen Herausforderung ihre Portfoliounternehmen so auszurichten, dass diese erfolgrreich durch die Krise kommen und in einem überschaubaren Zeitraum zu auskömmlichen Preisen verkauft werden können.[404]

Nach Überwindung der Finanz- und Wirtschaftskrise könnten nachhaltig positive Impulse für die Entwicklung des deutschen Kapitalbeteiligungsmarktes aus einer stärkeren Hinwendung deutscher mittelständischer Unternehmen zu alternativen Finanzierungsformen herrühren[405].

Potential für längerfristiges Wachstum wird von Teilen der Literatur auch darin gesehen, dass der deutsche Beteiligungsmarkt im internationalen Vergleich von der Bedeutung und vom Volumen her verhältnismäßig klein ist und ein gewisses Nachholpotential vorhanden sein könnte[406]. Ein Unsicherheitsfaktor für die Weiterentwicklung bleiben die aktuellen Unwägbarkeiten in den Rahmenbedingungen. In Deutschland existiert für die Private Equity-Branche kein konsistentes und international wettbewerbsfähiges Regelwerk, welches neben aufsichtsrechtlichen Vorschriften insbesondere die steuerliche Transparenz sicherstellt[407]. Sollte dies nicht erreicht werden können, befürchtet der Branchenverband BVK, dass die Wettbewerbsfähigkeit des Standortes Deutschland leiden könnte und die bestehende Schere zwischen den in Deutschland getätigten Investitionen und dem verwalteten Kapital weiter auseinandergehen wird[408].

2.10 Auswirkungen von Beteiligungskapital

2.10.1 Gesamtwirtschaftliche Bedeutung

Private Equity hat sich in Deutschland für einen kleineren Kreis von mittelständischen Unternehmen, die die hohen Anforderungen der Finanzinvestoren erfüllen, zu einer alternativen Finanzierungsform entwickelt[409]. Zum Jahresende 2008 waren deutsche Kapitalbeteiligungsgesellschaften mit EUR 31,9 Mrd. an insgesamt 6.409 Unternehmen beteiligt[410]. Diese Unternehmen beschäftigten rund 1,2 Mio. Mitarbeiter und erwirtschafteten einen Jahresumsatz von insgesamt EUR 212,1 Mrd.[411]

---

404 Vgl. Hedtstück, M. (2009): S. 21

405 Vgl. Niederdrenk, R. (2003): S. 22

406 Vgl. Sonnhofer, T. (2007): S. 47 sowie die Ausführungen in Kapital 2.9.1 der Arbeit

407 Vgl. Kaserer, C. / Achleitner, A.-K. / von Einem, C. / Schiereck, D. (2007): S. 5

408 Vgl. zu den Forderungen des BVK nach geeigneten Rahmenbedingungen für die Private Equity-Branche BVK (Hrsg.) (2007): S. 1-3

409 Vgl. Frommann, H. / Dahmann, A. (2005): S. 42

410 Vgl. BVK (Hrsg.) (2009b): S. 1

411 Vgl. ebenda, S. 10

Die volkswirtschaftliche Bedeutung von Beteiligungskapital wurde in diversen Studien mit dem Ziel untersucht, den Einfluss von Private Equity auf mikro- und makroökonomische Kennzahlen empirisch zu belegen[412]. Für den deutschen Wirtschaftsraum hat bspw. der BVK gemeinsam mit der Wirtschaftsprüfungsgesellschaft PricewaterhouseCoopers (PwC) Untersuchungen in den Jahren 1998, 2001 und 2005 angefertigt[413]. Ziel war es, auf Basis einer Analyse der Entwicklung von mit Beteiligungskapital finanzierten Unternehmen im Vergleich zur Gesamtheit aller Unternehmen abzuleiten, welche volkswirtschaftliche Bedeutung dem Einsatz von Private Equity zukommt[414]. Die Untersuchungen kamen zusammenfassend zu dem Ergebnis, dass die Private Equity-Finanzierung einen positiven Einfluss auf wichtige betriebswirtschaftliche Kennziffern wie die Umsatz-, Rentabilitäts- und Beschäftigungsentwicklung der Portfoliounternehmen sowie auf die Gesamtwirtschaft hat[415]:

a) So zeigen Private Equity-finanzierte Unternehmen eine dynamischere *Umsatzentwicklung* als der Durchschnitt aller Unternehmen. Im Zeitraum von 2000 bis 2004 konnten die Private Equity-finanzierten Unternehmen um über 10,0% p.a. wachsen, wohingegen die Umsätze aller Unternehmen durchschnittlich in diesem Zeitraum um 0,1% zurückgingen[416].

b) Die Ertragssituation bei den untersuchten Private Equity-finanzierten Unternehmen – aufgeteilt nach Finanzierungsphasen – hatte sich mit Ausnahme der Buy Outs und der Seed Finanzierungen im Untersuchungszeitraum deutlich verbessert (Vgl. Abb. 16).

---

412 Eine Übersicht über Studien zu den wirtschaftlichen Auswirkung von Private Equity auf die Portfoliounternehmen gibt Saggau. Vgl. Saggau, M. (2007): S. 35-73

413 Vgl. BVK / PricewaterhouseCoopers (Hrsg.) (2005): Der Einfluss von Private Equity-Gesellschaften auf die Portfoliounternehmen und die deutsche Wirtschaft, München 2005

414 Vgl. ebenda, S. 5

415 Vgl. Frommann, H. / Dahmann, A. (2003): S. 38

416 Vgl. BVK / PricewaterhouseCoopers (Hrsg.) (2005): S. 9

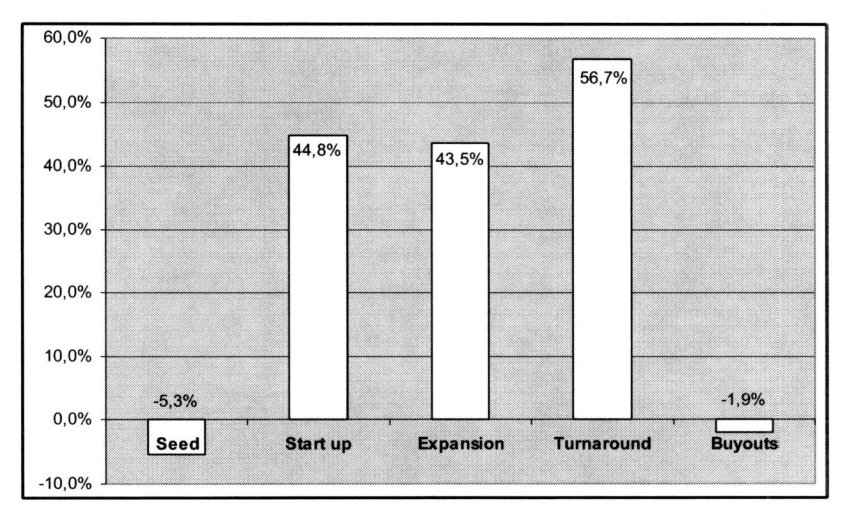

Abbildung 16: Durchschnittliches EBIT-Wachstum (Median 2000-2004)
Quelle: BVK / PricewaterhouseCoopers (Hrsg.) (2005): S. 11

c) Private Equity hatte einen positiven Einfluss auf weitere betriebswirtschaftliche Kennziffern wie Investitionen, Forschung & Entwicklung und Beschäftigung, was die Befragung der Portfoliounternehmen verdeutlicht (Vgl. Abb. 17).

d) Daneben wird ein positiver Effekt auf die Kapitalstruktur der Beteiligungsunternehmen festgestellt. Die durchschnittliche Eigenkapital-Quote Private Equity-finanzierter Unternehmen lag 2004 bei 29,0%, wohingegen Deutschlandweit nur ca. 22% eine vergleichbare gute Quote erreichen konnte[417].

Diese positiven Effekte auf die Entwicklung von Unternehmen sowie auf die gesamte Volkswirtschaft für *Deutschland* werden auch durch diverse Studien für *Europa*[418] und die *USA*[419] bestätigt. Neben den dargestellten direkten volkswirtschaftlichen Effekten durch die Finanzierung von Unternehmen sind ebenfalls weitergehende, indirekte Multiplikatoreffekte auf verbundene Unternehmen und Branchen zu nennen[420].

---

417 Vgl. BVK / PricewaterhouseCoopers (2005): S. 13 f.

418 Vgl. EVCA (Hrsg.) (2002): Survey of the economic and social impact for Venture Capital, Brusssels 2002

419 Vgl. bspw. DRI-WEFA (2002): Measuring the Importance of Venture Capital and it's benefits to the United States Economy, Lexington 2002

420 Vgl. Frommann, H. / Dahmann, A. (2003): S. 80, 81

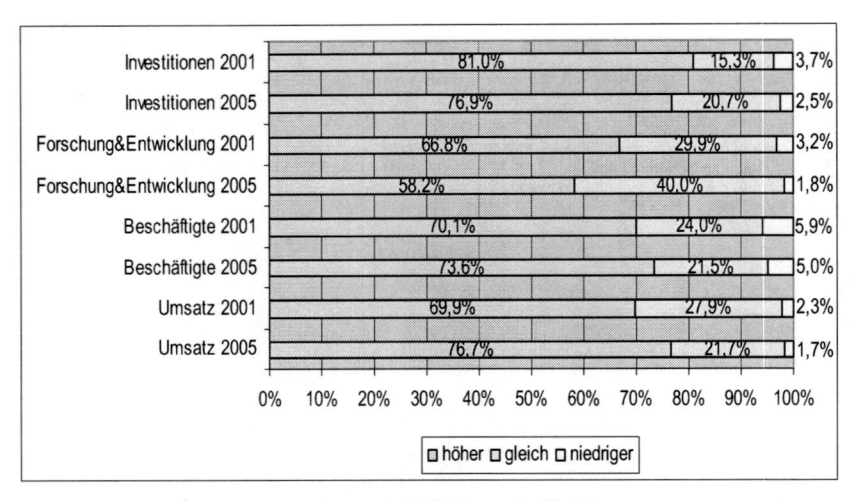

Investitionen 2001	81,0%	15,3%	3,7%
Investitionen 2005	76,9%	20,7%	2,5%
Forschung&Entwicklung 2001	66,8%	29,9%	3,2%
Forschung&Entwicklung 2005	58,2%	40,0%	1,8%
Beschäftigte 2001	70,1%	24,0%	5,9%
Beschäftigte 2005	73,6%	21,5%	5,0%
Umsatz 2001	69,9%	27,9%	2,3%
Umsatz 2005	76,7%	21,7%	1,7%

□ höher □ gleich □ niedriger

Abbildung 17: Einfluss von Beteiligungskapital auf die Portfoliounternehmen
Quelle: BVK / PricewaterhouseCoopers (Hrsg.) (2005): S. 13

Die Bedeutung von Beteiligungskapital für eine ganze Volkswirtschaft wird häufig anhand des Private Equity-Volumens in Prozent des Bruttoinlandsproduktes (BIP) gemessen. Hieraus wird interpretiert, wie weit ein regionaler Private Equity-Markt entwickelt ist und welche Bedeutung er für die Unternehmensfinanzierung hat.[421] Im Vergleich mit anderen europäischen Ländern spielt Private Equity in Deutschland mit einem Anteil von 0,37% in Europa lediglich eine durchschnittliche Rolle (Vgl. Abb. 18)[422].

---

421 Vgl. Dietrich, A. (2004): S. 9
422 Vgl. Eckstaller, C. / Huber-Jahn, I. (2006): S.67

Private Equity-Investitionen in Prozent des BIP in Europa

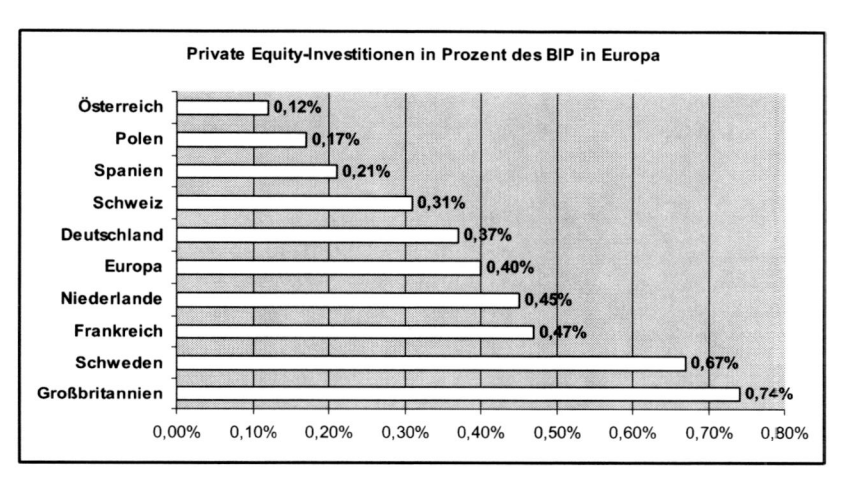

Österreich	0,12%
Polen	0,17%
Spanien	0,21%
Schweiz	0,31%
Deutschland	0,37%
Europa	0,40%
Niederlande	0,45%
Frankreich	0,47%
Schweden	0,67%
Großbritannien	0,74%

Abbildung 18: Private Equity-Investitionen in Prozent des Bruttoinlandsproduktes in Europa
Quelle: BVK (Hrsg.) (2009c): S. 23

Zu den überwiegend positiven Ergebnissen der publizierten Studien ist einschränkend anzumerken, dass

a) sich Private Equity-Gesellschaften aufgrund ihres Geschäftsmodells überwiegend nur an Unternehmen beteiligen, die in ihrem Segment eine marktführende Position einnehmen oder ein hohes Wertsteigerungspotential besitzen. Somit ist es grundsätzlich einfacher, diese Unternehmen positiver als die Gesamtheit aller Unternehmen zu entwickeln[423].

b) bei einigen Studien keine Aussage darüber getroffen wird, ob sie statistisch signifikant sind, woraus sich Unsicherheiten bezüglich des Aussagegehaltes ergeben[424].

c) Angaben über Auswirkungen, wenn Unternehmen andere Finanzierungsquellen herangezogen hätten oder aber keine alternative Finanzierung erlangt hätten, für den gesamten Private Equity-Bereich noch nicht verfügbar sind.

d) es aufgrund der Auswahl bei Private Equity suchenden Unternehmen und aufgrund eingesetzter Screeningmechanismen zu systematischen Selektionsverzerrungen im Vergleich zu einer zufällig ausgewählten Kontroll-

---

423 Vgl. Meinecke, R. / Meinecke, P. (2005): S. 128
424 Vgl. Saggau, M. (2007): S. 72

gruppe durch nicht Private Equity-finanzierte Unternehmen kommen kann[425].

e) nicht ausgeschlossen werden kann, dass Verzerrungen der Ergebnisse bestehen, da bei derartigen Befragungen bestimmte Angaben tendenziell zu positiv dargestellt werden[426].

2.10.2 Grenzen und Markthemmnisse

Grenzen mittelständischer Unternehmen für die Aufnahme von Beteiligungskapital bestehen vor allem durch die hohen Renditeanforderungen und damit zusammenhängend durch das erforderliche Wertsteigerungspotential, das potentielle Zielunternehmen aufweisen müssen[427]. Hieraus wird bereits deutlich, dass aus der Vielzahl von mittelständischen Unternehmen nur eine vergleichsweise geringe Zahl die Anforderungen für eine Private Equity-Finanzierung erfüllen können[428].

Daneben ergeben sich Limitierungen für diese Finanzierungsvariante aus dem Beteiligungsprozess, der Geschäftsstrategie, den Mindestanforderungen bspw. hinsichtlich der Investitionssumme und somit aus den Anforderungen an die Größe der Zielunternehmen durch die Beteiligungsgesellschaften. So liegt die Mindestbeteiligungshöhe bei vielen erwerbswirtschaftlichen Beteiligungsgesellschaften bei mind. EUR 2 Mio., wodurch kleinere Gesellschaften bereits aus grundsätzlichen geschäftsstrategischen Erwägungen nicht in den Investitionsfokus passen[429]. Insgesamt führen die strengen Selektionskriterien der Beteiligungsgesellschaften dazu, dass von 100 geprüften Businessplänen lediglich im Durchschnitt 1 bis 4 Prozent zum Abschluss eines Beteiligungsvertrages führen[430].

Eine weitere wichtige Grenze für die Aufnahme von Beteiligungskapital in Deutschland liegt auf der gesellschaftlich-sozialen Ebene, hier insbesondere in der Einstellung potentieller Investoren zum Risiko und in der unternehmerischen Mentalität: Die deutschen Kapitalmarktteilnehmer sind typischerweise im Vergleich zu den anglo-amerikanischen Ländern durch ein erhöhtes Sicherheitsbewusstsein geprägt, was tendenziell zu einer geringeren Akzeptanz risikoreicherer Beteiligungsfinanzierungen führt[431]. Neben dieser eher risiko-aversen Grundhaltung wird in der Literatur ebenfalls auf die niedrige gesellschaftliche Akzeptanz

---

425 Vgl. zu diesen methodischen Problemen Engel, D. (2001)

426 Vgl. Kaserer, C. / Achleitner, A.-K. / von Einem, C. / Schiereck, D. (2007): S. 167

427 Vgl. zu den Renditevorstellungen von Finanzinvestoren auch die Ausführungen in Kapitel 2.7.1.1.

428 Vgl. Engel, D. (2002): S. 25

429 Vgl. Pfaffenholz, G. (2001): S. 6

430 Vgl. Hackl, E. / Jandl, H. (2004): S. 196

431 Vgl. Platzek (1997): S. 37 ff.

des Unternehmertums generell in Deutschland verwiesen, wodurch erfolgreichen Unternehmen häufig mit einiger Skepsis begegnet wird[432].

Eine negative Einstellung gegenüber Private Equity-Investoren wird häufig bei Familienunternehmen durch die emotionale Bindung des Inhabers an sein über lange Zeit aufgebautes Familienunternehmen verstärkt. Dieser betrachtet sein Unternehmen nicht als Mittel zur Erzielung von Renditen, sondern als sein „Lebenswerk"[433]. Ein deutscher Unternehmer definiert sich in der Regel nicht wie ein Private Equity-Geber über Finanzkennzahlen, sondern in erster Linie über seine Produkte oder Dienstleistungen. Dementsprechend trennt er sich von seinem Unternehmen meist nur dann, wenn er (z.B. auf Druck der Banken oder mangels anderer Nachfolgemöglichkeiten) dazu gezwungen ist. Vielfach wird der Einstieg eines Finanzinvestors sogar als persönliche Schwäche oder Unfähigkeit eines Unternehmers empfunden[434].

Zudem sind viele Eigentümer mittelständischer Unternehmen in Deutschland mit der Funktionsweise von Private Equity-Gesellschaften als noch relativ jungem Finanzierungszweig nur unzureichend vertraut, wodurch generell Berührungsängste entstehen können[435]. Hinzu kommt, dass Private Equity-Investoren sich im Rahmen der Beteiligungsverträge umfangreiche Wertsicherungsklauseln einräumen lassen, wodurch die Alt-Gesellschafter und bestehenden Manager gezwungen sind, teilweise beträchtliche Einfluss- und Steuerungsmöglichkeiten abzugeben[436]. Das daraus entstehende Misstrauen, verbunden mit der häufig vorherrschenden „Herr-im-Hause"-Mentalität des Unternehmers führt dazu, dass mittelständische Unternehmen häufig zurückhaltend gegenüber einer Beteiligungsfinanzierung sind[437].

Nach einer empirischen Untersuchung des *Center of Entrepreneurial and Financial Studies* (CEFS) München sind die hohen Renditeerwartungen und die Mitspracherechte die am häufigsten von Unternehmen genannten Hindernisse für die Aufnahme von Beteiligungskapital (Vgl. Abb. 19)[438]:

---

432 Vgl. Schween, K. (1996): S. 42 f.

433 Vgl. Kußmaul, H. (1983): S. 93 ff.

434 Vgl. ebenda, S. 105

435 Vgl. Achleitner, A.-K. / Fingerle, C. H. (2003): S. 8

436 Vgl. Kaplan, S. / Strömberg, P. (2001): S. 6 ff.

437 Vgl. Burger-Calderon, M. (2003): S. 3

438 Vgl. Achleitner, A.-K. / Poech, A. / Groth, T (2005): S. 12 f.

Hindernisse für Beteiligungskapital

Hindernis	Prozent
Zeitnahe und umfangreiche Informationspflichten	26%
Möglicher Verkauf an Dritte	30%
Zu geringe Unternehmensgröße	38%
Fehlende Kenntnisse über Branche und Produkt	43%
Mitsprache und Kontrollrechte	50%
Renditeerwartung der Beteiligungsgesellschaft	53%

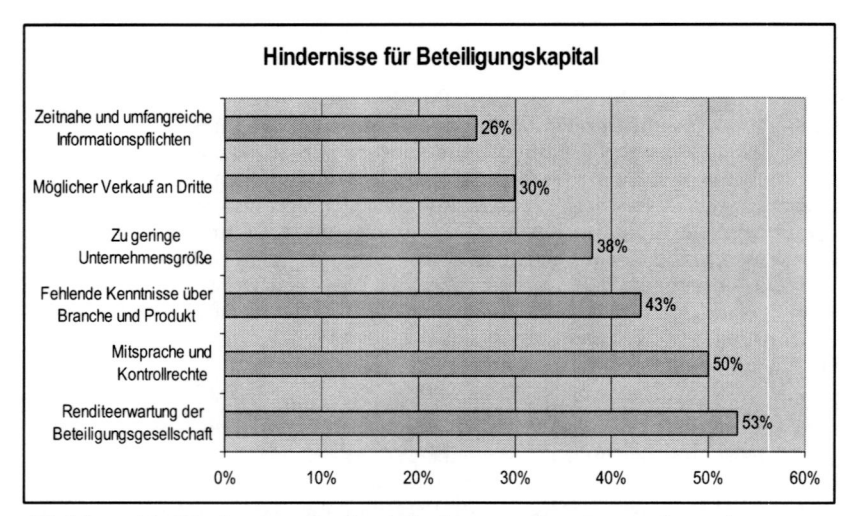

Abbildung 19: Hindernisse für die Aufnahme von Beteiligungskapital
Quelle: Eigene Darstellung in Anlehnung an Achleitner, A.-K. / Poech, A. / Groth, T (2005), S. 12 f.

Ein weiteres Hemmnis für die Weiterentwicklung des Marktes für Beteiligungskapital stellen die vergleichsweise ungünstigen relevanten Rahmenbedingungen in Deutschland dar. Eine Studie des *Europäischen Private Equity- und Venture Capital Verbandes* (EVCA) zum Vergleich der rechtlichen und steuerlichen Rahmenbedingungen für Private Equity in Europa kommt zu dem Ergebnis, dass Großbritannien, Irland und Luxemburg die besten Rahmenbedingungen für Beteiligungskapital aufweisen, während Deutschland weit unter dem Durchschnitt auf dem dreizehnten Rang vor Dänemark und Österreich liegt[439].

So könnte durch den Abbau bürokratischer Hürden das unternehmerische Umfeld im internationalen Vergleich erheblich verbessert werden. Für eine Unternehmensgründung ist in Deutschland immer noch deutlich mehr Zeit und Kapital als in vielen anderen europäischen Ländern notwendig[440].

Auf der steuerlichen Seite werden die im internationalen Vergleich überdurchschnittlichen Unternehmenssteuern und eine hohe Kapitalertragsteuer für Privatpersonen sowie fehlende steuerliche Spezialregelungen für mittelständische Unternehmen als Hemmnis genannt. Ebenfalls existieren in Deutschland keine

---

439 Vgl. EVCA (Hrsg.) (2003): Benchmark Paper, Benchmarketing European Tax & Legal Environments, Brussels 2003

440 Vgl. ebenda, S. 15

steuerlichen Anreize für Privatpersonen, in Beteiligungskapital zu investieren[441].

Insgesamt werden die gesellschaftlichen Rahmenbedingungen für Beteiligungskapital, verstanden als Akzeptanz durch Investoren, Kapitalnehmer sowie weitere Interessengruppen von der Literatur als ungünstig beurteilt. Demnach gelten die unternehmerische Mentalität und die Risikobereitschaft in Deutschland als nicht ausgeprägt, das wirtschaftliche Klima als wenig gründungs- oder innovationsfreundlich und die Einstellung breiter Anlegerkreise zu Private Equity-Finanzierungen als eher skeptisch[442].

2.10.3 Kritische Aspekte von Private Equity

Im Zuge der steigenden Bedeutung von Private Equity als Finanzierungsinstrument und spätestens nach der durch den SPD-Politiker Franz Müntefering ausgelösten „*Heuschrecken-Debatte*" wird in Deutschland kritisch und emotional über das Geschäftsgebaren der Finanzinvestoren diskutiert[443]. Zudem sind viele Private Equity-finanzierte Unternehmen im Rahmen der Finanz- und Wirtschaftskrise in existenzielle Schwierigkeiten geraten, was die kontroverse Diskussion um diese Finanzierungsform verschärft hat.[444] Prominente Beispiele für insolvente Portfoliounternehmen von Beteiligungsgesellschaften sind der Automobilzulieferer Edscha, die Kaufhauskette Woolworth oder der Modelleisenbahnhersteller Märklin.[445] Einer Studie der Boston Consulting Group und der IESE Business School zur Folge droht zwischen 20 bis 40% der beteiligungsfinanzierten Portfoliounternehmen in den nächsten Jahren die Insolvenz.[446]

Die primär politisch motivierte Kritik gegen Private Equity wird seit einiger Zeit von Wirtschaftswissenschaftlern und von Finanzinstitutionen wie der Deutschen Bundesbank[447] sowie der Europäischen Zentralbank[448] unterstützt, die in den hohen Verbindlichkeiten bei Private Equity-Finanzierungen eine potentielle Gefahr für die gesamte Finanzmarktstabilität vermuten.

Die Kritikpunkte gegen Private Equity richten sich vor allem auf folgende Aspekte[449]:

---

441 Vgl. EVCA (Hrsg.) (2003): S. 14 u. 23

442 Vgl. Albach, H. (1997): S. 446 – 447 sowie Frick, S. / Lageman, B. / von Rosenbladt, B. / Voelzkow, H. / Welter, F. (1998): S. 305 - 307

443 Vgl. Schäfer, D. (2006): S. 7 f.

444 Vgl. o. V. (2009c): S. 38

445 Vgl. Seith, A. / Fehr, M. (2009): S. 1

446 Vgl. BCG The Boston Consulting Group / IESE Business School (Hrsg.) (2008): S. 6

447 Vgl. Deutsche Bundesbank (Hrsg.) (2006b): S. 46 f.

448 Vgl. Europäische Zentralbank (Hrsg.) (2006): S. 41 ff.

449 Vgl. Schmidt, R. H. / Spindler, G. (2008): S. 33 f.

a) Erfolgreiche Unternehmen werden operativ umstrukturiert, wobei auch zahlreiche Mitarbeiter entlassen werden.

b) Beteiligungsunternehmen werden mit zu hohen Bankverbindlichkeiten belastet.

c) Beteiligungsunternehmen veranlassen hohe Sonderausschüttungen und vereinnahmen hohe Beratungsgebühren.

d) Finanzinvestoren verändern die faktische Unternehmensverfassung ihrer Beteiligungsunternehmen dergestalt, dass die Interessen anderer Interessengruppen (Stakeholder) in den Unternehmen verletzt werden.

2.10.3.1 Unternehmensrestrukturierung

Dieser Kritikpunkt richtet sich auf die umfangreichen Restrukturierungsmaßnahmen, die Portfoliounternehmen nach Erwerb durch Finanzinvestoren auferlegt werden, um Kosten zu senken und die Rentabilität zu erhöhen. So werden bspw. Unternehmensaktivitäten an kostengünstigere Standorte im Ausland verlagert. In diesem Zusammenhang werden Mitarbeiter in Deutschland entlassen oder Unternehmensteile ganz veräußert. Letztlich soll das umstrukturierte Unternehmen nach einigen Jahren mit möglichst hohem Gewinn veräußert werden.[450] Während solche Maßnahmen im angelsächsischen Raum als Preis für hohe Renditen eher akzeptiert werden, kritisiert die Öffentlichkeit diese Maßnahmen in Kontinentaleuropa und insbesondere in Deutschland häufig als Durchbrechung des Modells der sozialen Marktwirtschaft[451].

Ein Negativbeispiel für dieses Vorgehen ist der Sanitärarmaturenhersteller Friedrich Grohe AG. Nach der wiederholten Übernahme durch Finanzinvestoren im Jahr 2004 gelangte ein Restrukturierungsgutachten an die Öffentlichkeit, nach dem ursprünglich 3.000 von 4.600 Mitarbeitern an deutschen Standorten abgebaut werden sollten. Außerdem war geplant etwa 12.000 Produktvarianten zu streichen, im Einkauf drastisch einzusparen und die Produktion fast komplett nach Asien zu verlagern. Parallel dazu wurden die Bankverbindlichkeiten erheblich ausgeweitet, obwohl Grohe seinerzeit eine zufriedenstellende Ertragslage aufwies. Dies führte zu öffentlichen Protesten begleitet von Mitarbeiterdemonstrationen und zahlreichen negativen Medienberichten.[452]

Nach der intensiven öffentlichen Kritik wurde die Restrukturierung nur in Teilen umgesetzt. Nachdem Grohe in den Jahren vor 2005 kaum mehr gewachsen war, konnte bereits 2006 der Umsatz und das Ergebnis verbessert werden. Das Unternehmen wies im Geschäftsjahr 2007 durch die hohen Investitionskosten in Zusammenhang mit der Restrukturierung und den hohen Bankverbindlichkeiten seit der Übernahme ein erhebliches finanzielles Risiko (Verschuldung in Höhe des achtfachen EBITDA) auf. Die Mitarbeiter waren stark verunsichert

---

450 Vgl. Tcherveniachki, V. (2007): S. 4

451 Vgl. Welter, P. (2005): S. 13

452 Vgl. Gillmann, W. (2005): S. 1.

und die Stimmung hinsichtlich der Weiterentwicklung an deutschen Standorten verschlechterte sich.[453]

Das Renditedenken und damit verbundene Maßnahmen der Finanzinvestoren sind möglicherweise wichtige Treiber für effizientere Wirtschaftsstrukturen. Problematisch erscheinen aber die Exzesse einiger Investoren, die die Interessen anderer Stakeholder[454] in Unternehmen ausblenden oder mit ihren Maßnahmen Grenzen überschreiten und damit die Unternehmen und ihre weiteren Anspruchsberechtigten nachhaltig schädigen.[455]

2.10.3.2 Erhöhung der Verschuldung

Ein weiterer zentraler Kritikpunkt zielt auf die gängige Praxis der Private Equity-Gesellschaften, den Verschuldungsgrad der Zielunternehmen zu erhöhen, um durch Anwendung des Financial Leverage Effektes[456] die gesamten Kapitalkosten zu senken, damit der Unternehmenwert und die Eigenkapitalrendite gesteigert werden können. Mit einem steigenden Verschuldungsgrad erhöht sich allerdings auch das Insolvenz- (bzw. Leverage-) Risiko[457], welches die Private Equity-Investoren im Hinblick auf ihre ambitionierten Renditeziele bereit sind einzugehen.[458] Die Motivation von Finanzinvestoren derart hohe Risiken bei Einzelinvestments einzugehen, könnte sich auch daraus erklären, dass ein Beteiligungsfonds in der Regel über ein diversifiziertes Portfolio von mehreren Beteiligungen verfügt, bei denen Verluste einer Beteiligung durch Gewinne bei anderen Beteiligungen ausgeglichen werden können. Erst der Ausfall vieler Unternehmen würde zu eigenen finanziellen Lasten führen.[459] Unterstützt wurde die hohe Fremdmittelaufnahme bis zur Finanzkrise durch sehr günstige Kapitalmarktbedingungen mit niedrigen Kreditzinsen, liquiden und eher risikoaversen Banken.[460]

Ein prominentes Negativbeispiel für diese Methodik ist die im Jahr 2000 von dem britischen Private Equity-Investor Apax für EUR 1 Mrd. vom Staat übernommene *BUNDESDRUCKEREI*, deren Wert in der Presse auf lediglich EUR 400 Mio. geschätzt wurde. Apax finanzierte den Kaufpreis größtenteils mit Fremdkapital, was das Unternehmen letztlich nicht verkraftete. In 2002 wurde

---

453 Vgl. Maier, A. (2007): S. 36 ff.

454 *Stakeholder* sind alle mit einem Unternehmen in Verbindung stehenden Interessengruppen wie Mitarbeiter, Lieferanten, Kunden, Banken. Vgl. Betsch, O. / Groh A. P. / Schmidt, K. (2000): S. 236

455 Vgl. Schäfer, D. (2006): S. 208

456 Vgl. hierzu die Ausführungen in Kapitel 2.7.4

457 Vgl. Hahn, O. (1983): S. 114 f.

458 Vgl. Schmidt, R. H. / Spindler, G. (2008): S. 135 f.

459 Vgl. ebenda, S. 92

460 Vgl. Rieke, T. / Maisch, M. (2008): S.139

die Gesellschaft für den symbolischen Preis von einem Euro verkauft; von den einst 4.000 Mitarbeitern blieben noch 1.300 im Unternehmen.[461]

2.10.3.3 Sonderausschüttungen

Der dritte Kritikpunkt bezieht sich auf das Verhalten einiger Finanzinvestoren bei ihren Beteiligungsunternehmen bereits kurz nach Erwerb umfangreiche Ausschüttungen über Sonderdividenden zu veranlassen, die den Unternehmen Liquidität entziehen. Gängige Praxis ist ebenfalls, diese Sonderausschüttungen durch die Aufnahme zusätzlicher Kredite zu finanzieren, was als Rekapitalisierung bezeichnet wird. Somit erhält der Investor einen substanziellen Tei seiner Investition in einem frühen Stadium zurück und verringert sein unternehmerisches Risiko.[462] Bei übermässigen Ausschüttungen dürfte die Insolvenzgefahr deutlich erhöht werden und es werden Anreize geschaffen, die Lasten einer Insolvenz auf die Banken, die Mitarbeiter und den Staat abzuwälzen.[463] Ein bekannt gewordener Praxisfall ist die Autovermietung *Hertz*, die 2006 einen Kredit über eine Millarde EUR aufnehmen musste, um die von der Private Equity-Gesellschaft geforderte Sonderdividende auszuschütten zu können. Mit der Ausschüttung bekam der Finanzinvestor bereits nach einigen Monaten fast die Hälfte des eingesetzten Kapitals zurück. Der Chemiespezialist *Cognis* musste nach einigen Sonderausschüttungen an seine Finanzinvestoren mehrere Verlustjahre und ein deutlich schlechteres Kreditrating mit entsprechend belastenden Konsequenzen hinnehmen.[464]

Fragwürdig sind ebenfalls Praktiken, diverse hohe Gebühren (Management-, Transaktions-, Beratungsprovisionen) zu vereinnahmen und somit die Liquiditätssituation bei Beteiligungsunternehmen zu verschlechtern. Ein in der Öffentlichkeit vieldiskutiertes Beispiel ist der Spielzeugeisenbahnhersteller *Märklin*, bei dem über Jahre etliche Millionen Euro an Beraterhonoraren entnommen wurden, ohne die das Unternehmen möglicherweise nicht den Antrag auf Eröffnung des Insolvenzverfahrens hätte stellen müssen.[465]

2.10.3.4 Fokussierung auf Shareholder Value

Der vierte Hauptkritikpunkt bezieht sich auf die Konzentration der Private Equity-Gesellschaften auf die Steigerung des Shareholder Value[466] bei Unternehmensentscheidungen, wodurch die Interessen anderer Stakeholder wie Mitarbeiter und Kreditgeber verletzt werden können. Diese Shareholder Value-Ausrichtung der oftmals angelsächsisch geprägten Private Equity-Investoren entspricht nicht der im deutschen Mittelstand vorherrschenden Philosophie,

---

461 Vgl. Schäfer, D. (2006): S. 120

462 Vgl. ebenda, S. 91

463 Vgl. Schmidt, R. H. / Spindler, G. (2008): S. 136

464 Vgl. Von Petersdorff, W. / Schäfer, D. (2006): S. 44

465 Vgl. Maier, A. / Klusmann, S. (2009): S. 23

466 Vgl. zur Konzeption des Shareholder Value *Rappaport, A.* (1998)

teilweise divergierende Interessen verschiedener Beteiligter wie Mitarbeiter oder Banken zu einem gewissen, möglichst fairen Ausgleich zu bringen. Nach diesem Verständnis sollen Stakeholder mit auseinanderfallenden Interessen kooperieren und die Unternehmensleitung gemeinsam kontrollieren[467].

Private Equity wird in der Öffentlichkeit ebenfalls kontrovers diskutiert, weil dessen Wirkungen generell umstritten sind. Die Folgen von Beteiligungsfinanzierungen lassen sich allgemein schwer einschätzen, da sich diese von Einzelfall zu Einzelfall stark unterscheiden und bezogen auf die Ergebnisse eine große Streubreite aufweisen. Neben den dargestellten Kritikpunkten und Negativbeispielen existiert auch eine Reihe von erfolgreichen Beispielen. Im Hinblick auf den für das Renditeziel notwendigen erfolgreichen Verkauf ist es für Finanzinvestoren grundsätzlich nicht rational ein „ausgeplündertes" und nicht mehr wettbewerbsfähiges Unternehmen zurückzulassen[468]. Potentielle Kaufinteressenten werden sich in der Regel sehr genau mit dem wirtschaftlichen Zustand in Verbindung mit einem adäquaten Preis und den Zukunftspotentialen eines Portfoliounternehmens auseinandersetzen.

Private Equity-Gesellschaften sollten somit weder generell als „Heuschrecken" abqualifiziert werden noch sind sie „Heilsbringer" für Unternehmen, mit denen diese sich definitiv besser entwickeln und den Strukturwandel der Deutschen Wirtschaft hin zu effizienteren Strukturen voranbringen.[469] Insgesamt erscheint in der Diskussion eine sachliche und differenzierte Betrachtung angebracht.

Nicht wegzudiskutieren ist allerdings die steigende Anzahl von Portfoliounternehmen, die im Rahmen der Finanz- und Wirtschaftskrise seit 2008 in einer existenzbedrohenden Situation sind oder voraussichtlich noch kommen werden. Somit muss die Frage gestellt werden, ob die bisherigen Geschäftsmodelle der Beteiligungsgesellschaften nur für konjunkturelle Aufschwungphasen geeignet sind und aufgrund der Problembereiche überprüft werden müssen. Zusätzlich erscheint eine höhere Transparenz ihrer Geschäfttätigkeit, eine Verbesserung des Risikomanagements und eine strengere staatliche Regulierung im Hinblick auf die Risiken für die Gesamtwirtschaft angebracht zu sein. [470].

---

467 Vgl. Schmidt, R. H. / Spindler, G. (2008): S. 137
468 Vgl. Tcherveniachki, V. (2007): S. 5 f.
469 Vgl. Schmidt, R. H. / Spindler, G. (2008): S. 33
470 Vgl. ebenda zu den Vorschlägen zu einer stärkeren Regulierung von Private Equity-Gesellschaften.

2.11 Bedeutung von Beteiligungskapital für mittelständische Unternehmen

2.11.1 Finanzierungssituation mittelständischer Unternehmen

Deutsche Unternehmen, insbesondere KMU's, zeichnen sich durch eine im internationalen Vergleich niedrige Eigenkapitalquote aus[471]. Aus den Statistiken des Instituts für Mittelstandsforschung der Universität Mannheim gehen folgende Unterschiede in einzelnen Ländern hervor:

Durchschnittliche Eigenkapitalquoten der KMU im internationalen Vergleich (Stand 2005)

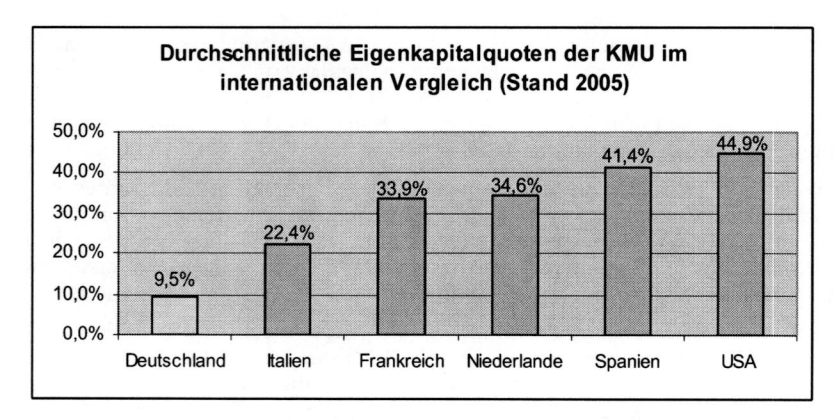

Deutschland	9,5%
Italien	22,4%
Frankreich	33,9%
Niederlande	34,6%
Spanien	41,4%
USA	44,9%

Abbildung 20: Durchschnittliche Eigenkapitalquoten der KMU im internationalen Vergleich 2005
Quelle: IfM Universität Mannheim (Hrsg.) (2005)

Zur Entwicklung der Eigenkapitalquoten existieren diverse Veröffentlichungen, die zwar im Detail – aufgrund divergierender Basen - unterschiedliche Zahlen ausweisen, im Ergebnis aber zu gleichen Schlussfolgerungen kommen[472]: Die im internationalen Vergleich geringe Eigenmittelquote deutscher Unternehmen lag in den 60er Jahren noch bei durchschnittlich etwa 30% und ist bis in die 90er Jahre kontinuierlich gesunken[473]. Seit Mitte der 90er Jahre erfolgte eine leichte und stetige Verbesserung, die auf eine zunehmende Strategie eines aktiven Eigenmittelaufbaus der Unternehmen durch Druck der Banken, einen

---

471 Vgl. Schneck, O. (2006): S. 19

472 Vgl. zu den Statistiken insbes. Deutsche Bundesbank (Hrsg.) (2006) Monatsberichte Dezember 2006, S. 37-68 und Dezember 2007, S. 31-55, KfW (2007) (Hrsg.) Unternehmensbefragung 2007, ebenda WirtschaftsObserver online 2007

473 Vgl. Frommann, H. / Dahmann, A. (2005): S. 66

Rückgang der Bilanzsummen (infolge niedrigerer Investitionen) und steigende Gewinne (vor allem durch Kosteneinsparungen) zurückzuführen ist[474].

Von 1998 bis 2007 stieg die Eigenmittelquote aller deutschen Unternehmen um acht Prozentpunkte auf durchschnittlich 25,5%.[475] Die Eigenmittelquote der KMU konnte in den Jahren 2002 bis 2006 von 18,4% auf im Schnitt 23% erhöht werden. Abbildung 21 zeigt die Entwicklung der Eigenkapitalbasis innerhalb verschiedener Größenklassen des deutschen Mittelstandes und verdeutlicht, dass die Eigenkapitalsituation in diesem Zeitraum insgesamt verbessert werden konnte:[476]

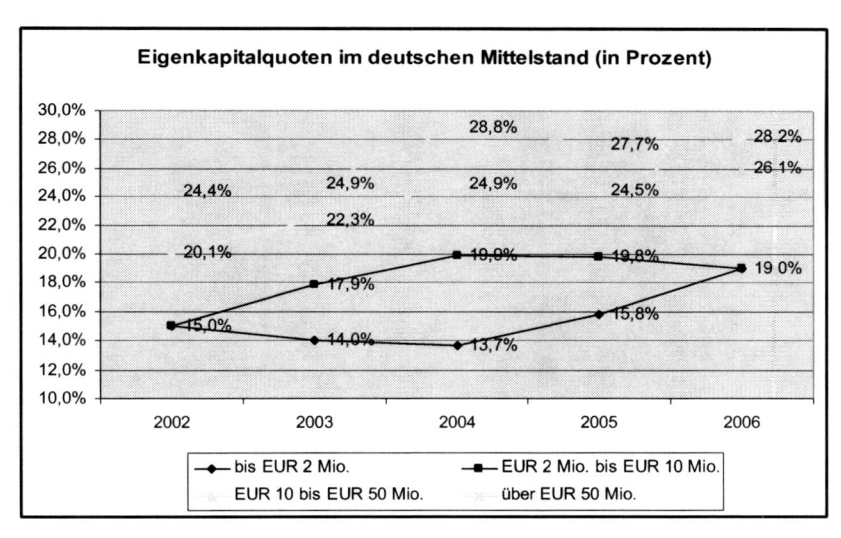

Abbildung 21: Entwicklung der Eigenkapitalquoten deutscher KMU's
Quelle: KfW (Hrsg.) (2009a): S. 3

Eine Sonderentwicklung ist bei den großen Mittelständlern mit einem Jahresumsatz von EUR 50 bis EUR 500 Mio. nach 2004 zu beobachten, die ihre Investitionen stark ausgeweitet und dies zum größten Teil mit Krediten finanziert haben, wodurch die Eigenkapitalbasis in den Jahren 2005 und 2006 gesunken ist.[477]

---

474 Vgl. KfW (Hrsg.) (2006b): S. 3
475 Vgl. KfW (Hrsg.) (2009a): S. 2 f.
476 Vgl. ebenda, S. 3
477 Vgl. ebenda, S. 3

Gründe für die niedrigen Eigenkapitalquoten deutscher mittelständischer Unternehmen liegen wesentlich in den rechtlichen und steuerlichen Rahmenbedingungen, die es für Personengesellschaften oftmals vorteilhafter erscheinen lassen, Betriebs- in Privatvermögen umzuwandeln und somit eine eher niedrige Eigenkapitalquote auszuweisen.[478]

Nach der deutschen *Steuergesetzgebung* wird die Fremdkapitalfinanzierung derart bevorzugt, indem Zinsen (zumindest teilweise) als Betriebsausgaben geltend gemacht werden können, um damit den zu versteuernden Gewinn und somit die Steuerlast zu vermindern. Ausschüttungen für das bereitgestellte Eigenkapital erfolgen hingegen aus dem bereits versteuerten Gewinn und werden somit steuerlich benachteiligt[479]. Bezüglich der aktuellen steuerlichen Behandlung von Zinsaufwendungen ist auf die Regelung der sogenannten „Zinsschranke"[480] hinzuweisen, die im Rahmen der Unternehmenssteuerreform 2008 eingeführt wurde und nach der die Abzugsfähigkeit von Fremdkapitalzinsen einschränkt wird.[481]

Als weiteren Grund für niedrige Eigenkapitalquoten bei deutschen Unternehmen wird in der Literatur das in Deutschland bestehende *Universalbanksystem* genannt, wonach alle wesentlichen Bankgeschäfte „unter einem Dach" abgewickelt werden können. Durch das damit einhergehende Fehlen eines Wettbewerbs zwischen Eigen- und Fremdkapitalgeber waren vor allem Mittelstandsbanken (wie Sparkassen und Genossenschaftsbanken) eher an Kreditvergaben mit dauerhaften Zinseinnahmen als an einmaligen Provisionen durch Eigenkapitaltransaktionen interessiert[482]. Charakteristisch und historisch gewachsen ist das *Hausbankprinzip* deutscher Mittelständler, das auf einer engen und langfristigen Beziehung zu einem Hauptkapitalgeber beruht. Die Unternehmen stabilisierten so ihre Finanzierung und können die Weitergabe von internen Informationen auf eine oder wenige Banken beschränken.[483]

Betrachtet man die unterschiedlichen Finanzierungsmöglichkeiten, so kommt für mittelständische Unternehmen der Innenfinanzierung (durch einbehaltene Gewinne, Abschreibungen und der Bildung von langfristigen Rückstellungen)

---

478 Vgl. IfM (Hrsg.) (2008): S. 19

479 Vgl. Berens, W. / Högemann, B. / Segbers, K. (2005): S. 13

480 Entsprechend den Regelungen zur *Zinsschranke* sind Zinsaufwendungen als Betriebsausgabe grundsätzlich vom zu versteuernden Gewinn abziehbar bis zur Höhe des im Unternehmen angefallenen Zinsertrages desselben Jahres, der darüber hinaus gehende Nettozinsaufwand aber nur bis zur Höhe von 30% des steuerpflichtigen EBITDA`s. Zinsaufwand, der diese Grenze überschreitet, ist nicht im Jahr seiner Entstehung abzugsfähig und wird dem Gewinn außerbilanziell wieder hinzugerechnet. Vgl. hierzu Faltin, T. (2008): S. 5 ff.

481 Vgl. Dahmen, A. (2008): S. 134

482 Vgl. Schneck, O. (2006): S. 21

483 Vgl. Kayser, G. / Kokalij, L. (2002): S. 156 ff.

die größte Bedeutung noch vor der Fremdmittelaufnahme bei Banken zu[484]. Dieses Verhalten entspricht der sogenannten *Pecking Order Theorie*, nach der zunächst Quellen der Finanzierung genutzt werden, die kostenoptimal sind und die es der Unternehmensleitung am ehesten ermöglichen, sich der Kontrolle der Kapitalgeber zu entziehen.[485] *Hahn* ergänzt in diesem Zusammenhang, dass Unternehmen generell nach möglichst hoher Unabhängigkeit von ihren Kapitalgebern streben: Demnach dürfte ein Mittelständler bevorzugen mit mehreren Banken zusammenzuarbeiten. Der Vorstand einer Aktiengesellschaft wird eine breite Streuung des Aktienbesitzes präferieren.[486]

Die Präferenzen für einzelne Finanzierungsarten deutscher Unternehmen untersucht die KfW regelmäßig gemeinsam mit diversen Fachverbänden[487]. Im Ergebnis zeigen die Studien die starke Bedeutung der Innenfinanzierung sowie der Bankfinanzierung bei den möglichen Finanzierungsarten für deutsche Unternehmen (Vgl. Abb. 22)[488]:

Bedeutung von Finanzierungsarten für Unternehmen (Rangpunkte)

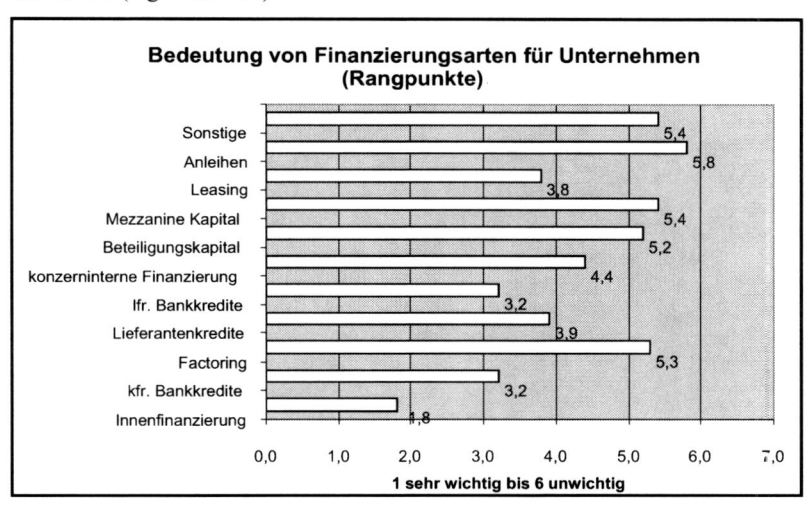

Finanzierungsart	Rangpunkte
Sonstige	5,4
Anleihen	5,8
Leasing	3,8
Mezzanine Kapital	5,4
Beteiligungskapital	5,2
konzerninterne Finanzierung	4,4
lfr. Bankkredite	3,2
Lieferantenkredite	3,9
Factoring	5,3
kfr. Bankkredite	3,2
Innenfinanzierung	1,8

1 sehr wichtig bis 6 unwichtig

Abbildung 22: Bedeutung von Finanzierungsarten für Unternehmen
Quelle: Eigene Darstellung in Anlehnung an KfW (Hrsg.) (2006): S. 68 f.

---

484 Vgl. KfW (Hrsg.) (2006): S. 68 f.
485 Vgl. Schäfer, H. (2002): S. 127
486 Vgl. Hahn, O. (2003): S. 199 f.
487 Vgl. KfW (Hrsg.) Unternehmensbefragung 2003/4 bis 2007. 2007 wurden rund 4.200 Unternehmen in die Untersuchung einbezogen.
488 Vgl. KfW (Hrsg.) (2006a): S. 68 f.

Während Großunternehmen die institutionalisierten Kapitalmärkte über die Notierung von Aktien, Anleihen oder anderen Instrumenten als Finanzierungsalternative offenstehen, bleibt dieser Weg den meisten Mittelständlern verwehrt, da die notwendigen Anforderungen nur von wenigen Unternehmen erfüllt werden können.[489]

2.11.2 Veränderungen der Rahmenbedingungen

Die Unternehmensfinanzierung für mittelständische Unternehmen unterliegt seit Jahren einem erheblichen Wandel der Rahmenbedingungen, von denen die wichtigsten Veränderungen dargestellt werden[490]:

2.11.2.1 Globalisierung

Ein wesentlicher Einfluss auf den künftigen Kapitalbedarf mittelständischer Unternehmen geht von den Folgen der Globalisierung aus. Wirtschaftlich bezeichnet Globalisierung die fortschreitende Internationalisierung der Absatz- und Beschaffungsmärkte zu einheitlichen Weltmärkten sowie die Integration der Volkswirtschaften[491]. Da die Wirtschaftsentwicklung in Deutschland maßgeblich von der Nachfrage aus dem Ausland abhängt[492], sind viele Mittelständler gezwungen, sich auf internationalen Märkten zu betätigen.[493] Die Möglichkeiten hierzu reichen von einer Exportstrategie bis zur Errichtung eigener Tochtergesellschaften im Ausland. Während der reine Export noch mit relativ geringen Markterschließungskosten verbunden ist, ist der Aufbau einer Auslandsgesellschaft mit erheblichem Kapitalbedarf verbunden.[494] Die Verlagerung von Produktionskapazitäten kann sowohl Absatz- als auch Kostengründe haben. Der Ausbau von Aktivitäten vor Ort und die Einrichtung von Stützpunkten in wichtigen Absatzmärkten im Ausland sind unerlässlich zum Erhalt oder zum Ausbau der eigenen Wettbewerbsposition. Geläufig ist die Ausnutzung von Lohnkostenunterschieden durch die Produktion in Billiglohnländern. So betragen die Lohnkosten bspw. in den baltischen Staaten Litauen, Lettland und Estland nur ca. 10 bis 15% der deutschen Kosten.[495] Falls Wettbewerber diese Kostenvorteile nutzen und an ihre Kunden weitergeben, kann dies einen erheblichen Druck auf die Konkurrenten ausüben, die ihre Wertschöpfungskette gegebenenfalls überdenken und optimieren müssen, was entsprechende Anfangs-

---

489 Vgl. zu den Kriterien der Börsenreife Schanz, K. (2007): S. 191 ff.

490 Vgl. Frommann, H. / Dahmann, A. (2005): S. 68

491 Vgl. Löchel, H. (2006): S. 173

492 Als „Exportweltmeister" trugen Exporte und Importe im Jahr 2006 ca. 85% zum deutschen Bruttoinlandsprodukt bei. Vgl. KfW (Hrsg.) (2007) Mittelstandsmonitor 2007: S. 95

493 Vgl. Simon, H. (1998): S. 85 ff.

494 Vgl. Bamberger, I. / Evers, M. (1997): S. 48 ff.

495 Vgl. Bleuel, H. H. / Schmitting, W. (2000): S. 76 f.

investitionen nach sich ziehen dürfte.[496] Gleichzeitig hat der Wegzug von Großkunden einen Wandel in der mittelständischen Zulieferindustrie geprägt, da man häufig gezwungen war, den Endproduktehersteller zu folgen.[497]
Im internationalen Vergleich weist der deutsche Mittelstand mit rund 24% eine vergleichsweise hohe Exportquote auf[498]. Für die Zukunft ist zu erwarten, dass sich die Globalisierung in unverändertem, gegebenenfalls sogar höherem Tempo fortentwickeln wird. Neue Impulse gehen von Innovationen in der Informations- und Kommunikationstechnologie aus, wodurch es sich für immer mehr Güter und Dienstleistungen lohnt diese zu handeln. Daneben schreitet die Integration ehemaliger Schwellen- und Entwicklungsländer in die Weltwirtschaft fort, so dass ausländische Anbieter verstärkt am deutschen Markt aktiv werden. Für den deutschen Mittelstand wird es darauf ankommen, ihre Produkte und Dienstleistungen fortlaufend weiterzuentwickeln und neue Märkte zu finden, in denen sie Wettbewerbsvorteile aufweisen.[499]

2.11.2.2 Strukturwandel an den Finanzmärkten

Für die Mittelstandsfinanzierung sind erhebliche Veränderungen in den Rahmenbedingungen auch seitens der Kapitalanbieter festzustellen. Aufgrund der im Vergleich zu anderen Ländern sehr hohen Wettbewerbsintensität am deutschen Markt konnten von den Banken im Kreditgeschäft traditionell nur geringe Margen durchgesetzt werden, die häufig nicht die eingegangenen Risiken angemessen vergütet haben.[500] In Verbindung mit einer schwachen Konjunktur und hohen Insolvenzzahlen[501] waren die Kreditportfolien vieler Bankinstitute nach der Jahrtausendwende durch mangelhafte Rendite-Risiko-Strukturen gekennzeichnet[502]. Daneben hat bei den meisten Kreditinstituten in den letzten Jahren verstärkt eine *Shareholder Value-Kultur*[503] Einzug gehalten, bei der kapitalmarktorientierte Häuser intensiv um internationale Anleger konkurrieren. Hierbei rücken der Unternehmenswert und die Rentabilität in den Mittelpunkt des unternehmerischen Zielsystems[504]. Angestrebt weden hohe Erträge und ge-

---

496 Vgl. Berens, W. / Högemann, B. / Segbers, K. (2005): S. 19

497 Vgl. KfW (Hrsg.) (2006b): S. 2

498 Vgl. ebenda, S. 3

499 Vgl. Wallau, F. (2007): S. 2

500 Vgl. Berens, W. / Högemann, B. / Segbers, K. (2005): S. 21

501 Die Zahl der Unternehmensinsolvenzen belief sich in den Jahren 2002 bis 2004 auf knapp 40.000 jährlich. Im Hinblick auf die verbesserte Konjunktur ist die Zahl von 2005 bis 2007 auf ca. 27.500 pro Jahr gesunken. Vgl. Creditreform (Hrsg.) (2007): S. 2

502 Vgl. KfW et al. (Hrsg.) (2003): S. 65

503 Vgl. zum Konzept des Shareholder Value die grundlegende Arbeit von Rappaport, A. (1998)

504 Vgl. Steiner, M. (2001): S. 31

ringe Risiken, die durch ein gutes Rating zu sinkenden Refinanzierungskosten und einem steigenden Unternehmenswert führen sollen. Vor diesem Hintergrund müssen alle einzelnen Geschäftssparten, auch das Firmenkundengeschäft, ambitionierte Zielvorgaben erfüllen. Quersubventionen innerhalb der Produktpalette werden von den Banken immer seltener toleriert.[505]

Neben dieser rein ökonomischen Notwendigkeit ergibt sich der Zwang zu einer differenzierten Risikobetrachtung in der Analyse und Bepreisung von Finanzierungen durch die neuen internationalen bankaufsichtrechtlichen Vorgaben, die unter dem Stichwort „Basel II" bekannt geworden sind und seit Ende 2006 gelten[506]. Danach sind Banken verpflichtet, die Höhe der Eigenmittel, die sie für die Vergabe von Krediten vorhalten müssen, deutlich stärker am Risiko der jeweiligen Finanzierung auszurichten[507]. Je nach Risikostruktur des Kreditportfolios kann dies für Banken zu einer Verschärfung oder zu einer Erleichterung bei der Unterlegung von Krediten mit dem knappen Faktor Eigenkapital führen[508]. Eine wesentliche Bedingung für die Erlangung von Erleichterungen stellen (bankinterne) Ratingsysteme dar, wonach die Risikoeinschätzung eines Unternehmens auf der Basis von bankeinheitlichen Kriterienkatalogen erfolgt, die sowohl quantitative als auch qualitative Aspekte umfasst[509]. Dies führt zu einer Einstufung jedes Unternehmens in eine Risikoklasse, die wiederum die wesentliche Basis zur Bemessung des geforderten Kreditzinses ist[510].

2.11.2.3 Unternehmensnachfolge

Nach Berechnungen des IfM steht jährlich bei ca. 71.000 deutschen mittelständischen Unternehmen die Nachfolgeregelung an. Die präferierte Nachfolgeform, die Übergabe an die Kinder des Eigentümers, kann aus unterschiedlichen Gründen nur noch in ca. 45% der Unternehmen umgesetzt werden. In ca. 48% der Fälle kommt es zu einem Verkauf an familienfremde Investoren, bei 7% sogar zu einer Geschäftsaufgabe.[511] Als familienexterne Erwerber kommen dabei grundsätzlich die im Unternehmen angestellten Manager (*Management Buy Out*), unternehmensfremde Manager (*Management Buy In*) sowie andere Unternehmen als strategische Investoren in Betracht.[512] Die oftmals erheblichen Finanzierungsvolumina solcher Buy Out-Transaktionen können meist von den

---

505 Vgl. KfW et al. (Hrsg.) (2003): S. 63

506 Vgl. zu den konkreten Inhalten von Basel II den Baseler Ausschuss für Bankenaufsicht (Hrsg.) (2004), Basel 2004

507 Vgl. Schneck, O. (2006): S. 28

508 Vgl. Lüpken, S. (2003): S. 40 ff.

509 Vgl. zu den Kriterien eines Ratings Gleißner, W. / Füser, K. (2003): S. 92 ff.

510 Vgl. Steiner, M. / Mader, W. / Starbatty, N. (2003): S. 515 f.

511 Vgl. IfM (Hrsg.) (2002b)

512 Vgl. Mittendorfer, R. (2007): S. 36

Käufern nicht allein realisiert werden, womit zur Umsetzung die Hereinnahme von Beteiligungskapital durch einen Finanzinvestor eine Option darstellt.[513] Im Rahmen der Konzentration auf ihre Kerngeschäftsfeldaktivitäten veräußern Großkonzerne Unternehmensteile (sog. *Spin-offs*), die bspw. von den bestehenden Führungskräften erworben werden können. Zur Umsetzung entsteht ebenfalls ein Finanzierungsbedarf, der mit Beteiligungskapital gedeckt werden kann.[514]

2.11.2.4 Einfluss der Finanz- und Wirtschaftskrise

Die seit 2008 bestehende Finanz- und Wirtschaftskrise stellt die deutschen Unternehmen vor erhebliche Herausforderungen, da sich die deutsche Volkswirtschaft nach Auffassung vieler Ökonomen in der tiefsten Rezession der Nachkriegsgeschichte befindet.[515] Viele mittelständische Unternehmen müssen ihre Finanzierung in einem Umfeld managen, in dem sie häufig auf Banken mit einer erhöhten Risikosensitivität treffen.[516] Nach einer Befragung des Bundesverbandes der deutschen Industrie (BDI) klagen die befragten Unternehmen mehrheitlich, dass es seit Ausbruch der Krise deutlich schwieriger geworden ist, neue Kredite zu erhalten. Daneben fühlen sich die befragten Mittelständler durch deutlich gestiegene Zinsmargen und strengere Dokumentations-und Sicherheitenanforderungen belastet.[517] Hinsichtlich der in den letzten Jahren verbesserten Kapitalstruktur der Unternehmen ist damit zu rechnen, dass sich die Eigenmittelsituation durch die Rezession seit 2008 wieder verschlechtern wird.[518]

2.11.3 Auswirkungen auf die Mittelstandsfinanzierung

Aus dem anhaltenden Wandel an den Finanzmärkten und den Veränderungen der Rahmenbedingungen resultiert eine Reihe von Auswirkungen auf die Finanzierungssituation mittelständischer Unternehmen[519]. Für Banken hat die Risikosteuerung im Kreditgeschäft oberste Priorität. Die Kreditentscheidungen und die Kreditkosten werden weniger als bisher von einer mitunter subjektiv geprägten Beurteilung des Kreditbearbeiters als vielmehr von einem vermeintlich objektiveren Ratingsystem und seiner Einbindung in die Risiko-Ertragssteuerung des Gesamtgeschäftes der Bank bestimmt.[520] Auf diese Weise sollen bessere Krediturteile gefällt und die Ausfallwahrscheinlichkeiten redu-

---

513 Vgl. Bontschev, G. / Hommel, R. (2005): S. 116
514 Vgl. Irsch, N. (2003): S. 338 ff.
515 Vgl. Creditreform (Hrsg.) (2009): S. 1
516 Vgl. KfW (Hrsg.) (2009a): S. 1
517 Vgl. IKB (Hrsg.) (2009): S. 24
518 Vgl. KfW (Hrsg.) (2009a): S. 4
519 Vgl. Berens, W. / Högemann, B. / Segbers, K. (2005): S. 26
520 Vgl. KfW et al. (Hrsg.) (2003): S. 65

ziert werden. Viele Mittelständler werden somit nur noch dann den Zugang zu Krediten erhalten, wenn sie risikogerechte bzw. höhere Konditionen akzeptieren.[521] Im Hinblick auf die Beachtung der Rating-Erfordernisse durch Basel II sind auch die Offenlegungspflichten für Mittelständler deutlich angestiegen[522].

Innerhalb der Rating-Verfahren sind die *Eigenkapitalquote* und der *Verschuldungsgrad* zentrale Kriterien für die Bonitätseinschätzung. Im Rahmen einer Befragung durch die KfW betreiben 45% der Unternehmen eine aktive Ratingpolitik, auch mittels Stärkung ihrer Eigenkapitalquote. Weitere 43% planen zumindest eine Erhöhung ihrer Eigenkapitalausstattung.[523] Hauptzielsetzungen dieser ratingorientierten Strategie sind die Verbesserung der Konditionen und ein verbesserter Zugang zu Fremdmitteln[524].

Bezüglich der angesprochenen Veränderungen an den Finanzmärkten wird in der Literatur die Meinung vertreten, dass sich die seit einigen Jahren begonnene Ausweitung des Spektrums an Finanzierungsinstrumenten weiterentwickeln wird[525]. Hierbei kommt Instrumenten, die der Eigenmittelstärkung dienen wie Beteiligungskapital und Mezzanine-Finanzierungen eine zunehmende Bedeutung zu[526]. Als Kreditalternativen finden Instrumente wie Factoring oder Leasing verstärkt Anwendung, mit deren Hilfe die für das Rating relevanten Kennzahlen (wie die Eigenkapitalquote) verbessert werden sollen[527].

Auch vor dem Hintergrund der Herausforderungen aus der Finanz- und Wirtschaftskrise, der Globalisierung und der anstehenden Nachfolgethematik vieler Unternehmen, zeigt sich grundsätzlich eine weiter steigende Bedeutung von Eigenkapitalfinanzierungen[528]. Eine Befragung der KfW zur künftigen Bedeutung verschiedener Finanzierungsarten bestätigt diese Einschätzung. Somit nimmt die Bedeutung der alternativen Finanzierungsarten Mezzanine Kapital, Leasing, Beteiligungskapital und Factoring für die befragten Unternehmen zukünftig zu, wohingegen die klassischen Instrumente eher an Bedeutung verlieren (Vgl. Abb. 23).[529]

Ungeachtet der Turbulenzen, die durch die Finanz- und Wirtschaftskrise ausgelöst wurden, sollte das System der Unternehmensfinanzierung für Mittelständler in seinen Grundstrukturen - mit dem Bankkredit als einer zentralen Finanzierungsquelle - Bestand behalten. Allerdings dürfte der Kreditangebotsspiel-

---

521 Vgl. ebenda, S. 80

522 Vgl. Lübken, S. (2003): S. 57

523 Vgl. KfW et al. (Hrsg.) (2007): S. 84

524 Vgl. Berens, W. / Högemann, B. / Segbers, K. (2005): S. 27

525 Vgl. Lübken, S. (2003): S. 58

526 Vgl. KfW et al. (Hrsg.) (2003): S. 65

527 Vgl. Steiner, M. / Mader, W. / Starbatty, N. (2003): S. 519 ff.

528 Vgl. Berens, W. / Högemann, B. / Segbers, K. (2005): S. 27

529 Vgl. KfW (Hrsg.) (2006c): Unternehmensbefragung 2006, S. 72 ff.

raum der Banken auf absehbare Zeit eingeengt bleiben.[530] Die Banken sind aufgrund der Finanzkrise selbst geschwächt in die Rezession gegangen und stehen teilweise vor erheblichen Engpässen bei Eigenkapital und Liquidität. Durch die Vertrauenskrise unter den Kreditinsituten wird die Refinanzierung vieler Häuser weiterhin erschwert. Mittelständische Unternehmen, die eine Finanzierung benötigen, werden es wohl noch einige Zeit mit restriktiveren Banken zu tun haben, die im Falle von Finanzierungszusagen deutlich höhere Konditionen verlangen werden.[531] KMW werden sich vor diesem Hintergrund – wie bereits vor der Krise begonnen – vermehrt alternativen Finanzierungswegen öffnen müssen.[532] Eine Umfrage der Beratungsgesellschaft PwC PricewaterhouseCoopers kommt zu dem Ergebnis, dass jeder zweite Mittelständler vor dem Hintergrund der veränderten Rahmenbedingungen sein Finanzierungskonzept überdenken möchte[533]. Hierbei dürfte der Eigenmittelfinanzierung, das zeigt die aktuelle Wirtschaftskrise sehr deutlich, eine besondere Bedeutung zukommen.[534]

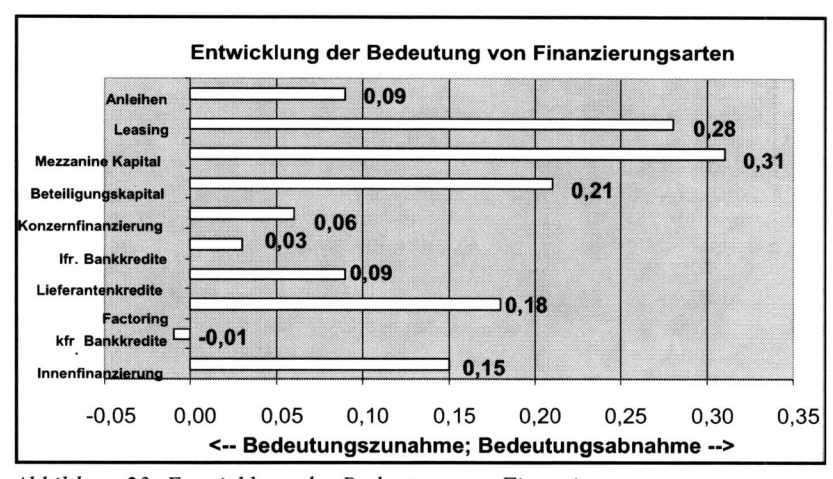

Abbildung 23: Entwicklung der Bedeutung von Finanzierungsarten
Quelle: In Anlehnung an KfW (Hrsg.) (2006c) Unternehmensbefragung 2006, S. 69

---

530 Vgl. KfW (Hrsg.) (2009b): Unternehmensbefragung 2009, S. 3 ff.
531 Vgl. IKB (Hrsg.) (2009): S. 25 ff.
532 Vgl. ebenda, S. 29
533 Vgl. PWC PricewaterhouseCoopers (Hrsg.) (2008): S. 8 ff.
534 Vgl. IKB (Hrsg.) (2009): S. 25 ff.

2.11.4 Beteiligungskapital als Finanzierungsalternative

Im Hinblick auf die dargestellten Veränderungen in den Rahmenbedingungen, insbesondere auch den Herausforderungen durch die Finanz- und Wirtschaftskrise, kann der Nutzen von Beteiligungskapital für mittelständische Unternehmen vor allem darin bestehen, die Eigenkapitalbasis zu stärken und die Bonität und Ratingklasse zu verbessern. Somit könnte die Aufnahme zusätzlicher Kreditmittel erleichtert werden und sich der Finanzierungsspielraum insgesamt erhöhen lassen[535].

Ein weiterer Vorteil von Beteiligungskapital gegenüber Bankkrediten besteht darin, dass ein Eigenkapitalinvestor üblicherweise keine Sicherheiten fordert sowie keine laufende Verzinsung oder Tilgungen während des Beteiligungszeitraumes verlangt. Dem Portfoliounternehmen bleibt bei dieser Finanzierungsvariante Liquidität erhalten, die zur Finanzierung des operativen Geschäftes verwendet werden kann.[536]. Zudem werben Private Equity-Gesellschaften damit, dass sie über ein breites Netzwerk verfügen, wodurch mittelständischen Unternehmen Zugang zu externem Know How und zu neuen Geschäftskontakten (wie zu neuen Kunden, Zulieferern, Mitarbeitern und Kooperationspartnern) geschaffen wird[537].

Einschränkend für Beteiligungskapital als Finanzierungsalternative wirken sich neben den hohen Renditeforderungen die strengen Auswahlkriterien, die sehr selektive Beteiligungspolitik sowie die umfangreichen Informationspflichten aus.[538] Nachteilig für Eigenkapital suchende Mittelständler kann auch die von vornherein zeitlich befristete Partnerschaft sein[539]. Alternativ zu Private Equity-Finanzierungen könnten eigenkapitalähnliche *Mezzanine-Finanzierungen* erwogen werden, durch die mittelständische Unternehmen ebenfalls ihre wirtschaftliche Eigenkapitalbasis stärken können, ohne wie bei der klassischen Beteiligungsfinanzierung Gesellschaftsanteile oder weitgehende Kontrollrechte abgeben zu müssen.[540] Durch den Eigenkapitalcharakter können die Bilanzstruktur und das Rating verbessert und so der Fremdkapitalspielraum erweitert werden.[541]

---

535 Vgl. Lüpken, S. (2003): S. 127

536 Vgl. Hofelich, M. (2006): S. 27

537 Vgl. Rudolph, B. / Fischer, C. (2000): S. 54

538 Vgl. zu den Grenzen von Beteiligungskapital als Finanzierungsalternative für mittelständische Unternehmen auch die Ausführungen in Kapitel 2.10.2 dieser Arbeit.

539 Vgl. Schneck, O. (2006): S. 259 f.

540 Vgl. zu den Vor- und Nachteilen einer Mezzanine-Finanzierung bspw. Müller, O. (2003a) Mezzanine Finance: Neue Perspektiven in der Unternehmensfinanzierung, Bern / Stuttgart / Wien 2003

541 Vgl. Hofelich, M. (2006): S. 30

3 Unternehmensbewertung durch Finanzinvestoren

3.1 Bedeutung der Unternehmensbewertung für Finanzinvestoren

Wurde seitens der Kapitalbeteiligungsgesellschaft ein potentiell geeignetes Unternehmen identifiziert und wird diese Investitionsmöglichkeit nach erster Einschätzung als verfolgenswert eingestuft, so stellt sich die Frage, wie hoch der angemessene *Preis* für die Beteiligung sein kann[542]. Grundlage für auszuhandelnde Transaktionspreise ist in der Regel eine Unternehmensbewertung. Diese ist sowohl für den Investor als auch für den Verkäufer von zentraler Bedeutung, da der ermittelte Wert über die Realisierung der monetären Interessen entscheidet[543]. Kernaspekt für den Finanzinvestor ist die Realisierbarkeit seiner angestrebten Rendite, die sich aus dem Differenzbetrag zwischen dem Exit-Erlös und dem bei Eingang der Beteiligung bezahlten Kaufpreis ergibt. Die Prognose des erwarteten Verkaufserlöses fußt auf der Umsetzung identifizierter Wertsteigerungspotentiale, die – gerade beim Erwerb durch Finanzinvestoren – im Rahmen von umfangreichen Due Diligence-Prüfungen zu verifizieren sind.[544]

Unternehmenswerte sind dabei immer *subjektive Grenzpreise*, die auf der Basis von Unternehmensdaten wesentlich durch das individuelle Entscheidungsfeld des Bewerters mitbestimmt werden: So sind individuelle Unternehmenswerte Ausfluss subjektiver Ziele, Risikoeinstellungen, Handlungsalternativen und Informationen[545].

Für den Finanzinvestor erfüllt die Unternehmensbewertung somit zunächst eine *Beratungsfunktion,* da er einen Entscheidungswert als Orientierungsgröße erhalten möchte, anhand dessen er abschätzen kann, ob und unter welchen Bedingungen er bereit sein würde, sich an dem Unternehmen zu beteiligen[546]. Daneben verfolgen Unternehmensbewertungen im Rahmen von Beteiligungsverhandlungen für den Finanzinvestor eine *Argumentationsfunktion* und dienen damit der Unterstützung der eigenen Verhandlungsposition[547]. Der bei einer Unternehmenstransaktion letztlich bezahlte Kaufpreis ist das Ergebnis der Verhandlungen zwischen Verkäufer und Investor[548].

---

542 Vgl. Leopold, G. / Frommann, H. / Kühr, T. (2003): S. 126

543 Vgl. Jesch, T. A. (2004): S. 71

544 Vgl. Keller, M. (2003): S. 96

545 Vgl. Brebeck, F. / Kohtes, W. / Schönbeck, T. (2005): S. 86

546 Vgl. Spielmann, U. (1994): S. 50

547 Vgl. Brebeck, F. / Kothes, W. / Schönbeck, T. (2005): S. 86

548 Vgl. ebenda, S. 86

3.2 Wert und Preis eines Unternehmens

Von dem Begriff „*Wert*" ist der Begriff „*Preis*" eines Unternehmens zu unterscheiden. Der betriebswirtschaftliche *Wert* eines Gutes drückt den Nutzen aus, den ein Gut für ein Wirtschaftssubjekt spendet. Der Nutzen beruht auf der Fähigkeit, Bedürfnisse des Wirtschaftssubjektes zu befriedigen[549], wobei der Wert den Beitrag eines Gutes zur Befriedigung der Bedürfnisse eines bestimmten Individuums ausdrückt. Daraus folgt, dass der Wert eines Unternehmens für verschiedene Personen variieren kann. Unternehmen stellen eine besondere Gesamtheit von Gütern und Rechten dar, die aufgrund des künftigen Nutzens erworben werden, den sich Erwerber von ihnen versprechen[550]. Im Rahmen der Unternehmensbewertung erfolgt die Bezifferung des Nutzens durch einen Geldbetrag[551].

Der *Preis* für ein Unternehmen ist das Ergebnis eines Verhandlungsprozesses, somit auch der Verhandlung zwischen einem Finanzinvestor und dem Verkäufer eines Unternehmens, in dem Beide versuchen, ein für sich günstiges Ergebnis zu erzielen[552]. Wenn es zu einer Einigung kommen soll, so muss der vereinbarte Preis zwischen den Entscheidungswerten der beiden Verhandlungspartner liegen. Dabei stellt der Entscheidungswert des Finanzinvestors die Preisobergrenze und der Entscheidungswert des Verkäufers die Preisuntergrenze dar.[553] Der Kaufpreis muss nicht notwendigerweise in der Mitte beider Preisgrenzen liegen, sondern kann in Abhängigkeit vom Verhandlungsgeschick und der Stichhaltigkeit der Argumentation auch günstiger für Käufer und Verkäufer ausfallen (Vgl. Abb. 24)[554]. Allgemein wird der zu verhandelnde Preis von Beteiligungsunternehmen durch Angebots- und Nachfragekräfte auf dem Private Equity-Markt beeinflusst[555]. In den Verhandlungsprozess fließen ebenfalls ökonomische, aber auch taktische und psychologische Faktoren ein[556].

---

549 Vgl. Serfling, K. / Pape, U. (1995): S. 811

550 Vgl. Bretzke, W.-R. (1976): S. 153

551 Vgl. Behringer, S. (2004): S. 27

552 Vgl. Münstermann, H. (1966): S. 11

553 Vgl. Born, K. (1995): S. 23

554 Vgl. Keller, M. / Hohmann, B. (2004): S. 210

555 Vgl. Gompers, P. A. (1998): S. 1096

556 Vgl. Behringer, S. (2004): S. 27

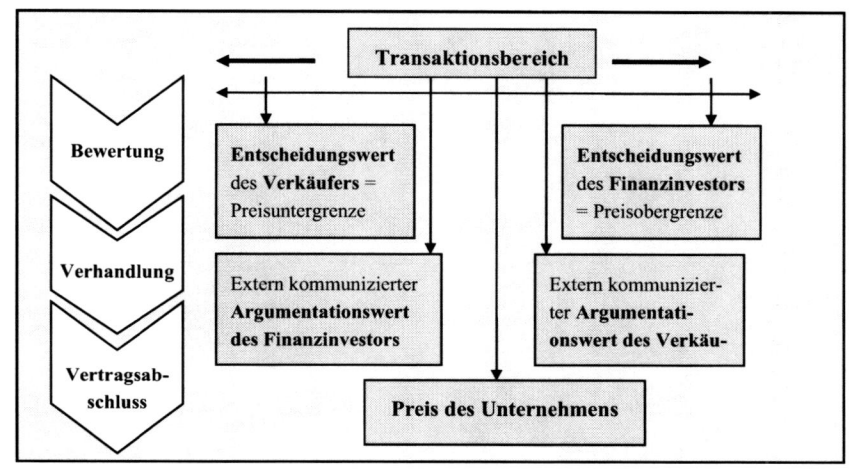

Abbildung 24: Wert und Preis eines Unternehmens
Quelle: Eigene Darstellung in Anlehnung an Behringer, S. (2004): S. 50

3.3 Betriebswirtschaftliche Grundlagen der Unternehmensbewertung

3.3.1 Allgemeine Bewertungsgrundsätze

In der Literatur wurden verschiedene Anforderungskataloge und Grundsätze für Unternehmensbewertungen entwickelt und diskutiert. Beispielhaft seien hierfür die von Moxter[557] erarbeiteten allgemeinen *Grundsätze ordnungsmäßiger Unternehmensbewertung* genannt. Unter Berücksichtigung der in Theorie, Praxis und Rechtsprechung entwickelten Standpunkte hat das Institut der Wirtschaftsprüfer (IDW)[558] in dem Standard S 1 Grundsätze dargelegt, nach denen Wirtschaftsprüfer Unternehmen bewerten sollen. Diese allgemeinen Regelungen sollen den Rahmen für eine eigenverantwortliche Lösung von Bewertungsfällen festlegen.

Für die Private Equity-Industrie wurden von der *European Private Equity & Venture Capital Association (EVCA)* branchenspezifische Regelungen, die „EVCA Valuation Guidelines", veröffentlicht[559]. Hierbei handelt es sich um Grundsätze, die sich auf die laufende Bewertung der Beteiligungsunternehmen beziehen, um Rückschlüsse auf den Portfoliowert ziehen zu können. Da es sich

---

557 Siehe zu den Grundsätzen ordnungsmäßiger Unternehmensbewertung im Einzelnen Moxter, A. (1983)

558 Vgl. IDW (Hrsg.) (2008)

559 Vgl. EVCA (Hrsg.) (2001)

nicht um den Bewertungsanlass des Eintritts einer Beteiligungsfinanzierung handelt, werden diese Regeln im Rahmen der Arbeit nicht vertieft. Allen Veröffentlichungen zur Bewertungsthematik ist gemein, dass sie ein System von normativen Aussagen bilden, die sich an den Bewertungsvorgang als solchen, nicht aber an die Auswahl einer adäquaten Methode wenden[560]. Hieraus lassen sich folgende Kerngrundsätze entwickeln, die sich aus der entscheidungsorientierten Unternehmensbewertung ableiten[561] und zusammenfassend in Abbildung 25 dargestellt sind.

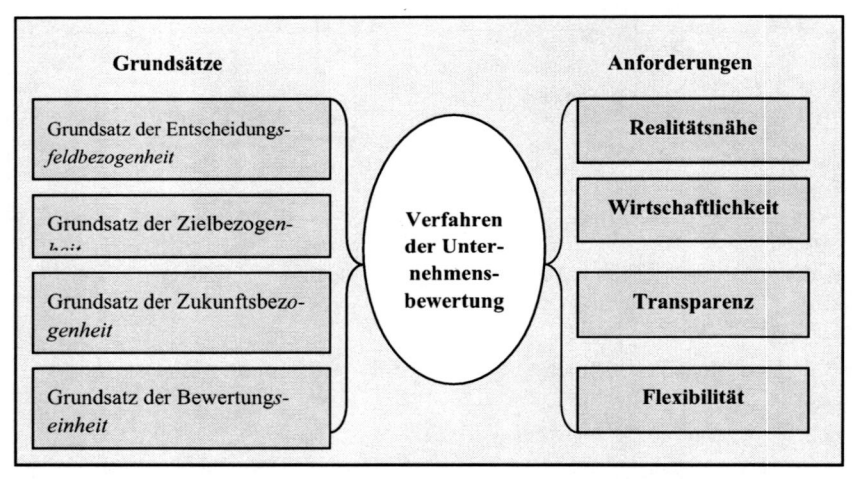

Abbildung 25: Grundsätze und Anforderungen an die Unternehmensbewertung
Quelle: Eigene Darstellung in Anlehnung an Moxter, A. (1983) S. 23 ff. und Pooten, H. (1999): S. 111 ff.

Nach dem Grundsatz der *Entscheidungsfeldbezogenheit* soll die Unternehmensbewertung sämtliche Entscheidungsmöglichkeiten eines Unternehmenskäufers umfassen. Für die Bewertung soll die vorteilhafteste aller Handlungsalternativen als Vergleichsmaßstab herangezogen werden[562]. Entscheidungsträger im Rahmen dieser Arbeit ist der Finanzinvestor, dessen individuelle Handlungsalternativen zu berücksichtigen sind.

Aus dem Grundsatz der *Zielbezogenheit* folgt, dass der Unternehmenswert in Abhängigkeit vom Zielsystem des Entscheidungsträgers, also dem betrachteten Fall des Finanzinvestors mit seinen hauptsächlichen Renditezielen berechnet

---

560 Vgl. Moxter, A. (1993): S. 1
561 Vgl. Moxter, A. (1983): S. 23 ff. u. S. 116 ff., Pooten, H. (1999): S. 111
562 Vgl. Serfling, K. / Pape, U. (1995): S. 815

werden muss. Bei der Entscheidung für einen Unternehmenswert sind auch nicht-quantifizierbare Ziele einzubeziehen[563].

Der Grundsatz der *Zukunftsbezogenheit* bestimmt, dass für die Bestimmung des Unternehmenswertes nicht die Vergangenheit relevant ist, sondern vielmehr das Potential der zukünftigen Entwicklung zu berücksichtigen ist. Die Vergangenheitsdaten sollen als Grundlage für die Beurteilung der Zukunft herangezogen werden[564].

Aus dem Grundsatz der *wirtschaftlichen Unternehmenseinheit* folgt, dass ein Unternehmen als Ganzes und nicht als Summe von Einzelwerten betrachtet wird[565]. Diese Richtlinie leitet sich aus der Going-concern-Prämisse ab, die von einer Fortführung der Unternehmenstätigkeit ausgeht. Auf diese Weise erfolgt auch eine Berücksichtigung von nicht bilanzierten immateriellen Vermögenswerten[566].

Neben diesen allgemeinen Kerngrundsätzen der Unternehmensbewertung müssen Bewertungsverfahren für ihre Anwendung in der Praxis weitere Anforderungen erfüllen[567]:

a) *Realitätsnähe*, da sich die Theorien zur Unternehmensbewertung einer Modellwelt bedienen, um von der komplexen Realität zu abstrahieren und zu vereinfachen. Grundsätzlich sollen Modelle angewendet werden, die die Realität am besten wiedergeben.

b) *Wirtschaftlichkeit*. Die anfallenden Kosten sollen in einer vernünftigen Relation zum Nutzen des Bewertungsaufwandes stehen[568].

c) *Transparenz*. Um eine Interpretation der Ergebnisse zu gewährleisten, soll die Bewertung möglichst einfach nachvollziehbar sein[569].

3.3.2 Spezielle Anforderungen an Bewertungsverfahren aus der Sicht von Finanzinvestoren

Unternehmensbewertungen sollen es Finanzinvestoren ermöglichen, *entscheidungsorientierte Grenzpreise* zu ermitteln, die bei Transaktionen zielgerichtet zur Argumentation und zur Unterstützung der eigenen Verhandlungsposition dienen[570].

---

563 Vgl. ebenda, S. 815. Siehe zu den Zielen von Finanzinvestoren auch Kapitel 2.11

564 Vgl. Moxter, A. (1993): S. 97

565 Vgl. Peemöller, V. H. (1991b): S. 30,31

566 Vgl. Serfling, K. / Pape, U. (1995): S. 815

567 Vgl. Vahs, D. (1999): S. 189

568 Vgl. Pooten, H. (1999): S. 143

569 Vgl. Peemöller, V. H. (2001 b): S. 42

570 Vgl. Brebeck, R. / Kothes, W. / Schönbeck, T. (2005): S. 86

Neben den allgemein diskutierten Erfordernissen an Verfahren der Unternehmensbewertung werden in der Literatur *spezifische Anforderungen* diskutiert, die im Rahmen von Beteiligungsfinanzierungen zu erfüllen sind[571]:

- a) *Abbildungsadäquanz:* Ein Zielunternehmen sollte durch das Bewertungsverfahren vollständig, d.h. mit allen seinen Chancen und Risiken adäquat abgebildet werden können. Ergänzend sollten subjektive Faktoren, bspw. Renditeforderungen und Risikopräferenzen, Berücksichtigung finden.

- b) *Besondere Betonung der Zukunftsorientierung:* Dieses Kriterium wird bereits im Rahmen der allgemeinen Anforderungen genannt (Vgl. Abschnitt 3.3.1). Für Finanzinvestoren, die auf die künftige Wertsteigerung und einen Gewinn aus einer späteren Veräußerung ihrer Beteiligungsunternehmen abzielen, gilt die Wichtigkeit der Zukunftsorientierung bei Bewertungsverfahren in besonderem Maße.

- c) *Praktikabilität:* Eine Bewertungsmethode sollte mit angemessenem Aufwand anwendbar sein, wozu eine unkomplizierte Datenbeschaffung und eine angemessene Datenverlässlichkeit gehören. Aus theoretischer Sicht kann ein Verfahren das Unternehmen zwar vollständig abbilden, wenn jedoch die einzupflegenden Daten nicht verfügbar oder nur mit sehr großen Aufwand zu beschaffen sind, stellt sich die Anwendung dieser Methode als extrem schwierig oder gar unmöglich dar[572]. Zudem sollte das Bewertungsverfahren eine niedrige Komplexität bei einer hohen Transparenz aufweisen[573].

- d) *Flexibilität.* Da sich Beteiligungsfinanzierungen in mehreren Phasen vollziehen können und Unternehmen auch während der Beteiligungsphase einzuschätzen sind, werden Bewertungsverfahren nicht nur im Vorfeld einer Investition, sondern auch während der Beteiligungsphase angewendet. Daher sollten Bewertungsverfahren schnell aktualisierbar sein, damit die sich im Zeitablauf ändernden Inputgrößen ohne zu großen Aufwand eingesetzt werden können[574].

- e) *Akzeptanz:* Hierbei wird auf die praktische Relevanz des Bewertungsverfahrens in einer Branche abgestellt, was beispielsweise im Rahmen von Vertragsverhandlungen von entscheidender Bedeutung sein kann. So sind für die Akzeptanz einer Bewertungsmethode in der Praxis seitens der Verhandlungspartner häufig eher die Gepflogenheiten einer Branche entscheidender als theoretisch gut fundierte Verfahren[575].

---

571 Vgl. Achleitner, A.-K. / Nathusius, E. (2004): S. 6 f.

572 Vgl. Schopper, C. (2001): S. 295

573 Vgl. Pritsch, G. (2000): S. 237 f.

574 Vgl. Rudolf, M. / Witt, P. (2002): S. 92 f.

575 Vgl. Achleitner, A.-K. / Nathusius, E. (2004): S. 7 f.

3.3.3 Besonderheiten bei der Bewertung mittelständischer Unternehmen

Grundsätzlich gibt es bei der Anwendung der Grundsätze von Bewertungsverfahren keine Unterscheidungen hinsichtlich der Größe von Unternehmen[576]. Allerdings sind für *mittelständische Unternehmen*, die für die Beteiligungsfinanzierung eine hohe Bedeutung einnehmen[577], bei der Bewertung Besonderheiten zu beachten[578].

Nach den Ausführungen des IDW ist neben den qualitativen Merkmalen zu berücksichtigen, dass mittelständische Unternehmen oftmals nicht über ein von den Unternehmenseignern weitgehend unabhängiges Management verfügen, somit der unternehmerischen Fähigkeit der Eigentümer erhebliche Bedeutung zukommt[579]. Neben dem hohen Gewicht des Eigentümers sind bei mittelständischen Unternehmen zumindest partiell die Faktoren begrenzter Eigentümerkreis, fehlender Zugang zum Kapitalmarkt, fließender Übergang von Privat- und Betriebssphäre und oftmals nur beschränkt aussagefähige Rechnungswesen zu beachten[580].

Bei der Ermittlung des Unternehmenswertes für mittelständische Unternehmen wird seitens des IDW sowie von Teilen der Literatur[581] auf folgende Problemkreise hingewiesen[582]:

- a) *Abgrenzung des Bewertungsobjektes:* Bei mittelständischen Unternehmen befinden sich häufig wesentliche Teile des Anlagevermögens (insbesondere Grund-stücke und Patente) im Privatvermögen der Unternehmenseigner. Diese müssen im Rahmen der Bewertung entweder in das Betriebsvermögen überführt oder durch Lizenzzahlungen, Pachten etc. berücksichtigt werden. Des Weiteren ist es erforderlich, zu überprüfen, inwieweit alle Aufwendungen und Erträge betrieblich erfasst sind und vollständig im Rechnungswesen berücksichtigt werden. KMU`s verfügen häufig über keine ausreichende Eigenkapitalbasis und ersetzen diesen Mangel durch die Haftung des Eigentümers. Im Rahmen der Bewertung müssten somit Gewinnthesaurierungen und Kapitalerhöhungen, die die Eigenkapitalbasis auf ein ausreichendes Niveau anheben, mit in die Berechnungen einbezogen werden.[583].

- b) *Bestimmung des Unternehmerlohns:* Die Höhe des künftigen Unternehmenswertes hängt vielfach von den Qualitäten der geschäftsführenden

---

576 Vgl. Helbling, C. (2001b): S. 189

577 Vgl. Leopold, G. / Frommann, H. / Kühr, T. (2003): S. 9

578 Vgl. Behringer, S. (2004): S. 146 und Laurenz, N. (2007): S. 16 ff.

579 Vgl. IDW (Hrsg.) (2008): S. 31

580 Vgl. IDW (Hrsg.) (1997): S. 26 ff.

581 Vgl. insbesondere Behringer, S. (2004): S. 11 ff.

582 Vgl. IDW (Hrsg.) (2008): S. 31 ff.

583 Vgl. auch Behringer, S. (2004): S. 147

Gesellschafter ab, womit der Bewertung des Managementfaktors bei mittelständischen Unternehmen eine ganz besondere Rolle zukommt[584]. Zu prüfen ist, ob das Management eine adäquate Vergütung, einen angemessenen Unternehmerlohn erhält. Ist dies nicht der Fall, so sind die künftigen finanziellen Überschüsse bei der Bewertung entsprechend zu korrigieren. Die Höhe des Unternehmerlohns sollte sich dabei an der Entlohnung orientieren, die ein Geschäftsführer erhalten würde, der nicht selbst an dem Unternehmen beteiligt ist[585].

c) *Eingeschränkte Informationsquellen:* Mittelständische Unternehmen verfügen häufig nicht über eine aussagekräftige wirtschaftliche Zahlenbasis wie bei größeren oder kapitalmarktorientierten Unternehmen üblich[586]. Insbesondere fehlt oftmals eine fundierte und integrierte Finanz-, Erfolgs- und Bilanzplanung[587]. Im Falle von Beteiligungsfinanzierungen ist die Implementierung eines angemessenen Controllings meist eine unabdingbare Investitionsvoraussetzung. Außerdem ist zu berücksichtigen, dass Jahresabschlüsse mittelständischer Unternehmen häufig stark auf steuerliche Zielsetzungen ausgerichtet sind, die für die Bewertung entsprechend zu korrigieren sind[588].

Im Hinblick auf die große Bedeutung der geschäftsführenden Gesellschafter bei vielen mittelständischen Unternehmen wird in der Literatur auf die Tatsache hingewiesen, dass dieser Faktor grundsätzlich schwierig zu bewerten sein dürfte. Daneben wird bezüglich der allgemeinen Bewertungsgrundsätze die besondere Wichtigkeit des *Grundsatzes der Bewertungseinheit* und des *Grundsatzes der Zukunftsbezogenheit* betont[589].

Zu den Problembereichen bei der Bewertung von KMU verweisen *Keller / Hohmann* ergänzend auf emotionale Aspekte, die sich aus der besonderen Einstellung der Unternehmen zu ihrem „Lebenswerk" ergeben und daraus resultieren, dass über den Verkauf häufig die Altersversorgung des Verkäufers gewährleistet werden soll. Diese Themen erschweren grundsätzlich die Verhandlungsführung.[590]

3.3.4 Allgemeiner Ablauf der Bewertung

Die zeitliche Einbettung der Unternehmensbewertung in den Prozess der Beteiligungsprüfung wurde in Kapitel 2.6. dargestellt. Der allgemeine Ablauf der Bewertung ist in der Abbildung 26 dargestellt:

---

584 Vgl. IDW (Hrsg.) (2008): S. 32

585 Vgl. ebenda, S. 32

586 Vgl. Behringer, S. (2004): S. 148

587 Vgl. Keller, M. / Hohmann, B. (2004): S. 197

588 Vgl. IDW (Hrsg.) (2008): S. 32

589 Vgl. Helbling, C. (2001b): S. 194

590 Vgl. Keller, M. / Hohmann, B. (2004): S. 212 f.

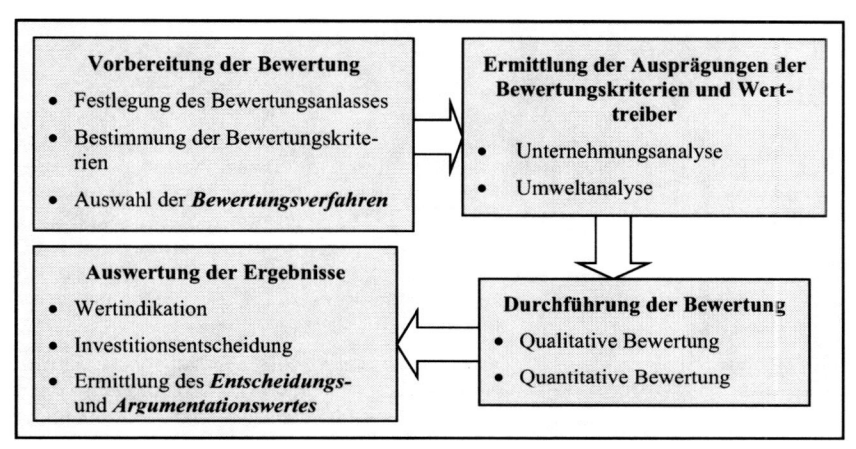

```
┌─────────────────────────────────────┐      ┌─────────────────────────────────────┐
│   Vorbereitung der Bewertung        │      │ Ermittlung der Ausprägungen der     │
│ • Festlegung des Bewertungsanlasses │─┐    │ Bewertungskriterien und Wert-       │
│ • Bestimmung der Bewertungskrite-   │ │    │ treiber                             │
│   rien                              │ ├───▶│ • Unternehmungsanalyse              │
│ • Auswahl der Bewertungsverfahren   │ │    │ • Umweltanalyse                     │
└─────────────────────────────────────┘ │    └─────────────────────────────────────┘
┌─────────────────────────────────────┐ │                    │
│   Auswertung der Ergebnisse         │ │                    ▼
│ • Wertindikation                    │      ┌─────────────────────────────────────┐
│ • Investitionsentscheidung          │◀─────│   Durchführung der Bewertung        │
│ • Ermittlung des Entscheidungs-     │      │ • Qualitative Bewertung             │
│   und Argumentationswertes          │      │ • Quantitative Bewertung            │
└─────────────────────────────────────┘      └─────────────────────────────────────┘
```

Abbildung 26: Allgemeiner Ablauf der Bewertung
Quelle: Eigene Darstellung in Anlehnung an Laurenz, N. (2007): S. 15

Im ersten Schritt werden der *Bewertungsanlass* und die daraus resultierenden *Bewertungskriterien* festgelegt. Hierbei sollen verschiedene Gesichtspunkte berücksichtigt werden, so dass eine ausgewogene Bewertung vorgenommen werden kann. Daneben werden geeignete *Bewertungsverfahren* ausgewählt. Beschreibung und Diskussion der wesentlichen in der Literatur diskutierten und in der Praxis angewandten Verfahren erfolgen in Kapitel 3.4. bis 3.10. In die Bewertungsverfahren gehen Parameter ein, die für die Zukunft prognostiziert werden müssen. Diese Inputfaktoren werden auch als Werttreiber bezeichnet[591].

Im zweiten Schritt ist eine ausführliche *Unternehmens- und Umweltanalyse* vorzunehmen, die Prognosen über die Ausprägungen der Bewertungskriterien und der Werttreiber liefern soll.[592] In dieser Phase erfolgt die umfassende Due Diligence[593]. Anschließend wird die *Bewertung* durchgeführt. Die *Ergebnisse* der Bewertung dienen einem Finanzinvestor im Rahmen der Vorprüfung für eine Unterstützung der Entscheidung, ob eine ausführliche Beteiligungsprüfung vorgenommen werden soll, und zur Ermittlung eines *Entscheidungs- und Argumentationswertes*.[594]

---

591 Vgl. Copeland, T. / Koller, T. / Murrin, J. (2000): S. 97 ff.; Rappaport, A. (1999): S. 68
592 Siehe zu der Unternehmens- und Umweltanalyse die Ausführungen in Kapitel 3.3.5.
593 Siehe zur Due Diligence die Ausführungen in Kapitel 2.6.2.
594 Vgl. Laurenz, N. (2007): S. 15

3.3.5 Unternehmens- und Umweltanalyse

3.3.5.1 Vergangenheitsanalyse

Ausgangspunkt für die Prognose der Inputfaktoren bei der Unternehmensbewertung bildet grundsätzlich die Analyse von retrospektiven Unternehmensdaten. Ziel der Vergangenheitsanalyse ist es, die Erfolge einzelner Produkte, Produktbereiche sowie die Entwicklungstendenzen der Aufwendungen und Erträge im Einzelnen zu untersuchen[595], um die Grundlage zur Schätzung künftiger Entwicklungen zu erhalten[596]. Ein unmittelbarer Schluss von vergangenen Zahlen auf die Zukunft kann nicht vorgenommen werden. Vielmehr muss für den jeweiligen Bewertungsfall überprüft werden, inwieweit die Vergangenheitsverhältnisse tatsächlich für die Zukunft repräsentativ sind[597].

Gegenstand der Vergangenheitsanalyse bilden grundsätzlich die Cash Flows, die Gewinn- und Verlustrechnungen und die Bilanzen im Allgemeinen sowie die wertbestimmenden Faktoren im Besonderen, die dazu dienen langfristige Trends, Schwankungen und die Stellung des Zielunternehmens im Wettbewerbsvergleich zu untersuchen[598]. Als Werttreiber werden vorwiegend spezielle Kennzahlen verwendet[599].

Copeland / Koller / Murrin[600] haben hierzu einen Kennzahlenbaum für die wertbestimmenden Faktoren entwickelt, zu denen u.a. die Kapitalrendite[601], die Investitionsrate[602], die Kapitalkosten, die Zeitintervalle von Wettbewerbsvorteilen und der Betrag von Nettoinvestitionen[603] zählen. Der Kapitalrendite und der Investitionsrate wird dabei eine besondere Bedeutung für die Entwicklung des freien Cash Flows beigemessen. Die Kapitalrendite wird als der wichtigste wertbestimmende Faktor klassifiziert, da ein Unternehmen seinen Wert nur er-

---

595 Vgl. IDW (Hrsg.) (1983): Stellungnahme 2/1983, S. 476

596 Vgl. Dörner, D. / Hense, B. / Gelhausen, F. (Hrsg.) (2008): S. 50

597 Vgl. Moxter, A. (1983): S. 97

598 Vgl. Copeland, T. / Koller, T. / Murrin, J. (2002): S. 198 ff.

599 Vgl. Rappaport, A. (1999): S. 56

600 Vgl. Copeland, T. / Koller, T. / Murrin, J. (2002): S. 132 ff.

601 Die *Kapitalrendite* ist als Quotient aus dem operativen Ergebnis nach Steuern und dem investierten Kapital definiert. Das operative Ergebnis nach Steuern entspricht dem Gewinn, den ein Unternehmen bei vollständiger Finanzierung mit Eigenkapital erwirtschaftet hätte. Vgl. Copeland, T. / Koller, T. / Murrin, J. (2002): S. 182

602 Die *Investitionsrate* entspricht dem Quotienten aus den Nettoinvestitionen und dem operativen Ergebnis nach Steuern, aber vor Zinsen. Die Nettoinvestitionen einer Periode sind als Differenz zwischen Gesamtinvestitionen und den Abschreibungen der betreffenden Periode definiert. Copeland, T. / Koller, T. / Murrin, J. (2002): S. 164 f.

603 Als *Nettoinvestitionen* wird die Differenz zwischen den Gesamtinvestitionen und den Abschreibungen bezeichnet. Copeland, T. / Koller, T. / Murrin, T. (2002): S. 165

höhen kann, wenn die Kapitalkosten die erzielte Kapitalrendite unterschreiten[604].

Rappaport misst den Werttreibern Wachstumsrate des Umsatzes, betriebliche Gewinnmarge[605], Gewinnsteuersatz, Investitionen in das Umlauf- sowie Anlagevermögen, Kapitalkosten und Dauer der Wertsteigerung eine besondere Bedeutung zu[606]. In ähnlicher Weise argumentiert auch die herrschende Literaturmeinung[607]. Insgesamt existiert zwar eine grundsätzliche Kongruenz zwischen der Auswahl der jeweils präferierten Kennzahlen, jedoch resultiert hieraus nicht, dass die Analyse der Vergangenheit nur auf die Bestimmung dieser Größen beschränkt sein sollte. So kann auch eine situative Anpassung der Kennzahlen an den konkreten Bewertungsfall notwendig sein, um somit die bewertungsspezifischen Besonderheiten des Unternehmens wie auch die der jeweiligen relevanten Branchen, Märkte und der Wettbewerbssituation zu berücksichtigen[608].

Der Aussagegehalt der Vergangenheitsanalyse für die Gewinnung prognostischer Informationen ist nicht bei jedem Unternehmenstyp gleichwertig. Die Leistung in der Vergangenheit stellt im Allgemeinen nur dann eine brauchbare Grundlage für die Prognose dar, wenn keine sehr dynamischen Rahmenbedingungen bestehen[609]. Grundsätzlich ist zu berücksichtigen, dass viele Unternehmen in jüngerer Zeit einer verstärkten Dynamik hinsichtlich der Rahmenbedingungen ausgesetzt sind[610]. Dies gilt in besonderem Maße seit dem Ausbruch der Finanz- und Wirtschaftskrise im Jahr 2008.[611]

Auf Basis der Vergangenheitsanalyse erfolgt eine Untersuchung des *Istzustandes* eines Unternehmens. Gemeinsam mit der retrospektiven Betrachtung bildet die Analyse der aktuellen Lage die Ausgangsbasis, um das voraussichtliche Leistungspotential des Unternehmens in der Zukunft bestimmen zu können. Hierbei ist vor allem die wirtschaftliche Situation, die Nachfrage nach den Produkten und Dienstleistungen sowie die Wettbewerbssituation in der jeweiligen Branche zu untersuchen, in denen das Unternehmen agiert[612].

---

604 Vgl. Copeland, T. / Koller, T. / Murrin, J. (2002): S. 170 f.

605 Die *betriebliche Gewinnmarge* ist als „ratio of pre-interest, pretax operating profits to sales" definiert. Der Betriebsgewinn berechnet sich dabei durch Subtraktion der Herstellungskosten der verkauften Produkte, der Verwaltungs- und Vertriebskosten sowie der Abschreibungen, die keine Auszahlungen mit sich bringen, vom Umsatz. Vgl. Rappaport, A. (1998): S. 56

606 Vgl. Rappaport, A. (1998): S. 56

607 Vgl. Bühner, R. (1990): S. 53 ff., Gomez, P. (1992): S. 15

608 Vgl. Knüsel, D. (1994): S. 163

609 Vgl. Rappaport, A. (1998): S. 79

610 Siehe hierzu auch die Ausführungen in Kapitel 2.11.2.

611 Vgl. KfW (Hrsg.) (2009a): S. 1

612 Vgl. Copeland, T. / Koller, T. / Murrin, J. (2002): S. 180 ff.

3.3.5.2 Zukunftsprognosen und Wertsteigerungsanalyse

Methoden der Unternehmensbewertung werden auch als Instrument zur „Wertsteigerungsanalyse"[613] eingesetzt. Die Aufdeckung von Wertpotentialen nimmt in der Literatur[614] häufig eine besondere Stellung ein, um sie zum Zweck der Werterhöhung künftig nutzbar zu machen. In diesem Zusammenhang werden meist Strategien zur Optimierung des *Shareholder Value* als zentraler unternehmerischer Zielgröße diskutiert, die hinsichtlich der entscheidungsorientierten Unternehmensbewertung als integraler Bestandteil des Entscheidungskalküls sowie der methodischen Vorgehensweise gesehen werden können. Ein rationaler Entscheidungsträger wird bei der Verfolgung seiner unternehmerischen Zielsetzung jeweils die Strategie für das Unternehmen wählen, aus der seiner Berechnung zur Folge der maximale Entscheidungswert resultiert: Die Strategieentwicklung und die Ermittlung des Entscheidungswertes stehen somit in einem unmittelbaren sachlogischen Zusammenhang.

Den Ausgangspunkt zur Ermittlung einer Wertsteigerungsstrategie bilden die zum Bewertungszeitpunkt im Unternehmen vorhandenen Geschäftsbereiche und deren jeweilige strategische Position, um etwaige ungenutzte oder nicht vollständig genutzte Wertpotentiale aufzudecken[615]. Um diese noch nicht ausgenutzten Leistungsfelder transparent zu machen und um die zukünftigen Wertpotentiale zu ermitteln, können Instrumente der *strategischen Planung* herangezogen werden[616].

Die Unternehmensstrategie ist keine exogen vorgegebene Größe, sondern wird endogen bestimmt. Somit ist zunächst eine Strategie zu formulieren, deren wertmäßige Konsequenzen zu quantifizieren sind, um darauf aufbauend den zugehörigen Unternehmenswert bzw. Shareholder Value zu ermitteln[617]. Bezüglich der Aufdeckung von Wertpotentialen und der Ableitung von Strategien wird in der Literatur auf unterschiedliche *Portfoliomethoden*[618], wie die *Wettbewerbsanalyse nach Porter*[619], das *Produktlebenszykluskonzept*[620] und die *Erfahrungskurvenanalyse*[621] verwiesen.

---

613 Vgl. Gomez, P. / Weber, B. (1990): S. 188

614 Vgl. Copeland, T. / Koller, T. / Murrin, J. (1998): S. 224 ff.

615 Vgl. Lewis, T. G. (1995): S. 24

616 Vgl. Coenenberg, A. G. (1992): S. 102 ff.

617 Vgl. Rappaport, A. (1999): S. 60

618 Vgl. Coenenberg, A. G. (1992): S. 103

619 Vgl. Porter, M. E. (1998)

620 Vgl. Ballwieser, W. (1990): S. 111 ff.

621 Vgl. Herter, R. N. (1994): S. 67

3.3.6 Systematisierung der Bewertungsverfahren

In der Theorie und Praxis der Unternehmensbewertung wird eine Vielzahl unterschiedlicher Methoden diskutiert[622]. Ursächlich für diese Methodenvielfalt ist zum einen die Tatsache, dass sich die Anforderungen an Unternehmensbewertungen im Laufe der Jahre gewandelt haben, und zum anderen, dass Weiterentwicklungen in der Betriebswirtschaftslehre zur Konzeption neuer Bewertungsverfahren geführt haben[623].

Eine Unternehmensbewertung verlangt immer eine Komplexitätsreduktion, deren Ausmaß auch von der angewandten Bewertungstechnik bestimmt wird. Unternehmenswerte können abhängig von der Bewertungsmethodik und den dafür getroffenen Annahmen variieren. *Moxter* verdeutlicht, dass es „den schlechthin richtigen Unternehmenswert nicht gibt"[624]. Für verschiedene Bewertungszwecke können unterschiedliche Bewertungsverfahren sinnvoll sein[625]. Die Abbildung 27 stellt eine in der Literatur häufig verwendete Systematisierung der Bewertungsverfahren dar[626].

Die Methoden der Unternehmensbewertung werden aufgrund ihrer *Konzeption* grob in *Einzel-* und *Gesamtbewertungsverfahren* unterschieden: Einzelbewertungsverfahren basieren auf der isolierten Betrachtung der am Bewertungsstichtag vorhandenen Vermögenswerte und Schulden.[627] Verbundeffekte werden dadurch nicht berücksichtigt, der Substanzwert rückt in den Mittelpunkt der Wertermittlung. Dies ist bei der Ermittlung von Substanzwerten auf der Basis von Reproduktions- und Liquidationswerten der Fall, je nachdem ob die Bewertung unter der Prämisse der Fortführung (*Reproduktionswert*) oder der Liquidation (*Liquidationswert*) durchgeführt wird.[628]

Die Bewertungsbasis bei den *Gesamtbewertungsverfahren* bilden nicht einzelne Vermögenswerte und Schulden, sondern das Unternehmen als Bewertungseinheit. Diese Verfahren stellen den zukünftigen Nutzen, den das Unternehmen als Gesamtheit erbringen kann, in den Mittelpunkt der Wertkonzeption. Sie berücksichtigen auch Synergiepotentiale und Verbundeffekte, so dass der erwartete Zukunftserfolgswert zur bestimmenden Größe für die Bewertung wird.[629]

---

622 Vgl. Mandel, G. / Rabel, K. (2001): S. 50

623 Vgl. Peemöller, V. H. (2000): S. 141 ff.

624 Moxter, A. (1983): S. 6

625 Vgl. IDW (Hrsg.) (2008): S. 4

626 Vgl. u.a. Schultze (2003): S. 72; Mandl, G. / Rabel, K. (2001): S. 51

627 Vgl. Ballwieser, W. (2004): S. 8

628 Vgl. Laurenz, N. (2007): S. 19

629 Vgl. Brebeck, R. / Kohtes, W. / Schönbeck, T. (2005): S. 89

```
                    Verfahren der Unternehmensbewertung
                              │
          ┌───────────────────┴───────────────────┐
   Einzelbewertungsverfahren              Gesamtbewertungsverfahren
          │                                       │
   ┌──────┴──────┐              ┌─────────────────┼─────────────────┐
Liquidati-   Substanz-        Ertrags-                          Realopti-
onswert      wert             wert-                             onsansatz
                              verfahren
                                                        Venture Capi-
                              DCF-Verfahren             tal- Methode

                              Multiplikatorverfahren
```

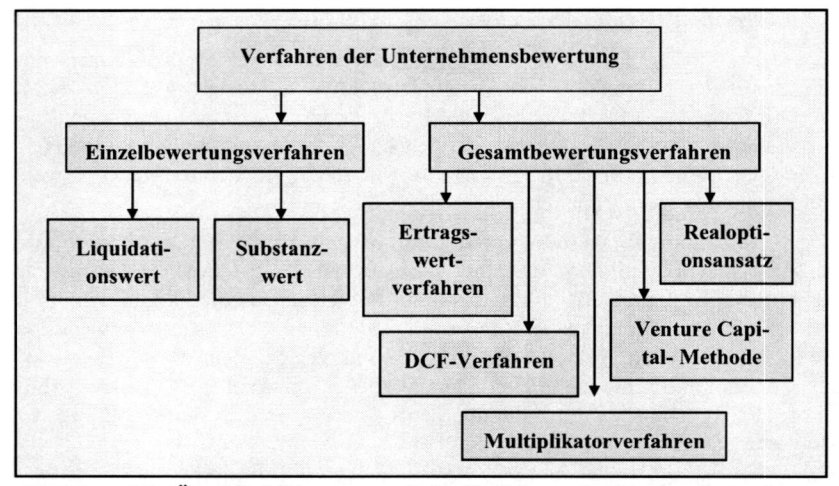

Abbildung 27: Überblick über wesentliche Verfahren der Unternehmensbewertung

Quelle: In Anlehnung an Brebeck, F. / Kohtes, W. / Schönbeck, T. (2005): S. 87

Die für eine Entscheidungswertermittlung in Theorie und Praxis am meisten verbreiteten Gesamtbewertungsverfahren sind das *Ertragswertverfahren* und die *Discounted Cash Flow (DCF)-Verfahren*[630]. Diese Methoden basieren auf dem Kapitalwertkalkül der Dynamischen Investitionstheorie[631], bei der Unternehmen als Investitionsobjekte betrachtet werden, aus denen den Eigentümern Mittel zufließen[632]. Der Wert ergibt sich für den Inhaber grundsätzlich durch die künftig erwarteten Ausschüttungen[633]. Die Berechnung erfolgt beim Ertragswert- sowie bei den DCF-Verfahren entsprechend als *Barwert*[634] zukünftiger Gewinne bzw. Zahlungsüberschüsse[635].

---

630 Vgl. Ballwieser, W. (2004): S. 8

631 Im Gegensatz zu den einperiodig-statischen Verfahren der Investitionsrechnung erfassen die *dynamischen Verfahren* der Investitionsrechnung die finanziellen Auswirkungen einer Investitionsentscheidung über den gesamten Investitionszeitraum. Vgl. Wöhe, G. / Döring, U. (2008): S. 532

632 Vgl. ebenda, S. 8

633 Vgl. Schultze, W. (2003): S. 73

634 Der *Barwert* einer Zahlungsreihe ermittelt sich durch Abdiskontierung einer Zahlungsreihe mit einem Kalkulationszinsfuß, der die von einem Unternehmen oder einem Investor angestrebte Mindestverzinsung repräsentiert. Vgl. Hahn, O. (1983): S. 101

635 Vgl. Brebeck, R. / Kohtes, W. / Schönbeck, T. (2005): S. 86

Eine Gesamtbewertung erfolgt auch durch die *Multiplikator-Verfahren*, bei denen beobachtbare Marktpreise (meist Börsen- oder Transaktionswerte) vergleichbarer Unternehmen auf ein Bewertungsobjekt übertragen werden oder eine betriebswirtschaftliche Kennzahl (z.b. eine Gewinn- oder Umsatzgröße) mit einem Faktor multipliziert wird, der einem Marktwert entspricht[636]. Erst seit relativ kurzer Zeit wird die Optionspreistheorie für Zwecke der Unternehmensbewertung diskutiert. Optionspreismodelle gelten hierbei als geeigneter Ansatz zur Abbildung unternehmerischer Flexibilität über *Realoptionen*[637].

Finanzinvestoren verwenden außer diesen anwenderübergreifenden Methoden spezielle Varianten der Zukunftserfolgswertverfahren, wozu die *Venture-Capital-* und die *First-Chicago-Methode* gehören[638].

Neben den genannten Verfahren existieren so genannte *Mischwertverfahren*, wie beispielsweise das *Mittelwert- und das Übergewinnverfahren*. Da es sich lediglich um Kombinationen der dargestellten Einzel- und Gesamtbewertungsverfahren handelt und die Literatur diese Verfahren hinsichtlich des untersuchten Bewertungszwecks ablehnt[639], werden sie im Rahmen dieser Arbeit nicht weiter behandelt.

Im Folgenden werden die wichtigsten Verfahren, die in der Literatur diskutiert und in der Praxis eingesetzt werden, auf ihre Eignung zur Bewertung mittelständischer Unternehmen durch Finanzinvestoren untersucht.

3.4 Einzelbewertungsverfahren

3.4.1 Konzeption

Als *Substanzwert* wird derjenige Wert verstanden, der erforderlich ist, um ein existierendes Unternehmen nachzubauen, wobei von der Unternehmensfortführung ausgegangen wird (Going-concern-Prämisse)[640]. Dazu werden die zu Wiederbeschaffungskosten angesetzten betriebsnotwendigen Vermögensgegenstände und Schulden gegenüber gestellt. Nicht betriebsnotwendige Vermögensgegenstände werden zu Einzelveräußerungspreisen bewertet. Die Substanzwertermittlung vollzieht sich nach folgender Formel[641]:

$$\boxed{SW = V - FK} \qquad \textit{Formel 2}$$

mit   SW: Substanzwert (Nettoreproduktionswert)

---

636 Vgl. Behringer, S. (2002): S. 103
637 Vgl. Bonduelle, Y. / Schmoldt, I. / Scholich, M. (2003): S. 4
638 Vgl. Engel, D. (2003): S. 252 ff.
639 Vgl. u.a. Ballwieser, W. (1993): S. 171; Henselmann, K. (1999): S. 483 ff.
640 Vgl. Ballwieser, W. (2004): S. 182
641 Vgl. Mandl, G. / Rabel, K. (1997): S. 47

V: Vermögen (zu Tageswerten)
FK: Fremdkapital

Bei dieser zu Grunde liegenden Vorstellung des Unternehmensnachbaus wäre es grundsätzlich erforderlich, dass sämtliche Vermögensgegenstände, unabhängig davon ob sie bilanziell erfasst werden oder nicht, bei der Bewertung berücksichtigt werden. Zum Reproduktionswert des betriebsnotwendigen Vermögens zählen somit streng genommen auch die Reproduktionswerte aller immateriellen (nicht bilanzierungsfähigen) Vermögenswerte, wie etwa der Organisation, der Kundenbeziehungen und der Qualität der Mitarbeiter[642]. In der praktischen Anwendung sind diese genannten immateriellen Werte in der Regel nicht vollständig erfassbar und sehr schwierig quantifizierbar. Zur Vermeidung dieses Erfassungsproblems kann der *Substanzwert* auch als *Teilreproduktionswert* berechnet werden[643].

Unter dem *Liquidationswert* eines Unternehmens versteht man die Summe der Preise, die sich erzielen lassen, wenn die Vermögensgegenstände veräußert würden. Im Gegensatz zum Substanzwertverfahren geht das *Liquidationswertverfahren* von der Auflösung (Liquidation) des Unternehmens aus.[644] Aus rein finanzieller Sicht ist eine Unternehmenszerschlagung immer dann rational, wenn der Liquidationswert den Fortführungswert überschreitet[645]. Das nichtbetriebsnotwendige Betriebsvermögen wird zudem regelmäßig als Liquidationswert berechnet[646]. Für die Berechnung des Liquidationswertes werden die Vermögenswerte mit Zerschlagungswerten und die Schulden mit Ablösebeträgen bewertet. Hierbei sind auch liquidationsspezifische Veräußerungskosten wie Sozialplan- oder Abbruchkosten zu berücksichtigen[647]. Der Liquidationswert hängt maßgeblich von der Zerschlagungsgeschwindigkeit und der Zerschlagungsintensität ab, wodurch sich situationsspezifisch unterschiedlich hohe Werte ergeben können[648].

Liquidationswerte bilden – sofern keine nicht-finanziellen Erwägungen einer Unternehmensliquidation entgegenstehen – die absolute Wertuntergrenze für ein Unternehmen[649].

---

642 Vgl. Ballwieser, W. (1993): S. 169
643 Vgl. Sieben, G. (1993): Sp. 4327
644 Vgl. Laurenz, N. (2007): S. 21
645 Vgl. Born, K. (1995): S. 174
646 Vgl. IDW (Hrsg.) (2008): S. 14
647 Vgl. Mandl, G. / Rabel, K. (1997): S. 48
648 Vgl. Laurenz, N. (2007): S. 22
649 Vgl. Siepe, G. (1998): S. 1 - 142

3.4.2 Beurteilung der Einzelbewertungsverfahren

Für die Anwendung der Einzelbewertungsverfahren spricht deren vergleichsweise einfache Nachvollziehbarkeit und Anwendbarkeit. Diese Methoden hatten in der Vergangenheit für die Bewertung von mittelständischen Unternehmen eine große Bedeutung[650].

Die Einzelbewertungsverfahren entsprechen jedoch nicht den Grundsätzen einer *entscheidungsorientierten* Unternehmensbewertung. Einerseits verstoßen sie durch die Betrachtung von Vermögenswerten gegen den Grundsatz der *Zukunftsbezogenheit* und andererseits findet lediglich eine Summierung von Einzelwerten statt, so dass der Grundsatz der *Bewertungseinheit* nicht eingehalten wird[651].

Nach herrschender betriebswirtschaftlicher Auffassung werden den Einzelbewertungsverfahren nur noch Hilfsfunktionen zugesprochen[652]. Auch das Institut der Wirtschaftsprüfer in Deutschland (IDW) spricht in seinen aktuellen „Grundsätzen zur Durchführung von Unternehmensbewertungen (IDW S 1)" davon, dass dem Substanzwert bei der Ermittlung des Unternehmenswertes keine eigenständige Bedeutung mehr zukommt[653].

Gegen das *Liquidationswertverfahren* spricht zusätzlich, dass bei seiner Anwendung von der Going-concern-Prämisse abgewichen wird[654].

Im Rahmen von Beteiligungsfinanzierungen werden Einzelbewertungsverfahren kaum zum Einsatz kommen, da bei den Beteiligungsunternehmen die zukünftige Entwicklung im Vordergrund steht und daher Verfahren benötigt werden, die den Unternehmenswert durch den Zukunftserfolg bestimmen.

3.5 Ertragswertverfahren

3.5.1 Konzeption

Bei den *Ertragswertverfahren* wird der Unternehmenswert durch Abzinsung der aus dem Unternehmen künftig erwarteten „Ertragsüberschüsse" ermittelt, die mit Hilfe eines Kalkulationszinssatzes auf den Tag der Bewertung abdiskontiert werden[655]. Die theoretische Grundlage für das Ertragswertverfahren

---

650 Vgl. Keller, M. / Hohmann, B. (2004): S. 191
651 Vgl. Hinz, H. / Behringer, S. (2000): S. 24
652 Vgl. Siepe, G. (1998): S. 133
653 Vgl. IDW (Hrsg.) (2008): S. 34
654 Vgl. Serfling, K. / Pape, U. (1995): S. 816
655 Vgl. Mandl, G. / Rabel, K. (1997): S. 31

bildet dabei die Kapitalwertmethode der Investitionsrechnung[656]. Der Ertragswert bestimmt sich nach folgender Formel[657]:

$$EW = \sum_{t=1}^{T} \frac{R_t}{(1+i)^t} + \frac{RW_t}{(1+i)^T}$$ Formel 3

mit   EW: Ertragswert
      R_t: Zukunftserfolg der Periode t
      RW_T: Restwert der Unternehmung im Zeitpunkt T
      T: Ende des Planungshorizontes (nach ca. 3 – 5 Jahren)
      i: Kalkulationszinssatz

Da sich die Prognose zukünftiger Erträge mit zunehmender zeitlicher Entfernung vom Bewertungszeitpunkt schwieriger gestaltet, wird der Prognosezeitraum in mehrere Phasen eingeteilt, in denen unterschiedliche Anforderungen an die Prognosegenauigkeit gestellt werden[658]. In der Praxis werden meist zwei Abschnitte berücksichtigt: Während in der ersten Phase (in der Regel für 3 bis 5 Jahre) periodenspezifische Detailprognosen vorgenommen werden, umfasst die zweite Phase (ab dem Jahr 4 bzw. 6) den *Fortführungswert* des Unternehmens im Anschluss an den Detailplanungszeitraum. Wegen der Unsicherheiten der Prognose können für diese Phase keine detaillierten Erträge je Periode bestimmt werden. Somit wird mit voraussichtlichen (eventuell wachsenden oder fallenden) Prognosegrößen der letzten Detailprognose (des Jahres 3 oder 5) gerechnet, die mit der Diskontierung in den Restwert RW eingehen[659].

3.5.2 Ermittlung der Zukunftserfolgsgrößen

In der Literatur gibt es für das Ertragswertverfahren keine einheitliche Auffassung darüber, wie die Zukunftserträge gemessen werden. Grundsätzlich können sowohl zahlungsstromorientierte Größen wie Cash Flows als auch periodenorientierte Größen verwendet werden[660]. Zur Messung der finanziellen Zukunftserträge im Rahmen des Ertragswertverfahrens werden folgende Ertragsgrößen diskutiert[661]:

---

656 Vgl. Mandl, G. / Rabel, K. (2001): S. 51, 52
657 Vgl. Laurenz, N. (2007): S. 23
658 Vgl. IDW (Hrsg.) (2008): S. 16 f.
659 Vgl. Peemöller, V. H. / Kunowski, S. (2001): S. 228
660 Vgl. Mandl, G. / Rabel, K. (2001): S. 53
661 Vgl. Serfling, K. / Pape, U. (1995): S. 942 f.; Mandl, G. / Rabel, K. (2001), S. 53; Peemöller, V. H. / Kunowski, S. (2001): S. 212

a) Nettoeinnahmen des Investors
b) Nettoausschüttungen des Unternehmens
c) Einzahlungsüberschüsse des Unternehmens
d) Nettoeinnahmen des Unternehmens
e) Periodenerfolge des Unternehmens

Die aus theoretischer Sicht korrekteste Größe sind die *Nettoeinnahmen des Investors*, wohingegen alle übrigen Größen mehr oder weniger starke Vereinfachungen darstellen[662]. Welcher Ertragsbegriff in einer konkreten Bewertungssituation verwendet wird, hängt vom Bewertungsanlass und dem gewünschten Grad der Komplexitätsreduktion ab[663]. Für die Ermittlung der *Nettoeinnahmen des Investors* sind nicht nur die Zahlungsströme zwischen dem Investor und der Unternehmung relevant, sondern auch die Zahlungsströme zwischen Investor und Dritten, solange sie durch das Eigentümerverhältnis ausgelöst werden. Beispiele für solche Zahlungen sind unternehmensbedingte persönliche Steuerzahlungen sowie „externe" Synergieeffekte bei anderen Unternehmungen des Investors[664].

Aufgrund der schwierigen Ermittlung dieser Zahlungsströme wird in der Literatur alternativ vorgeschlagen, die am Bewertungsstichtag für die in Zukunft erwarteten *Nettoausschüttungen aus der Unternehmung* an die Eigentümer zu verwenden[665]. Bei diesem Verfahren werden die Zahlungsströme gegenüber Dritten vernachlässigt, da die Betrachtungsebene nicht mehr der Investor, sondern die Unternehmung ist. Die Nettoausschüttungen werden als Saldo aus den Kapitaleinzahlungen der Investoren und den Dividenden- und Kapitalrückzahlungen des Unternehmens an die Investoren errechnet[666].

Aus der Sicht von Finanzinvestoren beschränken sich die Nettoausschüttungen in der Regel auf den Saldo der Kapitaleinzahlungen und -rückzahlungen, da Dividendenzahlungen nicht erwartet werden bzw. erwirtschaftete Gewinne bei Beteiligungsfinanzierungen meist im Unternehmen verbleiben sollen[667]. Die Ermittlung dieser Größe erfordert ebenfalls ein ähnlich umfangreiches komplexes Planungsszenario wie für die Nettoeinnahmen des Investors. Um diese Problematik zu umgehen, werden ebenfalls die *Einzahlungsüberschüsse des Unternehmens*, d.h. die Differenz zwischen sämtlichen periodenbezogenen Einzahlungen und Auszahlungen, eingesetzt, da zukünftige Einzahlungsüberschüsse abzüglich aller Zahlungen an die Fremdkapitalgeber die Basis für die zu-

---

662 Vgl. Peemöller, V. H. / Kunowski, S. (2001): S. 212
663 Vgl. Seppelfricke, P. (2005): S. 30
664 Vgl. Mandl, G. / Rabel, K. (2001): S. 53
665 Vgl. Ballwieser, W. (1993): S. 153
666 Vgl. Mandl, G. / Rabel, K. (2001): S. 54
667 Siehe hierzu auch die Ausführungen in Kapitel 2.7

künftigen Entnahmemöglichkeiten des Investors darstellen[668]. Für eine solche Betrachtungsweise sind realistische Annahmen über die zukünftige Ausschüttungs- bzw. Entnahmepolitik erforderlich. In der älteren Literatur und den ursprünglichen IDW-Stellungnahmen zur Unternehmensbewertung wurde in der Regel von der *Vollausschüttungshypothese* ausgegangen, nach der alle zukünftigen Einzahlungsüberschüsse vollständig an den Investor ausgezahlt werden[669]. Da seit Einführung des Halbeinkünfteverfahrens in 2001 eine Vollausschüttung für Investoren oftmals steuerlich nicht vorteilhaft ist, hat der IDW in seinem Entwurf zu den Grundsätzen der Unternehmensbewertung vom Dezember 2004 vorgesehen, dass Annahmen über das wahrscheinliche Ausschüttungsverhalten getroffen werden sollen.[670]

Im Rahmen der aktuellen Grundsätze des IDW zur Unternehmensbewertung (in der Fassung von 2008) wird bezüglich der Ausschüttung und Thesaurierung der finanziellen Überschüsse empfohlen, „diese in der Detailplanungsphase auf Basis des individuellen Unternehmenskonzeptes und unter Berücksichtigung der bisherigen und geplanten Ausschüttungspolitik, der Eigenkapitalausstattung und der steuerlichen Rahmenbedingungen vorzunehmen."[671] Für die zweite Planungsperiode wird unterstellt, dass sich das Ausschüttungsverhalten des Unternehmens grundsätzlich äquivalent zu dem der Alternativanlage verhält.[672].

Als weitere Ertragsgröße findet auch der *Periodenerfolg* als Differenz zwischen *Einnahmen* und *Ausgaben* Anwendung. Der Unterschied zum *Nettoerfolg* besteht lediglich in einer zeitlichen Verschiebung der betrachteten Größen[673]. Da das Rechnungswesen buchhalterische Gewinne ermittelt, werden diese häufig aus Praktikabilitätserwägungen anstelle von Einzahlungs- oder Einnahmeüberschüssen verwendet. Somit lassen sich die Zukunftserfolge aus der Plan-Gewinn- und Verlustrechnung ableiten, die im Rahmen eines Businessplans erstellt wird[674].

3.5.3 Behandlung des nicht-betriebsnotwendigen Vermögens

Das nicht-betriebsnotwendige Vermögen umfasst diejenigen Vermögensgegenstände, die veräußert werden können, ohne dass davon die Erfüllung der Geschäftsziele eines Unternehmens berührt werden[675]. Beispiele hierfür sind Überkapazitäten, überdimensionierte Verwaltungsgebäude oder ungenutzte

---

668 Vgl. Serfling, K. / Pape, U. (1995): S. 943

669 Vgl. IDW (Hrsg.) (1999); S. Mandl, G. / Rabel, K. (2001): S. 54

670 Vgl. IDW (Hrsg.) (2004): S. 12, 13

671 IDW (Hrsg.) (2008): S. 10

672 Vgl. ebenda, S. 10

673 Vgl. Macha, R. (1998): S. 37 f.

674 Vgl. IDW (Hrsg.) (2002): S. 79

675 Vgl. Siepe, G. (1998): S. 42 f.

Grundstücke[676]. Im Rahmen der Unternehmensbewertung werden nichtbetriebsnotwendige Vermögensgegenstände zum Nettoveräußerungspreis angesetzt[677]. Die Bewertung und Behandlung von nicht-betriebs-notwendigem Vermögen stellen keine spezifische Problemstellung im Zusammenhang mit dem Thema dieser Arbeit dar, so dass im Folgenden bei der Betrachtung der Bewertungsverfahren davon ausgegangen wird, dass die Unternehmen nur über betriebsnotwendiges Vermögen verfügen.

3.5.4 Ermittlung des Kalkulationszinssatzes

Bei dem Ertragswertverfahren werden die künftigen Erträge aus dem Erwerb eines Unternehmens bzw. Unternehmensteils mit den Erträgen der günstigsten alternativen Handlungsmöglichkeit verglichen. Diese Alternativerträge werden als Alternativrendite durch den *Kalkulationszinsfuss* ausgedrückt[678]. Als Alternativanlagen kommen solche Investitionsmöglichkeiten in Betracht, die die gleiche Risikostruktur wie das zu bewertende Unternehmen aufweisen. In der Praxis wird die beste Alternative häufig unbekannt sein, da sonst alle denkbaren Alternativen bewertet werden müßten und sich dann ein Bewertungsproblem nicht stellen würde[679].

Im Rahmen der praktischen Umsetzung wird der Kalkulationszinsfuss durch ein mehrstufiges Verfahren ermittelt: In einem ersten Schritt wird ein *Basiszinsfuss* festgelegt, der dann auf seine Äquivalenz mit den Unternehmenserträgen geprüft und ggf. entsprechend angepasst wird[680]. Als Basis wird in der Literatur insbesondere der Zinssatz einer *risikolosen Kapitalanlage* (z.B. der landesüblich quasisichere Zins für langfristige Kapitalanlagen) gewählt, der um einen *Risikozuschlag* erhöht wird[681]. Der Basiszinssatz ist durch Korrekturfaktoren zu modifizieren, um der unterschiedlichen Risikostruktur Rechnung zu tragen und damit die Gleichwertigkeit der Anlageformen durch das *Äquivalenzprinzip* sicherzustellen[682].

Im Rahmen seiner jüngsten Grundsätze schlägt der IDW diesbezüglich eine Neuorientierung vor[683]: Künftig sollen Renditen von Aktien bzw. Aktienportfolios (im Gegensatz zu den bislang verwendeten Renditen festverzinslicher Wertpapiere) verwendet werden. Dahinter steht der Gedanke, dass Aktien als

---

676 Vgl. Helbling, C. (1989): S. 176

677 Vgl. Siepe, G. (1998): S. 43

678 Vgl. Peemöller, V. H. / Kunowski, S. (2001): S. 234 f.

679 Vgl. Rudolf, M. / Witt, P. (2002): S. 62

680 Vgl. Mandl, G. / Rabel, K. (1997): S. 133

681 Vgl. Hahn, O. (1983): S. 174

682 Nach dem *Äquivalenzprinzip* müssen die gewählte Zukunftserfolgsgröße und der Kalkulationszinsfuss im Hinblick auf Laufzeit, Risiken, Währungen und Steuerbelastungen übereinstimmen. Vgl. Rudolf, M. / Witt, P. (2002): S. 61 und IDW (Hrsg.) (2004), S. 29

683 Vgl. IDW (Hrsg.) (2008): S. 24

risikoäquivalente Alternativanlage besser mit einem zu bewertenden Unternehmen vergleichbar sind als festverzinsliche Wertpapiere.

Um die Unsicherheit der künftigen Unternehmenserträge zu berücksichtigen stehen grundsätzlich zwei Methoden, die *Sicherheitsäquivalenzmethode* und die *Risikozuschlagsmethode,* zur Verfügung.[684] Bei der *Sicherheitsäquivalenzmethode* werden die Erwartungen bezüglich der finanziellen Überschüsse um einen Risikoabschlag vermindert und das verbleibende Sicherheitsäquivalent wird mit dem risikolosen Kalkulationszinssatz abdiskontiert.[685] Im Rahmen der *Risikozuschlagsmethode* werden die zukünftigen erwarteten Unternehmenserträge unverändert gelassen und mit einem um den Risikozuschlag erhöhten Kalkulationszinsfuss abdiskontiert[686]. Die national und international verbreitete Risikozuschlagsmethode hat den Vorteil, dass sie sich auf empirisch beobachtbares Verhalten stützen kann. Sie ermöglicht somit eine marktorientierte Vorgehensweise bei der Bemessung von Risikozuschlägen[687]. Nach Auffassung des IDW dient der Rückgriff auf Kapitalmarktpreisbildungsmodelle wie das *Capital Asset Pricing Modell (CAPM)*[688] als Orientierungshilfe, die die einzelfallbezogene, unternehmensindividuelle Risikoeinschätzung des Bewerters allerdings nicht ersetzen kann[689].

Bei der Ermittlung eines objektivierten Unternehmenswertes wird derzeit typisierend mit einem Ertragssteuersatz von 35% gerechnet, auch wenn die persönlichen steuerlichen Verhältnisse der (potentiellen) Eigentümer davon abweichen[690]. Bei der Ermittlung des Kalkulationszinssatzes für die Phase der ewigen Rente ist unter Umständen noch ein Inflations- bzw. Wachstumsabschlag zu berücksichtigen[691]. Daraus ergibt sich für den Kalkulationszinssatz folgendes grundsätzliches Berechnungsschema:

---

684 Vgl. Laurenz, N. (2007): S. 28

685 Das *Sicherheitsäquivalent* entspricht genau der einwertigen Größe, die der Entscheidungsträger nutzenmäßig mit den mehrwertigen Zukunftserfolgen dieser Periode als gleichwertig einstuft. Vgl. Drukarczyk, J. (1995): S. 77

686 Vgl. Moxter, A. (1983): S. 155

687 Vgl. Peemöller, V. H. / Kunowski, S. (2001): S. 237

688 Das *CAPM* gelangt als Preisbildungsmodell insbesondere bei der Ermittlung der Eigenkapitalkosten im Rahmen der Discounted Cash Flow-Verfahren zum Einsatz. Vgl. hierzu die Ausführungen in Kapitel 3.6.

689 Vgl. IDW (Hrsg.) (2008): S. 24.

690 Vgl. Peemöller, V. H. / Kunowski, S. (2001): S. 217

691 Vgl. Laurenz, N. (2007): S. 28

Detailplanungsphase (Phase 1)	Phase der ewigen Rente (Phase 2)
Basiszinssatz	Basiszinssatz
+ Riskozuschlag	+ Riskozuschlag
- Ertragssteuersatz (typisiert)	- Ertragssteuersatz (typisiert)
= **Kalkulationszinssatz**	= Kalkulationszinssatz vor Wachstumsannahmen
	- Wachstums- bzw. Inflationsabschlag
	= **Kalkulationszinssatz**

Tabelle 6: Ermittlung des Kalkulationszinsfusses
Quelle: Laurenz, N. (2007): S. 27

Die Bestimmung des Kapitalisierungszinssatzes im Rahmen der subjektiven Unternehmensbewertung richtet sich stark nach den individuellen Verhältnissen des (Finanz-) Investors. Hierbei sind seine persönlichen Renditeerwartungen und seine subjektive Risikoeinschätzung maßgeblich[692]. In der Praxis werden regelmäßig individuelle Durchschnittsrenditen branchengleicher Unternehmen oder Zinssätze von ablösbaren Krediten als Vergleichsmaßstab verwendet. Der so gewonnene Zinssatz wird um einen Risikozuschlag erhöht, der die Risikoäquivalenz herstellen soll[693].

3.5.5 Beurteilung der Ertragswertverfahren

Bei dem Ertragswertverfahren werden die Grundsätze der *entscheidungsorientierten Unternehmensbewertung* eingehalten: Da der Unternehmenswert durch zukünftige Zahlungen determiniert wird, ist der *Grundsatz der Zukunftsbezogenheit* erfüllt. Gleiches gilt für den *Grundsatz der Subjektivität*, da individuelle Ziele und Handlungsmöglichkeiten die Überschussgröße und den Kapitalisierungszinssatz bestimmen. Der Unternehmenswert wird als Ganzes ermittelt, womit ebenfalls der *Grundsatz der Bewertungseinheit* eingehalten wird[694].

Problematisch bei Anwendung der Ertragswertmethode sind insbesondere die verfahrenstypischen Vereinfachungen:

a) So werden in der Praxis häufig nicht die konzeptionell korrekten *Nettoeinnahmen des Investors*, sondern der *Ertragsüberschuss der Unternehmung* herangezogen. Bei dieser Größe besteht vor allem das Problem bilanzpolitischer Manipulationen.[695]

---

692 Vgl. Serf, C. (2005): S. 178 f.
693 Vgl. Schultze, W. (2003): S. 476
694 Vgl. Dreyer, D. (2004): S. 151
695 Vgl. Walter, G. (2003): S. 76

b) Als weitere Vereinfachung wird in der Praxis häufig für den Periodenerfolg von einem Durchschnittswert ausgegangen, womit eine Einschränkung der Aussagekraft verbunden ist. Somit kann ein derart ermittelter Ertragswert im Hinblick auf diese Vereinfachung lediglich als Approximation des Unternehmenswertes dienen[696].

c) Schwierigkeiten bereitet ebenfalls die Ermittlung des korrekten *Kapitalisierungszinses*, der die optimale Alternativinvestition repräsentieren soll. Da der optimale Alternativzins praktisch nicht zu ermitteln ist, werden in der Praxis die beschriebenen Näherungsverfahren angewandt, die allerdings zu Ungenauigkeiten führen können[697].

d) In Teilen der Literatur wird außerdem kritisiert, dass das Ertragswertverfahren strategische Ziele bspw. Effekte aus Akquisitionen nicht berücksichtigt, deren Erfolge erst in der Zukunft anfallen[698].

Positiv zu sehen ist die Aufhebung der Vollausschüttungshypothese durch das IDW[699], da Finanzinvestoren im Allgemeinen nur ein geringes Interesse an laufenden Ausschüttungen haben und somit in diesem Punkt eine Annäherung an die Realität erfolgen kann.

Das Ertragswertverfahren ist in Deutschland noch weit verbreitet[700]. Allerdings hat es eine Bedeutungsverschiebung zu Gunsten der DCF-Verfahren gegeben,[701] da das Ertragswertverfahren international nicht bekannt ist. Auch im Hinblick auf eine zunehmende Internationalisierung bei Private Equity-Finanzierungen erfüllt die Methode somit nicht das notwendige *Akzeptanz-Kriterium durch* die beteiligten Parteien.

3.6 Discounted Cash Flow-Verfahren

3.6.1 Überblick

Bei den *Discounted Cash Flow-Verfahren* (DCF-Verfahren) wird der Unternehmenswert durch Diskontierung zukünftiger *Cash Flows* mit Hilfe eines Kalkulationszinssatzes ermittelt[702]. Im Gegensatz zur Ertragswertmethode, bei der der Unternehmenswert durch Abzinsung zukünftiger Periodenerfolge ermittelt

---

696 Vgl. Witt, P. (2000): S. 178

697 Vgl. Sieben, G. (1993): Sp. 4324

698 Vgl. Behringer, S. (2004): S. 90

699 Vgl. IDW (Hrsg.) (2008): S. 10

700 Nach einer älteren Studie aus dem Jahr 1994 dominierte das Ertragswertverfahren die Unternehmensbewertung in Deutschland. Vgl. hierzu Peemöller, V. H. / Bömelburg, P. / Denkmann, A. (1994): S. 741 - 749

701 Vgl. Hommel, U. / Ritter, M. / Wright, M. (2003): S. 10

702 Vgl. Mandl, G. / Rabel, K. (2001): S. 62

wird, handelt es sich bei den DCF-Verfahren um eine zahlungsstromorientierte Methode[703]. Das theoretische Fundament der DCF-Verfahren ist wie bei der Ertragswertmethode die Kapitalwertmethode der dynamischen Investitionsrechnung[704]. Der zur Abzinsung verwandte Diskontierungssatz reflektiert den für eine Bewertung erforderlichen Alternativenvergleich[705].

Je nach Art der verwendeten Cash-Flows und der anzuwendenden Diskontierungssätze werden in der Literatur verschiedene DCF-Verfahren unterschieden (Vgl. Abb. 28):

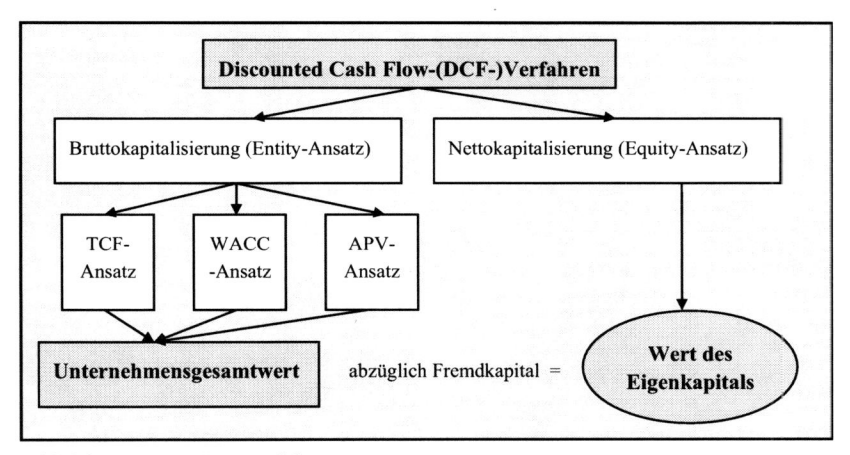

Abbildung 28: DCF-Verfahren
Quelle: Eigene Darstellung in Anlehnung an Laurenz, N. (2007): S. 30

Die DCF-Verfahren unterteilen sich grob in zwei Gruppen, die *Brutto- (Entity-)* und die *Netto- (Equity-) Ansätze,* die sich hinsichtlich der unterschiedlichen Berücksichtigung der Zahlungsströme an die Fremdkapitalgeber unterscheiden[706].

Zu den Entity-Ansätzen zählen der *Weighted Cost of Capital-(WACC-) Ansatz,* der *Adjusted Present Value-(APV-) Ansatz* sowie der *Total Cash Flow-(TCF-) Ansatz*[707]. Der Bruttounternehmenswert ist unabhängig von der Finanzierungsstruktur des Unternehmens, so dass ein Cash Flow diskontiert wird, der die er-

---

703 Vgl. Bäzner, B. / Timmreck, C. (2004): S. 3
704 Vgl. Brebeck, R. / Kohtes, W. / Schönbeck, T. (2005): S. 91
705 Vgl. Bäzner, B. / Timmreck, C. (2004): S. 3
706 Vgl. Laurenz, N. (2007): S. 30
707 Vgl. Ballwieser, W. (1998): S. 81

warteten Zahlungen an die Eigen- und Fremdkapitalgeber umfasst. Um den gesuchten Unternehmenswert der Eigentümer zu ermitteln wird in einem zweiten Schritt der Marktwert des Fremdkapitals subtrahiert[708].

Im Gegensatz zu den Entity-Ansätzen ermittelt der *Equity-Ansatz* den rechnerischen Marktwert des Eigenkapitals auf direktem Wege, indem die erwarteten, nur den Eigenkapitalgebern zustehenden Cash Flows (Dividenden, Entnahmen etc.) auf den Bewertungsstichtag abgezinst werden[709].

Im Folgenden werden die einzelnen DCF-Verfahren mit Ausnahme des Total Cash Flow-Ansatzes, der in der Praxis kaum Relevanz hat, diskutiert[710].

3.6.2 Weighted Average Cost of Capital-(WACC-) Ansatz

Der *Weighted Average Cost of Capital (WACC)-Ansatz* zählt zu den Bruttoverfahren, bei denen zunächst der Wert des Gesamtunternehmens ermittelt und anschließend der Wert des Eigenkapitals bestimmt wird, indem der Marktwert des Fremdkapitals vom Gesamtunternehmenswert subtrahiert wird[711].

Der Gesamtunternehmenswert berechnet sich nach folgender Formel[712]:

$$GUW = \sum_{t=1}^{T} \frac{FCF_t}{(1+k_{WACC})^t} + \frac{RW_T}{(1+k_{WACC})^T}$$

Formel 4

mit GUW: Gesamtunternehmenswert
 FCF$_t$: Free Cash Flows der Periode t
 k$_{WACC}$: gewogener durchschnittlicher Kapitalkostensatz
 T: Planungszeitraum
 RW$_T$: Restwert nach Ablauf des Planungszeitraums

Der beim WACC-Ansatz bewertungsrelevante *Cash Flow* ist der - bei unterstellter vollständiger Eigenfinanzierung des Unternehmens - potentiell zur Bedienung der Eigen- *und* Fremdmittelgeber zur Verfügung stehende Zahlungsüberschuss (Free Cash Flow)[713]. Dieser entspricht allerdings nicht den tatsäch-

---

708 Vgl. Achleitner, A.-K. / Nathusius, E. (2004): S. 54

709 Vgl. Baetge, J. / Niemeyer, K. / Kümmel, J. (2001): S. 269 ff.

710 Der *TCF-Ansatz* berücksichtigt in den Cash Flows Steuervorteile aus der Fremdfinanzierung, die dadurch nicht mehr unabhängig von der Finanzierung sind. Der Ansatz bereitet in der praktischen Anwendung Schwierigkeiten und wird somit kaum verwendet. Vgl. Mandl, G. / Rabel, K. (1997): S. 365; Hachmeister, D. (2000): S. 109

711 Vgl. Kirsch, H.-J. / Krause, C. (1996): S. 794

712 Vgl. Hahn, D. / Hungenberg, H. (2001): S. 178

713 Vgl. Behringer, S. (2001): S. 125

lichen Nettozahlungen an die Eigen- und Fremdkapitalgeber, da die Cash Flows ohne den steuermindernden Effekt des Fremdkapitals (*Tax Shield*) berechnet werden. Die Vorteilhaftigkeit der Fremdfinanzierung wird beim WACC-Ansatz nicht in den Cash Flows, sondern im Diskontierungssatz durch den *Tax-Shield* berücksichtigt. Daher repräsentieren die Cash Flows Unternehmen, die vollständig eigenfinanziert sind[714]. Wird das Tax Shield bei der Cash Flow-Ermittlung berücksichtigt, so werden diese als *Total Cash Flows* bezeichnet[715].

Die prognostizierten Free Cash Flows werden mit einem Mischzinsfuss in Form des *gewogenen Kapitalkostensatzes* (WACC = Weighted Average Cost of Capital) diskontiert, der den gewichteten Durchschnittskosten von Eigen- und Fremdkapital entsprechen soll und der nach folgender Formel ermittelt wird[716]:

$$k_{WACC} = \frac{EK}{EK+FK} \times k_{EK} + \frac{FK}{EK+FK} \times k_{FK} \times (1-s)$$ Formel 5

mit k_{WACC}:   Gewogener Kapitalkostensatz (WACC)
        EK: Marktwert des Eigenkapitals
        FK: Marktwert des Fremdkapitals
        k_{EK}:   Eigenkapitalkostensatz
        k_{FK}:   Fremdkapitalkostensatz
        s: unternehmensbezogener Steuersatz

Die Berücksichtigung des Faktors 1-s (*Tax Shield*) im Diskontierungsfaktor erklärt sich daher, dass zunächst von einer fiktiv rein eigenfinanzierten Unternehmung ausgegangen wurde, bei der die Steuerabzugsfähigkeit der Fremdkapitalzinsen noch nicht berücksichtigt wurde. Dadurch wird anstatt des gesamten Fremdkapitalkostensatzes nur der durch den Steuereffekt verminderte Fremdkapitalkostensatz angesetzt[717]. Des Weiteren gehen die Marktwerte des Fremdkapitals als auch die des Eigenkapitals ein. Da zur Bestimmung des Marktwertes des Eigenkapitals die gewogenen durchschnittlichen Kapitalkosten bekannt sein müssen, die wiederum selbst auf den Marktwert des Eigenkapitals zurückgreifen, ergibt sich ein Zirkulationsproblem[718].

---

714 Vgl. Drukarczyk, J. (2001): S. 176 ff.
715 Vgl. Mandl, G. / Rabel, K. (1997): S. 365
716 Vgl. Brealey, R. A. / Myers, S. C. (2000): S. 543
717 Vgl. Ballwieser, W. (1998): S. 85
718 Vgl. Copeland, T. / Koller, T. / Murrin, J. (2000): S. 204

In der Literatur werden hierfür hauptsächlich zwei Lösungswege vorgeschlagen: Zum einen die iterative Vorgehensweise zur Ermittlung der Kapitalkostensätze, wo zunächst ein Unternehmenswert geschätzt wird, mit dessen Hilfe ein Kapitalkostensatz ermittelt wird. Mit diesem Kapitalkostensatz wird wiederum ein Unternehmenswert ermittelt, der anschließend als Grundlage für die Berechnung eines „genaueren" Kapitalkostensatzes dient[719]. Ein weiterer Lösungsvorschlag unterstellt eine im Zeitablauf konstante Zielkapitalstruktur[720].

Der gesuchte Wert des Eigenkapitals ermittelt sich dann durch Subtraktion des Wertes des Fremdkapitals vom Gesamtunternehmenswert[721]:

$$EK = GUW - FK$$ *Formel 6*

mit   GUW: Gesamtunternehmenswert

3.6.3 Adjusted Present Value-Ansatz

Die Probleme mit der Aufrechterhaltung der Zielkapitalstruktur im Zeitablauf und der Erfassung komplizierter Steuersysteme im WACC-Ansatz haben zur Entwicklung des *Adjusted-Present-Value- (APV-)Verfahrens* geführt[722].

Bei dem APV-Verfahren bzw. dem Konzept des angepassten Barwerts wird zunächst der Marktwert des Eigenkapitals unter der Annahme der vollständigen Eigenfinanzierung eines Unternehmens ermittelt. Hierfür werden die prognostizierten Cash Flows, die den Cash Flows bei vollständiger Eigenfinanzierung entsprechen, mit der Renditeforderung der Eigenkapitalgeber für das unverschuldete Unternehmen (r_{EK}^e) diskontiert[723]. In einem zweiten Schritt werden die Auswirkungen einer Fremdfinanzierung berücksichtigt. Dabei führt die steuerliche Abzugsfähigkeit der Fremdkapitalzinsen zu einer Erhöhung des Gesamtunternehmenswertes in Form des Tax Shield. Die Marktwerterhöhung errechnet sich als Barwert der Steuerersparnis aus den Fremdkapitalzinsen[724].

Die Summe aus dem Marktwert des unverschuldeten Unternehmens und der Marktwerterhöhung aus der Fremdfinanzierung bestimmt den Marktwert des Gesamtkapitals für das verschuldete Unternehmen. Wird hiervon der Markt-

---

719 Vgl. Serfling, K. / Pape, U. (1995): S. 61

720 Vgl. Copeland, T. / Koller, T. / Murrin, J. (2000): S. 204

721 Vgl. IDW (Hrsg.) (2008): S. 26

722 Vgl. Ballwieser, W. (1998): S. 91

723 Vgl. Luehrman, T. A. (1997): S. 148

724 Vgl. Mandl, G. / Rabel, K. (1997): S. 42

wert des Fremdkapitals subtrahiert, erhält man wiederum den Marktwert des Eigenkapitals[725]. Die Zusammenhänge verdeutlicht die folgende Formel[726]:

$$EK = V^e + V^s - FK = \frac{CF^e}{r_{EK}^e} - (1-s) \times FK$$

Formel 7

mit EK: Marktwert des Eigenkapitals
FK: Marktwert des Fremdkapitals
V^e: Wert des Unternehmens bei fiktiv reiner Eigenfinanzierung
V^s: Wert der unternehmenssteuerlichen Vorteile aus anteiliger Fremdfinanzierung
CF^e: Cash Flows an die Eigentümer bei fiktiv reiner Eigenfinanzierung
r_{EK}^e: Renditeforderung der Eigentümer bei reiner Eigenfinanzierung
s: Unternehmenssteuersatz

Der Vorteil der Vorgehensweise bei dem APV-Ansatz gegenüber dem des WACC-Ansatzes liegt darin, dass die Wertgenerierung durch die Zweiteilung übersichtlicher dargestellt werden kann[727]. Dies ermöglicht eine flexiblere Handhabung bei sich änderndem Fremdkapitalbestand und Verschuldungsgrad[728].

3.6.4 Equity-Ansatz

Der Equity-Ansatz wird als *Nettoverfahren* bezeichnet, da hier der Wert des Eigenkapitals *direkt* ermittelt wird[729]. Bei dem Nettoverfahren entsprechen die zu diskontierenden Cash Flows den vom Unternehmen erwirtschafteten Einzahlungsüberschüssen, die allein den Eigenkapitalgebern zur Verfügung stehen und als „*Flows to Equity*" bezeichnet werden[730].

Die Flows to Equity werden, da sie alleine den Eigenkapitalgebern zustehen, mit der geforderten Eigenkapitalrendite für das verschuldete Unternehmen

---

725 Vgl. Mandl, G. / Rabel, K. (2001): S. 69
726 Vgl. Ballwieser, W. (1998): S. 91
727 Vgl. Luehrmann, T. A. (1997): S. 145
728 Vgl. Drukarczyk, J. (1995): S. 331
729 Vgl. Copeland, T. / Koller, T. / Murrin, J. (2000): S. 150 ff.
730 Vgl. Mandl, G. / Rabel, K. (2001): S. 68

(r_{EKv}) diskontiert. Die Renditeforderung wird auf der Grundlage kapitalmarkttheoretischer Modelle bestimmt[731].

Die Summe aus dem Barwert der Flows to Equity (FTE) ergibt somit bereits den Marktwert des Eigenkapitals[732]:

$$EK = \sum_{t=1}^{T} \frac{CF_t^{EK}}{(1+r_{EK})^t}$$ *Formel 8*

mit   EK: Marktwert des Eigenkapitals
CF^{EK}:   Erwartete Cash Flows der Eigentümer
r_{EK}:   Erwartete Rendite der Eigentümer

Bei dem Nettoverfahren werden Fremdkapitalzinsen und Änderungen des Fremdkapitalbestandes in die Cash Flow-Prognose direkt einbezogen. Bei einer Änderung der Kapitalstruktur muss die Renditeforderung der Eigenkapitalgeber angepasst werden. Da dies zu einem periodenspezifischen Diskontierungssatz führen würde, wird aus pragmatischen Gründen davon ausgegangen, dass die Kapitalstruktur im Zeitablauf im Wesentlichen unverändert bleibt, so dass konstante Eigenkapitalkosten unterstellt werden können[733].

3.6.5 Ermittlung der Cash Flows

Bei den DCF-Verfahren wird der Unternehmenswert durch Diskontierung von *Cash Flows* ermittelt. Unter diesem Cash Flow versteht man Zahlungsmittel, die zwischen dem zu bewertenden Unternehmen und seiner Umwelt, wie Kunden und Lieferanten, über einen gewissen Zeitraum ausgetauscht werden[734]. Die Ermittlung erfolgt mit Hilfe einer auf dem Gesamtunternehmensplan aufbauenden Finanzierungsrechnung, die die erwarteten Ein- und Auszahlungsüberschüsse beinhaltet. Hierfür werden zunächst Plan-Bilanzen und Plan-Gewinn- und Verlustrechnungen ermittelt, die dann in einem zweiten Schritt in die Finanzierungsrechnung übertragen werden[735].

Der Cash Flow als Differenz zwischen den zahlungswirksamen Erträgen und Aufwendungen der Plan-Gewinn- und Verlustrechnung kann nach zwei Methoden ermittelt werden[736]: Bei der *direkten* Methode ergibt sich der Cash Flow unmittelbar als Differenz zwischen den einzahlungswirksamen Erträgen und

---

731 Vgl. Ballwieser, W. (1995): S. 122

732 Vgl. Mandl, G. / Rabel, K. (2001): S. 68

733 Vgl. Baetge, J. / Niemeyer, K. / Kümmel, J. (2001): S. 275

734 Vgl. Copeland, T. / Koller, T. / Murrin, J. (1998): S. 210 ff.

735 Vgl. Mandl, G. / Rabel, K. (1997): S. 158 f.

736 Vgl. Gräfer, H. (2001): S. 151 f.

den auszahlungswirksamen Aufwendungen jeder Periode[737]. Bei der *indirekten* Methode wird der Jahresüberschuss insofern bereinigt, als sämtliche liquiditätswirksame Vorgänge berücksichtigt und die nicht-liquiditätswirksamen Vorgänge vernachlässigt werden[738]. Betrachtet man alle einem Unternehmen zufließenden Zahlungen (Cash-Inflow) und subtrahiert alle Auszahlungen (Cash-Outflow) aus dem operativen Geschäft, so ermittelt sich der *operative Cash Flow*[739]. Bereinigt man diese Größe um Ergänzungs- und Erweiterungsinvestitionen bzw. Desinvestitionen sowie um die Veränderung des Working Capital[740], so erhält man den *Free Cash Flow* oder *Flow-to-Entity,* der grundsätzlich allen Kapitalgebern zur Verfügung steht. Zieht man hiervon die Zinszahlungen, Tilgungen an Fremdkapitalgeber und weitere Zahlungen an Nicht-Eigentümer ab, so errechnet sich der *Cash Flow an die Eigentümer (Flow-to-Equity)*[741]. Beide Größen werden im Rahmen der DCF-Verfahren benötigt und sind bezüglich ihrer Ermittlung in der Tabelle 7 dargestellt:

---

737 Vgl. Siener, H. (1991): S. 60

738 Vgl. Gräfer, H. (2001): S. 151 f.

739 Vgl. Achleitner, A.-K. / Nathusius, E. (2004): S. 30 f.

740 Das *Working Capital* berechnet sich aus der Differenz zwischen den Vorräten, Forderungen, Wertpapieren und den Verbindlichkeiten aus Lieferungen und Leistungen. Diese Definition stellt explizit auf die Ermittlung des Free Cash Flow ab und unterscheidet sich von anderen Definitionen. Vgl. hierzu Achleitner, A.-K. / Nathusius, E. (2004): S. 37

741 Vgl. Betsch, O. / Groh, A. / Lohmann, L. (2000): S. 213

Ermittlung von *Free Cash Flows* (Entity-Ansatz)	Ermittlung von *Cash Flows to Equity* (Equity-Ansatz)
Umsatzerlöse - Herstellungskosten - Vertriebskosten - Allgemeine Verwaltungskosten + Sonstige betriebliche Erträge - Sonstige betriebliche Aufwendungen	Umsatzerlöse - Herstellungskosten - Vertriebskosten - Allgemeine Verwaltungskosten + Sonstige betriebliche Erträge - Sonstige betriebliche Aufwendungen
= Betriebsergebnis vor Zinsen und Steuern (EBIT)	= Betriebsergebnis vor Zinsen und Steuern (EBIT)
- Steuern bei reiner Eigenfinanzierung	- **Steuern unter Beachtung der realisierten Kapitalstruktur**
+/- Abschreibungen / Zuschreibungen +/- Erhöhung / Verminderung lfr. Rückstellungen -/+ Investitionen / Desinvestitionen des Anlagevermögens -/+ Erhöhung / Verringerung des Working Capital	+/- Abschreibungen / Zuschreibungen +/- Erhöhung / Verminderung lfr. Rückstellungen -/+ Investitionen / Desinvestitionen des Anlagevermögens -/+ Erhöhung / Verringerung des Working Capital - **Fremdkapitalzinsen** -/+ Tilgung / Aufnahme von verzinslichen Fremdkapital
= Free Cash Flow	= Cash Flow to Equity

Tabelle 7: Schema zur Ermittlung der Free Cash Flows
Quelle: Hahn, D. / Hungenberg, H. (2001): S. 179, 237

3.6.6 Ermittlung des Restwertes

Für die Zeit nach dem Detailprognosezeitraum (i.d.R. 3 bis 5 Jahre) muss eine Annahme über die weitere Entwicklung der Cash Flows bzw. über eine Veräußerung des Unternehmens getroffen werden[742]. Der Unternehmenswert zum Planungshorizont wird als *Rest-* oder *Residualwert* bezeichnet[743].

---

742 Vgl. Bäzner, B. / Timmreck, C. (2004): S. 11
743 Vgl. Mandl, G. / Rabel, K. (2001): S. 67

Unter der Going-concern-Prämisse ohne Berücksichtigung eines Unternehmenswachstums berechnet sich der Restwert nach der Formel der *ewigen Rente* wie folgt[744]:

$$\boxed{RW_T = \frac{FCF_T}{k}} \qquad \qquad \text{Formel 9}$$

mit FCF_T: Ewiger (Free) Cash Flow
 k: Kapitalkostensatz

Der Restwert ergibt sich somit als Quotient einer je nach DCF-Bewertungsmodell konstanten Cash Flow-Größe und des relevanten Kapitalkostensatzes. Als Orientierung kann der Cash Flow der letzten Detailplanungsperiode herangezogen werden, wofür aufgrund bestehender Unsicherheiten häufig ein geglätteter mittlerer Erwartungswert verwendet wird[745]. Bei Anwendung der dargestellten Formel wird unterstellt, dass das Unternehmen nach dem Ende des detaillierten Planungszeitraumes eine im Zeitverlauf konstante Rendite erwirtschaftet, die exakt den erwarteten Kapitalkosten entspricht[746]. Diese Prämisse lässt sich auf die Wettbewerbskräfte zurückführen, durch die aufgrund der überdurchschnittlichen Rückflüsse Wettbewerber in den Markt eintreten, die verhindern, dass nach einer gewissen Zeit Renditen oberhalb der Kapitalkosten erzielt werden können[747].

Im Rahmen dieser Arbeit werden insbesondere auch Unternehmen betrachtet, von denen die Finanzinvestoren ein substanzielles langfristiges Wachstum erwarten. Die Berücksichtigung eines Wachstums oberhalb der Kapitalkosten wird in der Literatur durch die Berechnung des Restwertes nach dem *Gordon-Growth-Modell* möglich[748]:

$$\boxed{RW_T = \frac{FCF_T}{k - g}, \text{ für} \ldots g < k} \qquad \qquad \text{Formel 10}$$

mit g: Wachstumsfaktor

---

744 Vgl. Bäzner, B. / Timmreck, C. (2004): S. 11
745 Vgl Herter, R. N. (1994): S. 69
746 Vgl. Bäzner, B. / Timmreck, C. (2004): S. 11
747 Vgl. Dahmen, A. (2006): S. 138 f.
748 Vgl. Bäzner, B. / Timmreck, C. (2004): S. 11

Die Formel ist nur zulässig für Wachstumswerte, die kleiner als der Diskontierungsfaktor sind. Bei der Schätzung der erwarteten Wachstumsrate ist zu berücksichtigen, dass kein Unternehmen langfristig mit einer höheren Wachstumsrate als der Wachstumsrate der Volkswirtschaft bzw. der Branche wachsen kann[749]. Damit ergibt sich für die im Rahmen diese Arbeit betrachteten Unternehmen ein Dilemma: Einerseits soll ein hoher Wachstumsfaktor berücksichtigt werden, andererseits wird sich ein hohes Wachstum wegen der zu erwarteten Marktsättigung nicht halten lassen[750]. Diesbezüglich wird in der Literatur ein konstanter Wachstumsfaktor kritisiert. Lösungsansätze bieten *Zweiphasenmodelle* für die Restwertberechnung, wonach sich die Wachstumsrate g_1 ab einem bestimmten Zeitpunkt t* in g_2 ($g_2 < g_1$) ändert. Der erste Wachstumsfaktor stellt somit das überdurchschnittliche Wachstum dar, das bei Private Equity-finanzierten Unternehmen erwartet wird. Der zweite Wachstumsfaktor gibt dann das durchschnittliche Marktwachstum dar. Die Formel für den Restwert stellt sich dann wie folgt dar[751]:

$$RW_T = \sum_{t=T}^{t^*} \frac{FCF_T \times (1+g_1)^t}{(1+k)^t} + \sum_{t=t^*+1}^{\infty} \frac{FCF_T \times (1+g_1)^t \times (1+g_2)^{t-t^*}}{(1+k)^t} \qquad Formel\ 11$$

Diese Restwertberechnung lässt sich dahingehend erweitern, dass beispielsweise eine weitere Periode mit einer linear fallenden Wachstumsrate oder eine konvergierende Wachstumsperiode ergänzt wird[752].

Neben den dargestellten Wachstumsmodellen werden in der Literatur weitere Verfahren vorgeschlagen, die aber im Widerspruch zu einer *entscheidungsorientierten* Unternehmensbewertung stehen und somit hier nicht weiter behandelt werden[753].

Die Schätzung des Restwertes stellt im Rahmen der Unternehmensbewertung insgesamt eine erhebliche Schwierigkeit dar: Einerseits müssen die Cash Flows für einen Zeitraum nach dem Planungshorizont beurteilt werden, was aufgrund der zeitlichen Entfernung schwierig ist. Andererseits ist zu berücksichtigen, dass diese schwer zu prognostizierende Größe einen hohen Wertbeitrag zum Unternehmenswert ausmacht[754]. So weist beispielsweise *Drukarczyk* darauf

---

749 Vgl. Damodaran, A. (2001): S. 5
750 Vgl. Rappaport, A. (1999): S. 50
751 Vgl. Henselmann, K. (1999): S. 120
752 Vgl. Lewis, T. G. (1994): S. 111 ff.
753 Vgl. Henselmann, K. (1999): S. 125; Born, K. (1995): S. 120 ff.
754 Vgl. Albrecht, T. (2004): S. 732

hin, dass der Restwert typischerweise zwischen 60 bis 70% des Gesamtunternehmenswertes ausmacht[755].

3.6.7 Ermittlung der Kapitalkostensätze

3.6.7.1 Eigenkapitalkostensatz

Grundsätzlich entsprechen die Eigenkapitalkosten den Renditeerwartungen der Investoren von anderen Investitionsmöglichkeiten mit vergleichbarem Risiko. Die anzusetzenden Eigenkapitalkosten sollen so hoch bemessen sein, dass potentielle Investoren veranlasst werden, Anteile an dem Unternehmen zu erwerben.[756] Die risikoäquivalente Renditeforderung der Eigenkapitalgeber, die diese als Ausgleich für die Übernahme des Unternehmensrisikos erwarten, setzt sich aus einem (quasi)sicheren Basiszinssatz und einem Risikozuschlag zusammen.[757] Um das Risiko von Unternehmensbeteiligungen zu quantifizieren, greifen die DCF-Verfahren auf das *Capital Asset Pricing Model* (CAPM) zurück, einem kapitalmarkttheoretisch fundierten Ansatz zur Ableitung unternehmensspezifischer Risikoprämien, der auf der *Portfolio Selection Theory* basiert[758].

Durch den Ansatz, Risikoprämien im Rahmen der DCF-Verfahren mithilfe von Kapitalmarktdaten zu ermitteln, wird angestrebt, das subjektive Ermessen des Bewerters einzugrenzen, wodurch ein wesentlicher Unterschied zum Ertragswertverfahren erkennbar wird.[759]

Nach dem CAPM ermitteln sich die Eigenkapitalkosten r_{EK} aus der Rendite einer *risikolosen* Anlage r_f und der mit dem unternehmensspezifischen Beta-Faktor β gewichteten Marktrisikoprämie $(r_M - r_f)$ [760]:

$$r_{EK} = r_f + (r_M - r_f) \times \beta \qquad \textit{Formel 12}$$

mit r_{EK}:   Eigenkapitalkosten
      r_f: Risikoloser Zinssatz
      r_M: Rendite des Marktportfolios
      $(r_M - r_f)$: Marktrisikoprämie
      β: Beta-Faktor

---

755 Vgl. Drukarczyk, J. (2001): S. 303

756 Vgl. Born, K. (1995): S. 111

757 Vgl. Baetge, J. / Niemeyer, K. / Kümmel, J. (2001): S. 293

758 Vgl. Sharpe, W. F. (1964): S. 425; Lintner, J. (1965): S. 13 ff.. Die Ansätze von Sharpe und Lintner wurden durch Fama, E. F. (1968) zusammengeführt: S. 29 ff.

759 Vgl. Dreyer, D. (2004): S. 162

760 Vgl. Schmidt, R. H. / Terberger, E. (1999): S. 347

Für die Anwendung des CAPM zur Eigenkapitalkostenermittlung müssen somit neben der Rendite der risikofreien Anlage die Marktrisikoprämie und der unternehmensspezifische Beta-Faktor ermittelt werden[761]. Mit dem Kauf eines Unternehmens geht der Investor verschiedene Risiken ein: Je nachdem, welche Faktoren für die jeweilige Schwankung der Zahlungsströme ursächlich sind, unterscheidet man bei der Ermittlung der Risikoprämie zwischen dem *unsystematischen* und dem *systematischen* Risiko.[762] Das *unsystematische Risiko* ist unternehmensspezifisch und geht auf Unsicherheiten zurück, die z.B. aus der Qualität des Managements oder aus Wettbewerbsnachteilen resultieren. Es ist unabhängig von Einflüssen des Kapitalmarktes und kann durch geschickte Diversifikation des Aktien- oder Wertpapierportefeuilles durch den Investor verringert bzw. im Optimalfall gänzlich vermieden werden. Daher wird diese Komponente des Gesamtrisikos vom Markt nicht vergütet.[763]

Das *systematische Risiko* bezieht sich dagegen auf den gesamten Markt. Es wird beeinflusst durch wirtschaftliche oder politische Ereignisse (z.B. Konjunkturschwankungen, Inflation, Kriege, Naturkatastrophen). Da dieses Risiko, das sich nicht durch Diversifizierung verringen lässt, nicht im Einflussbereich der Unternehmensführung liegt, spricht man vom „allgemeinen Marktrisiko". In der Bewertungspraxis wird gegenwärtig häufig eine Marktrisikoprämie von 5-6% verwendet.[764] Für den potentiellen Erwerber eines Unternehmens ist die für sein Zielunternehmen geforderte spezifische Risikoprämie interessant, die sich durch Multiplikation der Marktrisikoprämie mit dem *Beta-Faktor* des Unternehmens errechnet.[765] Das Beta beschreibt als Volatilitätsmaß, in welchem Umfang die Unternehmensrendite – ausgedrückt durch eine Aktienkursveränderung – die Wertentwicklung des Gesamtmarktes (z.B. des Deutschen Aktienindex DAX) nachvollzieht und misst somit das beschriebene systematische Risiko.[766] Ein Beta von 1 bedeutet, dass sich die Einzelrendite einer bestimmten Anlage genau proportional zur Marktrendite verhält. Ein Beta > 1 weist darauf hin, dass der Wert der Investition stärker als die Marktrendite schwankt. Ist das Beta < 1, so reagiert die Einzelrendite einer Investition unterproportional auf Änderungen der Markrendite.[767]

Der Beta-Faktor für börsennotierte Unternehmen wird standardmäßig durch lineare Einfachregression der historischen Aktienrenditen auf die Marktrendite (z.B. DAX) ermittelt[768]. Für die im Rahmen der Arbeit relevanten KMU, die

---

761 Vgl. Laurenz, N. (2007): S. 36

762 Vgl. Hahn, D. / Hungenberg, H. (2001): S. 155

763 Vgl. Mandl, G. / Rabel, K (1997): S. 290

764 Vgl. zur Bestimmung der Marktrisikoprämie ausführlich Pankoke, T. / Petersmeier, K. (2005): S. 110 ff.

765 Vgl. Laurenz, N. (2007): S. 37

766 Vgl. Schacht, U. / Fackler, M. (2005): S. 194

767 Vgl. Seppelfricke, P. (2005): S. 89

768 Vgl. Pankoke, T. / Petersmeier, K. (2005): S. 89

nicht börsennotiert sind, ist die Ableitung von unternehmensspezifischen Beta-Faktoren problematisch, da keine historischen Kapitalmarktdaten vorliegen.[769] In der Literatur werden folgende Lösungswege vorgeschlagen:

a) *Referenzunternehmen:* Bei diesem Verfahren wird anhand von objektiven als auch von subjektiven Kriterien ein börsennotiertes Vergleichsunternehmen mit vergleichbarer Risikostruktur ausgewählt. Sollte dieses Referenzunternehmen alle Kriterien erfüllen, wird dessen Beta-Faktor ersatzweise herangezogen. Da der Beta-Faktor auch das Kapitalstrukturrisiko des Unternehmens widerspiegelt, muss das Vergleichsunternehmen die gleiche Kapitalstruktur wie das zu bewertende Unternehmen aufweisen[770].

b) *Branchenvergleich:* Hier werden Durchschnittswerte der Betafaktoren von Vergleichsunternehmen der gleichen Branche verwendet. Dieser Vorgehensweise liegt die Annahme zugrunde, dass Unternehmen der gleichen Branche das gleiche systematische Risiko aufweisen. Je größer die Zahl der Unternehmen ist, die in die Berechnung des Betas einfließen, umso geringer werden Schätzfehler. Hierbei besteht jedoch die Gefahr, dass Unternehmen in die Schätzung einfließen, die hinsichtlich der Risikostruktur nicht mit der Zielunternehmung übereinstimmen[771].

c) *Quantitativ-statistische Verfahren:* Diese Verfahren unterstellen einen Zusammenhang zwischen dem systematischen Risiko und den durch das Rechnungswesen des Unternehmens bereitgestellten Informationen, da diese durch die Abbildung der geschäftlichen Aktivitäten das allgemeine Marktrisiko des Unternehmens widerspiegeln. Als Werte kommen einzelne Gewinngrößen, mehrere Kennziffern und Kombinationen aus Jahresabschluss-Kennzahlen, Brancheninformationen und anderen Faktoren in Betracht[772].

d) *Qualitative Verfahren:* Bei diesem Verfahren wird der kapitalmarkttheoretische Ansatz mit den Erfahrungen des Bewerters kombiniert, um den für das Zielunternehmen angemessenen Beta-Faktor zu bestimmen. Dazu wird eine Gruppe von Managern gebeten, das systematische Risiko von börsennotierten Unternehmen und Branchen zu schätzen[773]. In der Regel werden hierbei spezifische Risikofaktoren bestimmt, denen jeweils vom Bewerter ein Betafaktor zugeordnet wird. Anschließend werden die spezifischen Risikofaktoren gewichtet und ein unternehmensspezifischer Beta-Faktor aus den Daten durch Aggregation ermittelt. Beispiele für Risikofaktoren sind die Zyklizität des Geschäftes, die Vorhersagbarkeit der

---

769 Vgl. Timmreck, C. (2004): S. 65

770 Vgl. Copeland, T. / Koller, T. / Murrin, J. (2000): S. 309

771 Vgl. Gompers, P. A. (1999): S. 5

772 Vgl. Freygang, W. (1993): S. 282 ff.

773 Vgl. Copeland, T. / Koller, T. / Murrin, J. (2000): S. 308

Unternehmensrendite, die Attraktivität der Branche, das Marktwachstum, der technologische Fortschritt, die Wettbewerbsposition, die Kapitalstruktur und der Substanzwert der Grundstücke und Anlagen[774].

3.6.7.2 Fremdkapitalkostensatz

Aufgrund des hohen Fremdmittelanteils bei vielen Unternehmen kommt der Berechnung der Fremdkapitalkosten eine besondere Bedeutung zu[775]. In der Regel setzt sich der gesamte Fremdkapitalbestand eines Unternehmens aus einer Vielzahl unterschiedlicher Positionen mit verschiedenen Kosten zusammen, so dass sich die Frage nach dem zu verwendenden Fremdkapitalsatz stellt. Auf Basis der erwarteten Zusammensetzung des Fremdkapitals ergeben sich die Fremdkapitalkosten als gewogener durchschnittlicher Kostensatz der einzelnen Fremdkapitalformen des zu bewertenden Unternehmen.[776] Alternativ können in die WACC-Ermittlung auch unterschiedliche Fremdkapitalkategorien mit ihren jeweiligen Zinssätzen einbezogen werden. In beiden Ansätzen wird implizit davon ausgegangen, dass sich die künftige Fremdkapitalzusammensetzung im Zeitablauf nicht ändert.[777]

Zu beachten ist, dass nur verzinsliches Fremdkapital wie z.B. Bankkredite und Anleihen zu berücksichtigen sind. Kurzfristige Verbindlichkeiten, z.B. Lieferantenkredite, bleiben dagegen bei der Ermittlung des Fremdkapitalkostensatzes unberücksichtigt.[778] Im WACC-Ansatz werden die Renditeforderungen der Fremdkapitalgeber unter Berücksichtigung des Steuervorteils $(1 - s)$ schließlich mit dem Anteil des Fremdkapitals zu Marktwerten am Gesamtwert des Unternehmens multipliziert.[779]

3.6.8 Beurteilung der DCF-Verfahren

3.6.8.1 Gegenüberstellung der DCF-Verfahren

Die DCF-Verfahren ermitteln den Unternehmenswert als Marktwert des Gesamtkapitals bzw. den Marktwert des Eigenkapitals generell durch die Diskontierung künftiger Cash Flows. Unterschiede zwischen den Verfahren bestehen hinsichtlich der zu diskontierenden Cash Flow-Größe, des Diskontierungssatzes und der Berücksichtigung von Kapitalstrukturänderungen[780]. Die unter-

---

774 Vgl. Mirow, M. (1994): S. 55

775 Vgl. Mandl, G. / Rabel, K. (1997): S. 326

776 Vgl. Pratt, S. P. (1998): S. 41

777 Vgl. Mandl, G. / Rabel, K. (1997): S. 326

778 Vgl. Bäzner, B. / Timmreck, C. (2004): S. 14

779 Vgl. Formel 4

780 Vgl. Ballwieser, W. (1998): S. 81 ff.

schiedlichen Merkmale der einzelnen Verfahren sind in Tabelle 8 zusammengefasst[781]:

Merkmale	Entity-Ansatz	Equity-Ansatz	APV-Verfahren
Cash Flow-Definition	Free Cash Flow	Flow to Equity	Free Cash Flow
Diskontierungssatz	Gewichtete Kapitalkosten (Weighted Average Cost of Capital)	Renditeforderung der Eigenkapitalgeber für ein Unternehmen, das mit Fremdkapital finanziert ist	Renditeforderung der Eigenkapitalgeber für ein Unternehmen ohne Fremdkapital
Ermittlung des Marktwertes des Eigenkapitals	Indirekt durch Abzug des Fremdkapitalwertes vom Unternehmenswert	Direkte Berechnung	Indirekt durch Abzug des Fremdkapitalwertes vom Unternehmenswert
Kapitalstruktur	Konstante Kapitalstruktur wird unterstellt	Unterstellung einer kapitalstrukturunabhängigen Renditeforderung der Eigenkapitalgeber	Berücksichtigung von Kapitalstrukturänderungen im Rahmen des Tax Shield aus Fremdfinanzierung

Tabelle 8: Gegenüberstellung von DCF-Verfahren
Quelle: Eigene Darstellung in Anlehnung an Mandl, G. / Rabel, K. (1997): S. 383

Für den praktischen Einsatz resultieren folgende grundsätzliche Implikationen: Hält ein Unternehmen seine Kapitalstruktur künftig annähernd konstant und bewirken die Fremdkapitalkosten eine Unternehmenssteuerersparnis, erscheint die Anwendung des *WACC-Verfahrens* auf Basis von Free Cash Flows vorteilhaft. Somit könnten FCF mit einem im Zeitablauf konstanten gewogenen Kapitalkostensatz diskontiert werden[782].

Der Einsatz des *Equity-Verfahrens* unter Verwendung eines im Zeitablauf konstanten Diskontierungssatzes ist nur unproblematisch, wenn der Einfluss erwarteter Änderungen der Kapitalstruktur auf die Renditeforderung der Eigenkapitalgeber zu vernachlässigen ist. Im Gegensatz zum WACC-Ansatz erfordert die

---

781 Vgl. Mandl, G. / Rabel, K. (1997): S. 383
782 Vgl. Steiner, M. / Wallmeiner, M. (1999): S. 4 f.

Anwendung des Netto-Verfahrens eine explizite Planung der Cash Flows aus der Fremdfinanzierung[783].

Wird davon ausgegangen, dass sich die Kapitalstruktur des Unternehmens im Zeitablauf ändern wird, bietet das *APV-Verfahren* den Vorteil, dass Kapitalstrukturänderungen im Rahmen des Tax Shield aus der Fremdfinanzierung erfasst werden können und ohne Rückwirkung auf den Marktwert des nicht mit Fremdkapital finanzierten Unternehmens bleiben[784]. Dementsprechend müssten Kapitalstrukturänderungen beim WACC- und Equity-Verfahren durch eine laufende Anpassung des Diskontierungssatzes Rechnung getragen werden[785].

3.6.8.2 Gegenüberstellung von DCF- und Ertragswertverfahren

Beide Verfahren, die konzeptionell unterschiedlich ausgerichtet sind, basieren auf derselben Bewertungsmethodik, dem *Kapitalwertverfahren*[786]. Während bei den Ertragswertverfahren ein subjektiver Alternativenvergleich durch die Diskontierung mit der individuellen Alternativrendite erfolgt, orientieren sich die DCF-Verfahren beim Vergleich am Kapitalmarkt bzw. mit den Renditeforderungen der dort agierenden Investoren[787].

	Ertragswertverfahren	**DCF-Verfahren**
Konzeption	Individueller Alternativenvergleich	Kapitalmarktorientierung
Methodik	Kapitalwertmethode	Kapitalwertmethode
Diskontierte Größe	Netto-Cash Flows beim Eigner	Free Cash Flows
Risikoberücksichtigung	Individuell (durch Risikozuschlag oder Sicherheitsäquivalent)	Ableitung aus kapitalmarkttheoretischen Modellen
Berücksichtigung der Besteuerung	Unternehmenssteuern und persönliche Steuern	Nur Unternehmenssteuern

Tabelle 9: Gegenüberstellung von Ertragswert- und DCF-Verfahren
Quelle: Ballwieser, W. (1995): S. 124

Die Unsicherheit zukünftiger Einnahmeüberschüsse wird beim Ertragswertverfahren durch subjektive Risikozuschläge bzw. subjektive Sicherheitsäquivalen-

---

783 Vgl. Ballwieser, W. (1998): S. 82 f.
784 Vgl. Ballwieser, W. (2004): S. 177
785 Vgl. Wallmeier, M. (1999): S. 1477
786 Vgl. Mandl, G. / Rabel, K. (1997): S. 384
787 Vgl. Mandl, G. / Rabel, K. (2001): S. 72

te erfasst[788]. Bei den DCF-Verfahren werden demgegenüber Risikozuschläge verwendet, die auf Grundlage kapitalmarkttheoretischer Modelle abgeleitet wurden und nur das *systematische*, nicht durch Portfoliobildung vermeidbare Risiko erfassen[789]. Nachfolgende Tabelle 9 fasst die wesentlichen Charakteristika und Unterschiede beider Verfahren zusammen.

3.6.8.3 Kritische Würdigung der DCF-Verfahren

Die DCF-Methoden zählen zu den international am weitest verbreiteten Methoden[790]. Nachdem in Deutschland lange Zeit das *Ertragswertverfahren* dominierte, hat mittlerweile eine Bedeutungsverschiebung zu Gunsten der *DCF-Verfahren* stattgefunden[791]. Dieser Entwicklung hat auch der IDW Rechnung getragen, da er die DCF-Verfahren 1999 ausdrücklich in die Grundsätze für Unternehmensbewertungen (IDW S 1) aufgenommen hat[792].

Die DCF-Verfahren basieren auf der Abdiskontierung von künftigen geschätzten Cash Flows. Durch die explizite Ausrichtung an künftigen Zuflüssen ist der *Grundsatz der Zukunftsbezogenheit* explizit erfüllt[793]. Der *Argumentationsfunktion* wird bei den DCF-Verfahren in hohem Maße Rechnung getragen, da sie eine sehr hohe Akzeptanz (auch international) unter den Marktteilnehmern genießen. Dies wird unterstützt durch die Verwendung von Marktdaten. Da diese Daten teilweise schwierig zu ermitteln sind, kann die angestrebte objektivierende Funktion nur teilweise erfüllt werden[794].

Im Hinblick auf die Eignung der DCF-*Verfahren als subjektive Entscheidungswerte* sind folgende Aspekte zu diskutieren:

Grundsätzlich stehen dem Bewerter die *Bruttomethode* mit dem *WACC*- und dem *APV*-Ansatz sowie die *Nettomethode* mit dem *Equity-Ansatz* zur Verfügung. Unter bestimmten Prämissen, bspw. einer am Gesamtunternehmenswert orientierten Fremdfinanzierung, und unter Vernachlässigung des Insolvenzrisikos kommen alle Verfahren zum gleichen Ergebnis[795]. Durch eine am Gesamtunternehmenswert orientierte Fremdfinanzierung, bleibt das Verhältnis von Fremdkapital zum Gesamtkapital konstant, so dass sich das finanzwirtschaftliche Risiko nicht ändert. Somit liegt eine unternehmenswertorientierte Finanzierungsstrategie vor[796]. Bei den *Bruttoverfahren* werden die Renditeforderungen

---

788 Vgl. Ballwieser, W. (2004): S. 66

789 Vgl. Brebeck, R. / Kohtes, W. / Schönbeck, T. (2005): S. 94

790 Vgl. Bäzner, B. / Timmreck, C. (2004): S. 3

791 Vgl. Brebeck, R. / Kohtes, W. / Schönbeck, T. (2005): S. 89

792 Vgl. IDW (Hrsg.) (1999): S. 211 ff.

793 Vgl. Achleitner, A.-K. / Nathusius, E. (2004): S. 62

794 Vgl. Schildbach, T. (1998): S. 319

795 Vgl. Hachmeister, D. (2000): S. 121

796 Vgl. Drukarcyk, J. / Honold, D. (1999): S. 334

der Eigenkapitalgeber an die steigende Verschuldung angepasst, so dass die Eigenkapitalkosten vom leistungswirtschaftlichen und vom finanzwirtschaftlichen Risiko eines Unternehmens abhängen[797]. Diese Prämisse einer am Gesamtunternehmenswert orientierten Fremdfinanzierung ist für *mittelständische Unternehmen* problematisch, da von einer autonomen Finanzierungspolitik auszugehen ist, bei der der Fremdmitteleinsatz unabhängig vom Unternehmensgesamtwert festgelegt wird[798].

Unter der Voraussetzung einer autonomen Finanzierungspolitik wirft die Anwendung des *Equity-Ansatzes* in der Praxis Probleme auf. Im Hinblick darauf, dass der Eigenkapitalkostensatz nicht nur von operativen Risiken, sondern auch von Finanzierungsrisiken (*Financial Leverage Risk*) abhängt, müssten bei einer sich ändernden Kapitalstruktur in zukünftigen Perioden auch variierende Eigenkapitalsätze in die Bewertung eingehen[799]. Da zur Berechnung der periodengenauen Eigenkapitalkostensätze der Marktwert des Eigenkapitals der Vorperiode bekannt sein muss, resultiert hieraus ein Zirkularitätsproblem[800]. Zur Lösung wird in der Literatur ein rekursives Vorgehen vorgeschlagen, wonach zunächst der Restwert, der sich der Detailplanung anschließt, berechnet und anschließend durch ein Roll Back-Verfahren der Unternehmenswert für die Vorperiode bestimmt wird[801].

Besonders problematisch für den Einsatz der DCF-Verfahren erscheint die unterstellte Prämisse eines vollkommenen Kapitalmarktes im Zusammenhang mit Beteiligungskapital. Das im Rahmen der Verfahren verwendete CAPM geht hinsichtlich seiner Annahmen davon aus, dass die Investoren homogene Erwartungen hegen, keine Transaktionskosten entstehen und dass alle Beteiligen den gleichen Informationsstand haben[802]. Diese Voraussetzungen sind auf dem Beteiligungskapitalmarkt nicht erfüllbar, da Finanzinvestoren vor allem regelmäßig Informations- und Transaktionskostenvorteile gegenüber anderen Investoren haben.[803]

Zudem ist das CAPM in Teilen der Literatur wegen seiner *methodischen* Schwächen umstritten[804]. So konnte in mehreren Studien kein positiver Zusammenhang zwischen der Wertpapierrendite und dem Beta-Faktor festgestellt werden[805]. Bei der praktischen Anwendung wird Kritik an der Zuhilfenahme von Aktienindizes für das Marktportfolio geübt, aufgrund der Tatsache, dass

---

797 Vgl. Baetge, J. / Niemeyer, K. / Kümmel, J. (2001): S. 297

798 Vgl. Richter, F. (1998): S. 379

799 Vgl. Copeland, T. / Koller, T. / Murrin, J. (2000): S. 150 f.

800 Vgl. Baetge, J. / Niemeyer, K. / Kümmel, J. (2001): S. 311

801 Vgl. Heitzer, B. / Dutschmann, M. (1999): S. 1466 f.

802 Vgl. Perridon, L. / Steiner, M. (2002): S. 270 f.

803 Vgl. Baecker, P. N. / Gleißner, W. / Hommel, U. (2008). S: 269

804 Vgl. Hahn, D. (2001): S. 87 ff.

805 Vgl. Jagannathan, R. / McGrattan, E. R. (1995): S. 2

Aktienindizes nicht alle Investitionsmöglichkeiten enthalten, wie es die Theorie für das Marktportfolio fordert[806]. Außerdem basiert das CAPM auf erwarteten Renditen, die aber nicht beobachtbar und daher nicht testbar sind. Aus Vereinfachungserwägungen werden aus der Vergangenheit Werte extrapoliert, was nicht bewertungskonform mit der Diskontierung von zukünftigen Cash Flows ist[807]. Auch widerspricht die Auslegung des CAPM als Einperiodenmodell der mehrperiodigen Unternehmensbewertung[808]. Die Inputgrößen wie Beta, die Risikoprämie und der risikolose Zinssatz sind sich im Zeitablauf ändernde Größen, deren Veränderung im Rahmen eines erweiterten CAPM berücksichtigt werden müsste[809].

Auch wenn von der generellen Anwendbarkeit des CAPM ausgegangen werden würde, so bestehen bei den Zielunternehmen für Private Equity-Unternehmen Schwierigkeiten bei der Bestimmung der benötigten Werte. So ist insbesondere die Bestimmung des *Beta-Faktors* problematisch, da die Zielunternehmen von Kapitalbeteiligungsunternehmen in den allermeisten Fällen nicht börsennotiert sind oder Unternehmen mit vergleichbarem Risikoprofil nicht an den Börsen identifiziert werden können[810]. Existieren doch Unternehmen mit ähnlichem Risikoprofil, so sind diese meist in einem fortgeschritteneren Entwicklungsstadium und befinden sich in einer anderen Größenklasse[811]. In Einzelfällen wird der Beta-Faktor auch direkt von dem Finanzinvestor festgelegt, der einen Basis-Beta-Faktor heranzieht und diesen durch subjektive, aus der Erfahrung herrührende Zu- und Abschläge korrigiert, was zu entsprechenden Ungenauigkeiten führen kann.

Trotz aller Probleme wird in der Praxis häufig am CAPM festgehalten, da die Verwendung von kapitalmarktorientierten Diskontierungssätzen eine objektivere Bewertung ermöglichen soll, als durch die Verwendung eines risikolosen Zinssatzes mit pauschalen Zuschlägen[812].

Eine weitere Schwierigkeit bei der Anwendung der DCF-Verfahren ergibt sich aus der Berechnung des *Restwertes,* der üblicherweise den größten Anteil des Gesamtunternehmenswertes ausmacht und somit sehr sorgfältig ermittelt werden sollte[813]. Eine ungenaue Approximation führt nicht zu einem angemessenen *Entscheidungswert*. Problematisch ist die in der Praxis häufig verwendete Annahme einer konstanten Entwicklung nach dem Detailplanungszeitraum, die

---

806 Vgl. Steiner, M. / Bruns, C. (2000): S. 29

807 Vgl. Hahn, D. (2001): S. 89; Ballwieser. W. (1998): S. 83

808 Vgl. Hering, T. (2000): S. 445 f.

809 Vgl. Schultze, W. (2003): S. 166 f.

810 Vgl. Achleitner, A.-K. / Nathusius, E. (2004): S. 52

811 Vgl. ebenda, S. 52

812 Vgl. Jonas, M. (1995): S. 96

813 Vgl. Copeland, T. / Koller, T. / Murrin, J. (2000): S. 267

mittelständischen Wachstumsunternehmen oftmals nicht gerecht wird, so dass die verfeinerten, aber komplexeren Modelle vorteilhafter sind[814].

Bei Anwendung der DCF-Verfahren wird ein bestimmtes, festgelegtes Investitionsprogramm unterstellt, das sich in den geplanten Cash Flows niederschlägt. Die DCF-Bewertung berücksichtigt allerdings keine Abweichungen von diesen Planungen, um flexibel auf geänderte Umweltbedingungen zu reagieren[815].

Eine generelle Kritik resultiert aus dem im Vergleich zu anderen Verfahren erhöhtem Arbeitsaufwand, wodurch die DCF-Verfahren häufig nicht für erste Indikationen oder überschlägige Ermittlungen für Finanzinvestoren angewandt werden sollten.[816]

3.7 Multiplikatorverfahren

3.7.1 Konzeption

Das Konzept der *Multiplikatorverfahren* beruht auf der Idee, den gesuchten Unternehmenswert durch Vergleich mit bereits am Markt bekannten Unternehmenspreisen anderer Unternehmen zu ermitteln. Diese marktorientierte Bewertung stellt somit einen relativen Vergleich dar: Der Marktwert eines oder mehrerer Vergleichsunternehmen dient als Bewertungsmaßstab[817]. Daher werden diese Verfahren in der Literatur auch als *Vergleichsverfahren* klassifiziert[818]. Der Bewertungszusammenhang des Multiplikatorverfahrens ist in Abb. 29 dargestellt.

---

814 Siehe hierzu die Ausführungen in Kapitel 3.9
815 Vgl. Achleitner, A.-K. / Nathusius, E. (2004): S. 61
816 Vgl. Walter, G. (2003): S. 102
817 Vgl. Schmidbauer, R. (2004): S. 148
818 Vgl. Mandl, G. / Rabel, K. (2005): S. 74 f.

```
┌─────────────────┐   ┌─────────────────┐     ┌─────────────────┐
│ Unternehmens-   │   │   Bezugsgröße   │     │ Multiplikator (Refe- │
│ wert des Zielun-│ = │ (Bewertungsob-  │  x  │ renzunternehmen)│
│   ternehmens    │   │      jekt)      │     │                 │
└─────────────────┘   └─────────────────┘     └─────────────────┘
                             ⇧                        ⇧

                      • Umsatz              Unternehmenswert
                      • EBIT                Referenzunternehmen
                      • Jahresergebnis      ─────────────────
                      • Anzahl Kunden         Bezugsgröße
```

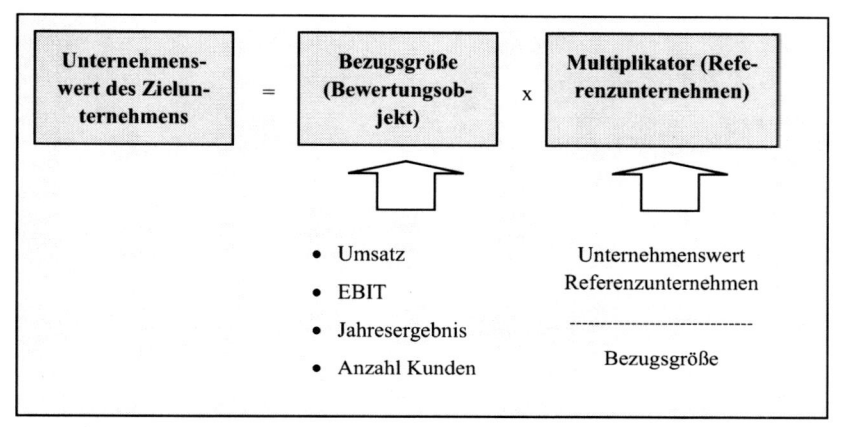

Abbildung 29: Unternehmensbewertung nach Multiplikatorverfahren
Quelle: Weddrien, O. / Riedl, M. (2008): S. 350

Die Anwendung des Multiplikatorverfahrens unterstellt die Prämissen des *vollkommenen Kapitalmarktes*, auf dem Allokations- und Informationseffizienz herrscht und bei dem alle Marktteilnehmer eine einheitliche Risikopräferenz haben. Diesen Annahmen folgend hätten die Marktteilnehmer sämtliche Unternehmensdaten zur Verfügung und würden daraus einen einheitlichen Unternehmenswert ermitteln. Der sich daraus ergebende Marktpreis eines Unternehmens würde demnach alle relevanten Informationen enthalten[819].

Technisch gesehen ist der Multiplikator eine Verhältniszahl, welche die Relation einer Wert- zu einer Bestands- oder Stromgröße darstellt. Die Bewertung ist formal ein Dreisatz[820]:

$$Aus \quad \frac{MW_{bU}}{BG_{bU}} = \frac{MW_{VU}}{BG_{VU}} \dots mit \dots M = \frac{MW_{VU}}{BG_{VU}} \qquad \text{Formel 13}$$

folgt: $MW_{bU} = BG_{bU} \times M$

mit MW_{VU}:   Marktwert (Marktpreis) des Vergleichsunternehmens
        BG_{VU}:   Bezugsgröße des Vergleichsunternehmens
        MW_{bU}:   Marktwert des zu bewertenden Unternehmens
        BG_{bU}:   Bezugsgröße des zu bewertenden Unternehmens

---

819 Vgl. Küting, K. / Eidel, U. (1999): S. 229
820 Vgl. IDW (Hrsg.) (2002): S. 20

M: Multiplikator

3.7.2 Ausprägungen

Je nach Auswahl der Vergleichsunternehmen werden in der Literatur drei verschiedene Ansätze der Multiplikatorverfahren unterschieden, die alle der US-amerikanischen Bewertungspraxis entstammen[821]:

a) Bei der *Similar Public Company Method* wird der zu ermittelnde Unternehmenswert durch den Vergleich mit einem oder mehreren an der Börse notierten Unternehmen ermittelt. Als relevanter Marktpreis eines börsennotierten Unternehmens wird dabei dessen Marktkapitalisierung (Börsenkurs multipliziert mit der Anzahl der ausgegebenen Aktien) herangezogen.[822]

b) Im Rahmen der *Recent Acquisition Method* wird der Unternehmenswert aus Kaufpreisen abgeleitet, die in der jüngeren Vergangenheit bei Verkäufen vergleichbarer Unternehmen erzielt wurden. Die Schwierigkeit bei dieser Vorgehensweise besteht darin, dass ausreichend viele Transaktionen möglichst zeitnah am Bewertungsstichtag stattgefunden haben müssen, um eine Bewertung zu ermöglichen. Ein weiteres Problem resultiert aus der Schwierigkeit, die relevanten Daten der Transaktionen zu erhalten[823].

c) Bei der *Initial Public Offering Method* wird der potentielle Marktpreis des zu bewertenden Unternehmens aus Emissionserlösen für Anteile an Vergleichsunternehmen, die neu an die Börse eingeführt wurden, abgeleitet. Auch bei dieser Methode kann die Anzahl der Neuemissionen als kritischer Faktor gesehen werden.[824]

3.7.3 Vorgehensweise

Unabhängig von der Art der Vergleichsunternehmen, beinhaltet die Anwendung des *Multiplikatorverfahrens* folgende einheitliche Vorgehensweise, die in Abbildung 29 zusammengefasst ist[825]:

---

821 Vgl. Beck, P. (1996): S. 141 ff.; Böcking, H.-J. / Nowak, K. (1999): S. 170 ff.
822 Vgl. Mandl, G. / Rabel, K. (1997): S. 259
823 Vgl. Bamberger, B. (1999): S. 668
824 Vgl. Matschke, M. J. / Brösel, G. (2005): S. 553
825 Vgl. Achleitner, A.-K. / Nathusius, E. (2004): S. 123

Analyse des Zielunternehmens	Identifikation von Vergleichsunternehmen	Ermittlung des Marktwertes des Zielunternehmens	Berücksichtigung von Zu- oder Abschlägen
Qualitative Analyse: Absatzmärkte, Vertriebswege, Marktanteil, Management **Quantitative Analyse:** Rentabilitäts-, Liquiditäts-, Kapitalstruktur-Kennzahlen	Suche nach Unternehmen der gleichen Branche Bestimmung von Vergleichsunternehmen	Ermittlung des Marktwertes der Vergleichsunternehmen Ermittlung der Unternehmenskennzahlen Berechnung des durchschnittlichen Multiplikators Berechnung des Marktwertes des Zielunternehmens	Illiquiditätsabschlag Paketzuschlag oder Minderheitenabschlag

Abbildung 30: Vorgehensweise bei den Multiplikatorverfahren
Quelle: In Anlehnung an Achleitner, A.-K. / Nathusius, E. (2004b): S. 124

Im *ersten* Schritt erfolgt die Analyse des zu bewertenden Unternehmens, die einer generellen Unternehmensanalyse ähnelt, jedoch spezieller auf die Anforderungen des Multiplikatorverfahrens eingeht. Zielsetzung ist es, Charakteristika zu identifizieren, die eine Vergleichbarkeit zu Referenzunternehmen zulassen[826]. Wichtig sind im Rahmen der *qualitativen Analyse* neben der Branchenzugehörigkeit des zu bewertenden Unternehmens auch die Vertriebskanäle, die Absatzmärkte und die Wettbewerbssituation hinsichtlich Marktanteil und Marktwachstum sowie die Managementqualität. Im Zuge der *quantitativen Analyse* werden zudem Rentabilitäts-, Liquiditäts- und Kapitalstrukturkennzahlen erhoben[827]. Des Weiteren erfolgt eine Abschätzung der zukünftigen Umsatz- und Gewinnentwicklung.[828] Ziel einer Unternehmensanalyse als Ausgangspunkt einer Unternehmensbewertung ist, die charakteristischen Eigenschaften des Zielobjektes herauszuarbeiten, was eine Suche nach Vergleichsunternehmen erst ermöglicht.[829]

Im *zweiten* Schritt werden Vergleichsunternehmen identifiziert. Meist wird zum Vergleich nicht ein einzelnes Unternehmen gewählt, sondern es wird eine

---

826 Vgl. Buchner, R. / Englert, J. (1994): S. 1574
827 Vgl. Böcking, H.-J. / Nowak, K. (1999): S. 170
828 Vgl. Mandl, G. / Rabel, K. (1997): S. 260
829 Vgl. Dreyer, D. (2004): S. 189

sogenannte *Peer-Group* gebildet. Die zur Peer-Group gehörenden Unternehmen müssen dem Zielunternehmen in Bezug auf wesentliche Werttreiber sowie der Rendite-Risiko-Struktur vergleichbar sein[830]. Der Vorteil bei der Verwendung einer Peer-Group liegt darin, dass die Bewertung nicht nur auf einem Unternehmen beruht, das möglicherweise nicht exakt vergleichbar ist. Die Identifikation von geeigneten Vergleichsunternehmen stellt im Rahmen des Verfahrens eine zentrale und sehr schwierige Aufgabe dar.[831] Es gilt, hierbei einen tragfähigen Kompromiss zu entwickeln zwischen Kriterien, die unbedingt zu erfüllen sind, und Kriterien, die im vorliegenden Einzelfall als weniger wichtig anzusehen sind. Zentral für die Bestimmung der Peer Group sind in der Bewertungspraxis die Kriterien Branchenzugehörigkeit und Unternehmensgröße. Dabei wird implizit unterstellt, dass Unternehmen derselben Branche im Regelfall vergleichbare Marktbedingungen und operative Risiken haben.[832]

Im nächsten Schritt hat der Bewerter zu entscheiden, auf welcher Unternehmenskennzahl (Bezugsgröße) der Multiplikator basieren soll. Auf die Verwendung von verschiedenen Kennzahlen wird im nachfolgenden Kapital 3.7.4 eingegangen[833].

Für die Berechnung des Multiplikators sind der Marktwert des Vergleichsunternehmens und dessen entsprechende Unternehmenskennzahl, auf welcher der Multiplikator basieren soll, zu ermitteln. Je nachdem welche Multiplikatoren verwendet werden, unterscheidet man zwischen *Equity-Value-Multiplikatoren*, die auf dem Eigenkapitalwert beruhen und *Enterprise-Value-Multiplikatoren*, die auf Basis des Gesamtunternehmenswertes errechnet werden[834].

Bei der Erhebung der Kennzahlen stellt sich die Frage nach dem zeitlichen Bezug, wobei grundsätzlich vergangenheitsbezogene oder zukunftsbezogene Kennzahlen verwendet werden können. Da vergangenheitsorientierte Kennzahlen dem Grundsatz der *Zukunftsbezogenheit* widersprechen, sollten Kennzahlen künftiger Geschäftsjahre Berücksichtigung finden[835].

Bei dem *Similar-Public-Company-Anatz* errechnet sich der Marktwert des Eigenkapitals durch Multiplikation des aktuellen Börsenkurses mit der Anzahl der Aktien, beim *Initial-Public-Offering-Ansatz* werden Emissionskurse zugrunde gelegt. Der Marktwert des Gesamtkapitals bestimmt sich durch Addition der Netto-Finanzverbindlichkeiten. Bei *Comparable Transactions* entspricht

---

830 Vgl. Richter, F. (2000): S. 284

831 Vgl. Laurenz, N. (2007): S. 45

832 Vgl. Seppelfricke, P. (2005): S. 160

833 Vgl. Bausch, A. (2000): S. 450

834 Vgl. Achleitner, A.-K. / Nathusius, E. (2004): S. 126

835 Vgl. Mills, R. W. (1998): S. 449

der Marktpreis des Eigenkapitals im Falle eines Share Deals[836] dem Kaufpreis.[837]

Nach der Bestimmung der Bezugsgrößen sowohl der Vergleichsunternehmung als auch der Zielunternehmung ist der Unternehmensgesamtwert bzw. der Eigenkapitalwert durch die Bezugsgröße des Vergleichsunternehmens zu dividieren, um den *Multiplikator* zu berechnen. Anschließend wird der Multiplikator mit der Bezugsgröße des Zielunternehmens multipliziert, um den Gesamtunternehmenswert bzw. den Shareholder Value zu erhalten[838].

Im Rahmen von Beteiligungsfinanzierungen sind Anpassungen des Multiplikatorverfahrens notwendig, um zu einer angemessenen Bewertung zu gelangen. Im Hinblick auf die Möglichkeit der aktiven Einflussnahme durch einen Finanzinvestor, die normalerweise durch Aktionäre nicht gegeben ist, ist bei der *Similar-Public-Company-Methode* ein Bewertungszuschlag zu berücksichtigen.[839] In der Praxis beträgt diese „control premium" durchschnittlich ca. 40%. Andererseits ist ein Abschlag wegen der geringen Fungibilität und der damit verbundenen höheren Transaktionskosten von Anteilen des nichtbörsennotierten Bewertungsobjektes zu berücksichtigen. Dieser Abschlag für mangelnde Marktfähigkeit (Illiquiditätsabschlag) liegt in der Praxis im Allgemeinen zwischen 25 und 30%.[840]

3.7.4 Auswahl möglicher Multiplikatoren

In Abhängigkeit von dem zu Grunde liegenden Marktwert wird in der Literatur grundsätzlich zwischen *Equity-Value-* und *Enterprise-Value-Multiplikatoren* unterschieden[841].

3.7.4.1 Equity-Value-Multiplikatoren

Bei *Equity-Value-Multiplikatoren* dient der Marktwert des Eigenkapitals als Referenzgröße. Dieser wird in Relation zu unterschiedlichen Unternehmenskennzahlen gesetzt[842]. Der gebräuchlichste Multiplikator ist das *Kurs-Gewinn-Verhältnis*, bei dem der Aktienkurs (bzw. die gesamte Marktkapitalisierung eines Unternehmens) in das Verhältnis zum Gewinn pro Aktie (bzw. zum Jahresüberschuss) gesetzt wird[843]. Tabelle 10 gibt den Überblick über weitere in der

---

836 Bei einem *Share Deal* erfolgt der Unternehmenskauf durch Erwerb der Geschäftsanteile. Vgl. Hielscher, U. / Singer, J. / Grampp, M. (Hrsg.) (2002): S. 390

837 Netto-Finanzverbindlichkeiten = Finanzverbindlichkeiten + liquide Mittel. Vgl bspw. Mittendorfer, R. (2007): S. 184

838 Vgl. Bausch, A. (2000): S. 450 f.

839 Vgl. Hommel, M. / Braun, I. (2005): S. 76

840 Vgl. Achleitner, A.-K. / Nathusius, E. (2004): S 126

841 Vgl. Löhnert, P. / Böckmann, U. (2001): S. 409

842 Vgl. Achleitner, A.-K. / Nathusius, E. (2004): S. 127

843 Vgl. Löhnert, P. / Böckmann, U. (2001): S. 409

Praxis verwendete Equity-Value-Multiplikatoren wie die *Cash Earnings*, den *Buchwert des Eigenkapitals* und den *Earnings Growth*.

Bezugsgröße	Berechnung	Vor-/Nachteile (+/-)
Jahresüberschuss (Kurs-Gewinn-Verhältnis)	Bereinigter Jahresüberschuss (nach DVFA-Schema)	+ Steht zur Ausschüttung zur Verfügung - Beeinflussung durch zahlreiche bilanzpolitische Maßnahmen möglich - Beeinflussung durch Verschuldungsgrad
Cash Earnings	Bereinigter Jahresüberschuss (nach DVFA-Schema) plus Abschreibungen plus Rückstellungserhöhung	+ Stellt auf Generierung von Einzahlungsüberschüssen ab + Nicht durch unterschiedliche Abschreibungsregelungen beeinflusst - Beeinflussung durch Verschuldungsgrad - Unterstellt identische Kapitalintensität bei Referenzunternehmen und zu bewertendem Unternehmen
Eigenkapital-Buchwert	Bilanzielles Eigenkapital (exklusive Anteile Dritter)	- Substanzwertbetrachtung, die die Ertragskraft nicht berücksichtigt - Beeinflussung durch Verschuldungsgrad
Earnings Growth	Findet in der Price-Earnings-Growth-Ratio Anwendung, bei der der Aktienkurs durch das erwartete durchschnittliche Gewinnwachstum pro Jahr dividiert wird.	+ Berücksichtigt das Unternehmenswachstum - Wenig aussagefähig bei Unternehmen mit geringem Wachstum - Beeinflusst durch Verschuldungsgrad

Tabelle 10: Equity-Value-Multiplikatoren
Quelle: Löhnert, P. / Böckmann, U. (2001): S. 411

Alle Equity-Value-Multiplikatoren lassen jedoch die Erkenntnis unberücksichtigt, dass der Verschuldungsgrad die Eigenkapitalkosten beeinflusst: So müssen hoch verschuldete Unternehmen aufgrund ihres vermehrten Risikos neben höheren Kreditzinsen ebenfalls höhere Eigenkapitalkosten als niedriger verschuldete Unternehmen akzeptieren[844]. Da ein Kurs-Gewinn-Verhältnis als Kehrwert der Eigenkapitalkosten abzüglich einer nachhaltigen Wachstumsrate interpre-

---

844 Vgl. Drukarczyk, J. (2001): S. 151 ff.

tiert werden kann, müssten angemessene Multiplikatoren mit steigendem Verschuldungsgrad abnehmen[845].

3.7.4.2 Enterprise-Value-Multiplikatoren

Die Referenzgröße der *Enterprise-Value-Multiplikatoren* ist der Marktwert des Gesamtkapitals, der dem Marktwert des Eigenkapitals zuzüglich den Nettofinanzverbindlichkeiten (Finanzverbindlichkeiten abzüglich liquider Mittel) entspricht. Der am häufigsten verwendete Multiplikator basiert auf dem EBIT, wobei der Unternehmenswert in das Verhältnis zum operativen Gewinn (vor Zinsen und Steuern) gesetzt wird. Weitere gebräuchliche Multiplikatoren fußen auf dem EBITDA, dem Operating Free Cash Flow und dem Umsatz. Tabelle 11 gibt einen Überblick über die *Enterprise-Value-Multiplikatoren*.

Der Nachteil, dass bei Equity-Value-Multiplikatoren eine gleiche Kapitalstruktur bei Ziel- und Vergleichsunternehmen gefordert wird, kann durch die Nutzung des Gesamtmarktwertes als Zielgröße umgangen werden[846]. Neben diesem Vorteil können bei Verwendung der Größen EBIT und EBITDA, da nur güterwirtschaftliche Größen betrachtet werden, außerordentliche Effekte ausgeschlossen werden und es kann eine bessere internationale Vergleichbarkeit hergestellt werden[847]. Ebenfalls ist es möglich, das Multiplikatorverfahren unterjährig anzuwenden, da in Zwischenberichten in der Regel nur güterwirtschaftliche Ergebnisgrößen veröffentlicht werden[848]. Die EBITDA-Größe bietet gegenüber dem EBIT den Vorteil, dass durch die Addition der Abschreibungen auf Sachanlagen und immaterielle Vermögensgegenstände auf die Ergebnisgröße Abschreibungswahlrechte, die sich auf das Ergebnis auswirken, ausgeschaltet werden. Durch diese Vorgehenswweise wird eine bessere Vergleichbarkeit zwischen verschiedenen Unternehmen erreicht.

Der Umsatzmultiplikator, der sich auch bei Unternehmen mit negativen Ergebnissen anwenden lässt, hat den Vorteil einer hohen Transparenz, da er im Gegensatz zu den Ergebnisgrößen weniger manipulierbar ist[849]. Allerdings birgt er die Gefahr von Fehlbewertungen, da die Kostenseite von Unternehmen völlig ausgeblendet wird[850].

---

845 Vgl. Achleitner, A.-K. / Nathusius, E. (2004): S. 127

846 Vgl. Drukarczyk, J. (2001): S. 151 ff.

847 Vgl. Rudolf, M. / Witt, P. (2002): S. 104

848 Vgl. Seppelfricke, P. (1999): S. 303

849 Vgl. Damoraran, A. (2001): S. 320

850 Vgl. ebenda, S. 320

Bezugsgröße	Berechnung	Vor-/Nachteile (+/-)
Umsatz	Umsatz laut GuV. Alternativ auch Gesamtleistung, falls Bilanzierung nach Gesamtkostenverfahren erfolgt	+ Auch anwendbar, wenn Gewinn unbekannt ist - Unterstellt identische Margen bei Referenz- und zu bewertendem Unternehmen
EBITDA	Earnings before Interest, Taxes, Depreciation and Amortization (= Bereinigter Gewinn vor Zinsen, Abschreibungen und Ertragsteuern)	+ Nicht durch unterschiedliche Abschreibungsmethoden beeinflusst - Unterstellt identische Kapitalintensität bei Referenz- und zu bewertendem Unternehmen
EBIT	Earnings before Interest and Taxes (= Bereinigter Gewinn vor Zinsen und Ertragsteuern)	+ Berücksichtigt unterschiedliche Kapitalintensität - Verfälschung durch unterschiedliche Abschreibungsverfahren
Operating Cash Flow	Operating Free Cash Flow = Bereinigter Gewinn vor Zinsen, Abschreibungen und Ertragsteuern nach Investitionen in Anlage- und Nettoumlaufvermögen und vor Rückstellungsbildung	+ Stellt auf die Generierung von Einzahlungsüberschüssen ab - Kann aufgrund unregelmäßiger Investitionstätigkeit sowie Rückstellungsbildung stark schwanken und zu verzerrten Werten führen

Tabelle 11: Überblick über Enterprise-Value-Multiplikatoren
Quelle: Löhnert, P. / Böckmann, U. (2001): S. 410

Neben diesen dargestellten finanziellen Multiplikatoren finden insbesondere für sehr junge Unternehmen, die ggf. noch keine Umsatzerlöse erzielen, auch *nicht-finanzielle* Multiplikatoren Anwendung, die branchenspezifische Charakteristika widerspiegeln sollen[851]. Beispiele hierfür sind die Anzahl der Besucher auf einer Internet-Seite (für Internet-Unternehmen) oder die Zahl der Anschlüsse bei Telekommunikationsunternehmen. Die implizite Annahme bei der Verwendung dieser Faktoren ist, dass je mehr Abonnenten, Kunden bzw. Besucher ein Unternehmen vermelden kann, umso mehr Umsatz wird künftig für diese Unternehmen erwartet[852]. Da im Fokus dieser Arbeit etablierte mittelständische

---

851 Vgl. Rudolf, M. / Witt, P. (2002): S. 180 ff.
852 Vgl. Damodaran, A. (2001): S. 11

Unternehmen liegen, werden diese nicht-finanziellen Kennzahlen nicht weiter betrachtet[853].

3.7.5 Branchen-Multiplikatoren

Im Rahmen der Bewertung von KMU werden in der Praxis häufig Multiplikatorverfahren auf Basis von Erfahrungswerten eingesetzt. Bei dieser Methode wird nicht auf einen tatsächlich realisierten Marktpreis eines entsprechenden Referenzunternehmens, sondern auf branchenspezifische Schätzwerte abgestellt.[854] Hierbei werden für diverse Branchen Bandbreiten von Multiplikatoren[855] anhand von Börsendaten oder alternativ durch die Befragung von Experten aus den Bereichen Investmentbanking, Wirtschaftsprüfung und Unternehmensberatung abgeleitet.[856] Der Unternehmenswert wird durch die Verknüpfung eines branchenspezifischen Multiplikators bzw. einer Bandbreite mit einer branchenspezifischen Bezugsgröße (wie dem Umsatz oder dem Gewinn) ermittelt.[857] Abbildung 30 zeigt beispielhaft Bandbreiten von EBIT-Multiplikatoren diverser Branchen für KMU (Stand Juni 2009).

---

853 Vgl. zur Anwendung der Multiplikatorverfahren für junge Unternehmen bspw. die Ausführungen bei Rudolf, M. / Witt, P.: Bewertung von Wachstumsunternehmen: Traditionelle und innovative Methoden im Vergleich, Wiesbaden 2002

854 Vgl. Dreyer, D. (2004): S. 191

855 Diese Multiplikatoren werden monatlich bspw. von der Zeitschrift *Finance* veröffentlicht.

856 Vgl. Achleitner, A.-K. / Nathusius, E. (2004): S. 119 f.

857 Vgl. Laurenz, N. (2007): S. 47

EBIT-Multiplikatoren (Bandbreiten) für KMU (Juni 2009)

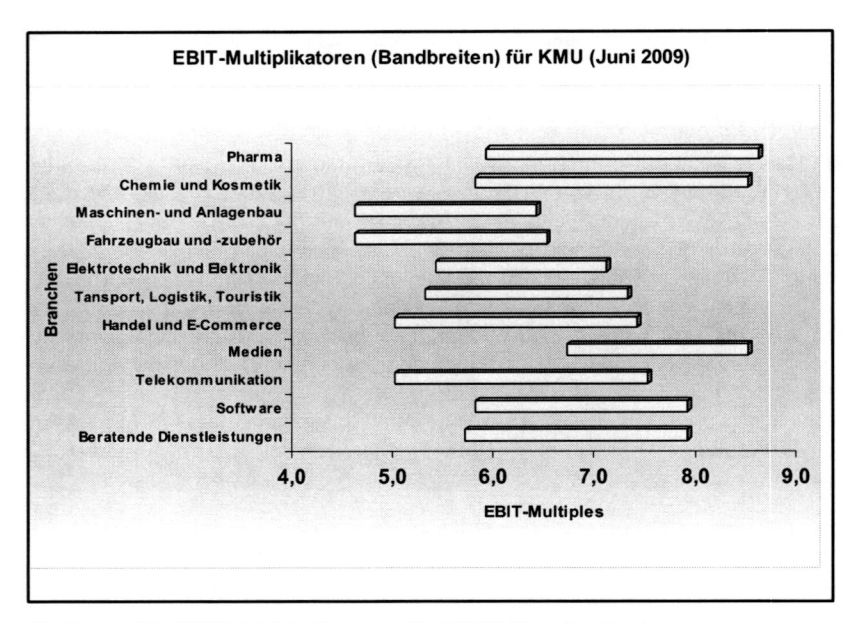

[Balkendiagramm mit Branchen auf der y-Achse und EBIT-Multiples (4,0 – 9,0) auf der x-Achse:
- Pharma
- Chemie und Kosmetik
- Maschinen- und Anlagenbau
- Fahrzeugbau und -zubehör
- Elektrotechnik und Elektronik
- Transport, Logistik, Touristik
- Handel und E-Commerce
- Medien
- Telekommunikation
- Software
- Beratende Dienstleistungen]

Abbildung 31: EBIT-Multiplikatoren für KMU (Bandbreiten)
Quelle: Eigene Darstellung in Anlehnung an Finance, Juli / August 2009: S. 52

3.7.6 Beurteilung

Die Multiplikatorverfahren haben in der Bewertungspraxis im Vergleich zu anderen Methoden aufgrund nachfolgend dargestellter Vorteile eine vergleichsweise hohe *Akzeptanz*:[858]

a) Einfache Anwendung und hohe Bewertungsgeschwindigkeit durch Reduktion der bewertungsrelevanten Komplexität.
b) Leichte Kommunizierbarkeit durch hohe Transparenz.
c) Einsatzmöglichkeit auch für junge Unternehmen ohne längere Historie.
d) Ermöglicht die Ermittlung einer ersten Wertindikation, die in weiteren Schritten verfeinert werden kann.

Obwohl die Multiplikatorverfahren durch ihre Einfachheit bestechen, treten in der praktischen Umsetzung folgende Probleme auf:

a) In Deutschland ist im Vergleich zu Ländern wie den USA oder Großbritannien nur eine vergleichsweise kleine Zahl von Unternehmen an der

---

858 Vgl. Ballwieser, W. (2004): S. 197

Börse notiert, wodurch relativ wenige Vergleichsunternehmen zur Marktwertermittlung zur Verfügung stehen.[859]

b) Zudem sind öffentlich zugängliche und verlässliche Daten über Transaktionen von KMU nur schwer zu erhalten.[860]

Insbesondere von Teilen der Literatur werden diesen Verfahren grundlegende Bedenken entgegengebracht[861]. Zur Ermittlung eines individuellen Grenzpreises des Käufers und Verkäufers ist die Berücksichtigung ihrer persönlichen Ziele, Verhältnisse und Möglichkeiten wichtig. Diese höchst subjektiven Merkmale, die mit einem individuellen Zielunternehmen verbunden sind, können in dem realisierten Preis anderer Transaktionen nicht enthalten sein.[862] Die Grundidee der Multiplikatorverfahren, den Ermessensspielraum des Bewerters durch die Objektivität des Marktes so weit wie möglich auszuschalten, verstößt daher gegen das *Subjektivitätsprinzips* der Unternehmensbewertung.[863]

Bei diesen Verfahren sind die Prämissen der Gültigkeit eines vollkommenen Kapitalmarktes, auf dem Informationseffizienz herrscht, und die Annahme, dass vergleichbare Unternehmen existieren, die auf dem Markt gehandelt werden und deren Marktpreise verfügbar sind, besonders problematisch. Diese Annahmen sind in der Realität so nicht anzutreffen[864]. Im Falle der Anwendung von *Umsatzmultiplikatoren* ist die Prämisse zu kritisieren, dass Vergleichs- und Zielunternehmen identische Gewinnmargen und gleiche Kostenstrukturen aufweisen sollen[865]. An den *nicht-finanziellen Kennzahlen* ist insbesondere problematisch, dass häufig kein direkter Zusammenhang zu fundamentalen Werttreibern wie beispielsweise Cash Flows besteht, womit die Aussagefähigkeit der Bewertung stark eingeschränkt ist[866]. Bei der Verwendung von Zu- oder Abschlägen für die Kontrolle bzw. die Illiquidität ist die angemessene Höhe dieser Bewertungsanpassungen nicht genau bestimmbar und wird durch den Bewerter recht willkürlich vorgenommen[867].

Da die marktorientierten Vergleichsverfahren bei der Wertermittlung nicht auf den zukünftigen Nutzen abstellen, sondern frühere bzw. bestenfalls aktuelle Marktpreise verwenden, widersprechen sie dem Grundsatz der *Zukunftsbezogenheit*.[868] Weiterhin wird in der Literatur die Einperiodenorientierung der

---

859 Vgl. Born, K. (2003): S. 164

860 Vgl. Behringer, S. (2004): S. 119

861 Vgl. bspw. Buchner, R. / Englert, J. (1994): S. 1579 f.

862 Vgl. Mandl, G. / Rabel, K. (1997): S. 274

863 Vgl. Dreyer, D. (2004): S. 197

864 Vgl. Achleitner, A.-K. / Nathusius, E. (2004): S. 139 f.

865 Vgl. Löhnert, P. / Böckmann, U. (2001): S. 410

866 Vgl. Rudolf, M. / Witt, P. (2002): S. 199

867 Vgl. Seppelfricke, P. (1999): S. 302

868 Vgl. Nowak, K. (2003): S. 183

Multiplikatorverfahren kritisiert. Zufälligkeiten können die Bewertung beeinflussen und künftige Entwicklungen finden nur unzureichende Berücksichtigung.[869] Zwar aggregieren die beobachtbaren Marktpreise die Zukunftserwartungen der Referenzunternehmen, dass diese jedoch auf das Bewertungsobjekt übertragbar sind ist anzuzweifeln.[870] Wenn auch bei diesen Verfahren der Grundsatz der *Bewertungseinheit* als erfüllt angesehen werden kann, dann wird jedoch gegen das *Äquivalenzprinzip* verstoßen, wonach die Handlungsalternativen miteinander vergleichbar sein müssen.[871]

Insgesamt lässt sich festhalten, dass mit den Multiplikatorverfahren aufgrund deren mangelnder Einhaltung der Grundsätze ordnungsmäßiger Unternehmensbewertung kein *Entscheidungswert* bestimmt werden kann, sondern lediglich ein potentieller Marktpreis abgeschätzt wird[872]. Die Multiplikatorverfahren sollten daher nicht als alleinige Entscheidungsgrundlage, sondern komplementär mit anderen Verfahren herangezogen werden: Sie eignen sich dann zur Plausibilitätsprüfung von Unternehmenswerten auf Basis von Zukunftserfolgswerten[873]. Allerdings scheinen die marktwertorientierten Methoden wegen ihrer vordergründigen Glaubwürdigkeit und Objektivität insbesondere für die *Argumentationsfunktion* geeignet[874]. Aufgrund der im Vergleich zum Ertragswert- und den DCF-Verfahren einfacheren Anwendung kann das Multiplikatorverfahren im Beteiligungsprozess erste Anhaltspunkte für eine Bewertung liefern[875]. Nach Erfahrungen des IDW wird in der Praxis immer häufiger auf die Preisfindung durch Multiplikatoren zurückgegriffen, die jedoch eine Unternehmensbewertung nicht ersetzen können[876].

3.8 Venture Capital-Methode

3.8.1 Konzeption

Ergänzend zu den besprochenen Verfahren wird von Kapitalbeteiligungsgesellschaften ein pragmatisches Verfahren, die *Venture Capital-Methode (VC-Methode),* angewandt. Mit deren Hilfe soll zum einen den besonderen Charakteristika von Wachstumsunternehmen und zum anderen der Exit-Orientierung von Finanzinvestoren Rechnung getragen werden[877]. Die Bewertung erfolgt aus

---

869 Vgl. Seppelfricke, P. (2005): S. 163

870 Vgl. Nowak, K. (2003): S. 163

871 Vgl. Dreyer, D. (2004): S. 199

872 Vgl. Mandl, G. / Rabel, K. (1997): S. 274

873 Vgl. Löhnert, P. / Böckmann, U. (2001): S. 406

874 Vgl. Behringer, S. (2004): S. 120

875 Vgl. Brebek, R. / Kohtes, W. / Schönbeck,T. (2005): S. 102

876 Vgl. IDW (Hrsg.) (2000): S. 839 ff.

877 Vgl. Behringer, S. (2001): S. 795

der Perspektive der Private Equity-Gesellschaft, die einen Kapitalgewinn beim zukünftigen Verkauf ihrer Anteile anstrebt. In Abhängigkeit vom Wert des Unternehmens zum Verkaufszeitpunkt und der Höhe der Investitionssumme zum Einstiegszeitpunkt ermittelt sich die Rendite für den Finanzinvestor. Mittels der VC-Methode wird nicht nur der Unternehmenswert, sondern auch der prozentuale Anteil bestimmt, den ein Finanzinvestor für seine Investitionssumme fordern sollte.[878]

Die Bewertung durch die Venture Capital-Methode vollzieht sich generell in folgenden *Schritten*[879]:

- a) Abschätzung des zukünftigen Unternehmenswertes (*Future Value*).
- b) Bestimmung des gegenwärtigen Unternehmenswertes (*Present Value*).
- c) Bestimmung des Beteiligungsanteils.
- d) Ausgleich zukünftiger Verwässerungseffekte.
- e) Ermittlung von Preis und Menge auszugebender Aktien bzw. Gesellschaftsanteile.

Im *ersten* Schritt wird der Unternehmenswert zum Zeitpunkt des Ausstiegs geschätzt, wobei nur das positive Szenario einer erfolgreichen Unternehmensentwicklung Berücksichtigung findet. Der Exiterlös wird aufgrund der einfachen Handhabung meist mittels *Multiplikatoren*[880] berechnet:

$$\boxed{FV_T = M_{KZi,0} \times KZ_{ZU,T}} \qquad \textit{Formel 14}$$

mit FV_T: Future Value zum Exitzeitpunkt T
$KZ_{ZU,T}$: Kennzahl i des Zielunternehmens zum Exitzeitpunkt T
$MKZi,0$: Multiplikator auf Basis der Kennzahl i zum Bewertungszeitpunkt t = 0

Im *zweiten* Schritt wird der gegenwärtige Unternehmenswert, der *Present Value*, durch Diskontierung des Zukunftswertes mit der Zielrendite des Investors nach der Formel 15 ermittelt[881]. Dieser Unternehmenswert stellt den Wert inklusive des Kapitalbetrages, der vom Investor zur Verfügung gestellt wird, dar (sog. *Post-Money-Bewertung*)[882]:

---

878 Vgl. Achleitner, A.-K. (2002): S. 203 - 222
879 Vgl. Achleitner, A.-K. (2001): S. 928
880 Vgl. zu den Multiplikatormethoden Kapitel 3.7.
881 Vgl. Behringer, S. (2004): S. 218
882 Vgl. Achleitner, A.-K. / Nathusius, E. (2004): S. 138

$$PV_{0,Post} = \frac{FV_T}{(1+r)^T}$$ Formel 15

mit $PV_{0,Post}$: Present Value zum Zeitpunkt 0 (Post-Money-Bewertung)
 FV_T: Future Value zum Exitzeitpunkt T
 r: Zielrendite des Finanzinvestors
 T: Exitzeitpunkt T

In dem *dritten* Schritt wird der prozentuale Unternehmensanteil berechnet, den der Finanzinvestor für seine Investition fordern sollte. Hierzu wird die Investitionssumme des Finanzinvestors durch den Present Value nach der Post-Money-Bewertung dividiert[883]:

$$EA = \frac{I}{PV_{0,Post}}$$ Formel 16

mit EA: Eigentumsanteil des Finanzinvestors
 I: Investitionssumme des Finanzinvestors
 $PV_{0,Post}$: Present Value zum Zeitpunkt 0 (Post-Money-Bewertung)

Im Falle, dass keine weiteren Finanzierungsrunden bis zum Ausstieg des Finanzinvestors erfolgen, kann der nächste Schritt vernachlässigt werden. Andernfalls ist der Verwässerungseffekt (Dilution) zu berücksichtigen, der durch die Ausgabe neuer Aktien in weiteren Finanzierungsrunden oder durch die Ausgabe von Aktienoptionen an das Management berücksichtigt werden muss: Es wird ermittelt, welchen Anteil ein Finanzinvestor zum Einstiegszeitpunkt fordern muss, damit er zum Ausstiegszeitpunkt den Anteil am Unternehmen halten wird, mit dem er die angestrebte Rendite erreichen kann. Somit muss bei Einstieg ein höherer Eigentumsanteil gefordert werden, der dann durch die Verwässerung im Beteiligungszeitraum geschmälert wird[884].

Zur Berechnung desjenigen Eigentumsanteils, der im Hinblick auf die angestrebte Rendite zu fordern ist, wird die „*Rentention Rate*" als Kennzahl einge-

---

[883] Vgl. ebenda, S. 152

[884] Vgl. Behringer, S. (2002): S. 219

setzt, die das Ausmaß der Verwässerung der Anteile des Finanzinvestors verdeutlicht. Dazu wird der Eigentumsanteil des Finanzinvestors, den er am Ende seines Investitionszeitraumes halten sollte, zum dafür notwendigen, gegenwärtig zu fordernden Eigentumsanteil in Relation gesetzt[885]:

$$RET = \frac{EA_T}{EA_0}$$ *Formel 17*

mit RET: Rentention Rate
EA$_T$: Eigentumsanteil des Finanzinvestors zum Zeitpunkt T
EA$_0$: Zum Zeitpunkt 0 zu fordernder Eigentumsanteil des Finanzinvestors

Hält ein Finanzinvestor bspw. 20% an einem Unternehmen und erhöht dieses Unternehmen im Rahmen einer weiteren Finanzierungsrunde sein Kapital, indem einerseits Aktien im Gegenwert von 20% ausgegeben werden und und andererseits im Zuge eines Exits über die Börse weitere 20% emittiert werden, so verringert sich der Beteiligungsanteil wie folgt:

$$EA_T = \frac{0{,}2}{\frac{(1+0{,}2)}{(1+0{,}2)}} = 0{,}1388 \approx 14\%$$ *Formel 18*

Der Anteil des Finanzinvestors sinkt durch die Kapitalmaßnahmen auf ungefähr 14%. Der Rentention Rate berechnet sich somit aus:

$$RET = \frac{EA_T}{EA_0} = \frac{0{,}1388}{0{,}2} = 0{,}694$$ *Formel 19*

Um zum Verkaufszeitpunkt einen Anteil von 20% zu halten, ermittelt sich folgender Anteil, der bei Einstieg vom Finanzinvestor gefordert werden müsste:

---

[885] Vgl. Achleitner, A.-K. / Nathusius, E. (2004): S. 154 f.

$$\boxed{EA_0 = \frac{0,2}{0,694} = 0,288} \qquad \textit{Formel 20}$$

Der Finanzinvestor müsste somit zum Einstiegszeitpunkt 28,8% der Anteile für seine Investition erhalten, um seine Renditevorstellungen durchzusetzen.[886]

3.8.2 Bestimmung des Diskontierungssatzes

Als Diskontierungssatz wird bei der Venture Capital-Methode die *investorenspezifische Zielrendite* eingesetzt[887]. Im Rahmen der Beteiligung an etablierten mittelständischen Unternehmen werden zumeist hohe Renditen von in der Regel 20 bis 30% p.a. gefordert[888]. Bei der Festlegung der Zielrendite spielen Erfahrungswerte der Finanzinvestoren eine große Rolle. Über den Zinssatz sollen neben dem vergleichsweise hohen Risiko für Unternehmensbeteiligungen (systematisches Risiko) weitere in der Abbildung 31 zusammengefasste Faktoren erfasst werden. [889]

So fordern Finanzinvestoren einen Ausgleich für die geringe Liquidität ihrer Investition. Des Weiteren soll der Mehrwert, den sie als aktive Investoren durch ihre Betreuungstätigkeit schaffen, abgedeckt werden[890]. Somit ist ein Entgelt für die zu leistende Managementtätigkeit enthalten. Eine weitere Renditekomponente dient der Adjustierung der bewertungsrelevanten Cash Flows, womit die häufig unbefriedigende Datenqualität und die oft zu optimistischen Angaben der Unternehmensplanung berücksichtigt werden sollen. Die Zinsanpassung tritt bei dieser Methodik an die Stelle dezidierter Analysen und Szenariorechnungen.[891]

---

886 Vgl. Behringer, S. (2004): S. 238 f.

887 Vgl. Walter, G. (2003): S. 135

888 Vgl. zu den Zielrenditen der Finanzinvestoren die Ausführungen in Kapital 2.7.1.1 bzw. 2.8

889 Vgl. Achleitner, A.-K. / Nathusius, E. (2004): S. 154 f.

890 Vgl. zur Problematik der exakten Leistungsbestimmung Achleitner, A.-K. (2001): S. 931 f.

891 Vgl. Brebeck, F. /Kohtes, W. / Schönbeck, T. (2005): S 104

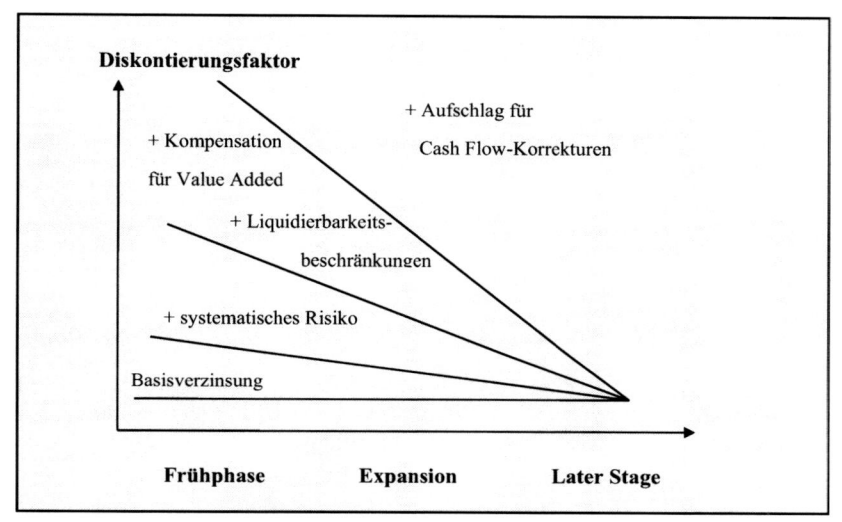

```
Diskontierungsfaktor
    ▲
    |              + Aufschlag für
    | + Kompensation   Cash Flow-Korrekturen
    | für Value Added
    |
    |     + Liquidierbarkeits-
    |         beschränkungen
    |
    |  + systematisches Risiko
    |
    | Basisverzinsung
    |_____▶
    Frühphase    Expansion    Later Stage
```

Abbildung 32: Zusammensetzung des Diskontierungsfaktors
Quelle: Eigene Darstellung in Anlehnung an Achleitner, A.-K. / Nathusius, E. (2004b): S. 171

3.8.3 Beurteilung

Der Vorteil der Venture Capital-Methode liegt in ihrer einfachen Handhabung: Mit vergleichsweise geringem Aufwand kann zügig ein Unternehmenswert berechnet werden[892].

Aufgrund der Vereinfachungen bei der Unternehmenswertermittlung sind folgende Schwächen der Methode kritisch zu sehen:

a) Die endwertorientierte Vorgehensweise ist problematisch, da der genaue zukünftige Ausstiegszeitpunkt sehr schwer im Vorhinein bestimmbar ist. Ein zu realisierender Exit hängt sowohl von umwelt- als auch von unternehmensspezifischen Faktoren ab, die teilweise schwer beeinflussbar und prognostizierbar sind[893]. Es wird unterstellt, dass die Marktpreise über den Bewertungszeitraum hinweg konstant bleiben, was in der Realität nicht zutreffen dürfte[894].

---

892 Vgl. Achleitner, A.-K. (2001): S. 932

893 Vgl. zu der Problematik des Exits bei Private Equity-Finanzierungen Sonndorfer, T. (2007): S. 63 ff.

894 Vgl. Achleitner, A.-K. (2002): S. 203 ff.

b) Für die Bestimmung des künftigen Unternehmenswertes wird das Multiplikatorverfahren vorgeschlagen. Für dessen Anwendung gelten die bereits diskutierten Kritikpunkte[895].

c) Im Hinblick auf den Diskontierungsfaktor ist zumindest fraglich, ob die angesprochenen Aufschläge gerechtfertigt sind. Im Allgemeinen können Finanzinvestoren nur eine Kompensation für das systematische Risiko verlangen, da das mit den einzelnen Investments einhergehende unsystematische Risiko neutralisiert werden kann. Dennoch wird den drei diskutierten Aufschlägen eine gewisse Bedeutung zugestanden. Schwierig ist sicherlich die Ermittlung der genauen Höhe im konkreten Bewertungsfall[896].

d) Auch die Berücksichtigung der aktiven Investorenrolle von Private Equity-Gesellschaften im Rahmen der Bewertung ist problematisch. Beratungsleistungen sollten zwar vergütet werden, jedoch vermindert sich der Unternehmenswert nicht in dem Maße, wie es durch den pauschalen Aufschlag auf den Diskontierungsfaktor suggeriert wird[897].

e) Der Aufschlag im Diskontierungsfaktor auf zu positive Cash Flow-Planungen erscheint fragwürdig, da Finanzinvestoren bei der Bewertung ihrer Zielunternehmen im Rahmen der Beteiligungsprüfung eigene Planungen durchführen, auf die abgestellt werden sollte[898].

3.9 Realoptionsmodelle

3.9.1 Einführende Überlegungen

In der jüngeren Literatur zur Unternehmensbewertung finden sich vermehrt Stimmen, die kritisieren, dass auf Basis von Zukunftserfolgswertverfahren ermittelte Unternehmenswerte verzerrt seien. Begründet wird diese Ansicht damit, dass die berechneten Werte, die bei Transaktionen bezahlte oder am Kapitalmarkt beobachtete Unternehmenspreise nicht erklären können[899]. Hintergrund der Kritik ist, dass bei der Anwendung von Zukunftserfolgswertverfahren die unsicheren zukünftigen Zahlungsströme häufig nur statisch, im Regelfall einwertig abgebildet werden[900]. Der Bewertung wird ein festgelegter Unternehmensplan zugrunde gelegt. Selbst wenn durch Szenarioanalysen Bandbreiten für die Unternehmenswerte erfasst werden, reflektieren diese nur ganz

---

895 Vgl. zu den Kritikpunkten der Multiplikatorverfahren Kapital 3.7.6 dieser Arbeit.

896 Vgl. Achleitner, A.-K. (2001): S. 931

897 Vgl. Gombers, P. A. (1999): S. 10

898 Vgl. Walter, G. (2003): S. 139

899 Vgl. u.a. Bucher, M. / Mondello, E. / Marbacher, S. (2002): S. 779

900 Vgl. Hayn, M. (2002): S. 515 ff.

bestimmte Annahmen und geben nur einzelne von verschiedenen möglichen Unternehmensentwicklungen wieder[901].

In den Mittelpunkt der jüngeren wissenschaftlichen Diskussion rückte die Erfassung von Flexibilitäten im Rahmen der Unternehmensbewertung, auch in Folge bedeutender Forschungsergebnisse auf dem Gebiet der Finanzoptionsbewertung: Die Übertragung und Anpassung der Bewertungsansätze von Finanzoptionen auf realwirtschaftliche Sachverhalte zählen aktuell zu den intensiven Forschungsgebieten[902].

Im Rahmen von *realwirtschaftlichen Optionsrechten* oder kurz *Realoptionen* werden Handlungsspielräume identifiziert, welche die Unternehmensführung in Zukunft ausnutzen kann. So besteht die Möglichkeit, die sich im Zeitablauf ändernden Umweltzustände in die Entscheidungen einzubeziehen und flexibel darauf zu reagieren. Bei Anwendung des Realoptionsansatzes wird nicht wie bei den DCF-Verfahren ein vorgegebener Pfad an Investitionsprojekten zugrunde gelegt, vielmehr werden die Entwicklungen des Umfeldes sowie Reaktionsmöglichkeiten explizit berücksichtigt und durch Realoptionen abgebildet[903].

So lässt sich der Unternehmensgesamtwert nach *Myers* in den „Wert der existierenden Geschäfte" (real assets) und den Wert der zukünftigen Handlungsmöglichkeiten, den Realoptionen, aufteilen[904] (siehe hierzu nachfolgende Abbildung 32). Der Unternehmenswert setzt sich danach aus Vermögenswerten zusammen, deren erwartete Rückflüsse nicht von der zukünftigen Investitionsstrategie beeinflusst werden und aus Vermögenswerten, deren erwartete Rückflüsse sich erst aus zukünftigen Investitionen ergeben[905].

---

901 Vgl. Bonduelle, Y. / Schmoldt, I. / Scholich, M. (2003): S. 6

902 Vgl. Brebeck, R. / Kohtes, W. / Schönbeck, T. (2004): S. 105 f.

903 Vgl. Hommel, U. / Lehmann, H. (2001): S. 115 ff.

904 Vgl. Myers, S. C. (1977): S. 150

905 Vgl. Tomaszewski, C. (2000): S. 54

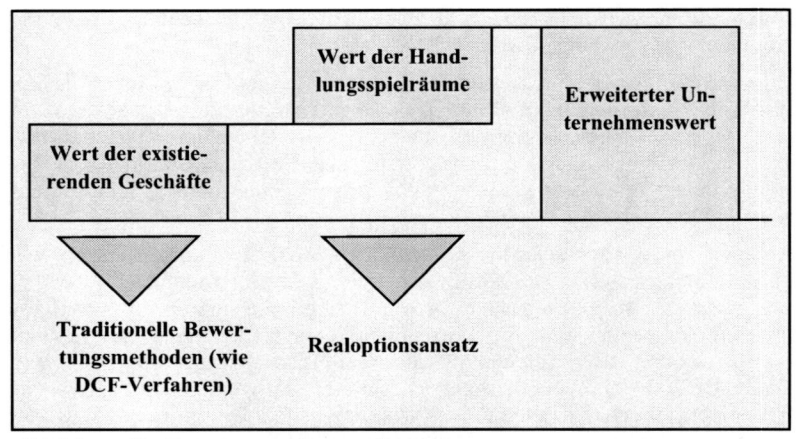

Abbildung 33: Erweiterter Unternehmenswert
Quelle: Meyers, S. C. (1977): S. 150

3.9.2 Vergleich von Finanz- und Realoptionen

Finanzoptionen verbriefen das Recht, jedoch nicht die Pflicht, ein bestimmtes Wertpapier zu einem vorbestimmten Zeitpunkt zu einem vereinbarten Preis zu erwerben (Kaufoption = *Call*) bzw. zu veräußern (Verkaufoption = *Put*)[906]. Hierbei wird zwischen der *amerikanischen* Option, bei der das Recht jederzeit während der Laufzeit veräußert werden kann, und der *europäischen* Option, bei der nur zu einem bestimmten Stichtag ausgeübt werden kann, unterschieden[907].

Der Wert einer Option setzt sich aus dem *inneren Wert* und dem *Zeitwert* zusammen[908]: Der *innere Wert* ist definiert als das Maximum aus Null und dem Wert, den die Option bei sofortiger Ausübung annehmen würde. Der *Zeitwert* berechnet sich als die Differenz zwischen dem Marktpreis und dem inneren Wert der Option. Er drückt die Chance aus, dass der innere Wert in der verbleibenden Restlaufzeit ansteigen kann. Am Ende der Laufzeit ist der Zeitwert der Option Null, so dass der gesamte Optionswert lediglich aus dem inneren Wert besteht[909].

Gemeinsamkeiten zwischen Finanz- und Realoptionen bestehen hinsichtlich der ähnlichen Auszahlungs- und Risikostrukturen[910]. Wie bei Finanzoptionen

---

[906] Vgl. Brebeck, F. / Kohtes, W. / Schönbeck, T. (2005): S. 106

[907] Vgl. Jahrmann, F.-U. (2003): S. 301

[908] Vgl. Hull, J. C. (2000): S. 153

[909] Vgl. ebenda S. 154

[910] Vgl. Meise, F. (1998): S. 50

hat die Unternehmensführung das Recht, nicht aber die Verpflichtung, Handlungsspielräume wahrzunehmen und dadurch nur an der positiven Entwicklung zu partizipieren. In Abgrenzung zu Finanzoptionen wird eine Option als *Realoption* bezeichnet, wenn der Kapitalwert aus den diskontierten Cash Flows von realen Gütern und dem Wert von Optionen, die sich aus dem Besitz des realen Guten ergeben, besteht. Unter realen Gütern werden auch nicht-physische Werte subsumiert[911].

Der wesentliche Unterschied zwischen Finanz- und Realoptionen besteht darin, dass Realoptionen nicht exklusiv für den Halter sind, da diese Optionen auch von anderen Wettbewerbern ausgeübt werden können (sog. kollektive Option)[912]. Beispielsweise besteht die Konstellation, dass ein Unternehmen die Option für eine Produkteinführung hat, es aber der Gefahr ausgesetzt ist, dass Konkurrenten mit einem Substitut auftreten. Diese Wettbewerbseffekte mindern in der Regel den Wert einer Option und sind im Bewertungsansatz zu berücksichtigen[913]. Weiterhin treten Realoptionen auch gebündelt bzw. verbunden auf, d.h. erst durch die Ausübung einer Option werden neue Folgeoptionen generiert[914]. Ein weiterer Unterschied besteht darin, dass Realoptionen im Gegensatz zu Finanzoptionen nicht auf einem Sekundärmarkt gehandelt werden[915].

3.9.3 Ablauf der Realoptionsbewertung

3.9.3.1 Allgemeiner Prozess

Die Bewertung mittels Realoptionen kann in einem idealtypischen Prozess (Vgl. Abb. 34) dargestellt werden, der die Bewertung von Realoptionen, die Prüfung der Anwendungsvoraussetzungen, die Auswahl von Optionstypen sowie des Bewertungsmodells, die Bestimmung der Parameter und die Durchführung der Bewertung umfasst[916]:

---

911 Vgl. Weissinger, S. (2004): S. 43 ff.
912 Vgl. Trigeoris, L. (1996): S. 128
913 Vgl. Koch, C. (1999): S. 74
914 Vgl. Tregeorgis, L. (1996): S. 227 und Rams, A. (1999): S. 353
915 Vgl. Rams, A. (1999): S. 353
916 Vgl. Meise, F. (1998): S. 127

Realoptions-bewertung anwendbar?	Auswahl von Optionsarten	Auswahl des Bewertungsmodells	Bestimmung der Parameter	Durchführung der Bewertung
➢ Handlungsspielräume ➢ Ungewissheit	➢ Growth Option ➢ Time to build Option ➢ Option to defer ➢ Option to abandon ➢ Option to alter	➢ Numerische Verfahren ➢ Analytische Verfahren	➢ Barwert der zukünftigen Cash Flows ➢ Barwert der Investitionsauszahlungen ➢ Laufzeit, Volatilität ➢ Risikofreier Zinssatz ➢ Wertminderungen	

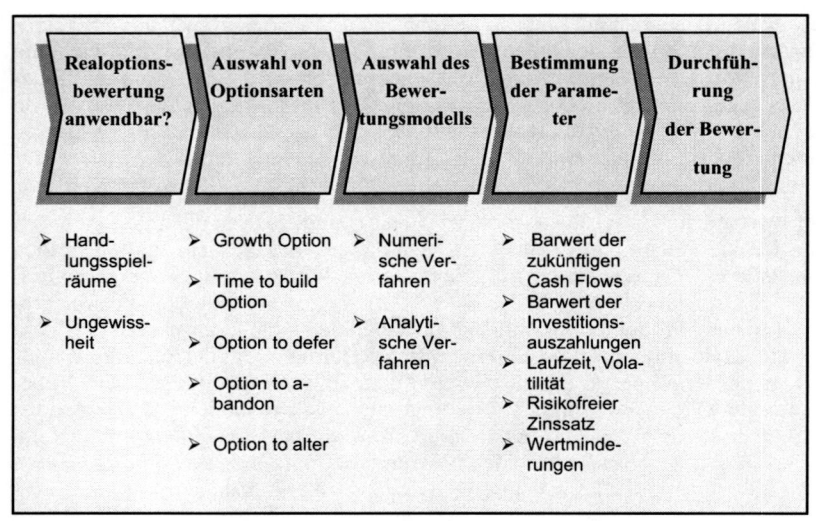

Abbildung 34: Prozeßschritte der Realoptionsbewertung
Quelle: Hommel, U. / Pritsch, G. (1999): S. 122

3.9.3.2 Anwendbarkeitsvoraussetzungen

Um den Realoptionsansatz anwenden zu können müssen drei Merkmale erfüllt sein[917]:

a) *Handlungsspielräume der Unternehmensführung* liegen vor, so dass das Management in der Zukunft die Chance hat, auf neue Informationen wertorientiert zu reagieren[918].

b) *Vorhandensein von Ungewissheit,* da unter Sicherheit kein zusätzlicher Wertbeitrag aus Handlungsspielräumen entsteht[919].

c) *Annahme der Irreversibilität,* da bei einer vollständig reversiblen Investition ein Verlustrisiko ausgeschlossen ist. Irreversibilität liegt dann vor, wenn die getätigten Investitionen unternehmens- bzw. branchenspezifisch sind und nicht durch einen möglichen Verkauf rückgängig gemacht werden können. [920]

---

917 Vgl. Hommel, U. / Pritsch, G. (1999): S. 123 ff.

918 Vgl. Achleitner, A.-K. / Nathusius, E. (2004): S. 74

919 Vgl. Meise, F. (1998): S. 6

920 Vgl. Dixit, A. K. / Pindyck, R. S. (1998): S. 156

3.9.3.3 Arten von Realoptionen

Grundsätzlich sind verschiedene Situationen denkbar, bei denen Optionen auf reale Güter bewertet werden können. Diese *Realoptionsarten* werden in dem entsprechenden Prozeßschritt identifiziert, qualitative Abschätzungen über ihren möglichen Wertbeitrag vorgenommen sowie ihre Quantifizierbarkeit untersucht[92f]. Tabelle 12 gibt den Überblick über verschiedene Arten von Realoptionen.

Realoption	Beschreibung	Beispiele
Verzögerungs- bzw. Lernoption	Option, eine Investition zu verzögern bzw. in Teilprojekte zu untergliedern, um zusätzliche Informationen zu gewinnen.	Ein Bauträger besitzt Bauland und wartet ab, wie sich der Immobilienmarkt entwickelt.
Ausstiegsoption	Option, ein Investitionsobjekt (vorzeitig) abzubrechen.	Im Verlauf eines F&E-Projektes stellt sich heraus, dass für das Produkt kein Absatzmarkt existiert.
Wachstumsoption	Option auf weitere Optionen. Eine erste Option eröffnet die Möglichkeit, in Zukunft hierauf aufbauende Projekte zu investieren.	Eine strategische Akquisition ermöglicht den Eintritt in einen neuen Markt bzw. in ein neues Geschäftsfeld. Ein erworbener Markenname kann für neue, zukünftige Produkte eingesetzt werden.
Flexibilitätsoption	Option, entweder den Auslastungsgrad oder die Kapazität zu variieren.	Eine Maschine kann bei etwa gleich hohen Kosten unterschiedliche Stückzahlen produzieren. Eine Maschine kann bei Bedarf zugeschaltet werden.
Switch-Option (Produkt- und Prozessoption)	Option auf Veränderung der Produktpalette, der Rohstoffe oder der Absatzkanäle.	Für die Produktion können substituierbare Rohstoffe verwendet werden. In einer Fabrik können ohne hohe Umstellungskosten unterschiedliche Produkte – je nach Absatzchancen – hergestellt weden.

Tabelle 12: Typen von Realoptionen
Quelle: Trigeorgis, L. (1996): S. 2f.

---

[921] Vgl. Hommel, U. (2001): S. 8

In der Literatur werden *strategische* von *operativen* Realoptionen unterschieden[922]: *Strategische* Realoptionen (Verzögerungs-, Ausstiegs-, Wachstumsoptionen) beziehen sich eher auf das langfristige Erfolgspotential, d.h. auf die Flexibilität hinsichtlich fundamentaler Investitionen. *Operative* Realoptionen ermöglichen kurzfristige Entscheidungen im laufenden Betrieb bzgl. bereits getätigter Investitionen auf Basis neuer in Zukunft zufließender Informationen[923].

3.9.3.4 Auswahl des Bewertungsmodells

3.9.3.4.1 Einführung

Nach der Identifizierung möglicher Realoptionen folgt die Auswahl eines geeigneten Bewertungsmodells. Wichtige Auswahlkriterien sind dabei die Abbildungsgenauigkeit der identifizierten Handlungsspielräume, eine möglichst einfache und leichte Modellerstellung, die Transparenz und Nachvollziehbarkeit des gewählten Optionspreisverfahrens und eine flexible Modellstruktur aufgrund möglicher Anpassungen[924]. Abbildung 34 gibt die Übersicht über die geläufigsten Optionspreisverfahren:

```
                    Optionsbewertungsverfahren
                    /                        \
          Numerische Verfahren          Analytische Verfahren
          /              \               /              \
  Approximation    Approximation    Geschlossene    Analytische
  des stochasti-   der Differential-   Lösung       Approximation
  schen Prozesses  gleichung

  ▶ Monte Carlo-   ▶ Differenzenverfahren   ▶ Black-Scholes
    Simulation     ▶ Numerische Integra-    ▶ Geske-Modell
  ▶ Binominalmo-     tion
    dell
```

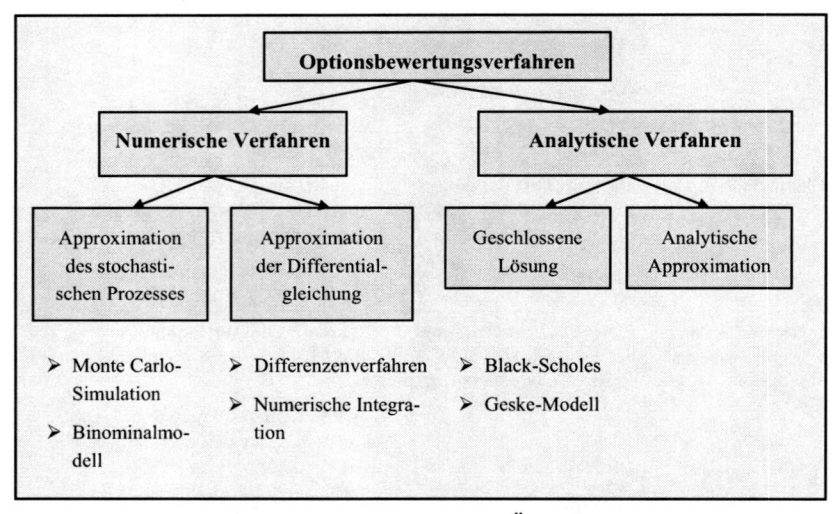

Abbildung 35: Optionsbewertungsverfahren im Überblick
Quelle: Hommel, U. / Lehmann, H. (2001): S. 124

---

922 Vgl. Rams, A. (1999): S. 354 f.
923 Vgl. Trigeorius, L. (1996): S. 143 ff.
924 Vgl. Pritsch, G. (2000): S. 222 ff.

3.9.3.4.2 Numerische Verfahren

Die *numerischen Verfahren* können in zwei Gruppen unterteilt werden: Zu der ersten Gruppe gehören alle diejenigen Verfahren, die die partielle Differentialgleichung der Wertentwicklung der Option approximieren, wie das Differenzverfahren und die Numerische Integration. Zur zweiten Gruppe, bei der der stochastische Prozess approximiert wird, zählen u.a. die *Monte Carlo-Simulation* und das *Binominalmodell*, auf die im Folgenden näher eingegangen wird.

Das von *Cox / Ross / Rubinstein* entwickelte *Binominalmodell* geht von einer Wertentwicklung in Form eines stationären multiplikativen Binominalprozesses aus[925], wobei unterstellt wird, dass der Aktienkurs am Ende einer Periode in Abhängigkeit vom Ausgangskurs nur zwei Zustände einnehmen kann. Wie in Abbildung 35 dargestellt kann sich ein Aktienkurs S nach einer Periode mit einer Wahrscheinlichkeit von q um den Steigerungsfaktor u (upward) erhöhen oder um den Senkungsfaktor d (downward) fallen[926]. Eine Calloption C ändert ihren Wert entsprechend dem zugrunde liegenden Aktienwert nach einer Periode mit der Wahrscheinlichkeit q in C_u bzw. mit der Wahrscheinlichkeit $1-q$ in C_d, wie Abbildung 35 verdeutlicht. Diese Annahme ist im Vergleich zur Realität zu restriktiv. Es lassen sich allerdings akzeptable Näherungslösungen erzielen, weshalb das Verfahren überwiegend bei den Realoptionen zur Anwendung kommt. Die Wachstumsrate der Option steht im Zusammenhang mit der Volatilität des Basisinstrumentes:[927]

Unter der Prämisse, dass der Call durch ein (Hedge-)Portfolio nachgebildet werden kann, das aus N Aktien zum aktuellen Kurs S und einer Kreditaufnahme B zu einem risikofreien Zinssatz r_f besteht, werden sich nach einer Periode folgende Werte (wie in Abbildung 37 dargestellt) für das Portfolio ergeben, da dann die Kreditaufnahme mit den angefallenen Zinsen zurückgezahlt werden muss.[928]

---

925 Vgl. Cox, J. C. / Ross, S. A. / Rubinstein, M. (1979): S. 229 ff.

926 Faktor „u" bezeichnet den „up parameter", Faktor „d" bezeichnet den „down parameter"; es gilt u > d.

927 Vgl. Peemöller, V. H. / Beckmann, C. (2001): S. 704

928 Vgl. Cox, J. C. / Ross, S. A. / Rubinstein, M. (1979): S. 233

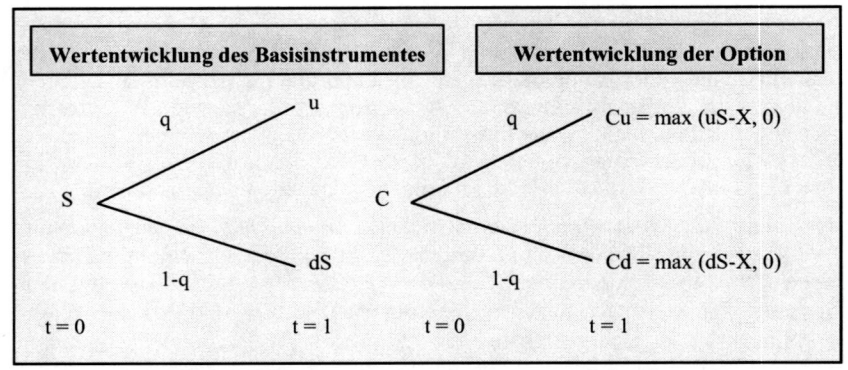

```
┌─────────────────────────────────────┬─────────────────────────────────────┐
│  Wertentwicklung des Basisinstrumentes │   Wertentwicklung der Option      │
│                                     │                                     │
│            q      u                 │          q     Cu = max (uS-X, 0)   │
│        S <                          │       C <                           │
│            1-q    dS                │          1-q   Cd = max (dS-X, 0)   │
│        t = 0      t = 1             │       t = 0    t = 1                │
└─────────────────────────────────────┴─────────────────────────────────────┘
```

Abbildung 36: Entwicklung eines Basisinstrumentes und der dazugehörigen Call Option
Quelle: Cox, J. C. / Ross, S. A. / Rubinstein, M. (1979) : S. 233

```
┌───────────────────────────────────────────────────────────────────────────┐
│                        Entwicklung des Portfolios                         │
│                                                                           │
│                        q              NuS + (1+r_f) B                     │
│         NS + B <                                                          │
│                        1-q            NdS + (1+r_f) B                     │
│            t = 0                         t = 1                            │
└───────────────────────────────────────────────────────────────────────────┘
```

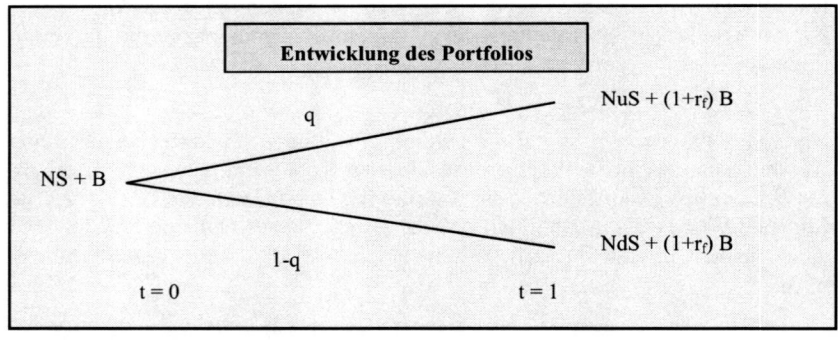

Abbildung 37: Entwicklung des Portfolios nach einer Periode
Quelle: Cox, J. C. / Ross, S. A. / Rubinstein, M. (1979) : S. 233

Da die Zahlungen aus dem Portfolio und der Option am Verfallstag identisch sein sollen, gelten folgende Gleichungen[929]:

---

[929] Vgl. Cox, J. C. / Ross, S. A. / Rubinstein, M. (1979): S. 233

$$C_U = N \times u \times S + (1 + r_f) \times B$$ Formel 21

$$C_d = N \times d \times S + (1 + r_f) \times B$$ Formel 22

Um die beiden Unbekannten N und B zu bestimmen, werden die Formeln 23 und 24 nach N und B aufgelöst[930]:

$$N = \frac{C_u - C_d}{S \times (u - d)}$$ Formel 23

$$B = \frac{u \times C_d - d \times C_u}{(u - d) \times (1 + r_f)}$$ Formel 24

Da dem Binominalmodell die Annahme der Arbitragefreiheit zugrunde liegt, muss der Optionswert dem Wert des äquivalenten Portfolios entsprechen[931]:

$$C = N \times S + B = \frac{pC_u + (1-p)C_d}{1 + r_f}$$ Formel 25

mit

$$p = \frac{(1 + r_f) - d}{u - d}$$ Formel 26

Um Arbitragemöglichkeiten auszuschließen, wird angenommen, dass $u > (1+r_f) > d$ gilt. Daraus folgt, dass p nur Werte zwischen 0 und 1 annehmen kann. p stellt eine risikoneutrale Pseudowahrscheinlichkeit dar. Durch die Verwendung von p kann anstelle eines risikoadjustierten Zinssatzes mit dem risikofreien Zinssatz gerechnet werden. Die Verwendung des Begriffes „Risikoneutralität" besagt jedoch nicht, dass die Bewertung lediglich für risikoneutrale Marktteilnehmer vorgenommen wird, das Ergebnis besitzt auch für risikoaverse Marktteilnehmer Gültigkeit[932].

---

930 Vgl. ebenda, S. 233
931 Vgl. ebenda, S. 234
932 Vgl. Hull, J. C. (2000): S. 205

Das dargestellte Binominalmodell kann auch auf den mehrperiodigen Fall erweitert werden. Dabei wird für die Berechnung des Optionswertes zum heutigen Zeitpunkt vom Ende der Laufzeit ausgegangen und rekursiv der Wert der Option berechnet. Für die Gewichtung wird die risikoneutrale Pseudowahrscheinlichkeit herangezogen. Das dargestellte Binominalmodell kann auch für den mehrperiodigen Fall erweitert werden. Die Formel lautet dann wie folgt[933]:

$$C = \frac{\sum_{j=0}^{n} \frac{n!}{j!(n-j)!} \times p^j \times (1-p)^{n-j} \times \max(u^j \times d^{n-j} \times S - X, 0)}{(1+r_f)^n}$$

Formel 27

3.9.3.4.3 Analytische Verfahren

Zu den analytischen Verfahren, die eine Lösung in Form einer geschlossenen Gleichung bilden, gehört die *Black / Scholes-Formel*. Diesem Modell liegt die Annahme zugrunde, dass die Wertverteilung des Basisinstruments einem stetigen stochastischen Prozess folgt[934]. Konvergiert im Binominalmodell die Länge der Teilperioden gegen Null und wird die Zahl der Teilperioden unendlich groß, so führt dies zu einer zeitkontinuierlichen Änderung des Basisobjektes. Die *Black / Scholes-Formel* kann daher als ein Spezialfall des von *Cox/Ross/Rubinstein* entwickelten Binominalmodells angesehen werden[935]. *Black / Scholes* entwickeln unter der Annahme, dass der Aktienkurs dem sog. Wiener Prozess[936] folgt, die folgende Gleichung zur Berechnung einer europäischen Calloption für Aktien ohne Dividenzahlungen:

---

933 Vgl. Cox, J. C. / Ross, S. A. / Rubinstein, M. (1979): S. 238

934 Vgl. Achleitner, A.-K. / Nathusius, E. (2004): S. 83

935 Vgl. Cox, J. C. / Ross, S. A. / Rubinstein, M. (1979): S. 246 ff.

936 Der Aktienkurs wird durch folgende Differentialgleichung dargestellt: $dS = \mu S\, dt + \sigma S\, dz$, wobei µ die erwartete Aktienrendite, σ die Standardabweichung der Aktienrendite und z ein Wiener Prozess ist. Den Wiener Prozess nennt man auch Brownsche Bewegung, die in der Physik zur Modellierung der Bewegung eines Moleküls in einer Flüssigkeit oder einem Gas eingesetzt wird. Vgl. Black, F. / Scholes, M. (1973): S. 637 ff.

$$C(S,T;X) = S \times N(d_1) - X \times e^{-r_f \cdot T} \times N(d_2)$$ *Formel 28*

mit

$$d_1 = \frac{\ln\left(\frac{S}{X}\right) + \left(r_f + \frac{1}{2}\sigma^2\right) \times T}{\sigma \times \sqrt{T}}$$ *Formel 29*

$$d_2 = d_1 - \sigma\sqrt{T}$$ *Formel 30*

Über die Put-Call-Parität[937] kann diese Formel auch für die Bewertung von *Putoptionen* eingesetzt werden[938]:

$$P(S,T,X) = X \times e^{-r_f \times T} \times N(-d_2) - S \times N(-d_1)$$ *Formel 31*

Auch ist eine Erweiterung der Black/Scholes-Formel für den Fall von Aktien, bei denen Dividenden gezahlt werden, möglich[939].
Anhand der Vorzeichen der partiellen Ableitungen der Formel 28 lassen sich folgende Aussagen ableiten[940]: Der Wert der Calloption ist umso höher,

a) je höher der aktuelle Aktienkurs S ist,

b) je länger die Optionsfrist t ist,

c) je niedriger der Basispreis X ist,

d) je höher die Volatilität (Varianz σ) des Basisobjektes ist und

e) je höher der risikolose Zinssatz r ist.

Aufgrund der Häufigkeit ihrer Anwendung wurden die *Black / Scholes-Formel* und das *Binominalmodell* näher betrachtet. Auch wenn der Gebrauch der Black/Scholes-Formel auf den ersten Blick verhältnismäßig einfach erscheint, da lediglich die jeweiligen Parameter in die Formel eingesetzt werden müssen,

---

937 Vgl. zur *Put-Call-Parität* Cox, J. C. / Rubinstein, M. (1985): S. 41 ff.
938 Vgl. Hull, J. C. (2000): S. 250.
939 Vgl. ebenda, S. 257 ff.
940 Vgl. Trigerorgis, L. (1996): S. 91 f.

weisen jedoch viele Realoptionen Merkmale von amerikanischen Optionen mit dividendenähnlichen Zahlungen auf, so dass die *Black / Scholes-Formel* nicht verwendet werden kann[941]. Zudem wird die unreflektierte Anwendung der Formel kritisiert. Die Bewertung reduziert sich auf ein „Black Box-Problem", ohne dass die Annahmen dieses Modells näher untersucht werden. Wegen der restriktiven Annahmen, die bei der Bewertung von Realoptionen in der Regel nicht durchgängig eingehalten werden, eignet sich die *Black / Scholes-Formel* häufig nur für eine erste Näherungslösung[942]. Häufiger kommt das *Binominalmodell* zum Einsatz, das folgende Vorteile aufweist[943]:

    a) Nachvollziehbare Konzeption mit Akzeptanz durch Transparenz.

    b) Explizite Modellierung von Entscheidungssituationen, z.B. vorzeitige Ausübung bei amerikanischen Optionen.

    c) Flexibilität bei der Modellierung von komplexen, mit der Option verbundenen Zahlungsströmen, insbesondere Dividenden oder ähnlichen Wertverlusten.

3.9.3.5 Bestimmung der Parameter

Im nächsten Schritt sind die Parameter für das gewählte Optionsbewertungsmodell zu bestimmen. Analog zu den *Finanzoptionen* lassen sich bei *Realoptionen* folgende Parameter identifizieren:

Variable	Finanzoption	Realoption
S	Aktueller Aktienkurs	Barwert der zukünftigen Free Cash Flows
X	Ausübungspreis	Barwert der Investitionsauszahlungen
T	Laufzeit der Option	Laufzeit, bis die Investitionsmöglichkeit verfällt
σ	Standardabweichung des Aktienkurses	Ungewissheit über die Höhe des Barwertes der Free Cash Flows
r_f	Risikofreier Zinssatz	Risikofreier Zinssatz
D	Dividendenzahlung	Wertminderungen

Tabelle 13: Parameter bei Realoptionen
Quelle: Meise, F. (1998): S. 52

---

941 Vgl. Walter, G. (2003): S. 160
942 Vgl. Hommel, U. / Pritsch, G. (1999): S. 31; Hommel, U. / Lehmann, H. (2001): S. 125
943 Vgl. Hommel , U. / Müller, J. (1999): S. 184

Finanzoptionen verwenden den aktuellen Aktienkurs als Basiswert. Bei *Realoptionen* wird der Barwert der zukünftigen Free Cash-Flows des betrachteten Projektes als vergleichbare Größe herangezogen, der meist mit Hilfe der DCF-Verfahren berechnet wird[944]. Dazu werden die Free Cash Flows mit dem risikoadjustierten Kapitalkostensatz auf den Bewertungsstichtag diskontiert Diejenigen Zahlungen, die als Optionsprämie interpretiert werden können, werden nicht in die Barwertberechnung einbezogen[945].

Der bei Finanzoptionen verwendete Ausübungspreis entspricht bei Realoptionen dem Barwert der Investitionsauszahlungen. Dieser Barwert wird unter der Annahme festgelegt, dass die Investitionsauszahlungen schnellst möglich erfolgen[946]. Im Gegensatz zu Finanzoptionen kann der Ausübungspreis bei Realoptionen variieren oder unsicher sein[947].

Wie bei Finanzoptionen fließt die Laufzeit der Realoption in die Bewertung ein. Sie wird beispielsweise durch die Dauer eines Patents oder einer Lizenz determiniert. Vielfach ist die Laufzeit bei Realoptionen nicht präzise ermittelbar[948]. Bei *Verzögerungsoptionen* betrachtet man den Zeitraum, in dem eine Entscheidung aufgeschoben werden kann. Dieser Zeitraum korreliert positiv mit dem Wert der Realoption[949].

Je risikoreicher eine Investition ist, desto höher ist der Wert der Realoption. Das Risiko, das dem stochastischen Prozess zugrunde liegt, wird durch die Volatilität bestimmt. Deren Bestimmung ist eine der größten Herausforderungen bei der Bewertung von Realoptionen. Die anwendbaren Verfahren zur Bestimmung der Volatilität richten sich nach der Beschaffenheit des Basisobjektes. In der Literatur werden zu diesem Zweck Verfahren unterschieden, bei denen entweder auf Finanzmarktdaten, auf Simulationen oder auf intuitive Schätzungen von Bewertern zurückgegriffen wird[950]. Im Falle von Realoptionen, die eine gewisse Nähe zu Finanzmärkten aufweisen, kann beispielsweise eine Orientierung an vergleichbaren, börsennotierten Wertpapieren erfolgen[951]. Alternativ kann eine Monte Carlo-Simulation[952] über die prognostizierten Cash-Flows

---

944 Vgl. Leslie, K. J. / Michaels, M. P. (1997): S. 9

945 Vgl Hommel, U. / Pritsch, G. (1999): S. 33

946 Vgl. ebenda, S. 34

947 Vgl. Lai, V. S. / Trigeorgis, L. (1995): S. 83

948 Vgl. ebenda, S. 83

949 Vgl. Kester, W. C. (1984): S. 156

950 Vgl. Luehrmann , T. A. (1998): S. 58

951 Vgl. ebenda, S. 58

952 Die *Monte Carlo-Simulation* ist ein Verfahren aus der Stochastik, bei dem sehr häufig durchgeführte Zufallsexperimente die Basis darstellen. Es wird aufgrund der Ergebnisse versucht, mit Hilfe der Wahrscheinlichkeitstheorie analytisch nicht oder nur aufwändig lösbare Probleme im mathematischen Kontext numerisch zu lösen. Als Rechtfertigung

angewendet werden, um die entsprechende Volatilität durch die sich ergebenden Standardabweichungen der Cash-Flows zu bestimmen[953]. Bei ressourcenorientierten Realoptionen, bspw. der Exploration von Ölfeldern, könnte die Volatilität aus den Marktdaten gehandelter Future-Kontrakte auf den Ölpreis bestimmt werden. Ist keine Ableitung möglich, so muss die Volatilität durch Experten geschätzt werden[954]. Die Abschätzung sollte anhand einer kapitalmarktbasierten Marktrisikoprämie, bspw. durch das CAPM, erfolgen[955].

Realoptionen weisen auch hinsichtlich der Dividenden von Finanzoptionen eine Analogie auf: Hier werden sogenannte Wertminderungen, die bspw. aus der Verzögerung einer Investition resultieren, berücksichtigt. Dazu gehören entgangene Cash-Flows oder Wertminderungen durch nicht beeinflussbare Wettbewerbseffekte[956]. Im Gegensatz zu Finanzoptionen besteht die Problematik, dass konventionelle Optionspreismodelle lediglich Dividenden berücksichtigen, die nur einmalig an den Halter der Aktie bezahlt werden. Im Falle von Realoptionen werden dagegen Cash Flows generiert, bei denen Zeit, Häufigkeit und Höhe nicht genau zu quantifizieren sind[957].

3.9.4 Kritische Würdigung

Der Realoptionsansatz weist gegenüber den anderen Verfahren der Unternehmensbewertung für Finanzinvestoren vor allem den Vorteil auf, dass er in der Lage ist, künftige operative und strategische Handlungsspielräume zu erfassen[958]. Neben der Unternehmens- und Vergangenheitsanalyse ist es bei dem Verfahren notwendig zu prüfen, welche Unternehmensbereiche Optionscharakter aufweisen, wie diese in der Unternehmensplanung zu berücksichtigen sind und mit welchen Bewertungsverfahren eine adäquate Unternehmensbewertung durchgeführt werden kann. Die Analyse von Wertschöpfungsmöglichkeiten für Private Equity-Gesellschaften von entscheidender Bedeutung, da diese letztlich den Erfolg der Beteiligung bestimmen.[959]

Handlungsspielräume führen zu asymmetrischen Chancen-Risiko-Profilen und stellen eine gesonderte Wertkomponente dar. Insbesondere wenn der Wert eines Unternehmens nicht unwesentlich aus zukünftigen Wachstumsmöglichkeiten besteht und die Unsicherheit der künftigen Umweltentwicklung besonders hoch ist, erscheint die Anwendung dieses Verfahrens aus theoretischer Sicht-

---

wird dabei vor allem das Gesetz der großen Zahl gesehen. Vgl. hierzu Wöhe, G. / Döring, U. (2008): S. 111

953 Vgl. Copeland, T. / Antikarov, V. (2001): S. 245 ff.

954 Vgl. Kogut, B. / Kulatilaka, N. (1994): S. 54

955 Vgl. Vollert, R. (2000): S. 32

956 Vgl. Meise, F. (1998): S. 52 f.

957 Vgl. Perlitz, M. / Peske, T. / Schrank, R. (1999): S. 261

958 Vgl. Peemöller, V. H. / Beckmann, C. (2001): S. 713

959 Vgl. Ernst, D. (2008): S. 122

weise grundsätzlich sinnvoll[960]. Auch wird es mit Hilfe der Realoptionsargumentation möglich, Wachstumskomponenten, die bisher nur intuitiv begründet werden konnten, analytisch zu untermauern und so zu einer vermeintlich besseren *entscheidungsorientierten* Unternehmensbewertung zu gelangen[961].

Der Unternehmenswert nach der Realoptionsmethode besteht aus zwei Bestandteilen, dem Wert der existierenden Geschäfte und dem Wert der Handlungsspielräume. Da sich beide Wertbestandteile an der Zukunft orientieren, ist der Grundsatz der *Zukunftsbezogenheit* im Rahmen dieses Verfahrens erfüllt[962]. Durch die Aufteilung des Unternehmenswertes in einen „quasi-sicheren" und einen „unsicheren" Unternehmenswertbestandteil wird der Kritik entgegengetreten, dass der Realoptions-Ansatz stets zu höheren Unternehmenswerten führt als die Discounted Cash Flow-Verfahren und daher in wirtschaftlichen Boomzeiten zur Argumentation möglichst hoher Kaufpreise herangezogen wird. Dies soll gerade nicht der Fall sein, da durch die richtige Anwendung die Transparenz des Unternehmenswertes erhöht werden soll und damit insbesondere in konjunkturell schwierigen Zeiten die Unsicherheiten von Investitionsentscheidungen reduziert und eine realistischere Kaufpreisfindung ermöglicht werden soll.[963]

Für den Bewertungsanlass einer Beteiligungsfinanzierung erscheint der Realoptionsansatz deshalb vorteilhaft, da mit ihm die Flexibilität und erhöhte Unsicherheit potentieller Beteiligungen abgebildet werden können[964]. Mit der Realoptionsbewertung erfolgt auch eine Berücksichtigung der positiven Relation zwischen Risiko und Chance (auf einen hohen Kapitalgewinn beim Exit)[965].

Aus der Sicht von Private Equity-Gesellschaften liegt der stärkste Kritikpunkt in der praktischen Umsetzung des Ansatzes. Die Anwendung erfordert einen großen Aufwand bei der Identifikation von Handlungsoptionen sowie der Datenbeschaffung und setzt die Beherrschung komplexer theoretischer Modelle voraus.[966] Für die Durchführung einer Realoptionsbewertung wird neben Kenntnissen der Investitions- und Finanzierungstheorie auch spezielles Know How auf dem Gebiet der Optionspreistheorie vorausgesetzt, wodurch der Komplexitätsgrad wesentlich höher ist als bei den herkömmlichen Verfahren.[967]

---

960 Vgl. Lander, D. M. / Pinches, G. E. (1998): S. 541

961 Vgl. ebenda, S. 543

962 Vgl. Achleitner, A.-K. / Nathusius, E. (2004): S. 109

963 Vgl. Ernst, D. (2008): S. 124 f.

964 Vgl. ebenda, S. 111

965 Vgl. Achleitner, A.-K. / Nathusius, E. (2004): S. 110

966 Vgl. Ernst, D. (2008): S. 125

967 Vgl. Walter, G. (2003): S. 164 f.

Eine Fundamentalkritik geht von den Grundlagen und Prämissen der Optionspreistheorie selbst aus.[968] Diese basiert auf den Annahmen des vollkommenen Kapitalmarktes, die die Grundlage für die Bildung des Duplikationsportfolios darstellt.[969] Grundsätzlich besteht die Gefahr, dass ein Bewertungsmodell eingesetzt wird, das aufgrund seiner restriktiven Annahmen nicht für die Bewertung mittelständischer Unternehmen geeignet ist. Zusätzlich weist in der Praxis jedes Beteiligunsprojekt spezifische Merkmale auf, so dass ein standardisierter Gebrauch der Optionspreismodelle nicht angemessen ist[970]. Die individuelle Risikopräferenz sowie die Renditeforderung der Finanzinvestoren bleiben bei der Realoptionsbewertung aber unberücksichtigt. Dies liegt am Konstrukt der Optionspreismodelle, die die Wahrscheinlichkeit zukünftiger Preisbewegungen implizit im Kalkül erfassen. Daraus resultiert ein Optionswert, der unabhängig von Risikopräferenzen ist. Die Realoptionsbewertung vernachlässigt die Risikoeinstellung nicht, sondern liefert ein Ergebnis, das unabhängig von ihr ist und für jegliche ihrer Ausprägungen gilt[971].

Neben den generellen Bedenken gegen die Verwendung des Realoptionsansatzes wird in der Literatur auch explizit Kritik an den eingesetzten Optionspreismodellen geübt: Die Problematik an der *Black / Scholes-Formel* ist, dass sie von vielen Anwendern als „Black-Box" angesehen wird[972]. Das Ergebnis kann daher vielfach nur als Annäherung an das mit abbildungsgenaueren Optionspreismodellen erreichbare Ergebnis verstanden werden. Der Vorteil besteht aber in der relativ einfachen Handhabung und somit schnellen Verfügbarkeit von Ergebnissen[973].

Dagegen weisen *Binominalmodelle* den Vorteil auf, dass sie ein geringeres mathematisches Verständnis verlangen und eine höhere Transparenz der Bewertung gewährleisten. Im Rahmen von Beteiligungsverhandlungen können die getroffenen Annahmen und die in die Bewertung eingehenden Parameter schneller nachvollzogen werden[974].

Aufgrund der hohen Komplexität und der relativen Neuheit haben die Realoptionsverfahren in der Bewertungspraxis generell bislang eine sehr geringe *Akzeptanz*[975].

---

968 Vgl. Lander, D. M. / Pinches, G. E. (1998): S. 543

969 Vgl. Weissinger, S. (2004): S. 98

970 Vgl. Schäfer, H. / Schässburger, B. (2001): S. 101

971 Vgl. Achleitner, A.-K. / Nathusius, E. (2004): S. 110

972 Vgl. Hommel, U. / Müller, J. (1999): S. 180

973 Vgl. Walter, G. (2003): S. 165

974 Vgl. Hommel, U. / Pritsch, G. (1999): S. 32 f.

975 Vgl. Ballwieser, W. (2002): S. 185

3.10 Ausgewählte weitere Verfahren

Neben den oben beschriebenen Bewertungsmethoden werden in der Literatur einige Weiterentwicklungen der etablierten Verfahren diskutiert. Aufgrund der bislang geringen wissenschaftlichen Fundierung und praktischen Relevanz in der allgemeinen Bewertungspraxis sowie in der Anwendung durch Finanzinvestoren werden ausgewählte neuere Ansätze lediglich ansatzweise dargestellt.

3.10.1 Modifiziertes Ertragswertverfahren

Behringer versucht in seinem *modifizierten Ertragswertverfahren*[976] die Besonderheiten von KMU[977] in das Bewertungskalkül zu integrieren, um die Anwendbarkeit für diese Unternehmensgruppe zu erhöhen. Hierbei wird - aufsetzend auf dem klassischen Ertragswertverfahren - insbesondere der Personenbezogenheit, dem spezifischen Risiko, der häufig unzureichenden Datenlage und dem in der Regel geringeren Budget für Unternehmensbewertungen über Zu- und Abschläge Rechnung getragen. In der Literatur wird zu diesem Verfahren kritisch angemerkt, dass insbesondere die Prognoseproblematik künftiger Einnahmeüberschüsse und die schwierige Ermittlung des Kalkulationszinsfusses für KMU nicht gelöst werden[978]. *Behringer* selbst sieht, dass sein Verfahren noch unausgereift ist und der weiteren empirischen Fundierung bedarf, auch hinsichtlich der Faktoren, die erfolgreiche von weniger erfolgreichen Mittelständlern unterscheiden. Daneben ist die Berücksichtigung nicht-finanzieller Zielgrößen auch in diesem Ansatz nicht hinreichend gelungen.[979]

3.10.2 First-Chicago-Methode

Die *First-Chicago-Methode*[980] stellt eine Erweiterung der *Venture Capital-Methode* dar, bei der explizit verschiedene Szenarien in die Bewertung einfließen. Die Bewertung basiert auf dem erwarteten Cash Flow an den Finanzinvestor, der sich als gewichteter Durchschnitt aus den prognostizierten Cash Flows des Best-, Base- und Worst Case-Szenarios ergibt. Als Gewichtungsfaktoren dienen subjektive Wahrscheinlichkeiten, mit denen unterschiedliche Szenarien bewertet werden. In die Betrachtung werden auch mögliche Dividendenausschüttungen und Rückzahlungen an den Finanzinvestor vor dem Ausstiegszeitpunkt integriert.[981] Die Anwendung der First-Chicago-Methode ist vorteilhaft,

---

976 Vgl. zu dem modifizierten Ertragswertverfahren Behringer, S. (2004): S. 175 ff.

977 Vgl. zu den Besonderheiten von KMU die Ausführungen in Kapitel 1.3.1

978 Vgl. Laurenz, N. (2007): S. 65

979 Vgl. Behringer, S. (2004): S. 220 ff.

980 Der Name dieses Bewertungsansatzes stammt von der *First Chicago Corporation*, deren Investment Manager diese Methode ursprünglich entwickelt haben. Vgl. hierzu Achleitner, A.-K. / Nathusius, E. (2004): S. 172

981 Die Darstellung der *First-Chicago-Methode* basiert weitestgehend auf den Ausführungen von Scherlis, D. R. / Sahlmann, W. A. (1989): S. 49 ff.

wenn der Finanzinvestor eine Eigenkapitalfinanzierung strukturiert, bei der auch während der Beteiligungsphase Kapital entnommen wird (über Dividendenzahlungen oder Rekapitalisierungen) oder wenn Wandlungsmöglichkeiten über Wandel- und Optionsanleihen bestehen. Da derartige Finanzierungskonstruktionen vermehrt im US-amerikanischen Raum eingesetzt werden, findet dieses Verfahren in den USA häufiger Anwendung. In Deutschland hat es derzeit nur eine geringe Bedeutung.[982]

3.10.3 Economic-Value-Added-Ansatz

Der *Economic-Value-Added-(EVA-)Ansatz*[983] ordnet sich in den Kontext der Shareholder Value-Orientierung ein. Es handelt sich um eine Übergewinnmethode, die davon ausgeht, dass nur die über den Kapitalkosten liegende Rentabilität zusätzlichen Wert für Unternehmen schafft. Über- oder Residualgewinne stellen damit grundsätzlich den Gewinn eines Unternehmens dar, der sowohl die Kosten des Fremd- als auch die des Eigenkapitals überschreitet.[984] Das EVA-Konzept gehört zu den Entity-Ansätzen, bei denen jährlich anfallende Übergewinne diskontiert werden, dann der Marktwert des Fremdkapitals abgezogen wird, um den Unternehmenswert aus Sicht der Eigenkapitalgeber zu erhalten. Der Ansatz strebt die Verbindung der Cash Flow-basierten Bewertung mit dem laufenden Rechnungswesen an.[985] Das EVA-Konzept lehnt sich konzeptionell an das Ertragswertverfahren an mit der Begründung, dass diese eher den Anforderungen der Praxis entspricht. Problematisch sind die Prognose des mit umfangreichen Anpassungen versehenen Übergewinns aus dem Jahresabschluss sowie die Bestimmung der Kapitalkosten.[986] EVA ist in den USA stark verbreitet und wird teilweise in deutschen Großunternehmen, die sich am Shareholder Value ausrichten, angewendet.[987]

3.10.4 Dynamisches LBO-Modell

Baecker schlägt für Leveraged Buy Outs ein vereinfachtes Modell vor, das zufällige Schwankungen des Bewertungsniveaus explizit berücksichtigt. Hierbei handelt es sich um eine simple (real-)optionstheoretische Erweiterung gängiger Verfahren, die die potentiell bestehende zeitliche Flexibilität beim Exit von Beteiligungen in die Berechnungen einbezieht. Dieses dynamische Modell mit stochastischen Ausstiegsmultiplikatoren berücksichtigt die inhärente Optionali-

---

982 Vgl. Achleitner, A.-K. / Nathusius, E. (2004): S. 175

983 Das Konzept des EVA wurde von dem amerikanischen Beratungsunternehmen Stern Stewart & Co. entwickelt. Vgl. hierzu Borowicz, F. (2005): S. 371

984 Vgl. Lewis, T. G. (1995): S. 124

985 Vgl. Wipfli, C. (2001): S. 141

986 Vgl. Eidel, U. (1999): S. 79

987 Vgl. Borowicz, F. (2005): S. 373

tät und erlaubt dem Entscheider, die Effekte unerwarteter Veränderungen des Bewertungsniveaus in die Investitionsentscheidung einzubeziehen.[988]

3.10.5 Risikodeckungsansatz als simulationsbasiertes Verfahren

Gleißner / Kamaras / Wolfrum[989] schlagen einen Risikodeckungsansatz als simulationsbasiertes Bewertungsverfahren vor, bei dem der Eigenkapitalbedarf als Risikomaß den Betafaktor des CAPM (bei Anwendung der DCF-Verfahren) ersetzt. Dieser drückt aus, in welcher Höhe während einer Periode risikobedingte Verluste auftreten können, die durch Eigenkapital abzudecken wären. Mittels dieser Simulationsverfahren sollen mehr Transparenz über die Risiken erreicht und eine Konsistenz zwischen geplanten künftigen Cash Flows und den jeweiligen Risiken geschaffen werden.

---

988 Vgl. Baecker, P. N. (2008): S. 87-94

989 Vgl. Gleißner, W. / Kamaras, E. / Wolfrum, M. (2008): S. 129-180

4 Zum Einsatz der Bewertungsverfahren in der Praxis

Nachdem die gängigen Bewertungsverfahren erläutert und diskutiert wurden, wird im Weiteren untersucht, welche Bewertungsverfahren in der Praxis zum Einsatz kommen (Abschnitt 4.1), wie diese beurteilt werden (Abschnitt 4.2) und welche Handlungsempfehlungen sich daraus ableiten lassen (Abschnitt 4.3).

4.1 Übersicht über empirische Forschungsergebnisse

Zu der Fragestellung welche Bewertungsverfahren in der Praxis der Finanzinvestoren angewendet werden hat es bislang verhältnismäßig wenige empirische Untersuchungen gegeben. *Wright / Robbie* haben 1994 in Großbritannien eine Befragung[990] durchgeführt, die Private Equity-Gesellschaften (ohne Differenzierung nach Finanzierungsphasen)[991] bezüglich ihrer Bewertungsverfahren untersucht haben. Das Ergebnis zeigt, dass vor allem das *Multiplikatorverfahren* auf Basis eines KGV-Multiplikators angewendet wird, gefolgt von Multiplikatorverfahren mit EBIT-Multiplikatoren und von den DCF-Verfahren.

Manigart et al. haben die Studie von Wright/Robbie auf Frankreich, die Niederlande und Belgien ausgedehnt[992]. Sie kommen zu dem Fazit, dass die Häufigkeit der Anwendung in den einzelnen Ländern variiert. So wurden die *DCF-Verfahren* in Frankreich, Belgien und den Niederlanden häufiger angewendet als in Großbritannien. Schwachpunkt auch dieser Untersuchung ist, dass nicht nach Finanzierungsphasen differenziert wurde. Insgesamt lässt sich jedoch die Tendenz erkennen, dass ebenfalls die *Multiplikatorverfahren* einen großen Stellenwert einnehmen.

Peemöller / Geiger / Barchet haben im August 2000 eine Studie[993] zu Bewertungsverfahren deutscher Venture Capital-Gesellschaften durchgeführt, die in Frühphasen-Unternehmen investieren. 80% der insgesamt 45 befragten VC-Gesellschaften gaben an, eine Berechnung des Unternehmenswertes hauptsächlich im Hinblick auf die Ermittlung eines *Entscheidungswertes* und auf die Schaffung eines *Argumentationswertes* durchzuführen[994]. Befragt nach der Art der Bewertungsverfahren (bei denen Mehrfachnennungen möglich waren), wandten zum Zeitpunkt der Studie mit 93% die meisten Gesellschaften keine theoretisch fundierten Verfahren, sondern pragmatische *Daumenregeln* und *Erfahrungswerte* an[995]. Diese Bewertungsverfahren ermitteln den Unterneh-

---

990 Vgl. Wright, M. / Robbie, K. (1996): S. 156 ff.

991 Siehe zu den einzelnen Finanzierungsphasen auch die Ausführungen in Kapitel 2.5

992 Vgl. Manigart, S. et al. (1997)

993 Vgl. Peemöller, V. H. / Geiger, T. / Barchet, H. (2001): S. 334 ff.

994 Vgl. ebenda, S. 339

995 Vgl. Peemöller, V. H. / Geiger, T. / Barchet, H. (2001): S. 343

menswert u.a. pauschal als ein Vielfaches des Gewinns oder des Umsatzes[996]: 80% der befragten Unternehmen bewerten ihre Investments anhand von *Multiplikatorverfahren*, da diese Methoden einfach nachvollziehbar und leicht durchführbar sind.[997]

Eine Studie über den Einsatz von Bewertungsverfahren durch Finanzinvestoren, die sowohl Early Stage- als auch Later Stage-Finanzierer berücksichtigt, wurde im Jahr 2004 vom *Center for Entrepreneurial Studies (CEFS)* an der Technischen Universität München in Zusammenarbeit mit der Wirtschaftsprüfungs- und Beratungsgesellschaft *RSM Haarmann Hemmelrath International Services GmbH* durchgeführt[998]. Im Zuge der Erhebung wurden die Aussagen von insgesamt 105 Beteiligungsgesellschaften in Deutschland, Österreich und der Schweiz ausgewertet[999].

Dieser Untersuchung zur Folge überwiegt im *Early Stage-Bereich* – wie in Abbildung 37 dargestellt - bei der Erstbewertung von Beteiligungen die Anwendung der *Venture Capital-Methode* durch rund 50% der Befragten, was mit der vereinfachten Vorgehensweise und den vereinfachten Annahmen dieses Verfahrens erklärt wird[1000]. Immerhin 33% setzen in der Early Stage-Phase die *DCF-Verfahren* ein, 29% nutzen Multiplikatorverfahren auf der Basis von vergleichbaren *Transaktionen*, 22% die Multiplikatorverfahren auf Basis vergleichbarer *börsennotierter Unternehmen*.[1001]

In der *Expansionsphase* der Unternehmen werden fundamentale und marktorientierte Methoden vergleichsweise häufiger angewendet, wohingegen die Anwendung der Venture Capital-Methode an Bedeutung verliert. Diese Tendenz setzt sich in der *Later Stage-Phase* fort: Mit 43% werden in den späteren Unternehmensphasen hauptsächlich die *DCF-Verfahren*, die marktorientierten Verfahren (mit jeweils 34%) sowie die *Ertragswertmethode* (mit 26%) herangezogen. Immerhin 23% der befragten Unternehmen nutzen in dieser Phase die *Venture Capital-Methode* (Vgl. Abb. 38). Diese Verschiebungen können einerseits auf die verbesserte Datenlage der Portfoliounternehmen in späteren Finanzierungsphasen zurück geführt werden, wodurch die fundamentalen Methoden verlässlichere Ergebnisse liefern. Andererseits sind Unternehmen in späteren Finanzierungsphasen eher mit Geschäftsmodellen anderer Wettbewerber ver-

---

996 Vgl. Rudolf, M. / Witt, P. (2002): S. 57 ff.

997 Vgl. Peemöller, V. H. / Geiger, T. / Barchet, H. (2001): S. 343

998 Vgl. Achleitner, A.-K. / Zelger, H. / Beyer, S. / Müller, K. (2004): S. 701 - 709

999 Im Rahmen der Studie wurden insgesamt 349 Gesellschaften angeschrieben, die Rücklaufquote betrug 30,1% bzw. 105 Gesellschaften. Davon 78 aus Deutschland, 15 aus der Schweiz und 12 aus Österreich.

1000 Vgl. Achleitner, A.-K. / Nathusius, E. (2004): S. 196

1001 Vgl. Achleitner, A.-K. / Zelger, H. / Beyer, S. / Müller, K. (2004): S. 702

gleichbar, womit die Heranziehung von marktorientierten Methoden wie Multiplikatorverfahren ermöglicht wird.[1002]

Methoden bei Erstbewertungen von Finanzinvestoren

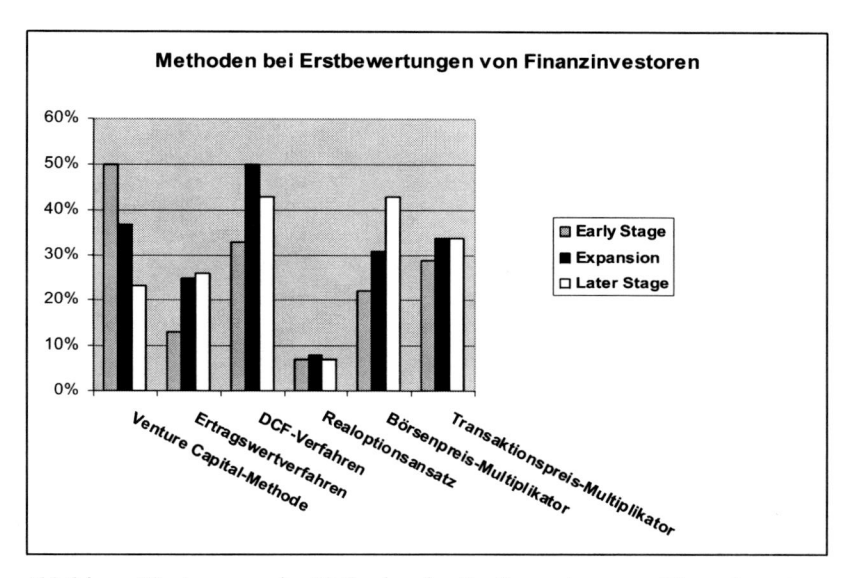

(Diagramm mit Kategorien: Venture Capital-Methode, Ertragswertverfahren, DCF-Verfahren, Realoptionsansatz, Börsenpreis-Multiplikator, Transaktionspreis-Multiplikator; Legende: Early Stage, Expansion, Later Stage)

Abbildung 38: Angewandte Methoden der Erstbewertung von Finanzinvestoren
Quelle: Achleitner, A.-K. / Zelger, H. / Beyer, S. / Müller, K. (2004): S. 702

Wie Abbildung 38 verdeutlicht, kam dem *Realoptionsansatz* in der Praxis zum Zeitpunkt der Erstellung dieser Studie in 2004 so gut wie keine Relevanz zu. Lediglich 7-8% der befragten Gesellschaften nutzten das Verfahren. Dieses Ergebnis wird durch eine weitere Studie von *Peemöller / Beckmann / Kronmüller*[1003] aus dem Jahre 2001 bestätigt, die sich auf die praktische Anwendung des *Realoptionsansatzes* konzentriert hat[1004]. Auch hier kam zum Ausdruck, dass *DCF- und Multiplikatorverfahren* in der Praxis am häufigsten angewendet werden, wohingegen der Realoptionsansatz sehr selten genutzt wird. Die Frage nach den bisher mit diesem neueren Verfahren gesammelten Erfahrungen wurde dahingehend beantwortet, dass man den Ansatz als „interessant" erachtet, die hohe Komplexität und die fehlende praktische Erfahrung jedoch als Hinderungsgründe für eine breitere Anwendung gesehen werden. Insbesondere wur-

---

1002 Vgl. ebenda, S. 702 f.
1003 Vgl. Peemöller, V. H. / Beckmann, C. / Kronmüller, A. (2002): S. 561 - 565
1004 Im Rahmen der Erhebung wurden 36 Fragebögen ausgewertet (Rücklaufquote 35%), bei der börsennotierte Unternehmen und Beratungsgesellschaften befragt wurden. Vgl. Peemöller, V. H. / Beckmann, C. / Kronmüller, A. (2002): S. 561 - 565

den die fehlende Transparenz sowie die daraus entstehenden großen Interpretationsspielräume kritisiert, wodurch der Ansatz schwer kommunizierbar werde[1005].

Gemäß der Studie des *Center for Entrepreneurial Studies (CEFS) / RSM Haarmann Hemmelrath International Services GmbH* erfolgt die *Bewertung bestehender Beteiligungen* sehr häufig mittels anderer Verfahren als bei der Erstbewertung[1006]. Dies könnte darin begründet sein, dass das Reporting an die Investoren den Einsatz anderer Methoden vorsieht. So empfehlen bspw. die EVCA Guidelines hierfür den Einsatz marktorientierter Verfahren[1007]. Andere Verfahren werden auch aus rein praktischen, aufwandsorientierten Gründen benutzt. Während die *Venture Capital-Methode* während der Beteiligungsphase deutlich weniger angewendet wird, dominieren Bewertungen mittels *Transaktions-* (78% der befragen Gesellschaften) bzw. *Börsenpreismultiplikatoren* (67%). [1008]

Bei der Bewertung mittels Gesamtbewertungsverfahren, bspw. den DCF-Methoden, kommt dem *Kapitalisierungszinssatz* eine große Bedeutung zu. Nahezu alle befragten Gesellschaften berücksichtigen eine *Risikoprämie*, die auf sehr unterschiedliche Art und Weise hergeleitet wird. Während bei den Spätphasenfinanzierungen 69% angeben, ihre eigenen Erfahrungen zu nutzen, berücksichtigen 55% eine investorenspezifische Zielrendite. Lediglich 23% der untersuchten Finanzinvestoren verwenden kapitalmarkttheoretische Verfahren, insbesondere das Capital Asset Pricing Modell (CAPM). [1009]

Für dessen Herleitung berücksichtigen 33% der Befragten neben dem Risiko (das von 96% berücksichtigt wird) eine Prämie für die im Vergleich zu börsennotierten Anteilen geringere Liquidität. Ein Renditeaufschlag zur Kompensation der Beratungsdienstleistungen durch Private Equity-Gesellschaften (Value Added) spielt bei den Spätphasenfianzierern im Gegensatz zu den Frühphasenfinanzierungen nur eine geringe Rolle (Vgl. Abb. 38).[1010]

1005 Vgl. Peemöller, V. H. / Beckmann, C. / Kronmüller, A. (2002): S. 564

1006 Vgl. Achleitner, A.-K. / Zelger, H. / Beyer, S. / Müller, K. (2004): S. 702

1007 Vgl. EVCA (Hrsg.) (2005)

1008 Vgl. Achleitner, A.-K. / Zelger, H. / Beyer, S. / Müller, K. (2004): S. 703

1009 Vgl. Achleitner, A.-K. / Nathusius, E. (2004b): S. 198

1010 Vgl. Achleitner, A.-K. / Zelger, H. / Beyer, S. / Müller, K. (2004c): S. 704

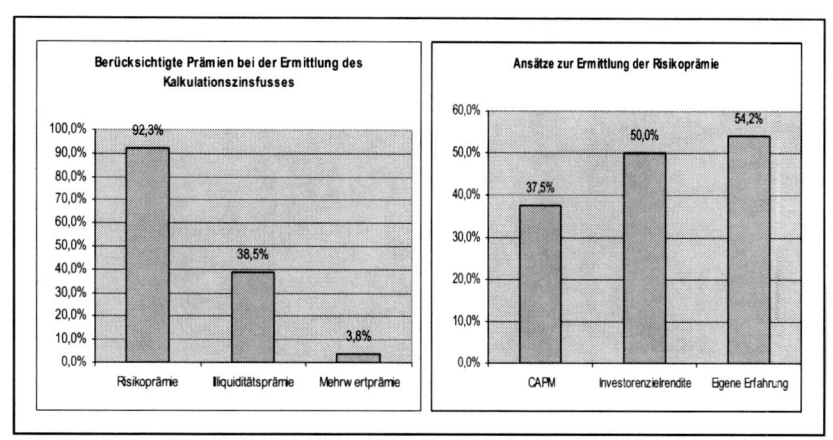

Abbildung 39: Ermittlung des Kalkulationszinssatzes von Private Equity-Gesellschaften
Quelle: Achleitner, A.-K. / Nathusius, E. (2004b): S. 198

Die Höhe des geforderten Kapitalisierungszinssatzes ist insbesondere abhängig von der Entwicklungsphase des Beteiligungsunternehmens, was Tabelle 14 verdeutlicht. So wird im Rahmen der betrachteten Studie bei Zielunternehmen in der Expansionsphase durchschnittlich ein Kalkulationszinsfuss von 25,6%, in der Buy Out-Phase einer von 22,8% gefordert.[1011]

Bei Anwendung der *Multiplikatorverfahren* erfolgt die Bewertung der befragten Unternehmen meist auf Basis einer gezielt ausgesuchten *Peer Group*. Etwas seltener wird auf Branchen-Multiples zurückgegriffen. Als Bezugsgröße werden am häufigsten die Bezugsgrößen Ergebnis vor Zinsen und Steuern (EBIT) oder Ergebnis vor Zinsen, Steuern und Abschreibungen (EBITDA) verwendet. Daneben werden auch der Umsatz und der Cash Flow herangezogen.[1012]

1011 Vgl. Achleitner, A.-K. / Nathusius, E. (2004b): S. 199 f.
1012 Vgl. Achleitner, A.-K. / Nathusius, E. (2004b): S. 200 f.

	Early Stage	Expansion Stage	Bridge	Buyout	Turnaround
Mittelwert / Standardabweichung (in %) N = Nennungen	39,5 / 21,2 N=46	25,6 / 10,4 N=53	17,8 / 6,7 N=19	22,8 / 8,7 N=26	30,5 / 15,2 N=10

Tabelle 14: Höhe des geforderten Kapitalisierungszinssatzes von Kapitalbeteiligungsgesellschaften in Abhängigkeit von der Finanzierungsphase
Quelle: Achleitner, A.-K. / Zelger, H. / Beyer, S. / Müller, K. (2004): S. 705

Eine Studie von *Brösel / Hauttmann*[1013] aus dem Jahr 2006 untersucht die von großen Unternehmen bei Akquisitionen genutzten Bewertungsverfahren: In diesem Segment spielen die DCF-Verfahren (mit rund 95% der Nennungen), gefolgt von den Multiplikatorverfahren (mit 68%) die bedeutendste Rolle zur Bestimmung von Entscheidungswerten für Unternehmensakquisitionen.

Zusammenfassend kann festgehalten werden, dass Finanzinvestoren gemäß der bislang veröffentlichen Studien tendenziell kein dominantes einheitliches Bewertungsverfahren verwenden. Welche Methode zur Anwendung kommt, hängt stark von der Phase ab, in der sich das Portfoliounternehmen befindet. Regelmäßig werden mehrere Bewertungsverfahren gleichzeitig angewendet. Die Verfahren und die ausgewählten Bewertungsparameter bieten je nach Art des Verfahrens große Spielräume bei der Ermittlung des Unternehmenswertes.[1014]

4.2 Befragung von Finanzinvestoren zu Bewertungsverfahren

4.2.1 Konzeption der Befragung

Zur Durchführung der eigenen Befragung wurde die Methode des standardisierten[1015], telefonischen Interviews gewählt, in dem mit den Interviewpartnern ein einheitlicher Fragebogen durchgegangen wird[1016]. Der Fragebogen wurde im Vorfeld der Gespräche versandt, so dass Zeit für eine entsprechende Vorbereitung bestand. Die Untersuchung wurde im Zeitraum von Januar bis April 2008 durchgeführt.

In der Literatur wird bezüglich dieser Methode auf zwei Problembereiche hingewiesen:

1013 Brösel / Hauttmann haben im Januar 2006 die 400 größten deutschen Unternehmen angeschrieben und 57 Rückläufe erhalten. Vgl. Brösel, G. / Hauttmann, R. (2007): S. 223 - 238

1014 Vgl. Achleitner, A.-K. / Zelger, H. / Beyer, S. / Müller, K. (2004c): S. 708 f.

1015 Vgl. zur Standardisierung von Interviews Bortz, J. (1984)

1016 Vgl. hierzu ebenda: S. 165 ff.

a) Auf Seiten des Interviewers sind „Interviewfehler" zu vermeiden, die unbewusst durch den Interviewer selbst verursacht werden und zu Beeinträchtigungen der Befragungsergebnisse führen. Um solche Verfälschungen zu vermeiden, müssen die Eigenschaften eines „guten Interviewers" erfüllt werden[1017].

b) Die Ergebnisse der Interviews werden stark durch den Befragten beeinflusst. So müssen Personen aus der Stichprobe unabhängig von ihrer Eignung zum Interview befragt werden. Fehlerquellen können darin gesehen werden, dass (a) der Befragte dem Interviewer gefallen will, (b) mögliche Konsequenzen aus den Antworten antizipiert werden, (c) Antwortstile verwendet werden, die sozial erwünscht werden, z.B. die Ja-Sager-Tendenz, oder (d) absichtliche bzw. unabsichtliche Falschangaben gemacht werden, da Erinnerungen bezüglich Daten der Vergangenheit unsicher sind und verbal geäußerte Antworten nicht mit dem tatsächlichen Verhalten übereinstimmen müssen[1018].

Trotz dieser aufgezeigten Problembereiche sieht der Verfasser folgende Vorteile für die gewählte Form der Befragung:

a) Im Hinblick auf die starke zeitliche Belastung der zu befragenden Investmentmanager bietet das Telefoninterview mit vorheriger Versendung der Fragebögen eine recht komprimierte und effiziente Form der Befragung.

b) Durch die bilaterale Form der Kommunikation können Unklarheiten und Nachfragen unmittelbar geklärt werden und führen zu einer zielgerichteten Beantwortung der Themen.

4.2.1.1 Zielsetzung und Konzeption des Interviewbogens

Die Befragung ausgewählter Finanzinvestoren verfolgt die Zielsetzung, diversen Themenstellungen im Zusammenhang mit dem Untersuchungsgegenstand dieser Arbeit, der Bewertung von etablierten mittelständischen Unternehmen durch Finanzinvestoren in der Later Stage-Phase, zu untersuchen sowie eine Aktualisierung älterer Untersuchungen und eine Fokussierung diverser Fragestellungen vorzunehmen.

Insbesondere wurde auf folgende Themenstellungen eingegangen:

a) Welche Verfahren der Unternehmensbewertung werden bei der untersuchten Zielgruppe (während verschiedener Phasen der Beteiligungsprüfung) angewendet.

b) Inwieweit werden die angestrebten Funktionen durch die einzelnen Bewertungsmethoden erfüllt.

1017 Vgl. ebenda: S. 174
1018 Vgl. ebenda, S. 177 ff.

c) Welches sind die Hauptgründe, sich für eines oder mehrere der Verfahren zu entscheiden.
d) Welche besonderen Vor- und Nachteile weisen die jeweiligen genutzten Verfahren auf.
e) Inwieweit sind die Gesellschaften mit den angewandten Verfahren zufrieden.
f) Wurden in den vergangenen Jahren Verfahren geändert oder sind künftig Veränderungen der Methoden vorgesehen.
g) Welche Parameter gelangen bei Verwendung einzelner Verfahren zur Anwendung.

4.2.1.2 Auswahl der Gesprächspartner

Die Gesprächspartner wurden anhand der Liste der Beteiligungsgesellschaften des Bundesverbandes Deutscher Kapitalbeteiligungsgesellschaften (BVK) selektiert.[1019] Hierbei wurden Private Equity-Gesellschaften ausgewählt, die hauptsächlich in spätere Finanzierungsphasen (Expansion und Buy Outs) bei mittelständischen Unternehmen investieren und ihren Geschäftsschwerpunkt in Deutschland haben. Insgesamt wurden 100 Gesellschaften angeschrieben, anschließend telefonisch kontaktiert und um ein Interview oder alternativ zumindest um Rücksendung des ausgefüllten Fragebogens gebeten. Insgesamt haben 18 Gesellschaften die gewünschten Informationen zur Verfügung gestellt, was einer Quote von 18% entspricht. Da es sich bei den Private Equity-Häusern generell um eine sehr verschwiegene Branche handelt ist die Rücklaufquote positiv zu bewerten.

4.2.2 Darstellung und Analyse der Erhebungsergebnisse

4.2.2.1 Eingesetzte Bewertungsverfahren

Zur Frage, welche Bewertungsverfahren bei der *Erstbewertung* von Beteiligungsengagements verwendet werden (Mehrfachnennungen möglich), gaben mit 17 Nennungen von 18 Finanzinvestoren fast alle das *Multiplikatorverfahren* an, gefolgt von den *DCF-Verfahren* mit 14 Nennungen (Vgl. Abb. 39). Die Untersuchung bestätigt somit im Ergebnis die bisherigen älteren empirischen Untersuchungen, die eine dominierende Rolle beider Verfahren bei der Bewertung etablierter mittelständischer Unternehmen aufzeigen[1020].

1019 Abgerufen unter http://www.bvk-ev/privateequity.php/cat/78/title/Kapitalsuche am 15.09.2007

1020 Vgl. hierzu die Ausführungen in Kapitel 4.1

Verwendete Bewertungsverfahren (Eigenbefragung)

Verfahren	Nennungen
Daumenregeln	1
Venture Capital-Methode	1
Realoptionsansatz	0
Multiplikatorverfahren	17
DCF-Verfahren	14
Ertragswertverfahren	6
Substanzwertverfahren	1

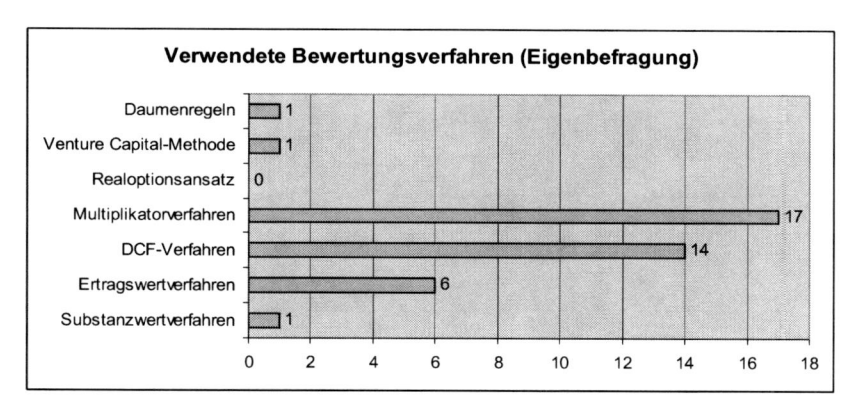

Abbildung 40: Verwendete Bewertungsverfahren (Eigenbefragung)
Quelle: Eigene Befragung.

Immerhin sechs Nennungen erhält das *Ertragswertverfahren*, das im internationalen Kontext keine Relevanz hat[1021]. So gut wie keine Bedeutung in der Beurteilung haben die übrigen Verfahren, was im Hinblick auf die jeweiligen Kritikpunkte bei der Beurteilung von etablierten mittelständischen Unternehmen durch Finanzinvestoren nicht überraschend ist.[1022]

Bezogen auf die Anzahl der verwendeten Verfahren nutzt die Mehrheit (56% der befragten Investoren) zwei Methoden und zwar – mit Ausnahme einer Gesellschaft – die DCF- und die Multiplikatorverfahren. Erstaunlich ist, dass sich immerhin drei Gesellschaften auf ein einziges Verfahren, jeweils die *Multiplikatormethode*, verlassen (Vgl. Tabelle 15).[1023]

Wenn Finanzinvestoren parallel mehrere Verfahren verwenden, dann wird innerhalb der genutzten Verfahren dem *Multiplikatorverfahren* die höchste Bedeutung zugeschrieben. Die Frage, ob die Finanzinvestoren ihr oder ihre Bewertungsverfahren in den letzten 5 – 7 Jahre (bspw. nach dem Platzen der New-Economy-Blase) geändert haben, verneinen alle 18 interviewten Gesellschaften. Keiner der befragten Finanzinvestoren plant in der nahen Zukunft einen Wechsel der verwendeten Bewertungsmethoden. Dieses Ergebnis überrascht, wenn man die hohe Anzahl an gescheiterten Private Equity-Transaktionen betrachtet, die möglicherweise auch auf einen zu hohen Kaufpreis beim Einstieg zurückzuführen sind.

1021 Vgl. zur Beurteilung des *Ertragswertverfahrens* Kapitel 3.5.5

1022 Vgl. zur Beurteilung des *Substanzwertverfahrens* Kapitel 3.4.2, der *Venture Capital-Methode* Kapitel 3.8.3 und des *Realoptionsansatzes* Kapitel 3.9.4

1023 Vgl. zur Beurteilung der *Multiplikatorverfahren* die Ausführungen in Kapitel 3.7.6

Bei allen befragten Finanzinvestoren erfolgt der Prozess der Bewertung durch ein Team von mindestens zwei Investmentmanagern.

Finanzinvestoren nutzen:	Anzahl	In %
Ein Verfahren	3	17%
Zwei Verfahren	10	56%
> 2 Verfahren	5	27%
Summe	18	100%

Tabelle 15: Anzahl Bewertungsmethoden von Finanzinvestoren
Quelle: Eigene Darstellung

4.2.2.2 Gründe für die Auswahl spezieller Verfahren

Betrachtet man die Bedeutung von einzelnen Kriterien und Funktionen der Unternehmensbewertungsverfahren aus der Sicht von Finanzinvestoren, so kommt der Bestimmung des *Entscheidungswertes* (bewertet mit 82 Punkten) die höchste Bedeutung zu, gefolgt von der *Argumentationsfunktion* und der *Akzeptanz* des Verfahrens (mit jeweils 74 Punkten). Auch den übrigen Funktionen (*Praktikabilität, Abbildungsadäquanz* und *Zukunftsorientierung*) wird insgesamt eine hohe Bedeutung auf etwas niedrigerem Niveau zugeschrieben (Vgl. Tabelle 16).

Kriterien und Funktionen von Bewertungverfahren (0 = keine Bedeutung; 5 = sehr hohe Bedeutung)	0	1	2	3	4	5	Gesamtpunktzahl	Anzahl
Entscheidungswert				1	6	11	82	18
Argumentationsbasis				3	10	5	74	18
Praktikabilität, Wirtschaftlichkeit		1		4	9	4	69	18
Akzeptanz bei Investoren, Unternehmen				3	10	5	74	18
Abbildungsadäquanz			2	4	9	3	67	18
Zukunftsorientierung		1		3	12	2	69	18

Tabelle 16: Bedeutung von Kriterien und Funktionen von Bewertungsverfahren
Quelle: Eigene Darstellung. Die Gesamtpunktzahl ergibt sich durch Multiplikation der Einstufung mit der Anzahl der Nennungen.

Befragt nach den Hauptgründen, warum sich die Finanzinvestoren für ein bestimmtes Verfahren entschieden haben, zeigt sich die hohe Bedeutung der *Akzeptanz* des Verfahrens (bewertet mit 80 Punkten) bei den Verhandlungspartnern, gefolgt von der Lieferung eines *Entscheidungswertes* (76 Punkte). Mit einigem Abstand werden die Funktionen *Argumentationswert* (66 Punkte) und die *Praktikabilität* als wichtige Kriterien für die Auswahl des Bewertungsverfahrens genannt (Vgl. Tabelle 17).

Hauptgründe sich für ein Verfahren zu entscheiden (0 = keine Bedeutung; 5 = sehr hohe Bedeutung)	0	1	2	3	4	5	Gesamtpunktzahl	Anzahl
Allgemeine Akzeptanz				1	8	9	80	18
Praktikabel			2	3	6	7	63	18
Lieferung Argumentationswert		1	1	4	9	3	66	18
Lieferung Entscheidungswert				3	8	7	76	18

Tabelle 17: *Hauptgründe für die Auswahl eines Bewertungsverfahrens*
Quelle: Eigene Darstellung.

Untersucht man die Vor- und Nachteile, die Finanzinvestoren bei den jeweils angewandten Verfahren aufführen, so werden von allen Befragten durchweg als Vorteile genannt, dass die jeweiligen Verfahren die erforderlichen Kriterien (*Akzeptanz, Praktikabilität, Lieferung Argumentationswert* und *Entscheidungswert*) möglichst zufriedenstellend erfüllen.

4.2.2.3 Spezifika einzelner Verfahren

Im Folgenden werden die wichtigsten Parameter der am häufigsten angewendeten *DCF-* und *Multiplikatorverfahren* sowie deren speziellen Vor- und Nachteile näher untersucht.

4.2.2.3.1 Multiplikatorverfahren

Bei Anwendung der Multiplikatorverfahren werden als Bezugsgröße bzw. Kennzahl mit Abstand am häufigsten sowohl der $EBITDA^{1024}$ als auch der $EBIT^{1025}$ gewählt, womit sich diese Kennzahlen als eine Art Standard herausgebildet zu haben scheinen. Als Vergleichsgröße wird am häufigsten eine *individuelle Peer Group* (13 Nennungen), etwas weniger häufig (mit 10 Nennungen) werden pauschale Branchendurchschnitte angewandt. Die Adjustierungen des speziellen Risikos bei den Bewertungsobjekten erfolgen fast ausschließlich durch individuelle Anpassungen. Informationen zur Anwendung des Multiplikatorverfahrens werden nahezu gleichwertig aus speziellen Datenbanken und Fachzeitschriften gewonnen, weniger aus sonstigen Quellen (Vgl. Tabelle 18).

1024 Der *EBITDA* entspricht dem Ergebnis vor Zinsen, Steuern und Abschreibungen. Vgl. Jahrmann, F.-U. (2003): S. 327

1025 Der EBIT entspricht dem Ergebnis vor Zinsen und Steuern. Vgl. ebenda: S. 327

Befragt nach den spezifischen Vorteilen der *Multiplikatorverfahren* dominieren die „einfache Anwendung" und die „breite Akzeptanz" der Methode. Nachteilig sind vor allem das schwierige Finden geeigneter Vergleichstransaktionen für mittelständische Unternehmen und mit einigem Abstand die fehlende Zukunftsorientierung der Verfahren. Die fehlende wissenschaftliche Fundierung oder die mangelnde Präzision stellen für die große Mehrheit der Finanzinvestoren keinen großen Nachteil dar (Vgl. Tabelle 19).

Kennzahl / Bezugsgröße	Umsatz	EBITDA	EBIT	Cash Flow
Nennungen	2	15	14	2
Vergleichsgröße	Individuelle Peer Group	Branchendurchschnittswerte	Sonstige Vergleichsgrößen	
Nennungen	13	10	0	
(Risiko-) Adjustierungen	Individuell	Pauschal	Sonstige	
Nennungen	16	1	1	
Informations-Quellen für Marktinformationen	Spezielle Datenbanken	Fachzeitschriften	Sonstige Quellen (wie eigenes Netzwerk, Berater, Banken)	
Nennungen	12	11	4	

Tabelle 18: Parameter bei Anwendung des Multiplikatorverfahrens
Quelle: Eigene Berechnung

Vorteile	Nennungen	Nachteile	Nennungen
Einfache Anwendung	16	Fehlende wissenschaftliche Fundierung	3
Breite Akzeptanz	16	Schwierigkeit, geeignete Vergleichstransaktionen zu finden	13
Sonstige	0	Fehlende Zukunftsorientierung	7
		Sonstige Nachteile wie bspw. mangelnde Präzision	1

Tabelle 19: Vor- und Nachteile der Multiplikatorverfahren
Quelle: Eigene Berechnung

4.2.2.3.2 DCF-Verfahren

Von den 14 interviewten Finanzinvestoren, die das DCF-Verfahren zur Erstbewertung nutzen, haben 12 Angaben zu den verwendeten Parametern gemacht. Befragt nach der spezifischen DCF-Variante verwenden 11 den *Entity-/WACC-Ansatz*, nur eine Gesellschaft den *APV-Ansatz*. Die – mit 10 Nennungen – meisten nutzen als Cash Flow-Größe den Free Cash Flow der Gesamtkapitalgeber.

Die Berechnung der Eigenkapitalkosten erfolgt überwiegend durch das CAPM (sechs Nennungen) oder über Erfahrungswerte (vier Nennungen), selten (zwei Nennungen) durch Vergleichstransaktionen und der Zielrendite des Investors (eine Nennung). Der Fremdkapitalkostensatz wird von der Mehrheit der Finanzinvestoren (10 mal) als Durchschnittszins der Fremdmittel berechnet. Tabelle 20 gibt die Übersicht über die verwendeten Parameter.

Befragt nach der Höhe bzw. der Bandbreite des Kapitalisierungszinssatzes haben lediglich acht Finanzinvestoren Angaben gemacht. Alle geben eine Bandbreite an, die sich von 8% bis 30% bewegt. Die Mehrzahl bewegt sich zwischen 15% bis 20%. Zu der erreichten Performance der einzelnen Gesellschaften wollte sich keiner der befragten Interviewpartner äußern.

DCF-Variante	Entity-/WACC-Ansatz	Equity-Ansatz	APV-Ansatz	Sonstige
Nennungen	11	-	1	-
Cash Flow-Größe	Free Cash Flow der Gesamtkapitalgeber	Free Cash Flow der Eigenkapitalgeber	Operativer Cash Flow	Brutto- / Netto-Cash Flow
Nennungen	10	-	2	-
Berechnung Eigenkapital-Kostensatz	Erfahrungswerte	Vergleichstransaktionen	CAPM	Sonstige, wie die Zielrendite des Investors
Nennungen	4	2	6	1
Berechnung Fremdkapital-Kostensatz	Durchschnittszins	Schätzwerte	Zinssätze von Vergleichsunternehmen	Sonstige
Nennungen	10	1	1	-

Tabelle 20: Parameter bei Anwendung der DCF-Verfahren
Quelle: Eigene Berechnung.

4.3 Ableitung von Handlungsempfehlungen für Finanzinvestoren

4.3.1 Beurteilung der Verfahren nach Bewertungskriterien

Nachdem die einzelnen Bewertungsverfahren dargestellt und kritisch diskutiert wurden, erfolgen eine Gegenüberstellung und ein Abgleich, inwieweit die einzelnen von Finanzinvestoren verwendeten Verfahren die erforderlichen Kriterien (siehe hierzu Kapitel 3.3.2), die für die Bewertung eines Beteiligungsunternehmens bedeutsam sind, erfüllt werden. Hierfür werden die Erkenntnisse der empirischen Studien einbezogen. Tabelle 21 fasst die Ergebnisse in Form einer Matrix zusammen, wobei zwischen einer *hohen*, *teilweisen* und *geringen* Erfüllung der einzelnen Kriterien unterschieden wird:

Kriterium / Verfahren	Zukunfts-orientierung	Abbildungs-adäquanz	Praktikabilität	Akzeptanz
Ertragswert	Hoch	Teilweise	Teilweise	Teilweise
DCF-Verfahren	Hoch	Teilweise	Teilweise	Hoch
Multiplikator	Gering	Gering	Hoch	Hoch
Realoption	Hoch	Hoch	Gering	Gering
Venture Capital-Methode	Hoch	Teilweise	Hoch	Teilweise

Tabelle 21: Gegenüberstellung von Bewertungsverfahren für Finanzinvestoren
Quelle: Eigene Zusammenstellung

Aus der Gegenüberstellung wird deutlich, dass keines der Bewertungsverfahren sämtliche Kriterien vollständig erfüllt, womit keine absolut dominante Methode existiert. Diese Erkenntnis wird durch die empirischen Studien sowie durch die durchgeführte Eigenbefragung bestätigt.[1026] Die betrachteten Verfahren weisen mit Ausnahme der Multiplikatorverfahren konzeptionell eine hohe *Zukunftsorientierung* auf, was im Hinblick auf das Geschäftsmodell der Finanzinvestoren unerlässlich ist. Allerdings haben sowohl das Ertragswert- als auch die DCF-Verfahren Schwächen in den Kriterien *Praktikabilität* (durch die schwierige Prognose zukünftiger Erträge bzw. Cash Flows) und *Abbildungsadäquanz*, da bspw. die Anwendung des CAPM für KMU in der Praxis sehr schwierig ist. Auch berücksichtigen beide Verfahren nicht explizit die Auswirkungen aus sich verändernden Umweltbedingungen, wie Schwankungen der Konjunktur. Da das Ertragswertverfahren international nicht angewendet wird, ist die *Ak-*

1026 Vgl. zu den Ergebnissen der empirischen Untersuchungen die Erläuterungen in Kapitel 4.

zeptanz deutlich geringer als bei den DCF- und den Multiplikatorverfahren, die in der Praxis der Finanzinvestoren weit verbreitet sind.

Aus theoretischer und methodischer Sicht hat der Realoptionsansatz Vorteile gegenüber den anderen Verfahren, da er durch die Berücksichtigung von künftigen Handlungsoptionen eine bessere *Abbildungsadäquanz* erreicht, was bei Portfoliounternehmen von Finanzinvestoren relevant ist, die diese Unternehmen entsprechend ihren Zielvorstellungen weiterentwickeln wollen.

Die Multiplikatorverfahren und die Venture Capital-Methode sind in ihrer Anwendung vergleichsweise unkompliziert, schnell anwendbar und weisen daher ein hohes Maß an *Praktikabilität* auf. Allerdings müssen sie konzeptionell kritisch gesehen werden und haben nur ein geringes Maß an *Abbildungsadäquanz*.

In der Praxis der Unternehmensbewertung durch Finanzinvestoren kommen üblicher-weise mehrere Verfahren zum Einsatz, meist das DCF-Verfahren gemeinsam mit der Multiplikatormethode.[1027]

Keines der in der Praxis angewandten Verfahren berücksichtigt explizit die Besonderheiten, die aus der Bewertung von mittelständischen Unternehmen (wie die starke Personenbezogenheit und die spezifische Risikosituation) resultieren.[1028]

4.3.2 Auswahl nach der Bewertungsfunktion

Die Auswahl eines Bewertungsverfahrens sollte auch in Zusammenhang mit der jeweiligen Phase des Beteiligungsprozesses gesehen werden. Hierbei kann zwischen der *Vorprüfung*, der *Due Diligence-Phase* und der *Beteiligungsverhandlung* unterschieden werden (Vgl. Tabelle 22).

Während jeder Phase bestehen unterschiedliche Anforderungen an die Unternehmensbewertung der Zielunternehmen. In der *Vorprüfungsphase* ist zunächst eine grobe Wertindikation gefragt, um eine Entscheidung darüber treffen zu können, ob eine ausführliche Unternehmensprüfung (Due Diligence) veranlasst werden soll. Die Verfahren sollten möglichst einfach und ohne großen zeitlichen Aufwand durchgeführt werden können. In dieser Phase stehen eher unternehmensexterne als interne Daten zur Verfügung. Daher bieten sich für diese Phase vor allem marktpreisbasierte Methoden wie die Multiplikatorverfahren an.[1029]

[1027] Vgl. hierzu auch die Analyse der empirischen Untersuchungen in Kapitel 4 der Arbeit.
[1028] Vgl. Behringer, S. (2004): S. 245 f.
[1029] Vgl. Rudolf, M. / Witt, P. (2002): S. 92 f.; Löhnert, P. G. / Böckmann, U. J. (2001): S. 406 f.

Beteiligungs-prozess	Vorprüfung und Selektion	Hauptprüfung (Due Diligence)	Beteiligungs-verhandlung
	Wertindikation	**Grenzwert**	**Argumentations-wert**
Ertragswertverfahren	Mittel	Hoch	Hoch
DCF-Verfahren	Mittel	Hoch	Hoch
Multiplikator-Verfahren	Hoch	Gering	Hoch
Realoptionsmethode	Gering	Mittel	Gering
Venture Capital-Methode	hoch	hoch	Gering

Tabelle 22: Phasenspezifische Bedeutung der Bewertungsverfahren
Quelle: Eigene Zusammenstellung in Anlehnung an Walter, G. (2003): S. 171

Im Rahmen der *Due Diligence-Phase* wird im Regelfall eine ausführliche Bewertung vorgenommen. Das Ergebnis soll einen Entscheidungswert für den Investor liefern, zu dem er noch bereit ist, in das Zielunternehmen zu investieren. Hierbei sollten Verfahren eingesetzt werden, die die Bestimmung eines *Grenzwertes* zulassen und eine hohe A*bbildungsadäquanz* aufweisen.[1030] Neben den DCF- und dem Ertragswertverfahren könnte in dieser Phase auch der Realoptionsansatz eingesetzt werden, wobei die erstgenannten Verfahren unter Berücksichtigung der Praktikabilität und Akzeptanz Vorteile aufweisen.

In der Phase der *Beteiligungsverhandlung* steht die Akzeptanz des Verfahrens im Vordergrund, da anderweitig ein Verhandlungsergebnis schwierig zu erreichen sein wird.[1031] Der Realoptionsansatz wird aufgrund seiner dargestellten Schwachpunkte zur Bestimmung eines Argumentationswertes ausscheiden. Dies bestätigen entsprechende empirische Studien.[1032]

1030 Vgl. Walter, G. (2003): S. 171

1031 Vgl. Henselmann, K. (1999): S. 462

1032 Vgl. Peemöller, V. H. / Beckmann, C. / Kronmüller, A. (2002): S. 563 ff.

4.3.3 Lösungsansätze bei Bewertungsunterschieden

Verhandlungen über den Kaufpreis von Unternehmen scheitern häufig, da die Beteiligten unterschiedliche Vorstellungen über den Unternehmenswert haben. In diesem Fall wäre zunächst zu klären, worin die Gründe für die Bewertungsunterschiede bestehen.[1033] Neben abweichenden Einschätzungen über die künftigen Chancen und Risiken eines Unternehmens oder über die Marktentwicklung kann die Preisvorstellung differieren, wenn beispielsweise unterschiedliche Bewertungsverfahren zu Grunde gelegt wurden. Verwenden Käufer und Verkäufer die gleiche Methode, so können unterschiedliche Input-Daten verschiedene Preisvorstellungen begründen.[1034]

Zur Lösung solch unterschiedlicher Wertvorstellungen würde es sich für die Verhandlungspartner anbieten, die Bestimmung des endgültigen Kaufpreises in die Zukunft zu verschieben, wenn genauere Aussagen über die notwendigen Parameter der Bewertung getroffen werden können.[1035] Mittels solcher *Earn Out- (verzögerten Kaufpreis-) Regelungen* werden Teile des Kaufpreises an den künftigen Unternehmenserfolg gebunden. Verkäufer und Finanzinvestor einigen sich zunächst auf einen Basispreis. Im nächsten Schritt werden Meilensteine (Performance-Maßstäbe wie Ergebnis- oder Cash Flow-Größen) festgelegt, bei deren Erreichen die nachträglichen Kaufpreiszahlungen an den Verkäufer ausgelöst werden.[1036] Earn Out-Regelungen bieten sich vor allem dann an, wenn der Verkäufer für die Zukunft von einem starken Wachstum bzw. Anstieg der Rentabilität und somit von einem höheren Kaufpreis ausgeht als den, der Finanzinvestor auf Basis seiner Analyse zu zahlen bereit ist.[1037] Grundlage ist meist ein zwischen Verkäufer und Finanzinvestor abgestimmter Geschäftsplan für 3 bis 5 Jahre.

Seitens des Veräußerers ist bei dieser Verfahrensweise zu bedenken, dass er nach Verkauf meist die Kontrolle über das Unternehmen verliert und daher Möglichkeiten für den Finanzinvestor bestehen, die vereinbarten Meilensteine zu beeinflussen, etwa durch die Verlagerung von Gewinnen auf die Zeit nach der Earn Out-Periode.[1038] So sollten entsprechende Kontroll- und Mitwirkungsrechte des Verkäufers und solche Bemessungsgrundlagen und –zeiträume vorgesehen werden, die möglichst eine Manipulation durch den Finanzinvestor ausschließen.[1039]

Als Bewertungsgrundlage bei Verwendung von Earn Out-Verfahren sollten *Zukunftserfolgswertverfahren*, bspw. das Ertragswert- oder DCF-Verfahren,

---

1033 Vgl. Weitnauer, W. (2003): S. 59

1034 Vgl. ebenda, S. 61

1035 Vgl. Helbling, C. (2001a): S. 172 ff.

1036 Vgl. Walter, G. (2003): S. 183 f.

1037 Vgl. Weitnauer, W. (2007): S. 399

1038 Vgl. Weitnauer, W. (2003): S. 105

1039 Vgl. Wipfli, C. (2001): S. 156

angewendet werden, da hier ein Soll-Ist-Vergleich der Zukunftserfolge vorgenommen werden kann und Abweichungen vom Basisunternehmenswert bei Vertragsabschluss überprüft werden können. [1040]

4.3.4 Transaktionspreise in Abhängigkeit von Rahmenbedingungen auf den Finanzmärkten

Die am Markt zu beobachtenden Unternehmenspreise korrelieren stark mit den Verhältnissen der (Eigen- und Fremd-) Kapitalmärkte. Zu beobachten ist, dass das Niveau der Bewertungsmultiples bei den in der Praxis häufig anzutreffenden Multiplikatorverfahren stark von der Attraktivität der Kapitalmärkte zum Kauf- bzw. Verkaufszeitpunkt abhängt. Abbildung 40 verdeutlicht die Entwicklung der Kaufpreismultiplikatoren für Unternehmenstransaktionen im Zeitablauf. [1041]

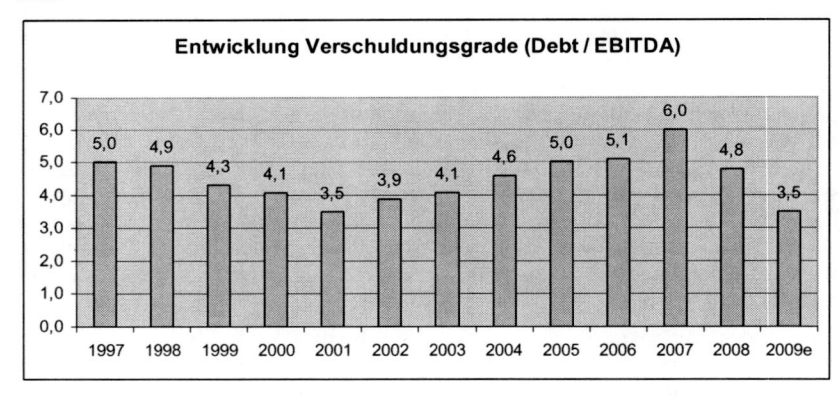

Entwicklung Verschuldungsgrade (Debt / EBITDA)

Jahr	Wert
1997	5,0
1998	4,9
1999	4,3
2000	4,1
2001	3,5
2002	3,9
2003	4,1
2004	4,6
2005	5,0
2006	5,1
2007	6,0
2008	4,8
2009e	3,5

Abbildung 41: Kaufpreismultiplikatoren (EBITDA-Multiples) fremdfinanzierter Private Equity-Transaktionen im Zeitablauf
Quelle: In Anlehnung an Standard & Poor`s (Hrsg.) (2009)

In den Jahren nach der New Economy-Krise ab 2002 haben günstige Rahmenbedingungen (bedingt durch eine steigende Liquidität am Fremdkapitalmarkt mit attraktiven Finanzierungskonditionen, einem positivem wirtschaftlichem Umfeld und niedrigen Ausfallraten bei Unternehmen) zu ansteigenden Preisen bei Private Equity-Transaktionen geführt. [1042] Parallel dazu verzeichneten Finanzinvestoren in diesem Zeitraum hohe Mittelzuflüsse ihrer Fonds, was einen hohen Anlagedruck und durch einen starken Wettbewerb um die limitierte An-

---

1040 Vgl. Walter, G. (2003): S. 184

1041 Vgl. Weber, T. / Remmen, J. (2007): S. 26

1042 Vgl. zu dem Fremdmitteleinsatz bei Unternehmenskäufen auch die Ausführungen in Kapitel 2.7.4

zahl von geeigneten Zielunternehmen ebenfalls tendenziell steigende Kaufpreise zur Folge hatte.[1043]

Die Auswirkungen der Finanzmarktkrise, die seit Mitte 2007 ein schwierigeres Finanzierungsumfeld für Akquisitionskredite beinhaltet, beendeten den mehrjährigen Anstieg und führten ab 2008 zu fallenden Unternehmenspreisen.[1044]

Im Zusammenhang mit sich im Zeitablauf verändernden Rahmenbedingungen, insbesondere konjunkturellen Veränderungen einzelner Branchen sowie auf den Finanzmärkten, die - wie die Analyse der Vergangenheit zeigt - unterschiedlichen Zyklen folgen, verändert sich entsprechend auch das Niveau der Unternehmenskaufpreise. Im Rahmen der Unternehmensbewertung ist den Finanzinvestoren zu empfehlen, diese konjunkturellen Entwicklungsphasen in ihr Bewertungskalkül einfließen zu lassen. In der Vergangenheit scheint häufig mit einerseits dauerhaft ansteigenden Unternehmensergebnissen und andererseits hohen Bewertungsniveaus bei Transaktionspreisen (zum Ausstiegszeitpunkt) gerechnet worden zu sein ohne dass konjukturelle Abschwächungen und Veränderungen auf den Kredit- und Eigenkapitalmärkten explizit berücksichtigt worden wären.[1045]

[1043] Vgl. Weber, T. / Remmen, J. (2007): S. 24

[1044] Vgl. Schlumpberger, C. (2007): S. 76

[1045] Vgl. zu dieser Thematik auch die Ausführungen in Kapitel 5.5.

5 Abschließende Einschätzung und Ausblick

Eine erfolgreiche Tätigkeit von Finanzinvestoren erfordert die Verwendung von leistungsfähigen Verfahren zur Bewertung der künftigen unsicheren Zahlungen (Cash Flows) ihrer potentiellen Beteiligungsunternehmen. Hierzu bedarf es neben der Erfüllung der Kriterien Akzeptanz, Abbildungsadäquanz, Zukunftsorientierung, Praktikabilität und Flexibilität unbedingt einer adäquaten Berücksichtigung der Risiken aus Private Equity-Investitionen, also der Planungsunsicherheiten, speziell der Exit-Erlöse, die auch die Verhältnisse in unterschiedlichen konjunkturellen Phasen in die Wertung einbeziehen.[1046]

Mit Blick auf die in der Praxis verwendeten Verfahren und die im Rahmen der Finanzkrise aufgetretene hohe Zahl an Problemengagements erscheint es fraglich, ob die Bewertungsmethoden die bestehenden Unvollkommenheiten eines Kapitalmarktes ausreichend berücksichtigen oder ob die gängigen Verfahren hinsichtlich der Risikopotentiale von Beteiligungen weiterentwickelt werden müssten. Ansatzpunkte hierzu könnten beispielsweise *simulationsbasierte Modelle* liefern, die auf der Grundlage der Unternehmensplanung und der dort implizit erfassten Risiken auf den Eigenkapitalbedarf als Risikomaß bzw. -puffer schließen. Hierdurch würde eine hohe Unsicherheit über die Entwicklung einer Beteiligung zu einem hohen Bedarf an vergleichsweise teurem Eigenkapital und damit über höhere Kapitalkosten zu einem sinkenden Unternehmenswert führen. Wesentlicher Vorteil bei Verwendung solcher Verfahren wäre, dass die Unsicherheit über den möglichen Verkaufspreis und deren Ursachen explizit berücksichtigt werden könnten.[1047]

Zahlreiche Probleme im Rahmen von Bewertungen für mittelständische Unternehmen resultieren aus der Inkonsistenz von Cash Flow- und Risikoprognose. Bisher übliche Praxis ist, Erwartungswerte von Cash Flows der jeweiligen Unternehmensplanung zu entnehmen, entsprechende Risiken hingegen aus (davon unabhängigen) Kapitalmarktinformationen abzuleiten, womit eine Bewertungskonsistenz nur vorhanden wäre, wenn man von strenger Informationseffizienz ausgehen würde, was unrealistisch ist. Hierzu bedarf es einer Weiterentwicklung der Verfahren, die diese Problematik für den Praktiker gangbar macht.[1048]

Kritisch zu hinterfragen ist angesichts der hohen Zahl von Fehlbewertungen (nicht zuletzt seit Ausbruch der Finanz- und Wirtschaftskrise), ob die zuständigen Investmentmanager bei den Beteiligungsgesellschaften tatsächlich Spezialisten mit ausreichend hohem Know How für die Themen Risikoquantifizierung und Bewertung sind und ob sie genügend Zeitkapazitäten für diese ihren Geschäftserfolg maßgeblich determinierende Tätigkeit verwenden. Zumindest zeigen Beispielfälle, dass die den Beteiligungsfinanzierungen inhärente Unsicherheit der Businessplanungen häufig nicht stringent bei den Unternehmens-

---

1046 Vgl. Gleißner, W. / Kamaras, W. / Wolfrum, M. (2008): S. 177 f.

1047 Vgl. Gleißner, W. / Schaller, A. (Hrsg.) (2008): S. 20

1048 Vgl. Baecker, P. N. / Gleißner, W. / Hommel, Ph. D. (2008): S. 270

bewertungen berücksichtigt wurde[1049]. Aus den mit Investmentmanagern der Beteiligungsgesellschaften geführten Interviews konnte man den Eindruck gewinnen, dass für die Bewertung potentieller Beteiligungen häufig nicht der erforderliche Zeitrahmen aufgewendet wurde sowie dass die notwendige kritische und detaillierte Auseinandersetzung mit den Unternehmensplanungen und deren Annahmen nicht durchgängig erfolgte.[1050]

Ein ehemaliger Investmentmanager des Finanzinvestors Alchemy bestätigt im Zusammenhang mit der Bewertungsproblematik beispielsweise, dass es bei Private Equity-Investitionen in den Jahren vor der Finanzkrise zu überhöhten Kaufpreisen (somit zu einer „Blase") gekommen war. Ursächlich für diese Entwicklung war nach seiner Auffassung vor allem die nachlässige Prüfung und Bewertung der Zielunternehmen, die vor allem mit der starken Motivation und Fokussierung auf Geschäftsabschlüsse und damit verbunden der Vereinnahmung hoher Abschlussgebühren erklärt werden könne. Die Höhe der Bonizahlungen habe hierbei zu einem „unangemessenem Verhalten" der Investmentmanger geführt. Dabei war die Tendenz überhöhte Kaufpreise zu zahlen umso größer, je voluminöser der Beteiligungsfonds und damit zusammenhängend je stärker der Anlagedruck für die Investmentmanager gewesen ist.[1051]

Gegebenenfalls sollten Private Equity-Gesellschaften in Erwägung ziehen, für die für ihren Geschäftserfolg zentrale Unternehmensbewertung geeignete Spezialisten entweder fallweise hinzuzuziehen oder ihre Teams um entsprechende Experten zu ergänzen, falls dies noch nicht geschehen sein sollte.

Insgesamt erscheint aufgrund der dargestellten methodischen Schwächen der jeweiligen Methoden und der aktuellen Probleme der Private Equity-Branche eine kritische Überprüfung der Bewertungsverfahren notwendig zu sein. Nicht außer Acht gelassen werden darf, dass in jede Bewertung unterschiedliche subjektive Einschätzungen eines Bewerters über die künftige Entwicklung von Unternehmen einfließen, die durch ein Bewertungsverfahren lediglich in einen monetären Wert übergeleitet werden. Der wesentliche Faktor, der über Erfolg und Misserfolg entscheidet, ist und bleibt jedoch die Fähigkeit des Menschen, Situationen richtig einzuschätzen und die korrekten Schlussfolgerungen daraus zu ziehen.

1049 Vgl. Gleißner, W. / Kamaras, E. / Wolfrum, M. (2008): S. 144

1050 Vgl. zu der empirischen Befragung die Ausführungen in Kapitel 4.2

1051 Vgl. Henkel, I. (2009): S. 5

Anhang

Anhang 1: Charakteristika zur Abgrenzung von KMU gegenüber Großunternehmen

KMU	Großunternehmen
Unternehmensführung	
Eigentümer-Unternehmer	Manager
Mangelnde Unternehmensführungskenntnisse	Fundierte Unternehmensführungskenntnisse
Technisch orientierte Ausbildung	Gutes technisches Wissen in Fachabteilungen und Stäben verfügbar
Unzureichendes Informationswesen zur Nutzung vorhandener Flexibilitätsvorteile	Ausgebautes formalisiertes Informationswesen
Patriarchalische Führung	Führung nach Management-by-Prinzipien
Kaum Gruppenentscheidungen	Häufig Gruppenentscheidungen
Große Bedeutung von Improvisation und Intuition	Geringe Bedeutung von Improvisation und Intuition
Kaum Planung	Umfangreiche Planung
Durch Funktionsabläufe überlastet. Wenn Arbeitsteilung, dann personenbezogen	Hochgradige sachbezogene Arbeitsteilung
Unmittelbare Teilnahme am Betriebsgeschehen	Ferne zum Betriebsgeschehen
Geringe Ausgleichsmöglichkeiten bei Fehlentscheidungen	Gute Ausgleichsmöglichkeiten bei Fehlentscheidungen
Führungspotential nicht austauschbar	Führungspotential austauschbar
Organisation	
Auf den Unternehmer ausgerichtetes Einliniensystem. Von ihm selbst bis in die Einzelheiten überschaubar	Personenunabhängige, an den sachlichen Gegebenheiten orientierte komplexe Organisationsstruktur
Funktionshäufung	Arbeitsteilung
Kaum Abteilungsbildung	Umfangreiche Abteilungsbildung
Kurze direkte Informationswege	Vorgeschriebene Informationswege

Starke persönliche Bindungen	Geringe persönliche Bindungen
Weisungen und Kontrolle im direkten personenbezogenen Kontakt	Formalisierte unpersönliche Weisungs- und Kontrollbeziehungen
Delegation in beschränktem Umfang	Delegation in vielen Bereichen
Kaum Koordinationsproblem	Große Koordinationsprobleme
Geringer Formalisierungsgrad	Hoher Formalisierungsgrad
Hohe Flexibilität	Geringe Flexibilität
Beschaffung und Materialwirtschaft	
Schwache Position am Beschaffungsmarkt	Starke Position am Beschaffungsmarkt
Häufig auftragsbezogene Materialbeschaffung	Überwiegend auftragsunabhängige Materialbeschaffung
Produktion	
Arbeitsintensiv	Kapitalintensiv
Geringe Arbeitsteilung	Hohe Arbeitsteilung
Geringe Kostendegression mit steigender Ausbringungsmenge	Starke Kostendegression mit steigender Ausbringungsmenge
Häufig langfristig gebunden an eine bestimmte Basisinnovation	Keine langfristige Bindung an eine Basisinnovation
Absatz	
Deckung kleindimensionierter individualisierter Nachfrage in einem räumlich und / oder sachlich schwachen Marktsegment	Deckung großdimensionierter Nachfrage in einem räumlich und/oder sachlich breiten Marktsegment
Wettbewerbsstellung sehr uneinheitlich	Gute Wettbewerbsstellung
Forschung und Entwicklung	
Keine dauernd institutionalisierte F&E-Abteilung	Dauernd institutionalisierte F&E-Abteilung
Fast ausschließlich bedarfsorientierte Entwicklung, kaum Grundlagenforschung	Langfristig-systematisch angelegte F&E
Finanzierung	
Im Familienbesitz	In der Regel breit gestreuter Besitz
Kein Zugang zum anonymen Kapitalmarkt	Zugang zum anonymen Kapitalmarkt

Personal

Geringe Anzahl von Beschäftigten	Hohe Anzahl von Beschäftigten
Wenige Akademiker beschäftigt	Akademiker in größerem Umfang beschäftigt
Überwiegend breites Fachwissen vorhanden	Tendenz zum Spezialistentum
Vglw. hohe Arbeitszufriedenheit	Geringe Arbeitszufriedenheit

Quelle: Pfohl, H.-C. / Kellerwessel, P. (1990): S. 19

Anhang 2: Quellen der Unternehmensfinanzierung

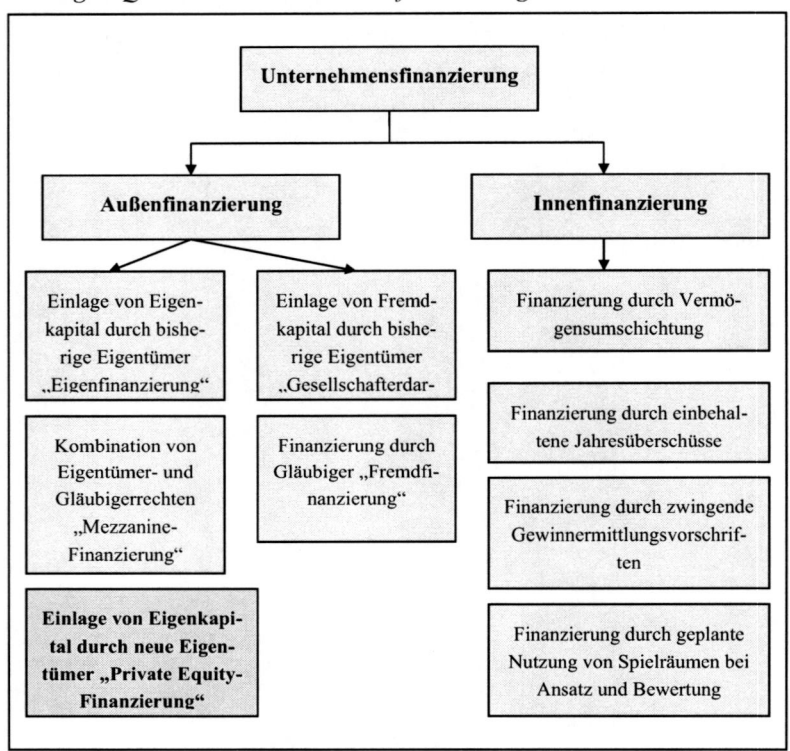

```
                        ┌─────────────────────────┐
                        │ Unternehmensfinanzierung│
                        └─────────────────────────┘
                            /               \
            ┌──────────────────┐      ┌──────────────────┐
            │ Außenfinanzierung│      │ Innenfinanzierung│
            └──────────────────┘      └──────────────────┘
```

Außenfinanzierung		Innenfinanzierung
Einlage von Eigenkapital durch bisherige Eigentümer „Eigenfinanzierung"	Einlage von Fremdkapital durch bisherige Eigentümer „Gesellschafterdar-	Finanzierung durch Vermögensumschichtung
Kombination von Eigentümer- und Gläubigerrechten „Mezzanine-Finanzierung"	Finanzierung durch Gläubiger „Fremdfinanzierung"	Finanzierung durch einbehaltene Jahresüberschüsse
		Finanzierung durch zwingende Gewinnermittlungsvorschriften
Einlage von Eigenkapital durch neue Eigentümer „Private Equity-Finanzierung"		Finanzierung durch geplante Nutzung von Spielräumen bei Ansatz und Bewertung

Quelle: Eigene Abbildung in Anlehnung an Sonndorfer, T. (2007): S. 36

Anhang 3: Wesentliche Unterschiede zwischen Eigen- und Fremdkapital

Kriterium	Eigenkapital	Fremdkapital
Kapitalnutzungsentgelt	Erfolgsabhängig (Gewinnanteil)	Erfolgsunabhängig (fester Zins)
Zeitraum der Finanzierung	Kapitalrückzahlung ist nicht terminiert (unbefristete Kapitalüberlassung)	Kapitalüberlassung ist terminiert (befristete Kapitalüberlassung)
Haftung	Kapitalgeber haftet für Unternehmensschulden (mind. in Höhe der Einlage)	Kapitalgeber haftet nicht (Gläubigerstellung)
Mitsprache- / Informationsrecht des Kapitalgebers	Besteht	Besteht in der Regel nicht
Kapitalrückzahlung	Restbetragsanspruch	Festbetragsanspruch

Quelle: Garhammer, C. (1998): S. 26

Anhang 4: Charakteristika von Eigenkapital, Mezzanine- und Fremdkapital

Kriterien	Eigenkapital	Mezzanine-Kapital	Fremdkapital
Rechtliche Stellung	(Mit-)Eigentümerstellung	unterschiedlich	Schuldrechtliche Gläubigerstellung
Haftung	Mindestens in Höhe der Einlage	Im Ausmaß des in Eigenkapital gewandelten Anspruchs	Keine Haftung
Erfolgsbeteiligung	Teilhabe am Gewinn und Verlust	Erfolgsabhängige Verzinsungsanteile	I.d.R. fester Zinsanspruch
Vermögensanspruch	Quotal (wenn Liquidationserlös > Schulden)	Ja, ggf. über Equity-Kicker	Rückzahlungsanspruch in Höhe der Gläubigerforderung
Unternehmensleitung	I.d.R. berechtigt	Stimm- und Kontroll-rechte möglich	Grundsätzlich ausgeschlossen, teilweise aber faktisch möglich
Kapitalüberlassung	Unbefristet	I.d.R. befristet	I.d.R. befristet
Besicherung	Keine	Keine	Vorrangige Kreditsicherheit
Steuerliche Belastung	Gewinn voll belastet von ESt, KSt, GewSt (variiert nach Rechts-form)	Je nach Art: Zinsen als Aufwand absetzbar (unter Beachtung der Zinsschranke)	Zinsen als Aufwand absetzbar (unter Beachtung der Zinsschranke)
Liquiditätsbelastung	Nicht fix, nur bei Gewinnausschüttung	Flexibel gestaltbar	Fix (Zinsen und Tilgung)
Renditeerwartung	Ca. 20 bis 30% p.a.	Ca. 10 bis 20% p.a.	Ca. 5 bis 9% p.a.

Quelle: Vgl. Häger, M. / Elkemann-Reusch, M. (2004): S.24

Anhang 5: Gegenüberstellung verschiedener Mezzanine-Arten

	Nachrangdarlehen	Typisch Stille Beteiligung	Atypisch Stille Beteiligung	Genussrecht	Wandel-/ Optionsanleihe
Vergütung	Fix ggf. mit Abschlusszahlung	Fix plus erfolgsabhängige Vergütung	Fix plus erfolgsabhängige Vergütung	Flexible Vergütungsformen	Laufende Verzinsung und Wandlungsrecht
Indikative Renditeerwartung Kapitalgeber p.a.	Ca. 10-15%	Ca. 12-18%	Ca. 12-18%	Ca. 10-20%	Ca. 10-16%, bei Wandlung ca. 20-30%
Informations-/ Zustimmungsrechte der Kapitalgeber	Gläubigerstellung	Vertragliche Zustimmungs-, Informations- und Kontrollrechte	Mitunternehmerstellung; vertragliche Zustimmungs-, Informations- und Kontrollrechte	Gläubigerstellung	Gläubigerstellung; nach Wandlung Gesellschafterstellung
Haftung im Insolvenzfall	Nein, aber Rangrücktritt ggü. „klassischem" Fremdkapital	Nein, aber Rangrücktritt ggü. „klassischem" Fremdkapital	Ja	Gestaltungsabhängig	Nein, aber ggf. Rangrücktritt ggü. „klassischem" Fremdkapital
Bilanzielles Eigenkapital	Nein	Nein	Ja	Gestaltungsabhängig	Erst nach Wandlung
Wirtschaftliches Eigenkapital	Ja	Ja	Ja	Ja	Ja, sofern Rangrücktritt erklärt, ansonsten nach Wandlung
Gesetzliche Regelungen	§§ 607-610 BGB	§§ 230-237 HGB §§ 705-740 BGB	§§ 230-237 HGB §§ 705-740 BGB	Nicht geregelt	221§ AktG

Quelle: Häger, M. / Elkemann-Reusch, M. (2004): S. 25

Anhang 6: Fragebogen Finanzinvestoren

Befragungs-/Interviewbogen
Verfahren der Unternehmensbewertung für *etablierte* mittelständische Unternehmen durch Finanzinvestoren

Kontakt:

Dipl.-Kfm. Matthias Hoffelner	Universität Leipzig
Am Weinberg 26	Professur Bankwesen
61118 Bad Vilbel	Lehrstuhlinhaber: Prof. Dr. J. Singer
Tel. 06131/13-2278 bzw.	Marschnerstraße 31
0160/90179630	04109 Leipzig
E-Mail: M.Hoffelner@t-online.de	Tel: 0341/9733-820
	E-Mail: bankwesen@wifa.uni-leipzig.de

Teil A: Allgemeine Angaben	
• Name des Finanzinvestors:	
• Sitz:	
• Gründungsjahr:	
• Anzahl der Mitarbeiter:	
• Capital under management:	
• Datum:	
• Ansprechpartner:	
• Position / Verantwortungsbereich:	
Investmentstrategie:	
a) Finanzierungsphasen:	☐ Early Stage ☐ Expansionsphase ☐ Later Stage / Buy Out ☐ Andere
b) Branchenschwerpunkt:	
c) Regionale Ausrichtung:	
d) Investmentbetrag von / bis:	
Sollen Ihnen die Untersuchungsergebnisse zur Verfügung gestellt werden?	☐ Ja ☐ Nein

Teil B: Allgemeine Fragen zu den angewandten Verfahren der Unternehmensbewertung

1. Welche **Verfahren der Unternehmensbewertung** kommen in Ihrem Hause zur Bewertung von **Neu-Investments** zum Einsatz?
   - a) Substanzwertverfahren ☐
   - b) Ertragswertverfahren ☐
   - c) Discounted Cash Flow-Verfahren ☐
   - d) Multiplikatorverfahren ☐
   - e) Realoptionsansatz ☐
   - f) Venture Capital-Methode ☐
   - g) Daumenregeln ☐
   - h) Andere ☐
     und zwar ....

2. In welcher **Phase** / in welchen **Phasen der Beteiligungsprüfung** erfolgt in Ihrem Hause eine Unternehmensbewertung?
   - a) Vorprüfung ☐
   - b) Absichtserklärung / Letter of Intend ☐
   - c) Due Diligence ☐
   - d) Vertragsverhandlung ☐
   - e) Andere ☐

3. Welches oder welche Verfahren kommen in den **einzelnen Phasen** der **Beteiligungsprüfung** zum Einsatz?
   - a) Substanzwertverfahren
   - b) Ertragswertverfahren
   - c) Discounted Cash Flow-Verfahren
   - d) Multiplikatorverfahren
   - e) Realoptionsansatz
   - f) Venture Capital-Methode
   - g) Daumenregeln
   - h) Andere, und zwar ....

Phase		*Bewertungsverfahren Nr.*
a)	Vorprüfung	a ☐ b ☐ c ☐ d ☐ e ☐ f ☐ g ☐ h ☐
b)	Absichtserklärung / LoI	a ☐ b ☐ c ☐ d ☐ e ☐ f ☐ g ☐ h ☐
c)	Due Diligence	a ☐ b ☐ c ☐ d ☐ e ☐ f ☐ g ☐ h ☐
d)	Vertragsverhandlung	a ☐ b ☐ c ☐ d ☐ e ☐ f ☐ g ☐ h ☐
e)	Andere	a ☐ b ☐ c ☐ d ☐ e ☐ f ☐ g ☐ h ☐

4. Stützt sich Ihr Haus grundsätzlich auf ein **einzelnes** Verfahren oder kommen **mehrere** Bewertungsmethoden zum Einsatz?

    a) ☐ Einzelnes Verfahren, und zwar ....
    b) ☐ Mehrere Verfahren, und zwar
        1. ....
        2. ....
        3. ....
        4. ....

5. Bei der Verwendung von mehreren Verfahren: Welche **Bedeutung** kommt den einzelnen Verfahren innerhalb des Bewertungsprozesses zu? (0 = Keine Bedeutung; 5 = sehr hohe Bedeutung)

a) Substanzwertverfahren   0 ☐ 1 ☐ 2 ☐ 3 ☐ 4 ☐ 5 ☐
b) Ertragswertverfahren   0 ☐ 1 ☐ 2 ☐ 3 ☐ 4 ☐ 5 ☐
c) DCF-Verfahren   0 ☐ 1 ☐ 2 ☐ 3 ☐ 4 ☐ 5 ☐
d) Multiplikatorverfahren   0 ☐ 1 ☐ 2 ☐ 3 ☐ 4 ☐ 5 ☐
e) Realoptionsansatz   0 ☐ 1 ☐ 2 ☐ 3 ☐ 4 ☐ 5 ☐
f) Venture Capital-Methode   0 ☐ 1 ☐ 2 ☐ 3 ☐ 4 ☐ 5 ☐
g) Daumenregeln   0 ☐ 1 ☐ 2 ☐ 3 ☐ 4 ☐ 5 ☐
h) Andere, und zwar   0 ☐ 1 ☐ 2 ☐ 3 ☐ 4 ☐ 5 ☐
....

6. Welche **Kriterien** und **Funktionen** sollten Verfahren der Unternehmensbewertung aus Ihrer Sicht hauptsächlich erfüllen? (0 = Keine Bedeutung; 5 = sehr hohe Bedeutung)

a) Schaffung eines Entscheidungswertes   0 ☐ 1 ☐ 2 ☐ 3 ☐ 4 ☐ 5 ☐
b) Argumentationsbasis für Verhandlungen 0 ☐ 1 ☐ 2 ☐ 3 ☐ 4 ☐ 5 ☐
c) Praktikabilität, Wirtschaftlichkeit   0 ☐ 1 ☐ 2 ☐ 3 ☐ 4 ☐ 5 ☐
d) Akzeptanz bei Investoren und Unternehmern 0 ☐ 1 ☐ 2 ☐ 3 ☐ 4 ☐ 5 ☐
e) Abbildungsadäquanz   0 ☐ 1 ☐ 2 ☐ 3 ☐ 4 ☐ 5 ☐
f) Zukunftsorientierung   0 ☐ 1 ☐ 2 ☐ 3 ☐ 4 ☐ 5 ☐
g) Weitere, ...   0 ☐ 1 ☐ 2 ☐ 3 ☐ 4 ☐ 5 ☐

7. Welches sind die **Hauptgründe**, warum Sie sich für das oder für die verwendeten Verfahren entschieden haben? (0 = Keine Bedeutung; 5 = sehr hohe Bedeutung)

	0	1	2	3	4	5
a) Allgemeine Akzeptanz des Verfahrens	□	□	□	□	□	□
b) Praktikabel, einfache Anwendung	□	□	□	□	□	□
c) Lieferung Argumentationswerte	□	□	□	□	□	□
d) Lieferung Entscheidungswerte	□	□	□	□	□	□
e) Andere	□	□	□	□	□	□

8. Durch **welche Person(en)** erfolgt die Unternehmensbewertung von Neu-Investments bzw. potentiellen Neu-Engagements in Ihrem Hause?

☐ Investmentmanager
☐ Team aus mehreren Investmentmanagern
☐ Bewertungsspezialist intern / Controller
☐ Externer Berater, wie Unternehmensberater, Wirtschaftsprüfer
☐ Andere, und zwar ....

9. **Bestandsengagements:** Welches oder welche Bewertungsverfahren nutzen Sie zur Bewertung von **bestehenden Portfolioengagements**?

a) Keine Bewertung von Bestandsengagements ☐
b) Substanzwertverfahren ☐
c) Ertragswertverfahren ☐
d) Discounted Cash Flow-Verfahren ☐
e) Multiplikatorverfahren ☐
f) Realoptionsansatz ☐
g) Venture Capital-Methode ☐
h) Andere ☐
und zwar ....

10. Welche besonderen **Vorzüge** und welche **Nachteile** sehen Sie im Allgemeinen bei den von Ihnen verwendeten Verfahren?

Vorteile	Nachteile
a)	a)
b)	b)
c)	c)

11. Haben Sie innerhalb der vergangenen 5-7 Jahre (bzw. nach dem „Platzen der New-Economy-Blase") einen **Wechsel** der Bewertungsverfahren durchgeführt?

    ☐ Nein

    ☐ Ja, vom ....(Verfahren alt) zu .... (Verfahren neu) aus folgenden Gründen:
    ....

12. Planen Sie künftig eine **Veränderung** bei den verwendeten Bewertungsverfahren?

    ☐ Nein

    ☐ Ja, aus folgenden Gründen:
    ....

    und zwar zu folgenden Verfahren
    ....

Teil C: Fragen zu *speziellen Verfahren* der Unternehmensbewertung

Bei Anwendung des **Ertragswertverfahrens**:

1. Welche **Zukunftserfolgsgrößen** finden Eingang bei der Ermittlung des Ertragswertes?

    a)   Jahresergebnis nach Steuern □
    b)   Jahresergebnis vor Steuern □
    c)   Bereinigtes Jahresergebnis nach Steuern □
    d)   Bereinigtes Jahresergebnis vor Steuern □
    e)   Andere Gewinngröße:...................... □
    f)   Nettoeinnahmen des Investors □
    g)   Nettoausschüttungen des Unternehmens □
    h)   Einzahlungsüberschüsse des Unternehmens □
    i)   Andere:........................... □

2. Wie wird in Ihrem Hause der **Kalkulationszinssatz** (der Abzinsungsfaktor) bestimmt?

    a)   Anhand von Erfahrungswerten □
    b)   Mittels Vergleichstransaktionen □
    c)   Mit geschätzten Werten □
    d)   Basiszinssatz (welcher:...........................)
            + Risikozuschlag □
    e)   Mittels Modellen, wie z.B. dem Capital Asset
            Pricing Modell (CAPM) □
    f)   Andere:...................... □

3. Wie ermitteln Sie ggf. den **Risikozuschlag** im Rahmen der Ertragswertberechnung?

4. Welche **Höhe (Bandbreite)** weist der Kapitalisierungssatz in Ihrem Hause auf?

5. Wie erfolgt die Ermittlung des **Restwertes** im Rahmen der Ertragswertberechnung?
6. Länge der **Detailplanungsperiode** bzw. weiterer Perioden?

Bei Anwendung des **Discounted Cash Flow-Verfahrens:**

1. Welche **Varianten** der DCF-Verfahren finden in Ihrem Hause Anwendung?

    a) Entity- / WACC-Ansatz   ☐
    b) Equity-Ansatz   ☐
    c) Adjusted Present Value-Ansatz   ☐
    d) Andere:............................   ☐

2. Welche **Cash Flow-Größe** findet Eingang in die Berechnung des Unternehmenswertes?

    a) Bereinigter Free Cash Flow der Gesamtkapitalgeber   ☐
    b) Bereinigter Free Cash Flow der Eigenkapitalgeber   ☐
    c) Operativer Cash Flow   ☐
    d) Brutto- / Netto-Cash Flow   ☐
    e) Andere Cash Flow-Größe:.......................   ☐

3. Wie erfolgt die Ermittlung der **Kapitalkostensätze?**

3.1. **Eigenkapitalkostensatz:**

    a) Anhand von Erfahrungswerten   ☐
    b) Mittels Vergleichstransaktionen   ☐
    c) Anhand des CAPM / anderer Modelle   ☐
        c.1. Welcher risikolose Zins? ....
        c.2. Welcher Beta-Faktor?............................
        c.3. Welches Marktportfolio?........................

3.2. **Fremdkapitalkostensatz:**

    a) Berechnung der durchschnittlichen Zinsen   ☐
    b) Überschlägige Schätzwerte   ☐
    c) Zinssätze von Vergleichsunternehmen   ☐

4. Welche **Höhe (Bandbreite)** weist der Kapitalisierungssatz in Ihrem Hause auf?

5. Wie erfolgt die Ermittlung des **Restwertes** im Rahmen des DCF-Verfahrens?
6. Länge der Detailplanungsperiode bzw. weiterer Perioden?

7. Werden bei der Berechnung des Kapitalisierungszinssatzes differenzierte **Prämien** als Aufschläge berücksichtigt?

Art der Prämie	Höhe
a) Risikoprämie	
b) Liquiditätsprämie	
c) Mehrwertprämie	

Bei Anwendung der Multiplikatorverfahren:

1. Welche **Kennzahl(en)** bzw. **Bezugsgröße(n)** verwenden Sie im Rahmen der Bewertung mittels Multiplikatoren?

    Enterprise-Value-Multiplikatoren:
    - a) Umsatz ☐
    - b) EBITDA (Ergebnis vor Steuern, Zinsen, AfA) ☐
    - c) EBIT (Ergebnis vor Steuern und Zinsen) ☐
    - d) Operating Cash Flow ☐

    Equity-Value-Multiplikatoren:
    - a) Jahresüberschuss / Kurs-Gewinn-Verhältnis ☐
    - b) Cash Earnings ☐
    - c) Eigenkapial-Buchwert ☐
    - d) Earnings-Growth ☐

2. Welche **Art von Vergleichsunternehmen** ziehen Sie zur Bewertung mittels Multiplikatorverfahren heran?

    - a) Individuell zusammengestellte Peer-Group ☐
    - b) Branchendurchschnittswerte ☐
    - c) Sonstige Vergleichsgrößen, wie .... ☐

3. Wie werden **Adjustierungen** bezüglich der am Markt erzielten Multiplikatoren in Ihrem Hause vorgenommen?

    - a) Individuelle Zu- oder Abschläge ☐
    - b) Pauschalisierte Zu- oder Abschläge ☐
    - c) Sonstige Adjustierungen, wie .... ☐

4. Welche **Informations-Quellen** für Marktinformationen ziehen Sie zur Bewertung mittels Multiplikatorverfahren heran?

    a) Spezielle Datenbanken ☐

    b) Fachzeitschriften ☐

    c) Sonstige Quellen, wie .... ☐

5. Welche **Vorteile** bzw. **Nachteile** sehen Sie bei der Anwendung des Multiplikatorverfahrens?

Vorteile	Nachteile
a) Einfache Anwendbarkeit ☐	a) Fehlende wissenschaftliche Fundierung ☐
b) Breite, auch internationale Akzeptanz ☐	b) Schwierigkeit, geeignete Vergleichs-transaktionen am Markt zu finden ☐
c) Weitere, wie .... ☐	c) Fehlende Zukunftsorientierung ☐
d) Weitere, wie .... ☐	d) Weitere, wie .... ☐

Bei Anwendung des **Realoptionsansatzes**:

1. Welche **Arten von Handlungsspielräumen** finden bei der Bewertung Berücksichtigung?

   a) Verzögerungs- / Lernoption ☐
   b) Ausstiegsoption ☐
   c) Wachstumsoption ☐
   d) Flexibilitätsoption ☐
   e) Switch-Option ☐
   f) Weitere Optionen, wie .... ☐

2. Welches **Bewertungsmodell** wird im Rahmen des Realoptionsansatzes angewendet?

   a) Binominalmodell ☐
   b) Black/Scholes-Modell ☐
   c) Differenzverfahren ☐
   d) Numerische Integration ☐
   e) Andere, wie............... ☐

3. Welche **Vorteile**- bzw. welche **Nachteile** sehen Sie bei der Anwendung des Realoptionsansatzes?

Vorteile	Nachteile
a) Berücksichtigung von Handlungsspielräumen ☐	a) Hohe Komplexität ☐
b) Analytische Untermauerung von Wachstumskomponenten ☐	b) Fehlende Verbreitung ☐
c) Weitere, wie .... ☐	c) Hohe Anforderung an Bewerter ☐
d) Weitere, wie .... ☐	d) Weitere, wie .... ☐

Bei Anwendung des **Venture Capital-Verfahrens:**

1. Welche Bewertungsverfahren setzen Sie zur Ermittlung des **Future Value** ein?

    a) Substanzwertverfahren ☐
    b) Ertragswertverfahren ☐
    c) Discounted Cash Flow-Verfahren ☐
    d) Multiplikatorverfahren ☐
    e) Realoptionsansatz ☐
    f) Venture Capital-Methode ☐
    g) Daumenregeln ☐
    h) Andere, und zwar .... ☐

2. Bei Anwendung des Multiplikatorverfahrens: Welche **Multiplikatoren** werden von Ihnen eingesetzt?

    a) .... ☐

    b) .... ☐

    c) .... ☐

    d) .... ☐

3. Nach welcher Methode ermitteln Sie den **Present Value**?

    a) Diskontierung des Future Value ☐

    b) Andere Verfahren ☐

    c) Diskontierung mittels Zielrendite ☐

    d) Anderer Diskontierungsfaktor ☐

Quelle: Eigene Darstellung

Literaturverzeichnis

Achleitner, A.-K. / Tchouvakhina, M. / Zimmermann, V. / Ehrhart, N. (2006): Der deutsche Beteiligungsmarkt: Entwicklung des Anbieterverhaltens, in: Finanz Betrieb 9/2006, S. 538-548

Achleitner, A.-K. / Poech, A. / Groth, T. (2005): Beteiligungskapital als Finanzierungsalternative für mittelständische Unternehmen: Umfrage der bayerischen Industrie- und Handelskammern in Kooperation mit dem Center for Entrepreneurial and Financial Studies (CEFS) der technischen Universität München, München 2005

Achleitner, A.-K. / Nathusius, E. (2004a): Unternehmensbewertung bei Venture-Capital-Finanzierungen, in: WiSt, Heft 3, März 2004, S. 134 – 139

Achleitner, A.-K. / Nathusius, E. (2004b): Venture Valuation – Bewertung von Wachstumsunternehmen, Stuttgart 2004

Achleitner, A.-K. / Zelger, H. / Beyer, S. / Müller, K. (2004): Venture Capital / Private Equity-Studie 2004: Company (E) valuation und EVCA Valuation Guidelines - Bestandsaufnahme der Unternehmensbewertungspraxis von Beteiligungskapitalgesellschaften -, in: Finanz Betrieb, Heft 10/2004, S. 701 -709

Achleitner, A-K. / Fingerle, C. H. (2003): Venture Capital und Private Equity als Lösungsansatz für Eigenkapitaldefizite in der Wirtschaft – Einführende Überlegungen, EF Working Paper Series No. 03-03, München 2003

Achleitner, A.-K. (2002): Wie legen Risikokapitalgeber beim Einstieg in neu gegründete Unternehmen den Preis fest? in: Jahrbuch zum Finanz- und Rechnungswesen, hrsg. von Siegwart, H., Zürich, S. 203 – 222

Achleitner, A.-K. (2001): Start up-Unternehmen: Bewertung mit der Venture Capital-Methode, in: Betriebs-Berater, Bd. 56, 2001, S. 927 – 934

Akerlof, G. A. (1970): The market for lemons: Quality uncertainty and the market mechanism, in: Quarterly Journal of Economics, No. 84, 1970, S. 488 – 500

Albach, H. (1983): Zur Versorgung der deutschen Wirtschaft mit Risikokapital, in: IfM-Materialien Nr. 9, Bonn 1983

Albach, H. (1997): Rahmenbedingungen für Existenzgründungen in Deutschland, in: ZfB, Bd. 67, S. 441 – 451

Albrecht, T. (2004): Überlegungen zu Endwertermittlung und Wachstumsabschlag, in: Finanz Betrieb, 11/2004, S. 732 – 740

Baecker, P. N. (2008): Dynamische LBO-Bewertung bei stochastischen Exit Multiples: Ein Realoptionsansatz, S. 87-94, in: Gleißner, W. / Schaller, A. (Hrsg.): Private Equity. Beurteilungs- und Bewertungsverfahren von Kapitalbeteiligungsgesellschaften, Weinheim 2008

Baecker, P. N. / Gleißner, W. / Hommel, U. (2008): Unternehmensbewertung – eine Auswahl zwölf wesentlicher Fehlerquellen aus praktischer Sicht, S.

251-271, in: Gleißner, W. / Schaller, A. (Hrsg.): Private Equity. Beurteilungs- und Bewertungsverfahren von Kapitalbeteiligungsgesellschaften, Weinheim 2008

Baetge, J. / Krause, C. (1994): Die Berücksichtigung des Risikos bei der Unternehmensbewertung: Eine empirisch gestützte Betrachtung des Kalkulationszinses, in: BFuP, 46. Jg., 1994, S. 433 – 456

Baetge, J. / Niehaus, H.-J. (1990): Prognosefähigkeit von Vermögens-, Finanz- und Ertragskennzahlen im empirischen Test, in: Coenenberg, Adolf G. (Hrsg.): Bilanzanalyse nach neuem Recht, 2. Aufl. Landsberg 1990, S. 69 – 89

Baetge, J. / Niemeyer, K. / Kümmel, J. (2001): Darstellung der Discounted-Cashflow-Verfahren (DCF-Verfahren) mit Beispiel, in: Peemöller, V. H. (Hrsg.): Praxishandbuch der Unternehmensbewertung, Herne / Berlin 2001, S. 263 – 360

Ballwieser, W. (2004): Unternehmensbewertung – Prozess, Methoden und Probleme, Stuttgart 2004

Ballwieser, W. (1998): Unternehmensbewertung mit Discounted Cash Flow-Verfahren, in: Die Wirtschaftsprüfung, Jg. 51 1998, S. 81 - 92

Ballwieser, W. (1995): Aktuelle Aspekte der Unternehmensbewertung, in: Die Wirtschaftsprüfung 1995, Jg. 48, S. 119 - 129

Ballwieser, W. (1993): Methoden der Unternehmensbewertung, in: Gebhardt, G. / Gerke, W. / Steiner, M. (Hrsg.): Handbuch des Finanzmanagements, München 1993, S. 152 – 176

Ballwieser, W. (1990): Unternehmensbewertung und Komplexitätsreduktion, 3. Aufl., Wiesbaden 1990

Bamberger, B. (1999): Unternehmensbewertung in Deutschland: Die zehn häufigsten Bewertungsfehler, in: BFuP, 51. Jg. 1999, S. 653 – 670

Bamberger, I. / Evers, M. (1997): Internationalisierung, in: Pfohl, H. C. (Hrsg.): Betriebswirtschaftslehre der Mittel- und Kleinbetriebe, 3. Aufl., Berlin 1997, S. 377-417

Bankakademie (Hrsg.) (2003): Corporate Banking – Zukunftsorientierte Strategien im Firmenkundengeschäft, 2. Aufl., Frankfurt 2003

Baseler Ausschuss für Bankenaufsicht (Hrsg.) (2004): Internationale Konvergenz der Kapitalmessung und Eigenkapitalanforderungen, Basel 2004

Baumgärtner, C. (2001): Was Unternehmer auf dem Weg zu Private Equity immer wieder falsch machen, in: ConVent (Hrsg.) Jahrbuch Unternehmensfinanzierung 2002, Frankfurt 2001, S. 72 – 74

Bausch, A. (2000): Die Multiplikator-Methode – Ein betriebswirtschaftlich sinnvolles Instrument zur Unternehmenswert- und Kaufpreisfindung in Akquisitionsprozessen?, in: Finanz Betrieb, 2. Jg., 2000, S. 448-459

Bäzner, B. / Timmreck, C. (2004): Die DCF-Methode im Überblick, in: Richter, F. / Timmreck, C. (Hrsg.): Unternehmensbewertung. Moderne Instrumente und Lösungsansätze, Stuttgart 2004, S. 3 – 19

BCG The Boston Consulting Group / IESE Business School (Hrsg.) (2008): Get ready for the Private Equity Shakeout – Will This the next shock to the Global Economy? München / Navarra (US) 2008

Beck, P. (1996): Unternehmensbewertung bei Akquisitionen: Methoden - Anwendun-gen - Probleme, Wiesbaden 1996

Behringer, S. (2004): Unternehmensbewertung der Mittel- und Kleinbetriebe – Betriebswirtschaftliche Verfahrensweisen, 2. Aufl., Berlin 2004

Behringer, S. (2001): Bewertung von Start up-Unternehmen, in: Betrieb und Wirtschaft 2001, S. 793 - 804

Benston, G. J. / Smith, C. W. (1976): The transactions cost approach to the theory of financial intermediaton, in: Journal of Finance, 31, 1985, P. 438-452

Berens, W. / Hoffjan, A. / Pakulla, R. (2000): Venture-Capital-Finanzierung, in: WiSt Heft 5, Mai 2000

Berens, W. / Brauner, H. / Frodermann, J. (Hrsg.) (2005): Unternehmensentwicklung mit Finanzinvestoren, Stuttgart 2005

Berens, B. / Högemann, B. / Segbers, K. (2005): Das mittelständische Unternehmen – Status Quo und Perspektiven in der Finanzierung, in: Berens, W. / Brauner, H. U. / Frodermann, J. (Hrsg.): Unternehmensentwicklung mit Finanzinvestoren, Stuttgart 2005, S. 7-30

Berens, W. / Schmitting, W. / Strauch, J. (2002): Funktionen, Terminierung und rechtliche Einordnung der Due Diligence, S. 77 – 119, in: Berens, W. / Brauner, H. U. / Strauch, J. (2002) (Hrsg.): Due Diligence bei Unternehmensakquisitionen, Stuttgart 2002

Bernet, B. / Denk, C. L. (2000): Finanzierungsmodelle für KMU, Bern / Stuttgart / Wien 2000

Betsch, O. / Groh, A. / Lohmann, L. (2000): Corporate Finance, München 2000

Betsch, O. / Groh, A. P. / Schmidt, K. (2000): Gründungs- und Wachstumsfinanzierung innovativer Unternehmen, München 2000

Bieg, H. / Kussmaul, H. (2000): Investitions- und Finanzierungsmanagement, Bd. 2, Finanzierung, München 2000

Bitz, M. (1989): Erscheinungsformen und Funktionen von Finanzintermediären, in: WiSt, 18/1989, S. 430 – 436

Bleuel, H. H. / Schmitting, W. (2000): Konzeption eines Risikomanagements im Rahmen der internationalen Geschäftstätigkeit, Stuttgart 2000

Bloss, M. / Ernst, D. / Hächer, J. / Eil, N. (2009): Von der Subprime-Krise zur Finanzkrise – Immobilienblase: Ursachen, Auswirkungen, Handlungsempfehlungen, München 2009

Böcking, H.-J. / Nowak, K. (1999): Marktorientierte Unternehmensbewertung, in: Finanz Betrieb, Heft 2 1999, S. 169 – 176

Bonduelle, Y. / Schmoldt, I. / Scholich, M. (2003): Anwendungsmöglichkeiten der Realoptionsbewertung, in: Hommel, U. / Scholich, M. / Baecker, P. (Hrsg.): Reale Optionen. Konzepte, Praxis und Perspektiven strategischer Unternehmensfinanzierung, Berlin / Heidelberg / New York 2003, S. 3 - 13

Bontschev, G. / Hommel, U. (2005): Einsatz von Beteiligungskapital im Rahmen der Unternehmensnachfolge, in: Brost, H. / Faust, M. / Thedens, C. (Hrsg.): Unternehmensnachfolge im Mittelstand, S. 109 - 132

Born, K. (1995): Unternehmensanalyse und Unternehmensbewertung, Stuttgart 1995

Borowicz, F. (2005): Methoden der Unternehmensbewertung, in: WiST Heft 7, 2005, S. 368-373

Bortz, J. (1984): Lehrbuch der empirischen Forschung für Sozialwissenschaftler, Berlin 1984

Brauer, H. U. / Lescher, J. (2002): Due Diligence aus finanzwirtschaftlicher Sicht, in: Berens, W. / Brauner, H. U. / Strauch, J. (Hrsg.): Due Diligence bei Unternehmensakquisitionen, Stuttgart 2002

Brealey, R. A. / Myers, S. C. (2000): Principles of Corporate Finance, 6th Edition, Boston / New York / San Francisco 2000

Brebeck, R. / Kohtes, W. / Schönbeck, T. (2005): Traditionelle und innovative Unternehmensbewertung durch Finanzinvestoren, in: Berens, W. / Brauner H. U. / Frodermann, J. (Hrsg.) Unternehmensentwicklung mit Finanzinvestoren, Stuttgart 2005, S. 85 -

Brettel, M. (2002): Entscheidungskriterien von Venture Capitalists: Eine empirische Analyse im internationalen Vergleich, in: Die Betriebswirtschaft, 62. Jg. 2002, S. 305 – 325

Bretzke, W.-R. (1976): Zur Problematik des Objektivitätsanspruchs in der Unternehmensbewertung – Ein Nachtrag zu einem Methodenstreit, BFuP, 28. Jg. 1976, S. 543 - 553

Brinkrolf, A. (2002): Managementunterstützung durch Venture Capital-Gesellschaften, Wiesbaden 2002

Brockhaus, M. (2002): Was das neue Credit Rating für mittelständische Unternehmen bedeutet, Düsseldorf 2002

Brodbeck, Rolf (2003): Mezzanine-Kapital: Eine maßgeschneiderte Finanzierungsalternative für mittelständische Unternehmen, in: ConVent (Hrsg.): Jahrbuch Unternehmensfinanzierung 2003, Frankfurt 2002, S. 70 – 72

Brösel, G. / Hauttmann, R. (2007): Einsatz von Unternehmensbewertungsverfahren zur Bestimmung von Konzessionsgrenzen sowie in Verhandlungssituationen, in: Finanz Betrieb, 5/2007, S. 293-309

Bruhns, K. (1992): Die Förderung von Kapitalbeteiligungsgesellschaften als Instrument der Mittelstandspolitik: Eine kritische Analyse der Wirkungen und Einsatzmöglichkeiten, Pfaffenweiler 1992

Bucher, M. / Mondello, E. / Marbacher, S. (2002): Unternehmensbewertung mit Realoptionen, in: Der Schweizer Treuhänder, 9/2002, S. 779 - 786

Buchner, R. / Englert, J. (1994): Die Bewertung von Unternehmen auf Basis des Unternehmensvergleichs, in: Betriebs-Berater, 49. Jg. 1994, S. 1573 - 1580

Bühner, R. (1990): Das Management-Wert-Konzept: Strategien zur Schaffung von mehr Wert im Unternehmen, Stuttgart 1990

Bundesverband der Deutschen Industrie e.V. (Hrsg.) (1999): Großindustrie und industrieller Mittelstand, Köln 1999

Bundeszentrale für politische Bildung (Hrsg.) (2004): Das Lexikon der Wirtschaft, Mannheim 2004

Burger-Calderon, M. (2003): Private Equity - Finanzierungsalternative im deutschen Mittelstand, in: Börsenzeitung Sonderbeilage, 07.05.2003

Büschgen, H. (1991): Grundlagen betrieblicher Finanzwirtschaft – Unternehmens-finanzierung, Frankfurt 1991

BVK (Hrsg.) (2009a): Private Equity-Prognose 2009 – Einschätzung der deutschen Beteiligungsgesellschaften zur Marktentwicklung, Berlin 2009

BVK (Hrsg.) (2009b): BVK Statistik 2008. Das Jahr 2008 in Zahlen, Berlin 2009

BVK (Hrsg.) (2009c): BVK Special Private Equity in Europa 2008, Berlin 2009

BVK (Hrsg.) (2008): BVK Statistik 2007. Das Jahr 2007 in Zahlen, Berlin 2008

BVK (Hrsg.) (2007a): Beteiligungskapital – Ein Leitfaden für Unternehmer, im Internet unter: http://www.bvk-ev.de/bvk.php/cat/10/title/Leitfaden/print/1, abgerufen am 10.06.2007

BVK (Hrsg.) (2007b): Schaffung von stabilen und verlässlichen Rahmenbedingungen für die Private Equity-Branche in Deutschland; im Internet unter: http://bvk-ev.de/privateequityphp/cat/98/title/Pressemitteilungen_2007, S. 1-3, abgerufen am 09.03.2008

BVK (Hrsg.) (2007c): Zukunft sichern durch Buy-Out - Kapitalbeteiligung im Mittelstand: Unternehmer, Investoren, Experten berichten, Berlin 2007

BVK (Hrsg.) (2007d): BVK Special - Private Equity in Europa, Berlin 2007

BVK (Hrsg.) (2006): BVK Studie – Zur Performance deutscher Private Equity-Fonds 2006, Berlin 2006

BVK (Hrsg.) (2005a), Zur Rolle von Private Equity und Venture Capital in der Wirtschaft, Berlin 2005

BVK (Hrsg.) (2005b): BVK-Jahresstatistik 2004: Private Equity-Markt setzt positive Zeichen, Pressemitteilung vom 15.02.2005, im Internet abgefragt unter: http://www.bvk-ev.de/bvk.php/cat/79/aid/203/title, abgerufen am 10.07.2007

BVK (Hrsg.) (2005c): Private Equity – Gut für Deutschland, Pressemitteilung vom 03.05.2005, im Internet abgefragt unter: http://www.bvk-ev.de/ bvk.php/cat/79/aid/216/title, abgerufen am 8.5.2005

BVK / PricewaterhouseCoopers (Hrsg.) (2005): Der Einfluss von Private Equity-Gesellschaften auf die Portfoliounternehmen und die deutsche Wirtschaft, München 2005

BVK / Coopers & Lybrand (1998): Venture Capital – Der Einfluss von Beteiligungskapital auf die Beteiligungsunternehmen und die deutsche Wirtschaft, Berlin 1998

BVK / PricewaterhouseCoopers (Hrsg.) (2002): Venture Capital – Wachstumsmarkt der Zukunft, Frankfurt am Main 2001

BVK (Hrsg.) (1995): BVK Jahrbuch 1994, Berlin 1995

Bygrave, W. D. / Hay, M. / Peeters, J. (Hrsg.) (2000): Das Financial Times Handbuch Risikokapital, München 2000

Bygrave, W. D. / Hay, M. / Peeters, J. (Hrsg.) (1999): The Venture Capital Handbook, 1999 P. 309 – 349

Bygrave, W. D. / Timmons, J. A. (1992): Venture Capital at the Crossroads, Boston 1992

Coenenberg, A. G. (2000): Jahresabschluss und Jahresabschlussanalyse, 17. Aufl. Landsberg / Lech 2000

Coenenberg, A. G. (1992): Unternehmensbewertung aus der Sicht der Hochschule, in: Busse von Colbe / Coenenbert, A. G. (Hrsg.): Unternehmensakquisition und Unternehmensbewertung: Grundlagen und Fallstudien, Stuttgart 1992, S. 89 – 108

Coller Capital (Hrsg.) (2009): Global Private Equity Barometer Winter 2009-10, London 2009

Copeland, T. / Antikarov, V. (2001): Real Options: A Practitioners`s Guide, New York / London 2001

Copeland, T. / Koller, T. / Murrin, J. (2000): Valuation: Measuring and managing the value of companies, 3rd. Edition, New York / Chichester / Weinheim 2000

Copeland, T. / Koller, T. / Murrin, J. (2002): Unternehmenswert: Methoden und Strategien für eine wertorientierte Unternehmensführung, 3. Aufl., Frankfurt am Main 2002

Cox, J. C. / Rubinstein, M. (1985): Options Markets, Engelwood Cliffs 1985

Cox, J. C. / Ross, S. A. / Rubinstein, M. (1979): Option Pricing: A Simplified Approach, in: Journal of Financial Economics, Vol. 7, 1979, P. 229-263

Creditreform (Hrsg.) (2009): Wirtschaftslage und Finanzierung im Mittelstand Frühjahr 2009, Neuss 2009

Creditreform (Hrsg.) (2007): Insolvenzen, Neugründungen, Löschungen. Jahr 2007. Eine Untersuchung der Creditreform Wirtschaftsforschung, Neuss 2007

Cutler D. M. / Summers L. H. (1988): The cost of conflict and financial distress: Evidence from the Texaco-Pennzoil litigation, in: RAND Journal of Economics, 27, P. 157-548

Dahmen, A. (2008): Rating und Unternehmensbewertung, in: Brost, H. / Dahmen, A. / Lippmann, I (Hrsg.): Corporate Banking: Zukunftsorientierte Strategien im Firmenkundengeschäft, Frankfurt 2008, S. 103-192

Damodaran, A. (2001): The Dark Side of Valuation: Valuing Old Tech, New Tech and New Economy Companies, London / New York / San Francisco u.a. 2001

Deshmukh, S. D. / Greenbaum, S. I. / Kanatas, G. (1983): Lending policies of financial inermediaries facing credit and funding risk, in: Journal of Finance, Vol. 38, P. 873 – 886

Deutsche Bundesbank (Hrsg.) (2007): Ertragslage und Finanzierungsverhältnisse deutscher Unternehmen im Jahr 2006, in: Monatsbericht Dezember 2007, S. 31-55

Deutsche Bundesbank (Hrsg.) (2006a): Zur wirtschaftlichen Situation kleiner und mittlerer Unternehmen in Deutschland seit 1997, in: Monatsbericht Dezember 2006, S. 37-68

Deutsche Bundesbank (Hrsg.) (2006b): Finanzstabilitätsbericht, Frankfurt 2006

Die Bibel (1999): Die Bibel. Einheitsübersetzung – Altes und Neues Testament, Stuttgart 1999

Diem, A. (2009): Akquisitionsfinanzierungen, Kredite für Unternehmenskäufe, 2. Aufl., München 2009

Dietrich, A. (2004): Überblick über die Bedeutung und Struktur von Anlagen in nicht-kotierten Beteiligungen mit Private Equity Charakter durch institutionelle Investoren in der Schweiz, St. Gallen 2004

Dixit, A. K. / Pindyck, R. S. (1998): Der Optionsansatz für Kapitalinvestitionen, in: Brown, J. S. Oetinger, B. V. (Hrsg.): Ergebnis Innovation: Die Welt mit anderen Augen sehen, München / Wien 1998, S. 155 – 175

Dreyer, D. (2004): Bewertung personalintensiver Dienstleistungsunternehmen, Wiesbaden 2004

DRI-WEFA (Hrsg.) (2002): Measuring the importance of Venture Capital and it`s benefits to the Untited States economy, Lexington (USA) 2002

Drukarczyk, J. (2001): Unternehmensbewertung, 3. Aufl., München 2001

Drukarczyk, J. (1995): DCF-Methoden und Ertragswertmethode – einige klärende Anmerkungen, in: Die Wirtschaftsprüfung, 48 Jg. 1995, S. 329 – 334

Drukarczyk, J. / Honold, D. (1999): Unternehmensbewertung, DCF-Methoden und der Wert der steuerlichen Finanzierungsvorteile, in: Zeitschrift für Bankrecht und Bankwirtschaft, 11. Jg., 1999, S. 333-408

DZ Bank (Hrsg.) (2003): Mittelstand im Mittelpunkt, Sonderthema: Krisenmanagement und Unternehmensfinanzierung, Frühjahr / Sommer 2003

Eckstaller, C. / Huber-Jahn, I. (2006): Private Equity und Venture Capital: Begriff – Grundlagen – Perspektiven, Sternenfels 2006

Eidel, U. (1999): Moderne Verfahren der Unternehmensbewertung und Performance-Messung, Herne / Berlin 1999

Eilenberger, G. (1991): Finanzinnovationen, in: WiSt, Nr. 20 1995, S. 811 - 813

Elkart, W. (1995): Abschlussprüfung / Due Diligence, in: Bundesverband deutscher Kapitalbeteiligungsgesellschaften e.V. (Hrsg.), Jahrbuch 1995, Berlin 1995, S. 37 – 58

Engel, D. (2002): The impact of venture capital on firm growth: an empirical investigation, ZEW Discussion Paper, No. 02-02 2000, Mannheim 2000

Engel, D. (2001): Höheres Beschäftigungswachstum durch Venture Capital?, Discussion Paper No. 01-34, Juli 2001, Zentrum für Europäische Wirtschaftsforschung, Mannheim 2001

Engelmann, A. / Juncker, K. / Natusch, I. / Tbroke, H.-J. (2000): Moderne Unternehmensfinanzierung – Risikokapital für Unternehmensgründung und –wachstum, Frankfurt am Main 2000

Ernst, D. (2008): Der Einsatz von Realoptionen in der Bewertungspraxis, in: Gleißner, W. / Schaller, A. (Hrsg.) (2008): Private Equity – Beurteilungs- und Bewertungsverfahren von Kapitalbeteiligungsgesellschaften, Weinheim 2008, S. 95-127

Europäische Zentralbank (Hrsg.) (2006): Monthly Bulletin December 2006, Frankfurt am Main 2006

EVCA / Thomson Venture Economics (Hrsg.) (2005): European Benchmark Performance Statistics, Brüssel 2005

EVCA (Hrsg.) (2003): Benchmark Paper, Benchmarking European Tax & Legal Environments, Brüssel 2003

EVCA (Hrsg.) (2002): Survey of the economic and social impact of Venture Capital in Europe, Brüssel 2002

EVCA (Hrsg.) (2001): EVCA Reporting and Valuation Guidelines, Brüssel 2001, im Internet abgefragt unter: http://www.evca.com/html/PE_industry/IS.asp., abgerufen am 10.06.2008

Faltin, T. (2008): Auswirkungen der Unternehmenssteuerreform auf die Unternehmensbewertung, Norderstedt 2008

Fama, E. F. (1991): Efficient capital markets: A review of theory and empirical work, in: Journal of finance, Bd. 46, 1991, P. 383 - 417

Fama, E. F. / Jensen, M. C. (1983): Agency problems and residual claims, in: Journal of Law & Economics, Bd. 26, 1983, P. 327 - 349

Fama, E. F. (1978): The effects of a firm's investment and financing decisions on the welfare of its security holders, in: American Economic Review, No. 68, 1978, P. 272 – 284

Fama, E. F. (1968): Risk, Return and Equilibrium: Some Clarifying Comments, in: Journal of Finance, Vol. 23, 1968, P. 29 – 40

Fanselow, K-H. / Stedler, H. R. (1988): Venture Capital in Deutschland, in: Die Bank, Heft 10, 1988, S. 554 – 558

Feindegen, S. / Hommel, R. / Wright, M. (2001): Stand der Beteiligungskapitalfinanzierung in Deutschland, in: Finanz Betrieb 10/2001, S. 569 – 578

Finsterer, H / Eizenhöfer, U. (2001): Kredit und Private Equity – zwei Formen der Finanzierung, die sich ergänzen, in: Kreditpraxis, Januar 2001, S. 18 – 22

Finsterer, H. (1999): Unternehmenssanierung durch Kreditinstitute – Eine Untersuchung unter Beachtung der Insolvenzordnung, Diss., Wiesbaden 1999

Fischer, M. (2004): Unternehmerisches Fremdkapital: Mezzanine-Finanzierungen; S. 224 – 234; in: Stadler, W. (Hrsg.): Die neue Unternehmensfinanzierung: Strategisch Finanzieren mit bank- und kapitalmarktorientierten Instrumenten, Frankfurt 2004

Fischer, G. / Rudolph, B. (2000): Grundformen von Finanzsystemen, in: Hagen, J. V. / Stein, J. H.v. (Hrsg.): Geld-, Bank-, Börsenwesen. Handbuch des Finanzsystems, Stuttgart 2000, 40. Aufl., S. 371 - 446

Franke, D. (2003): Beteiligungsmarkt. Keine Trendwende in Sicht, in: Die Bank 4/2003, S. 279 – 281

Franke, G. / Hax, H. (1990): Finanzwirtschaft des Unternehmens und Kapitalmarkt, 2. Aufl., Berlin / Heidelberg / New York 1990

Franke, G. / Krahnen, J. P. (2007): Finanzmarktkrise: Ursachen und Lehren, FAZ, 24.11.2007, Nr. 274, S. 13

Fredriksen, Ö. / Klofsten, M. / Landström, H. / Olofsson, C. / Wahlbin, C. (1990): Entrepreneur-Venture Capitalist relations, in: Babson College

(Hrsg.): Frontiers of Entrepreneurship Research 1990, Wellesley 1990, P. 251 - 265

Freygang, W. (1993): Kapitalallokation in diversifizierten Unternehmen: Ermittlung divisionaler Eigenkapitalkosten, Wiesbaden 1993

Frick, S. / Lageman, B. / von Rosenbladt, B. / Voelzkow, H. / Welter, F. (1998): Möglichkeiten zur Verbesserung des Umfeldes für Existenzgründer und Selbständige, Essen 1998

Frien, B. (2004): Unheilige Dreifaltigkeit – Die historischen Wurzeln der heutigen Finanzierungsprobleme, in: Finance, Mai 2004, S. 52 – 55

Fritzsche, M. (2002): Due Diligence aus rechtlicher Sicht, in: Berens, W. / Brauner, H. U. / Strauch, J. (Hrsg.): Due Diligence bei Unternehmensakquisitionen, Stuttgart 2002

Frommann, H. (2005): Die Entwicklungen im deutschen Private Equity-Markt, in: Going Public Magazin, Sonderausgabe Corporate Finance & Private Equity 2005, März 2005, S. 58 - 60

Frommann, H. / Dahmann, A. (2005): Zur volkswirtschaftlichen Bedeutung von Private Equity und Venture Capital, Bundesverband deutscher Kapitalbeteiligungsgesellschaften e.V. (Hrsg.), Berlin 2005

Frommann, H. (1991): Die Rolle der Kapitalbeteiligungsgesellschaft in der Unternehmensfinanzierung, in: Der Langfristige Kredit, Heft 22/23, 1991, S. 48 – 50

Fuchs, A. / Kühne, R. (2008): Mittelständische Finanzierungswelt nach Basel II, in: Financial Gates GmbH, (Hrsg.): Unternehmensfinanzierung Jahrbuch 2008, Frankfurt 2008, S. 15 -16

Funke, K.-H. (1992): Beteiligungsgesellschaften als Finanzpartner, in: DStR, 32/1992, S. 1106 – 1112

Gaida, M. (2002): Venture Capital in Deutschland und den USA. Finanzierung von Start up`s im Gefüge von Staat, Banken und Börsen, Wiesbaden 2002

Garhammer, C. (1998): Grundlagen der Finanzierungspraxis, 2. Aufl., Wiesbaden 1998

Gaugusch, J. / Wainig, W. (2004): Wie die Handelbarkeit von Kreditrisiken die Finanzierungslandschaft verändert, in: Stadler, W. (Hrsg.): Die neue Unternehmensfinanzierung, Frankfurt 2004, S. 80 – 99

Geigenberger, I. (1999): Risikokapital für Unternehmensgründer, München 1999

Gerke, W. / Pfeufer, G. (1995): Finanzintermediation, in: Gerke, W. / Steiner, M. (Hrsg.): Handwörterbuch des Bank- und Börsenwesens, 2. Aufl., Stuttgart 1995, Sp. 727 - 735

Gerke, W. (1993a): Informationsasymmetrien am Markt für Beteiligungen an mittelständischen Unternehmen, in: Gebhardt, G. / Gerke, W. / Steiner, M. (Hrsg.): Handbuch des Finanzmanagements, München 1993, S. 619 – 640

Gerke, W. (1993b): Portefeuille-Theorie, in: Wittmann, W. et al. (Hrsg.), Handwörterbuch der Betriebswirtschaft, 5. Aufl., Stuttgart 1993, Sp. 3263 – 3273

Gerke, W. / Rüth, V.v. / Schöner, M. A. (1992): Informationsbörse für Beteiligungen an mittelständischen Unternehmen, Stuttgart 1992

Gerke, W. / Philipp, F. (1985): Finanzierung, Stuttgart 1985

Gersick, C. J. G. (1994): Pacing strategic change: The case of a new venture, in: Academy of Management Journal, Vol. 37 1994, P. 9 - 45

Gillmann, W. (2005): Grohe verordnet sich harten Sparkurs, in: Handelsblatt Nr. 109 v. 09.06.2005, S. 11

Goehr, M. A. / Kupke, T. (2003): Der Kapitalisierungszins im Rahmen der Unternehmensbewertung, in: Betriebswirtschaftliche Mandantenbetreuung, Nr. 10/2003, S. 288 – 294

Golz, R. T. / Hoffelner, M. (2002): Mezzanine Capital für den Mittelstand, in: Kredit & Rating Praxis, 6/2002, S. 9-14

Gomez, P. (1992): Unternehmensakquisitionen vor dem Hintergrund des Shareholder Value, in: Sieben, G. / Stein, H.-G. (Hrsg.): Unternehmensakquisitionen: Strategien und Abwehrstrategien, Stuttgart 1992, S. 7 – 20

Gomez, P. / Weber, B. (1990): Akquisitionsstrategien zur Steigerung des Unternehmenswertes, in: Siegwart H. et al. (Hrsg.), Meilensteine im Management, Bd. 1 Mergers & Acquisitions, Stuttgart 1990, S. 181 - 202

Gompers, P. A. (1999): A note on valuation in entrepreneurial ventures, Harvard Business School, No. 9-298-082, Boston 1998

Gompers, P. A. (1998): Venture Capital growing pains: Should the market die?, in: Journal of Banking and Finance, Vol. 22, 1998, P. 1098 - 1104

Gottschalg, O. (2007): Private Equity and Leveraged Buy-Outs, European Parliament, Policy Department: Economic and Scientific Policy, Brüssel 2007

Göppl, H. (1980): Unternehmensbewertung und Capital-Asset-Pricing-Theorie, in: Die Wirtschaftsprüfung, 33. Jg., 1980, S. 237 – 245

Gleißner, W. / Füser, K. (2003): Leitfaden Rating, 2. Aufl., München 2003

Grabherr, O. / Matzka, K. / Ambacher, H. (2002): Die Zeit der Inkubatoren ist abgelaufen, in: ConVent (Hrsg.): Jahrbuch Unternehmensfinanzierung 2003, S. 44 – 47, Frankfurt 2002

Grampp, M. (2004): Die Analyse des renditeorientierten Inkubatorenkonzeptes in Deutschland, Berlin 2004

Gräfer, H. (2001): Bilanzanalyse, 8. Aufl., Herne / Berlin 2001

Gräfer, H. / Scheld, G. A. / Beike, R. (1994): Finanzierung – Grundlagen, Institutionen, Instrumente und Kapitalmarkttheorie, 2. Aufl., Hamburg 1994

Grossmann, S. J. / Hart, O. D. (1983): An analysis of the principal-agent problem, in: Econometria, Bd. 51, P. 7 – 45

Grüner, D. / Bur, M (1990): Venture Capital, in: Dieterle, W. / Winckler, E. (Hrsg.) Unternehmensgründung: Handbuch des Gründungsmanagements, München 1990, S. 325 – 338

Günterberg, B. / Wolter, H.-J. (2002): Mittelstand in der Gesamtwirtschaft – Anstelle einer Definition, Unternehmensgrößenstatistik 2001/2002 – Daten und Fakten, IfM, Bonn, 2002

Guthoff, M. (2002): Private Equity im Einfluss des Börsenklimas, in: Die Bank 4/2002, S. 244 - 248

Haarmann Hemmelrath Corporate Finance in Kooperation mit Prof. Dr. Udo Hielscher, Universität Leizpig (Hrsg.) (2002): Performancemessung und Reporting von Venture Capital- / Private Equity-Gesellschaften, Leipzig / München 2002

Hachmeister, D. (2000): Der Discounted Cash Flow als Maß der Unternehmenswertsteigerung, 4. Aufl., Frankfurt am Main / Berlin / Bern u.a. 2000

Hackl, E. / Jandl, H. (2004): Beteiligungsfinanzierung durch Venture Capital und Private Equity, in: Stadler, W. (Hrsg.): Die neue Unternehmensfinanzierung – Strategisch finanzieren mit Bank- und Kapitalmarktorientierten Instrumenten, Frankfurt 2004

Hägele, J. (1991): Der Beitrag öffentlicher und privater Kapitalbeteiligungsgesellschaften zur Risikobereitstellung, in: IfM (Hrsg.): Risikokapital für mittelständische Unternehmen, Veröffentlichungen des Instituts für Mittelstandsforschung Nr. 5, 1991, S. 45 - 51

Häger, M. / Elkemann-Reusch, M. (2004): Mezzanine Finanzierungsinstrumente, Berlin 2004

Hahn, D. (2001): WertsteigerungsManagement (WM) – Herausforderungen und Lösungsansätze, in: Horvárth, P. (Hrsg.): Strategien erfolgreich umsetzen, Stuttgart 2001, S. 77 – 106

Hahn, D. / Hungenberg, H. (2001): PuK – Wertorientierte Controllingkonzepte, 6. Aufl., Heidelberg 2001

Hahn, O. (1991): Struktur der Bankwirtschaft, Band II Spezialbanken und Internationale Banken. 1. Teilband, Berlin 1991

Hahn, O. (1990): Allgemeine Betriebswirtschaftslehre, München / Wien / Oldenbourg 1990

Hahn, O. (1983): Finanzwirtschaft, Landsberg / Lech 1983

Hahn, O. (1977): Die Führung des Bankbetriebes. Eine Einführung in die Geschäftsbank-Politik, Stuttgart / Berlin / Köln / Mainz 1977

Hamada, R. S. (1969): Portfolio analysis, market equilibrium and corporate finance, in: Journal of finance, No. 24, P. 13 – 31

Harris, M. / Raviv, A. (1991): The theory of capital structure, in: Journal of finance, Bd. 46, 1991, S. 297 – 355

Hart, O. / Holstrom, B. (1987): The Theory of Contracts, in: Grandmont, J. M. / Manski, C. F. (Hrsg.): Advances in Economic Theory, Cambridge University Press, Cambrigde 1987, P. 71-155

Hayn, M. (2000): Bewertung junger Unternehmen, 2. Aufl., Herne / Berlin 2000

Hedtstück, M. (2009): Inferno am Buy-Out-Markt, in: Finance, Februar 2009, S. 18-21

Hedtstück, M. (2007): Kontrollierte Offensive: Wie Private Equtiy-Investoren in deutschen Unternehmen agieren, in: Finance, September 2007, S. 84-86

Heel, J. / Kehoe, C. (2005): Why some private equity firms do better than others, in: The McKinsey Quarterly, 2005 (1), P. 24-26

Heilmann, D. (2009): Millardenverluste – Private Equity-Häuser enttäuschen Anleger, im Internet abgefragt unter http://handelsblatt.com/unternehmen, abgerufen am 04.03.2009

Heim, D. (2001): Private Equity-Fonds in der Portfoliotheorie aus Sicht deutscher Anleger, in: Finanz Betrieb 9/2001, S. 487 - 495

Heitzer, B. / Dutschmann, M. (1999): Unternehmensbewertung bei autonomer Finanzierungspolitik, in: ZfB, 69. Jg. 1999, S. 1463 – 1471

Helbling, C. (2001a): Absicherungsstrategien gegen Risiken des Unternehmenskaufs, in: Peemöller, V. H. (Hrsg.): Praxishandbuch der Unternehmensbewertung, Herne / Berlin 2001, S. 167-175

Helbling, C. (2001b): Prozess der Unternehmensbewertung. Besonderheiten der Bewertung von kleinen und mittleren Unternehmen (KMU), in: Peemöller, V. H. (Hrsg.): Praxishandbuch der Unternehmensbewertung, Herne / Berlin 2001, S. 187 - 197

Helbling, C. (1989): Unternehmenswertoptimierung durch Restrukturierungsmaßnahmen durch Minimierung des betrieblichen Substanzwertes, in: Die Unternehmung, 43. Jg. 1989, S. 173 – 182

Hellwig, M. (1991): Banking, financial intermediation and corporate finance, in: New England Economic Review, No. 4, 1991, P. 35 – 63

Henkel, I. (2009): Mit dem Brotmesser anrücken, in: FOCUS Online, im Internet abgefragt unter: http://www.focus.de/finanzen/boerse/finanzkrise/tid-15887/, abgerufen am 20.11.2009

Henselmann, K. (1999): Unternehmensrechnung und Unternehmenswert: Ein situativer Ansatz, Aachen 1999

Hering, T. (2000): Konzeptionen der Unternehmensbewertung und ihre Eignung für mittelständische Unternehmen, in: BFuP, 52. Jg., 2000, S. 433 – 453

Herter, R. N. (1994): Unternehmenswertorientiertes Management: Strategische Erfolgsbeurteilung von dezentralen Organisationseinheiten auf Basis der Wertsteigerungsanalyse, München 1994

Hielscher, U. / Zelger, H. / Beyer, S. (2003): Performancemessung und Reporting von Venture Capital-/Private Equity-Gesellschaften, in: Finanz Betrieb 7-8/2003, S. 498 - 505

Hielscher, U. / Eckart, D. K. / Everling, O. (1999): Investmentanalyse, 3. Aufl., München / Wien 1999

Hinkel, K. (2001): Erfolgsfaktoren von Frühphasenfinanzierungen durch Wagniskapitalgesellschaften, Wiesbaden 2001, zugl. Kiel, Univ., Diss. 2001

Hinz, H. / Behringer, S. (2000): Unternehmensbewertung: Anlässe, Funktionen, Instrumente, in: WiSt, 29 Jg. 2000, S. 21 – 27

Hofelich, M. (2006): Private Equity, Mezzanine & Co. – was ist für wen geeignet?, in: Going Public (Hrsg.): Sonderausgabe Mittelstandsfinanzierung 2006, 4. Jahrgang, 2006, S. 26 -31

Höfinghof, T. (2008): Die Finanzinvestoren müssen reparieren, Frankfurter Allgemeine Sonntagszeitung, 17.02.2008, Nr. 7, S. 42

Hölters, W. (2002): Handbuch des Unternehmens- und Beteiligungskaufs, 5. Aufl., Köln 2002

Hommel, M. / Braun, I. (2005): Unternehmensbewertung case by case, Frankfurt 2005

Hommel, U. / Ritter, M. / Wright, M. (2003): Verhalten der Beteiligungsfinanzierer nach dem "Downturn" – Ergebnisse einer empirischen Untersuchung -, in: Finanz Betrieb, Heft 5 2003, S. 323–333.

Hommel, U. / Lehmann, H. (2001): Die Bewertung von Investitionsprojekten mit dem Realoptionsansatz, in: Hommel, U. / Vollraht, R. / Scholich, M., (Hrsg.): Realoptionen in der Unternehmenspraxis: Wert schaffen durch Flexibilität, Berlin 2001, S. 113 – 130

Hommel, U. / Müller, J. (1999): Realoptionsbasierte Investitionsbewertung, in: Finanz Betrieb, 1. Jg., 1999, S. 177 - 188

Hommel, U. / Pritsch, G. (1999): Marktorientierte Investitionsbewertung mit dem Realoptionsansatz: Ein Implementierungsleitfaden für die Praxis, in: Finanzmarkt und Portfolio Management, 13 Jg., 1999, S. 121 - 144

Horsch, A. / Bonn, J. (2004): Wertorientiertes Finanzmanagement, in: Bankakademie (Hrsg.): Kompendium Management in Banking & Finance, 3. Aufl., Frankfurt 2004, S. 231 – 307

Houlihan Valuation Advisors, VentureOne Study (1998): The Pricing of Successful Venture Capital-Backed High-Tech and Life-Sciences Companies, in: Journal of Business Venturing, Vol 13, 1998, P. 333 - 351

Hübler, H. (1992): Öffentlich geförderte Kapitalbeteiligungsgesellschaften – das ruhige Geld der stillen Investoren, in: BVK (Hrsg.) Jahrbuch 1992, S. 37 – 38

Hull, J. C. (2000): Options, Futures & Other Derivatives, 4th Edition, Upper Saddle River, P. 533 – 538

IDW (Hrsg.) (2008): IDW Standard: Grundsätze zur Durchführung von Unternehmensbewertungen (IDW S 1 i.d.F. 2008), Düsseldorf 2008

IDW (Hrsg.) (2004): Entwurf einer Neufassung des IDW Standards: Grundsätze zur Durchführung von Unternehmensbewertungen (IDW ES 1 neue Fassung), Düsseldorf 2004

IDW (Hrsg.) (2002): Wirtschaftsprüfer-Handbuch 2002, 12. Aufl. Bd. II, Düsseldorf 2002

IDW (Hrsg.) (2000): IDW-Standard: Grundsätze zur Durchführung von Unternehmensbewertungen (IDW S1), in: Die Wirtschaftsprüfung, 53. Jg.Heft 17, S. 825-843

IDW (Hrsg.) (1999): Entwurf IDW Standard: Grundsätze zur Durchführung von Unternehmensbewertungen (IDW ES 1; Stand: 27.01.1999), in: Die Wirtschaftsprüfung, Heft 5/1999, S. 200 – 216

IDW (Hrsg.) (1997): Stellungnahme HFA 6/1997: Besonderheiten der Bewertung kleiner und mittlerer Unternehmen, in: Die Wirtschaftsprüfung, 51. Jg. 1998, S. 26 – 29

IfM (Hrsg.) (2008): Anmerkungen zur Eigenkapitalquote im deutschen Mittelstand – ein Arbeitspapier, Working Paper 2/08, Bonn 2008

IfM (Hrsg.) (2007/2008): Schlüsselzahlen des Mittelstandes in Deutschland 2007 / 2008, im Internet abgefragt unter: http://www.ifm-bonn.org/, abgerufen am 01.07.2009

IfM (Hrsg.) (2002a): Unternehmensgrößenstatistik 2001/2002 – Daten und Fakten, Bonn 2002

IfM (Hrsg.) (2002b): Unternehmensbewertung – ein aktuelles Thema, Nachfolgefälle in deutschen Familienunternehmen, Neuberechnung 2002, Bonn 2002

IKB (Hrsg.) (2009): IKB UnternehmerThemen Juli 2009, Düsseldorf 2009

Irsch, N. (2003): Zur Finanzierung der Unternehmensnachfolge bei kleinen und mittleren Unternehmen durch die KfW, in: Schmeisser, W. / Krimphove, D. / Nathusius, K. (Hrsg.), Handbuch Unternehmensnachfolge, Stuttgart 2003, S. 333-346

Jaensch, G. (1966): Wert und Preis der ganzen Unternehmung, Köln / Opladen 1966

Jagannathan, R. / McGrattan, E. R. (1995): The CAPM Debate, in: Federal Reserve Bank of Minneapolis Quaterly Review, Vol. 19, 1995, P. 2 – 17

Jahrmann, F.-U. (2003): Finanzierung, 5. Aufl., Herne / Berlin 2003

Jensen, M. C. / Meckling, W. H. (1976): Theory of the firm: Managerial behaviour, agency costs and ownership structure, in: Journal of Financial Economics, Bd. 3, 1976, S. 305 - 360

Jesch, T. A. (2004): Private-Equity-Beteiligungen – Wirtschaftliche, rechtliche und steuerliche Rahmenbedingungen aus Investorensicht, Wiesbaden 2004

Jonas, M. (1995): Zur Anwendung der Discounted-Cash-Flow-Methode in Deutschland, in: BFuP, 47. Jg. 1995, S. 83 - 98

Jugel, S. (Hrsg.) (2003): Private Equity Investments, Wiesbaden 2003

Kaplan, S. / Strömberg, P. (2001): Financial contracting theory meets the real world: an empirical analysis of venture capital contracts, Chicago 2001

Karkowski, B. (2007): Private Equity – Keine Panik: Die Deals gehen weiter – zu anderen Konditionen, in: Finance, September 2007, S. 58-60

Karkowski, B. / Frien, B. (2005): IPO-Wüste Deutschland, in: Finance, Februar 2005, S. 42 – 47

Kaserer, C. / Achleitner, A.-K. / von Einem, C. / Schiereck, D. (2007): Private Equity in Deutschland – Rahmenbedingungen, ökonomische Bedeutung und Handlungsempfehlungen, Norderstedt 2007

Kaufmann, F. / Ljuba, K. (1996): Risikokapitalmärkte für mittelständische Unternehmen, Bonn / Stuttgart 1996

Kester, W. C. (1984): Today`s options for tomorrow`s growth, in: Harvard Business review, Vol. 62, 1984, H. 2, P. 153 – 160

Keller, M. (2003): Unternehmenswert....nur 10 Millionen? Die Ermittlung des Unternehmenswerts, in: Finance, Oktober 2003, S. 96 – 97

Keller, M. / Hohmann, B. (2004): Besonderheiten bei der Bewertung von KMU, in: Richter, F. / Timmreck, C. (Hrsg.): Unternehmensbewertung – Moderne Instrumente und Lösungsansätze, Stuttgart 2004, S. 189 – 215

KfW (Hrsg.) (2009a): Eigenkapital im Mittelstand und Finanzierung in der aktuellen Krise, KfW Research Akzente, Nr. 1, Juli 2009

KfW (Hrsg.) (2009b): Unternehmensbefragung 2009, Frankfurt 2009

KfW (Hrsg.) (2007): Unternehmensbefragung 2007, Frankfurt 2007

KfW / Creditreform / IfM / Rheinisch-Westfälischen Institut für Wirtschaftsforschung / Zentrum für europäische Wirtschaftsforschung (Hrsg.) (2007): Den Aufschwung festigen – Beschäftigung und Investitionen weiter vorantreiben. Mittelstandsmonitor 2007 – Jährlicher Bericht zu Konjunktur- und Strukturfragen kleiner und mittlerer Unternehmen, Frankfurt am Main 2007

KfW (Hrsg.) (2006a): Beteiligungsfinanzierung nach der Marktkonsolidierung - Anhaltende Defizite in der Frühphase: Eine Analyse von Anbieterstrukturen, Finanzierungsmuster und Marktlücken im deutschen Beteiligungsmarkt, Frankfurt 2006

KfW (Hrsg.) (2006b): Die Globalisierung des Mittelstandes: Chancen und Risiken, Frankfurt 2006

KfW (Hrsg.) (2006c): Unternehmensbefragung 2006, Frankfurt 2006

KfW et al. (Hrsg.) (2003): Mittelstandsmonitor 2003, Frankfurt 2003

Kirchhoff, R. / Hecht, J. (2005): Voraussetzungen für einen erfolgreichen Börsengang, in: ConVent (Hrsg.): Jahrbuch Unternehmensfinanzierung 2005, Frankfurt 2004, S. 106 – 107

Kirsch, H.-J. / Krause, C. (1996): Kritische Überlegungen zur Discounted Cash Flow-Methode, in: ZfB, 66 Jg. 1996, S. 793-812

Kitzmann, J. (2005): Private Equity in Deutschland: Zur Performance von Management Buyouts, Wiesbaden 2005

Knüsel, D. (1994): Die Anwendung der Discounted Cash Flow-Methode zur Unternehmensbewertung, Winterthur 1994

Koch, C. (1999): Optionsbasierte Unternehmensbewertung: Realoptionen im Rahmen von Akquisitionen, Wiesbaden 1999

Kogut, B. / Kulaitilaka, N. (1994): Options Thinking and Platform Investment: Investing in Opportunity, in: California Management Review, Vol. 36, 1994, H. 2, P. 52 – 71

Kommission der Europäischen Union: Leitfaden zur KMU-Politik der EU, im Internet abgefragt unter: http://ec.europa.eu/enterprise/smes/index_de.htm; abgerufen am 19.09.2007

Kosman, J. (2009): The Buyout of America: How Private Equity will cause the next great credit crisis, New York 2009

Kraft, V. (2001): Private Equity-Investitionen in Turnarounds und Restrukturierungen, Diss., Frankfurt am Main 2001

Kramer, K.-H. (1999): Die Börseneinführung als Finanzierungsinstrument deutscher mittelständischer Unternehmen, Bamberg 1999

Kuckelkorn, D. (2009): Die nächste Krise, in: Börsen-Zeitung, Ausgabe 223 vom 19.11.2009, S. 8

Kühr, T. (1992): Capital Gain: Traum oder Trauma, in: BVK (Hrsg.): Jahrbuch 1992, Berlin 1992, S. 54 – 59

Künnemann, M. (1985): Objektivierte Unternehmensbewertung, Frankfurt 1985

Kussmaul, H. / Richter, L. (2000): Betriebswirtschaftliche Aspekte von Venture Capital-Gesellschaften und ihre Bedeutung im Hinblick auf Existenzgründungen: Einordnung, Funktionsweise, Beteiligungsformen, Finanzierungsphasen, in: DStR, 27/2000, S. 1155 – 1160

Kussmaul, H. (1996): Gesamtbewertung von Unternehmen als spezieller Anwendungsfall der Investitionsrechnung (Teil 1), in: Der Steuerberater, 47. Jg. 1996, Heft 7, S. 262 – 268

Kussmaul, H. (1983): Unternehmerkinder – ihre zivil- und steuerrechtliche Berücksichtigung in personenbezogenen, mittelständischen Familienunternehmen, Diss., Köln 1983

Küting, K. / Eidel, U. (1999): Marktwertansatz contra Ertragswert- und Discounted Cash Flow-Verfahren, in: Finanz Betrieb, 1. Jg., 1999, S. 225 - 231

Küting, K. / Weber, C.-P. (1994): Die Bilanzanalyse: Lehrbuch zur Beurteilung von Einzel- und Konzernabschlüssen; 2. Aufl. Stuttgart 1994

Lai, V. S. / Trigeorgis, L. (1995): The Strategic Capital Budgeting Process: A Review of Theories and Practice, in: Real Options in Capital Investment: Models, Strategies, and Applications, Hrsg. Trigeorgis, Westport, Connecticut 1995, P. 69 – 86

Lander, D. M. / Pinches, G. E. (1998): Challenges to the Practical Implementation of Modelling and Valuing Real Options, in: The quarterly review of economics and finance, Vol. 38, 1998, S. 537-567

Lange, G. F. (2001): Mergers & Acquisitions in der Praxis, Frankfurt 2001

Laurenz, N. (2007): Unternehmensbewertungsverfahren für KMU – Eine kritische Analyse, Hamburg 2007

Leopold, G. / Frommann, H. / Kühr, T. (Hrsg.) (2003): Private Equity – Venture Capital Eigenkapital für innovative Unternehmer, 2. Aufl., München 2003

Leslie, K. J. / Michaels, M. P. (1997): The real power of real options, in: The McKinsey Quarterly, Vol. 33, 1997, H. 3, P. 4 – 33

Lewis, T. G. (1995): Steigerung des Unternehmenswertes: Total Value Management, 2. Aufl., Landsberg am Lech 1995

Lintner, J. (1965): The valuation of risk assets and the selection of risky investments in stock portfolios and capital budgets, in: Review of Economics and Statistics, Vol. 47, 1965, P. 13 – 37

Löches, H. (2006): Die Globalisierung der Wirtschaft und ihre Folgen, in: Bankakademie (Hrsg.): Kompendium Management in Banking & Finance, 5. Aufl., S. 173 – 204, Frankfurt 2006

Lohneiß, H. (2002): Die stille Revolution in der Finanzierung, in: FAZ Nr. 125, 2002, S. 25

Löhnert, P. / Böckmann, U. (2001): Multiplikatorverfahren in der Unternehmensbewertung, in: Peemöller, V. H. (Hrsg.): Praxishandbuch der Unternehmensbewertung, Herne / Berlin 2001, S. 401 – 426

Lübken, S. (2003): Alternative Finanzierungsinstrumente für mittelständische Unternehmen vor dem Hintergrund von Basel II, Bremen 2003

Luehrmann, T. A. (1998): Investment opportunities as Real Options: Getting Started on the Numbers, in: Harvard Business Review, Vol. 76, 1998, H. 7 - 8, P. 51 - 67

Luehrmann, T. A. (1997): Using APV: A better tool for evaluating operations, in: Harvard Business Review, Vol. 75, 1997, P. 145 - 154

Macha, R. (1998): Grundlagen der Kosten- und Leistungsrechnung: eine praxisorientierte Einführung mit Fallbeispielen und Aufgaben, Frankfurt am Main 1998

Maier, A. (2007): Der Heuschrecken-Faktor – Finanzinvestoren in Deutschland: Wer sind sie? Wie arbeiten sie? Wer profitiert wirklich?, München 2007

Maier, A. / Klusmann, S. (2009): Eisenbahnraub, in: Financial Times Deutschland, 18.02.2009, S. 23-24

Mandl, G. / Rabel, K. (2001): Grundlagen der Unternehmensbewertung Teil D: Methoden der Unternehmensbewertung (Überblick), in: Peemöller (Hrsg.): Praxishandbuch der Unternehmensbewertung, Herne / Berlin 2001, S. 50 - 84

Mandl, G. / Rabel, K. (1997): Unternehmensbewertung: eine praxisorientierte Einführung, Wien 1997

Manigart, S. et al. (1997): Venture Capitalists' Appraisal of Investment Projects: An Empirical European Study, in: Entrepreneurship Theory and Pracitce, Vol. 21, 1997, H. 4, P. 29 – 43

Maschke, M. J. (1998): Gesamtwert der Unternehmung, in: Busse von Colbe, W. / Pellens, B. (Hrsg.): Lexikon des Rechnungswesens, 4. Aufl., München / Wien 1998, S. 278 – 282

Matschke, M. J. / Brösel, G. (2005): Unternehmensbewertung, Wiesbaden 2005

Matz, C. (2002): Wettbewerbsentwicklung im deutschen Private-Equity-Markt, Wiesbaden 2002

May, A. (1991): Zum Stand der empirischen Forschung über Informationsverarbeitung am Aktienmarkt – Ein Überblick, in: Zeitschrift für betriebswirtschaftliche Forschung, 1991 Nr. 43, S. 313 – 335

May, F. / Dahmann, K. (1987): Die Rolle der Banken im Venture Capital-Geschäft, in: Sparkasse, Nr. 104 1987, S. 351 - 359

Megginson, W. L. / Weiss, K. A. (1991): Venture Capital certification in initial public offerings, in: Journal of Finance, 1991 Bd. 46, P. 879 – 903

Meinecke, R. / Meinecke, P. (2005): Wichtige Check-List-Punkte von Finanzinvestoren, in: Berens, W. / Brauner H. U. / Frodermann, J. (Hrsg.): Unternehmensentwicklung mit Finanzinvestoren, Stuttgart 2005, S. 121 – 135

Meise, F. (1998): Realoptionen als Investitionskalkül: Bewertung von Investitionen unter Unsicherheit, München / Wien 1998

Mellerowicz, K. (1952): Der Wert einer Unternehmung als Ganzes, Essen 1952

Meuerer, C. (1993): Strategisches internationales Marketing für Dienstleistungsunternehmen – Dargestellt am Beispiel des Management Consulting, Frankfurt 1993

Mills, R. W. (1998): How do you value a start-up company? – the flotation of Orange, in: Long Range Planning, Vol. 31, 1998, P. 446 - 454

Mirow, M. (1994): Shareholder Value als Instrument zur Bewertung von Strategischen Allianzen, in: Schulte, C. (Hrsg.): Beteiligungscontrolling: Grundlagen, strategische Allianzen und Akquisitionen, Erfahrungsberichte, Wiesbaden 1994, S. 43 – 59

Mittendorfer, R. (2007): Praxishandbuch Akquisitionsfinanzierung: Erfolgsfaktoren fremdfinanzierter Unternehmensübernahmen, Wiesbaden 2007

Mittendorfer, R. (2004): Die Kunst der Akquisitionsfinanzierung, in: Stadler, W. (Hrsg.): Die neue Unternehmensfinanzierung: Strategisch Finanzieren mit Bank- und Kapitalmarktorientierten Instrumenten, Frankfurt 2004

Modigliani, F. / Miller, M. H. (1958): The cost of capital, corporation finance and the theory of investment, in: American Economic Review, Bd. 48, P. 261 - 297

Moxter, A. (1983): Grundsätze ordnungsmäßiger Unternehmensbewertung, 2. Aufl., Wiesbaden 1983

Mugler, J. (1999): Betriebswirtschaftslehre der Klein- und Mittelbetriebe, 3. Aufl., Wien 1999

Müller, H. (1995): Zur Risikobereitschaft privater Geldanleger, in: Kredit und Kapital, Heft 28 1995, S. 134 – 160

Müller, O. (2003a): Mezzanine Finance: Neue Perspektiven in der Unternehmensfinanzierung, Bern / Stuttgart / Wien 2003

Müller, O. (2003b): Mit Mezzanine-Kapital expandieren, in: ConVent (Hrsg.): Jahrbuch Unternehmensfinanzierung 2003, Frankfurt am Main 2002, S. 67 – 69

Müller-Stevens, G. / Rowenta, P. / Bohnenkamp, G. (1995): Wachstumsfinanzierung für den Mittelstand, 2. Aufl., Stuttgart 1995

Münstermann, H. (1966): Wert und Bewertung der Unternehmung, Wiesbaden 1966

Myers, S. C. (1977): Determinants of Corporate Borrowing, in: Journal of Financial Economics, Vol. 5 1977, P. 147 – 176

Nagl, A. (2006): Der Businessplan: Geschäftspläne professionell erstellen, Wiesbaden 2006

Neus, W. (1989): Ökonomische Agency-Theorie und Kapitalmarktgleichgewicht, Wiesbaden 1989

Niederdrenk, R. (2003): Kreditnotstand oder Eigenkapitalchance; in: FAZ, Nr. 237/2003, S. 22

Nolte, B. / Nolting, R. / Stummer, F. (2002): Finanzierung des deutschen Mittelstands: Private Equity als Alternative, in: Sparkasse, S. 344 – 350, 08/2002

Noth, C. (1996): Die Eigenkapitalausstattung deutscher Gesellschaften mit beschränkter Haftung: eine theoretische und empirische Analyse, Köln, Diss. Universität Münster, 1996

Nowak, K. (2003): Marktorientierte Unternehmensbewertung: Discounted Cash Flow, Realoption, Economic Value Added und der Direct Comparision Approach, Wiesbaden 2003

o.V. (2009a): Private Equity steht vor harter Probe, in: FAZ, Nr. 1, S. 20

o.V. (2009b): Krise bei Private Equity – Firmen können Schulden nicht bedienen, in: Financial Times Deutschland vom 12.11.2008, abgefragt im Internet unter http://www.ftd.de/unternehmen/ industrie, abgerufen am 20.01.2009

o.V. (2009c): Firmen von Finanzinvestoren sind in Not, in: Frankfurter Allgemeine Sonntagszeitung, Nr. 6, S. 38

o.V. (2008): Katerstimmung in der Beteiligungsbranche, FAZ, Nr. 45, S. 18

o.V. (2005a): Interview mit Franz Müntefering, Bild am Sonntag, 17.04. 2005, O. S.

o.V. (2005b): Wirbel um „Heuschrecken-Liste", in: Financial Times Deutschland vom 29.04.2005, im Internet abgefragt unter http://www.ftd/ pw/de /5321, abgerufen am 10.05.2008

Ofek, E. (1993): Capital structure and firm response to poor performance: An empirical analysis, in: Journal of Financial Economics, Bd. 34, S. 3 – 30

Pankoke, T. / Petersmeier, K. (2005): Der Zinssatz in der Unternehmensbewertung, in: Schacht, U. / Fackler, M. (Hrsg.): Praxishandbuch Unternehmensbewertung, Wiesbaden 2005, S. 103-132

Pape, U. / Beyer, S. (2001): Venture Capital als Finanzierungsalternative innovativer Wachstumsunternehmen, in: Finanz Betrieb 11/2001, S. 627 – 638

Peemöller, V. H. (2001): Grundlagen der Unternehmensbewertung, Teil A: Wert und Werttheorien, in: Peemöller, V. H. (Hrsg.): Praxishandbuch der Unternehmensbewertung, Herne / Berlin 2001, S. 1 – 14

Peemöller, V. H. / Beckmann, C. (2001): Sonderaspekte der Unternehmensbewertung, Teil C: Besonderheiten der Bewertungsverfahren, in: Peemöller, V. H. (Hrsg.): Praxishandbuch der Unternehmensbewertung, Herne / Berlin 2001, S. 633 - 713

Peemöller, V. H. / Geiger, T. / Barchet, H. (2001): Bewertung von Early-Stage-Investments im Rahmen der Venture Capital-Finanzierung, in: Finanz Betrieb, Heft 5/2001, S. 334 - 344

Peemöller, V. H. / Kunowski, S. (2001): Bewertungsverfahren. Teil A: Ertragswertverfahren nach IDW, in: Peemöller, V. H. (Hrsg.), Praxishandbuch der Unternehmensbewertung, Herne / Berlin 2001, S. 199 - 261

Peemöller, V. H. (2000): Entwicklungstendenzen moderner Unternehmensbewertung, in: Seicht, G. (Hrsg.), Jahrbuch für Controlling und Rechnungswesen, Wien 2000, S. 141 - 170

Peemöller, V. H. / Bömelburg, P. / Denkmann, A. (1994): Unternehmensbewertung in Deutschland, in: Wirtschaftsprüfung 1994, S. 741 – 749

Perridon, L. / Steiner, M. (2007): Finanzwirtschaft der Unternehmung, 14. Aufl., München 2007

Perlitz, M. / Peske, T. / Schrank, R. (1999): Real option valuation: the new frontier in R&D project evaluation?, in: R&D Management, Vol. 29, 1999, P. 255 - 269

Pfaffenholz, G. (2001): Geld für morgen – wie die Mittelstandsfinanzierung der Zukunft aussieht, Vortrag auf dem Unternehmerforum der IHK Würzburg-Schweinfurt „Wie finanziert sich der Mittelstand - heute und in Zukunft?", Würzburg Juli 2001

Pfeifer, A. (1999): Venture Capital als Finanzierungs- und Beteiligungsinstrument, in: Betriebs-Berater, 54 Jg. 1999, Heft 33, S. 1665 – 1672

Pfirrmann, O. / Wupperfeld, U. / Lerner, J. (1997): Venture Capital and new technology based firms: an US – German comparison, Heidelberg 1997

Pfohl, H.-C. / Kellerwessel, P. (1990): Abgrenzung der Klein- und Mittelbetriebe von Großbetrieben, in: Pfohl, H.-C. (Hrsg.), Betriebswirtschaftslehre der Mittel- und Kleinbetriebe: Größenspezifische Probleme und Möglichkeiten zu ihrer Lösung, 2. Aufl., S. 1-25, Berlin 1990

Picot, G. (2000): Handbuch Mergers & Acquisitions: Planung, Durchführung, Integration, Stuttgart 2000

Pooten, H. (1999): Grundsätze ordnungsmäßiger Unternehmensbewertung: Ermittlung und Inhalt aus Käufersicht, Büren 1999

Porter, M. E. (1998): Competitive Strategy: Techniques for Analyzing Industries and Competitors, New York / London / Toronto 1998

Pratt, S. P. (1998): Cost of Capital: estimation and applications, New York / Chichester / Weinheim, 1998

Pritsch, G. (2000): Realoptionen als Controlling-Instrument: das Beispiel pharmazeutische Forschung und Entwicklung, Wiesbaden 2000

PWC PricewaterhouseCoopers AG (Hrsg.) (2008): Auswirkungen der Finanzkrise auf den Mittelstand. Ein Stimmungsbild mittelständischer Entscheider, Frankfurt 2008

Rams, A. (1999): Realoptionsbasierte Unternehmensbewertung, in: Finanz Betrieb, 1.Jg., 1999, S. 349 - 364

Rams, A. / Remmen, J. (1999): Perspektiven der Venture-Finanzierung in Deutschland, in: Die Bank, 10/1999, S. 687 – 691

Rappaport, A. (1999): Shareholder Value: ein Handbuch für Manager und Investoren, 2. Aufl., Stuttgart 1999

Rappaport, A. (1998): Creating Shareholder Value: A Guide for Managers and Investors, 2. Aufl., New York u.a. 1998

Richter, F. (2000): Unternehmensbewertung, in: Picot, G. (Hrsg.): Mergers & Acquisitions: Planung, Durchführung, Integration, Stuttgart 2000, S. 255 - 288

Richter, F. (1998): Unternehmensbewertung bei variablen Verschuldungsgrad, in: Zeitschrift für Bankrecht und Bankwirtschaft, 10. Jg. 1998, S. 379 - 389

Richter, F. / Timmreck, C. (Hrsg.) (2004): Unternehmensbewertung – Moderne Instrumente und Lösungsansätze, Stuttgart 2004

Rieke, T. / Maisch, M. (2008): Aufstieg und Fall der Titanen – Die wilden Jahre von Private Equity und Hedge Fonds, München 2008

Ritzerer-Angerer, P. M. (2005): Venture Capital-Finanzierung und stille Gesellschaft, Diss. Universität Regensburg, Frankfurt 2005

Rohlfing, M. / Funck, D. (2002): Kleine und mittlere Unternehmen (KMU). Kritische Diskussion quantitativer und qualitativer Definitionsansätze, IMS Forschungsbericht Nr. 7, Göttingen 2002

Rudolf, M. / Witt, P. (2002): Bewertung von Wachstumsunternehmen – Traditionelle und innovative Methoden im Vergleich, Wiesbaden 2002

Rudolph, B. (1993): Kapitalmarkttheorie, in: Wittmann, W. et al. (Hrsg.): Handwörterbuch der Betriebswirtschaft, 5. Aufl., 1993, Sp. 2113 – 2125

Rudolph, B. / Fischer, C (2000): Der Markt für Private Equity, in: Finanz Betrieb 1/2000, S. 49 – 56

Sabadinowitsch, T. (2000): Risikokapital für mittelständische Wachstumsunternehmen, Diskussionsbeiträge zur Bankbetriebslehre, Hochschule für Bankwirtschaft, Bd. 19, Frankfurt 2000

Saggau, M. (2007): Die wirtschaftliche Auswirkung von Private Equity als Finanzierungsalternative für mittelständische Unternehmen, Hamburg 2007

Sahlman, W. A. (1990): The structure and governance of venture-capital organizations, in: Journal of Financial Economics, Bd. 27, 1990, P. 473 – 521

Schacht, U. / Fackler, M. (Hrsg.) (2005): Praxishandbuch Unternehmensbewertung, Grundlagen, Methoden, Fallbeispiele, Wiesbaden 2005

Schäfer, D. (2007): Private Equity – Das Ende des Übernahmerauschs, FAZ, 12.11.2997, Nr. 263, S. 23

Schäfer, D. (2006): Die Wahrheit über die Heuschrecken, Frankfurt am Main 2006

Schäfer, H. (2002): Unternehmensfinanzen, Grundzüge in Theorie und Management, 2. Aufl., Heidelberg 2002

Schäfer, H. / Schässburger, B. (2001): Bewertungsmängel von CAPM und DCF bei innovativen wachstumsstarken Unternehmen und optionspreistheoretische Alternativen, in: ZfB, 71. Jg., 2001, S. 85-107

Schanz, K. (2007): Börseneinführung - Recht und Praxis des Börsengangs, 3. Aufl., München 2007

Schefczyk, M. (2006): Finanzieren mit Venture Capital und Private Equity: Grundlagen für Investoren, Finanzintermediäre, Unternehmer und Wissenschaftler, 2. Aufl., Stuttgart 2006

Schefcyk, M. (2004): Erfolgsstrategien deutscher Venture Capital-Gesellschaften, Stuttgart 2004

Scherlis, D. R. / Sahlman, W. A. (1989): A method for valuing high-risk, long-term investments – The „Venture Capital Method", Harvard Business School Note Nr. 9-288-006, Boston 1989

Schildbach, T. (1998): Ist die Kölner Funktionenlehre der Unternehmensbewertung durch die Discounted Cash-flow-Verfahren überholt? in: Matschke, M. J. / Schildbach, T. (Hrsg.): Unternehmensberatung und Wirtschaftsprüfung, Festschrift für Günter Sieben, Stuttgart 1998, S. 301 – 322

Schließmann, C. P. (2001): Unternehmer-Nachfolge: strategische, finanzielle, juristische, steuerliche und persönliche Aktionsfelder vernetzen, Neuwied / Kriftel 2001

Schlumpberger, C. (2007): M&A nach der Bankenkrise – Weitgehend unbeeindruckt, in: Finance November 2007, S. 76 – 78

Schmeisser, W. / Krimphove, D. / Nathusius, K. (Hrsg.) (2003): Handbuch Unternehmensnachfolge, Stuttgart 2003

Schmeisser, W. (2000): Venture Capital und Neuer Markt als strategische Erfolgsfaktoren der Innovationsförderung, in: Finanz Betrieb 3/2000, S. 189 – 193

Schmidbauer, R. (2004): Marktbewertung mithilfe von Multiplikatoren im Spiegel des Discounted-Cashflow-Ansatzes, in: Betriebs-Berater, Bd. 59 (3), s. 148 – 153

Schmidt, R. H. / Terberger, E. (1999): Grundzüge der Investitions- und Finanzierungstheorie, 4. Aufl., Wiesbaden 1999

Schmidke, A. (1985): Praxis des Venture Capital-Geschäfts, Landsberg am Lech 1985

Schmittat, J. E. (2008): Leveraged Buy-Outs: Talsohle erreicht – Bankbefragung zu Finanzierungen am deutschen LBO-Markt, Finance, Dezember 2007/ Januar 2008, S. 34-35

Schneck, O. (2006): Handbuch alternative Finanzierungsformen, Weinheim 2006

Schopper, C. (2001): Die Bewertung von Wachstumsunternehmen, in: Venture Capital und Private Equity: Erfolgreich wachsen mit Beteiligungskapital, hrsg. von Stadler, W., Köln 2001, S. 283 - 296

Schröder, C. (1992): Strategien und Management von Beteiligungsgesellschaften: Ein Einblick in Organisationsstrukturen und Entscheidungsprozesse von institutionellen Eigenkapitalinvestoren, Baden Baden 1992

Schüller, A. (1983): Einführung, in: Schüller, A. (Hrsg.), Property Rights und ökonomische Theorie, München 1983, S. VII-XXI.

Schultze, W. (2003): Methoden der Unternehmensbewertung: Gemeinsamkeiten, Unterschiede, Perspektiven, Düsseldorf 2003

Schween, K.(1996): Corporate Venture Capital: Risikokapitalfinanzierung deutscher Industrieunternehmen, Wiesbaden 1996

Sebastian, K-H. / Niederdrenk, R. / Tesch, A. (2002): Market Due Diligence – Die Sorgfältigkeitsprüfung aus der Sicht des Marktes, S. 389-408, in: Berens, W. / Brauner, H. U. / Strauch, J. (Hrsg.): Due Diligence bei Unternehmensakquisitionen, Stuttgart 2002

Seppelfricke, P. (2005): Handbuch Aktien- und Unternehmensbewertung, 2. Aufl., Stuttgart 2005

Seppelfricke, P. (1999): Moderne Multiplikatorverfahren bei der Aktien- und Unternehmensbewertung, in: Finanz Betrieb, 1. Jg., 1999, S. 300 - 307

Serfling, K. / Pape, U. (1995): Theoretische Grundlagen und traditionelle Verfahren der Unternehmensbewertung, in: WISU, 24 Jg. 1995, s. 808 – 820

Sharpe, W. F. (1964): Capital Assets Prices: A theory of market equilibrium under conditions of risk, in: Journal of Finance, Vol. 19, 1964, S. 425 – 442

Sieben, G. (1993): Unternehmensbewertung, in: Wittmann, W. / Kern, W. / Köhler, R. et al. (Hrsg.): Handwörterbuch der Betriebswirtschaftslehre, 5. Aufl., Stuttgart 1993, Sp. 4315 - 4331

Siegert, T. / Hühn, G. (2003): Neue Wege der Unternehmensfinanzierung, in: FAZ, Nr. 190, 18.08.2003, S. 18

Siemon, H. (1998): Die heimlichen Gewinner, 2. Aufl., München 1998

Siener, H. (1991): Der Cash-Flow als Instrument der Bilanzanalyse, Stuttgart 1991

Siepe, G. (1998): Die Unternehmensbewertung, in: WP-Handbuch 1998, Bd. 2, 11. Aufl., Düsseldorf 1998, S. 1 – 42

Sonndorfer, T. (2007): Private Equity in Deutschland – Darstellung und Analyse unter besonderer Berücksichtigung des Exits, Saarbrücken 2007

Spielmann, U. (1994): Der Generationswechsel in mittelständischen Unternehmungen bei Gründern und Nachfolgern, Bamberg 1994

Spreemann, K. (1990): Asymmetrische Information, in: ZfB, Bd. 60, 1990, S. 561 – 586

Stadler, W. (Hrsg.) (2004): Die neue Unternehmensfinanzierung, Frankfurt 2004

Stadler, W. (Hrsg.) (2001): Venture Capital und Private Equity, Köln 2001

Stahl, K. / Hoffelner, M. (2004): Unternehmensfinanzierung mittelständischer Unternehmen mit Private Equity, in: Betriebswirtschaftliche Mandantenbetreuung, 7/2004, S. 172 – 178

Standard & Poor's (Hrsg.) (2009): EBITDA / Sources of Proceeds, im Internet abgefragt unter: http://www2.standardandpoors.com/portal/site/sp/en/eu/page.category/equityresearch/, abgerufen am 15.05.2009

Standard & Poor's (Hrsg.) (2008): Global Leveraged Lending Review, im Internet abgefragt unter: http://lcdcomps.com/pg/research/eu-research.html, abgerufen am 10.07.2008

Stedler, H. R. (1993): Beteiligungsangebot im bankbetrieblichen Leistungsangebot, in: Die Bank, Heft 37 / 1993, S. 347 – 351

Steiner, M. (2001): Finanzierungspraxis unter dem Einfluss des Kapitalmarktes, in: FAZ, 12.11.2001, Nr. 263, S. 31

Steiner, M. / Bruns, C. (2000): Wertpapiermanagement, 7. Aufl., Stuttgart 2000

Steiner, M. / Mader, W. / Starbatty, N. (2003): Aktuelle Entwicklungen in der Unternehmensfinanzierung, in: Finanz Betrieb, 9/2003, S. 513-524

Steiner, M. / Wallmeier, M. (1999): Unternehmensbewertung mit Discounted Cash Flow-Methoden und dem Economic Value Added-Konzept, in: Finanz Betrieb, 5/1999, S. 1-10

Steltzner, H. (2005): Am Pranger, in: FAZ, Nr. 37/2005, S. 13

Stummer, F. (2002): Venture-Capital-Partnerschaften. Eine Analyse auf Basis der Neuen Institutionenökonomik, Wiesbaden 2002

Süchting, J. (1995): Finanzmanagement – Theorie und Politik der Unternehmensfinanzierung, 6. Aufl., Wiesbaden 1995

Sykes, H. B. (1990): Corporate Venture Capital: Strategies for success, in: Journal of business venturing, Vol. 5 1990, P. 37 – 47

Tcherveniachki, V. (2007): Kapitalgesellschaften und Private Equity Fonds: Unternehmenskauf durch Leveraged Buyout, Berlin 2007

Terberger, E. (1987): Der Kreditvertrag als Instrument zur Lösung von Anreizproblemen: Fremdfinanzierung als Principal/Agent-Beziehung, Heidelberg 1987

Tietzel, M (1981): Die Ökonomie der Property-Rights: Ein Überblick, in: Zeitschrift für Wirtschaftspolitik, Bd. 30, 1981, S. 207 – 243

Timmreck, C. (2004): Bestimmung der Eigenkapitalkosten, in: Richter, F. / Timmreck, C. (Hrsg.): Unternehmensbewertung, Stuttgart 2004, S. 61 - 76

Timmreck, C. (2003): Beteiligungsgeschäft in Deutschland, in: M&A 5/2003, S. 225 - 229

Tomaszewski, C. (2000): Bewertung strategischer Flexibilität beim Unternehmenserwerb: Der Wertbeitrag von Realoptionen, Frankfurt am Main / Berlin / Bern 2000

Trester, J. J. (1998): Venture capital contracting under asymmetric information, in: Harvard Business Review, No. 43 (1), 1998, P. 675 – 699

Trigeorius, L. (1996): Real Options: managerial flexibility and strategy in resource allocation, Cambridge / London 1996

Tümpen, M. (2002): Corporate Venture Capital – Strategisches Kapital für junge Technologieunternehmen, in: ConVent (Hrsg.): Jahrbuch Unternehmensfinanzierung 2002, S. 37 - 39 , Frankfurt am Main 2001

Vahs, D. (1999): Innovationsmanagement: von der Produktidee zur erfolgreichen Vermarktung, Stuttgart 1999

Voigt, S. (2005): Die Beteiligungsprüfung innovativer Start ups durch unabhängige, renditeorientierte Venture Capital Gesellschaften, Berlin 2005

Vollert, R. (2000): A Stochastic Control Framework for Real Options in Strategic Valuation, Diss., Karlsruhe 2000

Von Petersdorff, W. / Schäfer, D. (2006): Die dunklen Machenschaften von Private Equity, Frankfurter Allgemeine Sonntagszeitung, 5.11.2006, Nr. 44, S. 44-45

Von Werder, A. (2006): Corporate Governance (Unternehmensverfassung), in: Handelsblatt (Hrsg.): Wirtschafts-Lexikon: Das Wissen der Betriebswirtschaftslehre, Band 3, Stuttgart 2006, S. 1137 - 1145

Wallach, E. (2004): Hedge Fund Regulation in Germany, in: Cahn, A. / Baums, T. (Hrsg.): Hedge Funds – Risks and Regulations, Berlin 2004

Wallau, F. (2007): Firmennachfolge-Stau löst sich nur langsam auf, in KfW Impuls (Hrsg.), 3/2007, S. 1 – 3

Wallmeier, M. (1999): Kapitalkosten und Finanzierungsprämissen, in: ZfB, 69. Jg., 1999, S. 1473 - 1490

Walter, G. (2003): Bewertung junger innovativer Wachstumsunternehmungen unter besonderer Berücksichtigung der Interessen von Venture Capital-Gesellschaften, Berlin 2003

Wandt, L. (2007): Bund will ein Stück der Bundesdruckerei zurück, Tagesspiegel, http://www.tagesspiegel.de/wirtschaft/;art271,2414180, abgerufen am 05.03.2008

Weber, T. / Remmen, J. (2007): Leveraged Finance: Feuerprobe – Steht dem Markt für LBO-Finanzierungen die Feuerprobe bevor? In: Finance Juli/August 2007, S. 24-26

Weddrien, O. / Riedl, M. (2008): Beurteilungskriterien und Bewertungsverfahren der DZ Equity Partner GmbH, S. 343-371, in: Gleißner, W. / Schaller, A. (Hrsg.): Private Equity. Beurteilungs- und Bewertungsverfahren von Kapitalbeteiligungsgesellschaften, Weinheim 2008

Wegen, G. (1994): Due Diligence-Checkliste für den Erwerb einer deutschen Gesellschaft, in: Wirtschaftsrechtliche Beratung, 8/1994, S. 291 - 296

Weimerskirch, P. (2000): Finanzierungsdesign bei Venture-Capital-Verträgen, 2. Aufl., Wiesbaden 2000

Weissinger, S. (2004): Realoptionen als Bewertungsansatz für Wachstumsunternehmen, IEWS-Schrifenreihe Bd. 22, Aachen 2004

Weitnauer, W. (Hrsg.) (2007): Handbuch Venture Capital – Von der Innovation zum Börsengang, 3. Aufl., München 2007

Weitnauer, W. (2003): Management Buy-Out: Handbuch für Recht und Praxis, München 2003

Williamson, O. E. (1988): Corporate finance and corporate governance, in: Journal of Finance, Nr. 43, 1988, P. 567 – 591

Willms, M. (1985): Wachstumsfinanzierung mit Venture Capital, in: Wirtschaftsdienst, Heft 5, 1985, S. 226 -232

Wipfli, C. (2001): Unternehmensbewertung im Venture Capital-Geschäft, Bern / Stuttgart/Wien 2001

Witt, P. (2000): Zur Bewertung schnell wachsender Gründungsunternehmen, in: G-Forum 1999, Hrsg. H. Klandt, Köln 2000, S. 173 – 191

Wöhe, G. / Döring U. (2008): Einführung in die allgemeine Betriebswirtschaftslehre, München 2008

Wright, M. / Robbie, K. (1996): Venture Capitalists, Unquoted Equity Investment Appraisal and the role of Accounting Information, in: Accounting and Business Research, Vol. 26, 1996, P. 153 – 168

Wupperfeld, U. (1994): Strategien und Management von Beteiligungsgesellschaften im deutschen Seed-Capital-Markt, Karlsruhe 1994

Zemke, I. (1995): Die Unternehmensverfassung von Beteiligungskapital-Gesellschaf-ten: Analyse des institutionellen Designs deutscher Venture Capital-Gesellschaften, Wiesbaden 1995

ZfgK (Hrsg.) (1999): Lexikon des Geld-, Bank- und Börsenwesens, Frankfurt am Main1999

Schriften des Instituts für Finanzen
Universität Leipzig

Herausgegeben von Prof. Dr. Udo Hielscher und Prof. Dr. Thomas Lenk

Band 1 Jörg Widmayer: Produktionsstrukturen und Effizienz im öffentlichen Theatersektor. Eine wirtschaftswissenschaftliche Analyse unter Verwendung eines dualen Frontieransatzes. 2000.

Band 2 Anja Birke: Der kommunale Finanzausgleich des Freistaates Sachsen. Vertikale und horizontale Verteilungswirkungen im Rahmen eines länderbezogenen Modellvergleichs mit Baden-Württemberg. 2000.

Band 3 Stefan Wilhelm: Kapitalmarktmodelle. Lineare und nichtlineare Modellkonzepte und Methoden in der Kapitalmarkttheorie. 2001.

Band 4 Thomas Lenk: Aspekte des Länderfinanzausgleichs. Tarifgestaltung, Gemeindefinanzkraft, Fonds "Deutsche Einheit". 2001.

Band 5 Volkmar Teichmann: Die Finanzbeziehungen zwischen den öffentlich-rechtlichen Rundfunkanstalten der Bundesrepublik Deutschland. Bestandsaufnahme und Reformvorschläge. 2001.

Band 6 Friedrich Vogelbusch: Steuerarbitrage bei Umsatz- und Verbrauchsteuern im Europäischen Binnenmarkt. Eine empirische Untersuchung. 2003.

Band 7 Frank Wolfert: Performanceanalyse als Steuerungsinstrument im Wertpapier-Managementprozess. 2003.

Band 8 Thomas Lenk: Gemeindefinanzbericht Sachsen 2002/2003. 2004.

Band 9 Uwe A. Giegold: Bewertung unbedingter börsengehandelter Zins-Derivate und Analyse von Arbitrage-Gewinnmöglichkeiten mit Hilfe von Arbitrage-Signalen. 2004.

Band 10 Matthias Klumpp: Modern Public Budgeting. Analyse und Bewertung von Informations- und Risikomanagementsystemen in Öffentlichen Einrichtungen am Beispiel einer Risk-Return-Steuerung für Hochschulen. 2009.

Band 11 Stefan Geyler: Ökonomisch-ökologische Bewertung von regionalen Trinkwasserschutzoptionen. 2008.

Band 12 Holger Schmitz: Individuelle Depotverwaltung mit Investmentfonds. Möglichkeiten und Grenzen individueller Vermögensverwaltung unter Verwendung von „mitverwalteten" Investmentfonds. 2009.

Band 13 Matthias Hoffelner: Verfahren zur Bewertung mittelständischer Unternehmen aus Sicht eines Finanzinvestors. 2011.

www.peterlang.de

Lysander M. Heigl

Unternehmensbewertung zwischen Recht und Markt

Eine rechtsvergleichende Untersuchung und kritische Stellungnahme

Frankfurt am Main, Berlin, Bern, Bruxelles, New York, Oxford, Wien, 2007.
XLI, 252 S.
Europäische Hochschulschriften: Reihe 2, Rechtswissenschaft. Bd. 4542
ISBN 978-3-631-56409-7 · br. € 56,80*

Die Frage nach dem Wert eines Unternehmens wird zum Rechtsproblem, wenn Gerichte über den „gerechten Wert" letztverbindlich zu befinden haben. Hier stellt sich die Frage, welche spezifisch juristischen Grundsätze für die Unternehmensbewertung gelten sollen. Die Arbeit stellt zunächst die vielfältigen, auch neuartigen, betriebswirtschaftlichen Bewertungsmethoden vor und ordnet das Rechtsproblem der Unternehmensbewertung in seinen größeren wirtschaftlichen und juristischen Kontext ein. Sodann erfolgt ein rechtsvergleichender Überblick zum französischen, englischen und US-amerikanischen Recht. Aufbauend auf den gewonnenen Erkenntnissen wird im kritischen Teil der Arbeit insbesondere die Rolle des Börsenkurses behandelt und seine grundsätzliche Eignung als Bewertungsmaßstab auch in Zweifelsfällen ausführlich untersucht. Ferner werden die vielfach unterschätzte rechtliche Bedeutung ausgehandelter Wertverhältnisse in Fusionsfällen dargestellt und die Einsatzmöglichkeiten und Vorzüge der international im Vordringen befindlichen Multiplikatorverfahren erörtert.

Aus dem Inhalt: Unternehmensbewertung · Betriebswirtschaftliche Bewertungsmethoden · Juristische Grundsätze · Squeeze-Out · Börsenkurs · Fusionen · Ausgehandelte Wertverhältnisse · Rechtsvergleich Frankreich/England/USA

Frankfurt am Main · Berlin · Bern · Bruxelles · New York · Oxford · Wien
Auslieferung: Verlag Peter Lang AG
Moosstr. 1, CH-2542 Pieterlen
Telefax 00 41 (0) 32 / 376 17 27

*inklusive der in Deutschland gültigen Mehrwertsteuer
Preisänderungen vorbehalten

Homepage http://www.peterlang.de